JAHRBUCH DER
UNTERNEHMENSKOMMUNIKATION   BAND 12

BAND 12

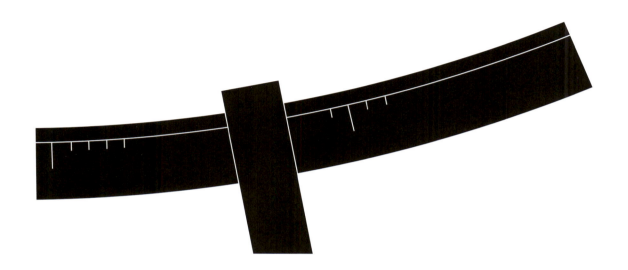

JAHRBUCH DER UNTERNEHMENSKOMMUNIKATION

SVEN AFHÜPPE
HERBERT A. HENZLER
KLAUS RAINER KIRCHHOFF

Econ

INHALT 005

008 Der Weg in die Zukunft
Editorial der Herausgeber
012 Econ Awardees of the Year (Rankings)

CORPORATE REPORTING

GESCHÄFTSBERICHT

GOLD	016	Covestro AG
SILBER	022	KION GROUP AG
BRONZE	028	TÜV SÜD AG
	034	B. Braun Melsungen AG
	038	Dr. Ing. h. c. F. Porsche AG SILBER INTEGRIERTE UNTERNEHMENSKOMMUNIKATION
	042	EUROPA SERVICE Holding AG
	046	European American Investment Bank AG
	050	Franz Haniel & Cie. GmbH
	054	KfW Bankengruppe
	058	NBB Netzgesellschaft Berlin-Brandenburg GmbH & Co. KG
	062	Umweltschutzanlagen Siggerwiesen
	066	Siegfried AG
	070	Telefónica Deutschland
	074	Voith GmbH & Co. KGaA
	078	Volkswagen AG

NACHHALTIGKEITS-/CSR-BERICHT

GOLD	082	Merck KGaA
SILBER	088	REWE Group
	094	ASSMANN BÜROMÖBEL GmbH & CO. KG
	098	Der Grüne Punkt DSD – Duales System Holding GmbH & Co. KG
	102	Evonik Industries AG
	106	Gundlach Bau und Immobilien GmbH & Co. KG
	110	Raiffeisen Bank International AG
	114	Schaeffler Gruppe
	118	Schaeffler Gruppe
	122	Wacker Chemie AG

INTEGRIERTE BERICHTERSTATTUNG

GOLD	126	Flughafen München GmbH
SILBER	132	EnBW Energie Baden-Württemberg AG
	138	Clariant AG
	142	Clariant AG
	146	Deutsche Gesellschaft für Internationale Zusammenarbeit (GIZ) GmbH
	150	Flughafen München GmbH
	154	Geberit International AG

CORPORATE PUBLISHING

IMAGEPUBLIKATION

SILBER	158	Dentsply Sirona GmbH
BRONZE	164	Brau Union Österreich AG
	170	HOCHTIEF Aktiengesellschaft
	174	Invesco Asset Management Deutschland GmbH
	178	KfW Anstalt des öffentlichen Rechts
	182	KYOCERA Document Solutions Deutschland GmbH
	186	Merck KGaA
	190	Resolution Media (Omnicom Media Group) GmbH
	194	Rhomberg Bau GmbH
	198	Westdeutsche Lotterie GmbH & Co. OHG

MAGAZIN

GOLD	202	Pfizer Deutschland GmbH
SILBER	208	BDEW Bundesverband der Energie- und Wasserwirtschaft e.V.
BRONZE	214	Volkswagen AG
SPECIAL AWARD	220	Living Haus GmbH
	226	Brau Union Österreich AG
	230	Dentsply Sirona GmbH
	234	Deutsche Bahn AG
	238	Deutsche Bahn AG
	242	Deutsche Bank AG
	246	Deutsche Telekom AG
	250	Dr. Ing. h.c. F. Porsche AG SILBER INTEGRIERTE UNTERNEHMENSKOMMUNIKATION
	254	Dr. Ing. h.c. F. Porsche AG SILBER INTEGRIERTE UNTERNEHMENSKOMMUNIKATION
	258	Dr. Ing. h.c. F. Porsche AG SILBER INTEGRIERTE UNTERNEHMENSKOMMUNIKATION
	262	Evonik Industries AG
	266	Franz Haniel & Cie. GmbH
	270	LEDVANCE GmbH
	274	Linde Material Handling GmbH
	278	OTTO GmbH & Co KG
	282	S-Kreditpartner GmbH
	286	Volkswagen AG
	290	ŠKODA AUTO Deutschland GmbH

CORPORATE COMMUNICATIONS

PR-/HR-PROJEKTE UND -KAMPAGNEN

GOLD	294	TenneT TSO und TransnetBW GmbH
SILBER	300	TERRE DES FEMMES - Menschenrechte für die Frau e.V.
BRONZE	306	OTTO GmbH & Co KG
SPECIAL AWARD	312	fischerAppelt AG
	318	Bayerisches Staatsministerium für Gesundheit und Pflege
	322	Folkwang Universität der Künste KdöR
	326	Heron Sondermaschinen und Steuerungen GmbH
	330	Überground GmbH
	334	Viessmann Werke GmbH & Co. KG BRONZE INTEGRIERTE UNTERNEHMENSKOMMUNIKATION
	338	Volkswagen AG

CORPORATE IMAGE CAMPAIGN

PLATIN	342	Berliner Verkehrsbetriebe (BVG) AöR
SILBER	348	Viessmann Werke GmbH & Co. KG BRONZE INTEGRIERTE UNTERNEHMENSKOMMUNIKATION
BRONZE	354	Partner für Berlin Holding Gesellschaft für Hauptstadt-Marketing GmbH
	360	BVR für Volksbanken Raiffeisenbanken
	364	Commerzbank AG
	368	VDE Verband der Elektrotechnik Elektronik Informationstechnik e.V.

FILM UND VIDEO

GOLD	372	Dr. Ing. h. c. F. Porsche AG SILBER INTEGRIERTE UNTERNEHMENSKOMMUNIKATION
SILBER	378	Stuttgarter Lebensversicherung
BRONZE	384	Viessmann Werke GmbH & Co. KG BRONZE INTEGRIERTE UNTERNEHMENSKOMMUNIKATION
SPECIAL AWARD	390	Dr. Ing. h. c. F. Porsche AG SILBER INTEGRIERTE UNTERNEHMENSKOMMUNIKATION
	396	Bodensee Standort Marketing GmbH
	400	Carglass GmbH
	404	Continental AG
	408	Daimler AG
	412	Dr. Ing. h. c. F. Porsche AG SILBER INTEGRIERTE UNTERNEHMENSKOMMUNIKATION
	416	Franz Binder GmbH & Co. KG
	420	Siemens Schweiz (Building Technologies Division) AG
	424	TECHNOSEUM Landesmuseum für Technik und Arbeit in Mannheim Stiftung des öffentlichen Rechts
	428	TERRE DES FEMMES - Menschenrechte für die Frau e.V.
	432	Voith GmbH & Co. KGaA

DIGITALE MEDIEN

WEBSITE

SILBER	436	Bayer AG
BRONZE	442	Bundesministerium der Verteidigung
SPECIAL AWARD	448	Allianz für die Region GmbH
	454	BVR für Volksbanken Raiffeisenbanken
	458	Deutsche Telekom AG
	462	interlübke GmbH
	466	Volkswagen AG

SOCIAL-MEDIA-AKTIVITÄT

PLATIN	470	Berliner Verkehrsbetriebe (BVG) AöR
BRONZE	476	Berliner Verkehrsbetriebe (BVG) AöR
	482	Brau Union Österreich AG

REGISTER

487	Unternehmen
490	Dienstleister
507	Autoren
508	Impressum

DER WEG IN DIE ZUKUNFT

AUTHENTIZITÄT, MUT UND EINFALLSREICHTUM

Berlin ist für vieles bekannt – vor allem für Einfallsreichtum. Den bewies auch die Agentur achtung! zusammen mit der Agentur Jung von Matt für die Berliner Verkehrsbetriebe (BVG). Gemeinsam mit adidas wurde ein limitierter Sneaker auf den Markt gebracht, den das Camouflagemuster der BVG-Sitzbezüge ziert, was ihn zu einem begehrten Sammlerobjekt macht. Über diesen Vorzug hinaus dient der Sneaker gleichzeitig als BVG-Jahreskarte, denn in die Zunge des Schuhs ist das Ticket bereits eingearbeitet.

Mit dieser grandiosen Idee verschafften sich die Berliner Verkehrsbetriebe gleich mehrfach Respekt: Die meist jungen Berliner campierten vor den Läden, um ein Exemplar der tollen Treter zu ergattern. Es wurde weltweit von der außergewöhnlichen Aktion berichtet. Und die Jury der Econ Awards vergab in zwei Kategorien Platin – Corporate Image Campaign und Social-Media-Aktivitäten. achtung! sicherte sich mit der Kampagne *Der Ticket-Schuh* und einer weiteren prämierten Einreichung den Titel Econ Awardee of the Year bei den Agenturen.

MIT KOMPETENZ UND LEIDENSCHAFT BEI DER SACHE

Respekt verdienen auch die Juroren der Econ Awards, die sich einmal im Jahr für einen zweitägigen Sitzungsmarathon in Berlin versammeln, um mit viel Enthusiasmus die Besten für das Jahrbuch der Unternehmenskommunikation zu küren. Jeder Juror – ein Spezialist auf seinem Gebiet – stellt die Besonderheiten der Einreichungen seiner Kategorie vor und diskutiert in gemeinsamer Runde, bevor kollektiv die Preisträger benannt werden. Den hohen Stellenwert der Preisverleihung bringt Andreas Severin, Pate der Kategorie Nachhaltigkeit-/CSR-Berichte auf den Punkt: **„Die Econ Awards sind State of the Art der Unternehmenskommunikation."**

Die Herausgeber
Sven Afhüppe
Prof. Dr. Herbert A. Henzler
Klaus Rainer Kirchhoff

Neu in der Jury ist der Kapitalmarktforscher Prof. Dr. Henning Zülch, der als zusätzlicher Pate in den Kategorien Geschäftsberichte und Integrierte Berichterstattung fungiert. Prof. Dr. Henning Zülch leitet den Lehrstuhl für Rechnungswesen, Wirtschaftsprüfung und Controlling an der HHL Leipzig Graduate School of Management. Er ist Mitglied in zahlreichen nationalen wie internationalen Fachgremien und Verfasser von mehr als 300 Fachpublikationen.

BEACHTLICHE ERFOLGE IN VIELEN KATEGORIEN

Zu den Neuigkeiten in den einzelnen Kategorien: Wieder einmal war Magazin mit den meisten Beiträgen vertreten, nach wie vor überwog hier Print. Pfizer reichte gleich drei Ausgaben des stets außergewöhnlichen Magazins *zwei* ein und errang die Auszeichnung Gold. Eine davon zeigt auf einzigartige Weise das Deutschland der Gesundheit in Zahlen: Statt imposanter Bilder oder vieler Worte sprechen fantasievolle Grafiken verschiedenster Art.

In der zweitstärksten Kategorie Geschäftsbericht stiegen die digitalen Einreichungen an und machen nun fast die Hälfte der Beiträge aus. Erstmalig wurde im digitalen Bereich ein Film präsentiert: *Im Auftrag Ihrer Kanzlerin* vom Autovermieter Europa Service Holding AG. In dem für einen Geschäftsbericht sehr kreativen und überraschenden Format lassen nicht nur Melodie und Martini aus James-Bond-Filmen grüßen. Nachdem im letzten Jahr in dieser Kategorie kein Gold vergeben worden war, ist dieser Preis nun wieder dabei – errungen für den herausragenden *Geschäftsbericht 2017* von der Covestro AG, die das Vorwort des CEO in Form eines Blogs und die Vorstandsporträts als Selfies präsentiert.

Hervorragendes gibt es auch von der Kategorie PR-/HR-Projekte und -Kampagnen zu berichten. Mit Gold krönte die Jury die Kampagne *Maximale Transparenz* der TenneT TSO und TransnetBW GmbH, die vorbildlich zeigt, wie Bürgerbeteiligung bei Deutschlands größtem Netzausbau erfolgreich organisiert werden kann. Silber erhielt *Das Gender Pay Gap Experiment* von TERRE DES FEMMES, das auf eindringliche Art das geschlechtsspezifische Lohngefälle anprangert.

Am erfolgreichsten schnitten in diesem Jahr die Kategorien Magazin, PR-/HR-Projekte sowie Film und Video ab – hier vergab die Jury die meisten Auszeichnungen. An Anerkennung gewann die Kategorie Corporate Image Campaign durch den Anstieg erstklassiger Beiträge – prämiert wurden drei Kampagnen: *Der Ticket-Schuh* der BVG, *Auf in ein neues Jahrhundert* der Viessmann Werke und *#Freiheit Berlin* der Partner für Berlin Holding Gesellschaft für Hauptstadt-Marketing mbH. Deutlich an Zuwachs zum Vorjahr verzeichnete der digitale Bereich der Kategorie Nachhaltigkeits-/CSR-Bericht – Gold und Silber waren die Belohnung.

DIE DREI BESTPLATZIERTEN IM UNTERNEHMENSRANKING

Vielfältig vertreten war bei den diesjährigen Awards die Porsche AG: mit Einreichungen in sechs Kategorien! Wiederholt verdient machte sie sich in der Kategorie Integrierte Unternehmenskommunikation – 2017 errang Porsche Gold, 2018 Silber. Durch die aufaddierten Punkte für die Nominierungen und Auszeichnungen rangiert Porsche auf Platz 1 im Unternehmensranking und kann sich über den Titel Econ Awardee of the Year freuen.

Neben der großartigen Kampagne rund um den Ticket-Schuh sorgte die BVG mit einer weiteren Aktion für Begeisterung beim Publikum und Anerkennung durch die Jury: Der Sänger Bono und der Gitarrist The Edge der irischen Rockband U2 tourten mit einem Sonderzug durch die Berliner U-Bahn-Linie U2. Für Fans, die nicht vor Ort sein konnten, gab es einen Livestream auf Facebook. *U2 in der U2* erhielt Bronze in der Kategorie Social-Media-Aktivitäten. Beide Kampagnen sicherten der BVG Platz 2 im Unternehmensranking.

Positiv in die Zukunft blicken die Viessmann Werke mit ihrer Kampagne *Auf in ein neues Jahrhundert*, in deren Mittelpunkt die Werte des traditionsreichen Unternehmens stehen. Die Bewertung des in drei Kategorien eingereichten Beitrags fiel besonders positiv aus: einmal Silber (Corporate Image Campaign) und einmal Bronze (Film und Video), Bronze bei der Integrierten Kommunikation sowie Platz 3 im Unternehmensranking.

INNOVATION IST AUCH WEITERHIN GEFRAGT

2018 war ein gutes Jahr mit vielen neuartigen Ideen. Für die Zukunft wünscht sich die Jury der Econ Awards Unternehmenskommunikation mehr Innovationen in den digitalen Kategorien wie Websites, Digitale Anwendungen und Social-Media-Aktivitäten. Brigitte Liermann, Jurypatin für die Kategorie Digitale Medien empfiehlt: „Machen Sie nicht einfach das, was alle machen." Conny Lohmann, Jurypatin der Sektion Digitale Medien fordert dazu auf: „Bleibt authentisch und wagt Neues." Prof. Dr. Christoph Moss, Jurypate der Kategorie PR-/HR-Projekte und -Kampagnen, gibt den Tipp: „Seien Sie mutig, gehen Sie nicht den Weg des geringsten Widerstandes."

Immer wieder zeigt das Jahrbuch der Unternehmenskommunikation, was am Markt passiert und wie er sich entwickelt. Wir wünschen allen Lesern, dass dieses Medium in vielerlei Hinsicht anregt. Auf gute Gedanken, großartige Ideen und viele Erfolge!

INTEGRIERTE UNTERNEHMENSKOMMUNIKATION

Mit mindestens drei über unsere Sektionen verteilten Einreichungen qualifizieren sich Teilnehmer für die gemeinsame Bewertung ihrer Beiträge als Integrierte Unternehmenskommunikation. Die Jury lobt hier den Grand Prix aus.

SILBER: DR. H.C. F. PORSCHE AG

9:11 Magazin, Episode 4 „Zwei Welten" (Film und Video, siehe Seite 372 ff.)

Back to Tape – ein Roadtrip auf den Spuren deutscher Hip-Hop-Geschichte (Film und Video, siehe Seite 390 ff.)

Quality by Porsche (Film und Video, siehe Seite 412 ff.)

Perspective. (Geschäftsbericht, siehe Seite 38 ff.)

Carrera Magazin 01/2018 (Magazin, siehe Seite 250 ff.)

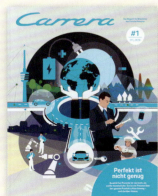

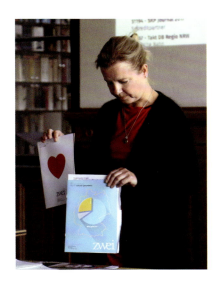 

Die Jury der Econ Awards: (v. l. n. r.) Kaevan Gazdar, Prof. Dr. Henning Zülch, Conny Lohmann, Klaus Rainer Kirchhoff, Brigitte Liermann, Sophie Florentine Schüttfort, Catrin Bialek, Andreas Severin, Jürgen Diessl, Prof. Dr. Christoph Moss; nicht auf dem Bild, aber an der Bewertung beteiligt: Claudia Bachhausen-Dewart, Reginald Pauffley

Die Fachjury der Econ Awards

Claudia Bachhausen-Dewart, Leitung Kommunikation der Thalia Bücher GmbH, Patin für die Kategorie Corporate Image Campaign

Catrin Bialek, Teamleiterin IT / Telekommunikation / Medien im Ressort Unternehmen und Märkte beim Handelsblatt, Patin für die Kategorie Magazin

Jürgen Diessl, Verlagsleiter Econ, Pate für die Kategorie Imagepublikationen

Kaevan Gazdar, Experte für Reporting und Special-Interest-Kommunikation, Pate für die Kategorien Geschäftsberichte und Integrierte Berichterstattung

Klaus Rainer Kirchhoff, Gründer und Vorstandsvorsitzender Kirchhoff Consult, Herausgeber, Juryvorsitzender und Pate für die Kategorie Integrierte Unternehmenskommunikation

Brigitte Liermann, Director bei der Strategieagentur diffferent, Patin für die Kategorie Digitale Medien

Conny Lohmann, Gründerin und Geschäftsführerin bei ASK HELMUT, ebenfalls Patin für die Kategorie Digitale Medien

Prof. Dr. Christoph Moss, Professor für Marketing und Kommunikation an der International School of Management in Dortmund und Köln, Buchautor und Geschäftsführer der mediamoss GmbH, Pate für die Kategorie PR-/HR-Projekte und -Kampagnen

Reginald Pauffley, Gründer von Pauffley Creative Communication und Koryphäe der internationalen Businesskommunikation, ebenfalls Pate für die Kategorien Geschäftsberichte und Integrierte Berichterstattung

Sophie Florentine Schüttfort, Filmregisseurin und Produzentin, Patin für die Kategorie Film und Video

Andreas Severin, geschäftsführender Partner der crossrelations brandworks GmbH, Pate für die Kategorie Nachhaltigkeits- und CSR-Berichte

Prof. Dr. Henning Zülch, Leiter des Lehrstuhls für Rechnungswesen, Wirtschaftsprüfung und Controlling an der HHL Leipzig Graduate School of Management, Pate für die Kategorien Geschäftsberichte und Integrierte Berichterstattung

BRONZE: VIESSMANN WERKE GMBH & CO. KG

Christophorus – Porsche Magazin #385 (Magazin, siehe Seite 254 ff.)

Christophorus – Porsche Magazin #385 (Magazin, siehe Seite 258 ff.)

„Auf ein neues Jahrhundert" (Film und Video, siehe Seite 384 ff.)

„Auf ein neues Jahrhundert" (Corporate Image Campaign, siehe Seite 348 ff.)

„Auf ein neues Jahrhundert" (PR-/HR-Projekte und -Kampagnen, siehe Seite 334 ff.)

Econ Awardees

WIR VERGEBEN DIE AUSZEICHNUNG
DAS ERFOLGREICHSTE UNTERNEHMEN SOWIE

Gold, Film und Video, S. 372 ff.

Special Award, Film und Video, S. 390 ff.

Nominee, Film und Video, S. 412 ff.

Unternehmensranking 2018

Pltz.*	Unternehmen	P	G	S	B	SA	N	Pkt.
1	(4)	Dr. Ing. h.c. F. Porsche AG		1 (7)	1 (5)		1 (5)	5 (5)	22
2	(–)	Berliner Verkehrsbetriebe (BVG) AöR	2 (18)			1 (3)			21
3	(–)	Viessmann Werke GmbH & Co. KG			1 (5)	2 (6)		1	12
4	(6)	Flughafen München GmbH		1 (7)				1	8
4	(3)	Merck KGaA		1 (7)				1	8
5	(–)	Covestro AG		1 (7)					7
5	(–)	Pfizer Deutschland GmbH		1 (7)					7
5	(–)	TenneT TSO und TransnetBW GmbH		1 (7)					7
5	(–)	Volkswagen AG				1 (3)		4 (4)	7
6	(–)	Dentsply Sirona GmbH			1 (5)			1	6
6	(–)	TERRE DES FEMMES - Menschenrechte für die Frau e.V.			1 (5)			1	6
7	(–)	Bayer AG			1 (5)				5
7	(–)	BDEW Bundesverband der Energie- und Wasserwirtschaft e.V.			1 (5)				5
7	(–)	EnBW Energie Baden-Württemberg AG			1 (5)				5
7	(9)	KION GROUP AG			1 (5)				5
7	(–)	REWE Group			1 (5)				5
7	(–)	Stuttgarter Lebensversicherung			1 (5)				5
7	(–)	Allianz für die Region GmbH					1 (5)		5
7	(–)	Living Haus GmbH					1 (5)		5
7	(–)	Brau Union Österreich				1 (3)		2 (2)	5
8	(–)	OTTO GmbH & Co KG				1 (3)		1	4
9	(6)	Bundesministerium der Verteidigung				1 (3)			3
9	(–)	Partner für Berlin Holding Gesellschaft für Hauptstadt-Marketing mbH				1 (3)			3
9	(–)	TÜV SÜD AG				1 (3)			3

Berechnung: Platin 9 Punkte, Gold 7 Punkte, Silber 5 Punkte, Bronze 3 Punkte, Special Award 5 Punkte, Nominierung 1 Punkt, Grand Prix in d. Integrierten Unternehmenskommunikation 9 Punkte (2018 nicht vergeben), Sektionen 7 Punkte (2018 nicht besetzt); *in Klammern die Platzierung des Vorjahres

Nominee, Geschäftsbericht, S. 38 ff.

Nominee, Magazin, Seite 250 ff.

Nominee, Magazin, Seite 254 ff.

Nominee, Magazin, Seite 258 ff.

of the Year

ECON AWARDEE OF THE YEAR UND EHREN DAMIT
DIE ERFOLGREICHSTE AGENTUR IM WETTBEWERB.

Agenturenranking 2018

Pltz.*	Agentur	P	G	S	B	SA	N	Pkt.
1	(2)	achtung! GmbH	2 (18)		2 (10)			1	29
2	(3)	Jung von Matt AG	2 (18)		1 (5)			1	24
3	(7)	fischerAppelt AG			1 (5)	2 (6)	1 (5)	4 (4)	20
4	(6)	TERRITORY Content to Results GmbH		2 (14)	1 (5)				19
5	(8)	Edelman.ergo GmbH		1 (7)	1 (5)			1	13
6	(–)	GUD.berlin GmbH	1 (9)			1 (3)			12
7	(9)	ressourcenmangel GmbH			1 (5)		1 (5)	1	11
7	(–)	nexxar GmbH		1 (7)				4 (4)	11
7	(4)	Stakeholder Reporting GmbH		1 (7)				4 (4)	11
8	(–)	FAKTOR 3 AG			1 (5)		1 (5)		10
9	(5)	Kirchhoff Consult AG		1 (7)				1	8
9	(–)	MPM Corporate Communication Solutions GmbH			1 (5)	1 (3)			8
9	(1)	C3 Creative Code and Content GmbH			1 (5)			3 (3)	8
10	(–)	Bohm & Nonnen GmbH		1 (7)					7
10	(–)	navos – Public Dialogue Consultants GmbH		1 (7)					7
10	(8)	Delius Klasing Verlag GmbH			1 (5)			2 (2)	7
11	(–)	akzente kommunikation und beratung gmbh			1 (5)			1	6
11	(–)	Bonaparte Films GmbH			1 (5)			1	6
11	(–)	Meiré und Meiré GmbH & Co. KG			1 (5)			1	6
11	(–)	ramp.space GmbH & Co. KG			1 (5)			1	6
12	(–)	IR-ONE AG & Co. KG			1 (5)				5
12	(–)	3st kommunikation GmbH			1 (5)				5
12	(–)	oelenheinz+frey Werbeagentur GmbH					1 (5)		5
13	(–)	COMPANIONS GmbH				1 (3)		1	4
13	(–)	hufnagl.POEX visuelle kommunikation				1 (3)		1	4
14	(–)	Aperto GmbH – An IBM Company				1 (3)			3
14	(–)	Nansen & Piccard GbR				1 (3)			3

Platin, Corporate Image Campaign, S. 342 ff.

Platin, Social-Media-Aktivität, S. 470 ff.

Silber, PR-/HR- Projekte und –Kampagnen, S. 300 ff.

Silber, Film und Video, S. 378 ff.

Nominee, Film und Video, S. 428 ff.

KATEGORIEN, BEITRÄGE UND REGISTER

CORPORATE REPORTING	016	Geschäftsbericht
	082	Nachhaltigkeits- und CSR-Bericht
	126	Integrierte Berichterstattung
CORPORATE PUBLISHING	158	Imagepublikation
	202	Magazin
CORPORATE COMMUNICATIONS	294	PR- / HR-Projekte und -Kampagnen
	342	Corporate Image Campaign
	372	Film und Video
DIGITALE MEDIEN	436	Website
	470	Social-Media-Aktivität
	487	Unternehmen
	490	Dienstleister
	507	Autoren
	508	Impressum

COVESTRO AG, LEVERKUSEN GESCHÄFTSBERICHT

»COVESTRO-GESCHÄFTSBERICHT 2017«

econforum.de/2018_016

GOLD

STECKBRIEF

Seitenanzahl	257
Format	210 mm × 297 mm
Verarbeitung	Stanzung auf dem Titel, Logo und Viertelring in Lackoptik, Umschlagklappe auf Vorder- und Rückseite
Papier	Außenumschlag: Symbol Card 2Side FSC Mix Credit, 400 g/m² von Fedrigoni Innenumschlag: PlanoArt FSC Mix Credit, 170 g/m² von Mondi Inhalt: PlanoArt FSC Mix Credit, 115 g/m² von Mondi
Sprachen	Deutsch, Englisch
Auflage	6.000
Vertriebskanäle	Der Geschäftsbericht von Covestro wird in der Printausgabe an Aktionäre, Mitarbeiter, Journalisten und andere Stakeholder weltweit verschickt; außerdem können Interessenten das Dokument von der Covestro-Website herunterladen. Ferner existiert eine Online-Version auf der Homepage
Konzeption, Umsetzung	TERRITORY CTR GmbH, Leverkusen
Inhaltliche Konzeption und Redaktion	Edelman.ergo GmbH, Köln

UNTERNEHMENSPROFIL

Webadresse	www.covestro.com
Branche	Industrie
Unternehmen	Covestro AG
Anzahl Standorte (national)	4
Mitarbeiter (national)	Mehr als 10.000
Gründungsjahr	2015
Nächster Geschäftsbericht	Februar 2019
Projektleitung	Stefan Paul Mechnig, Pressesprecher Covestro

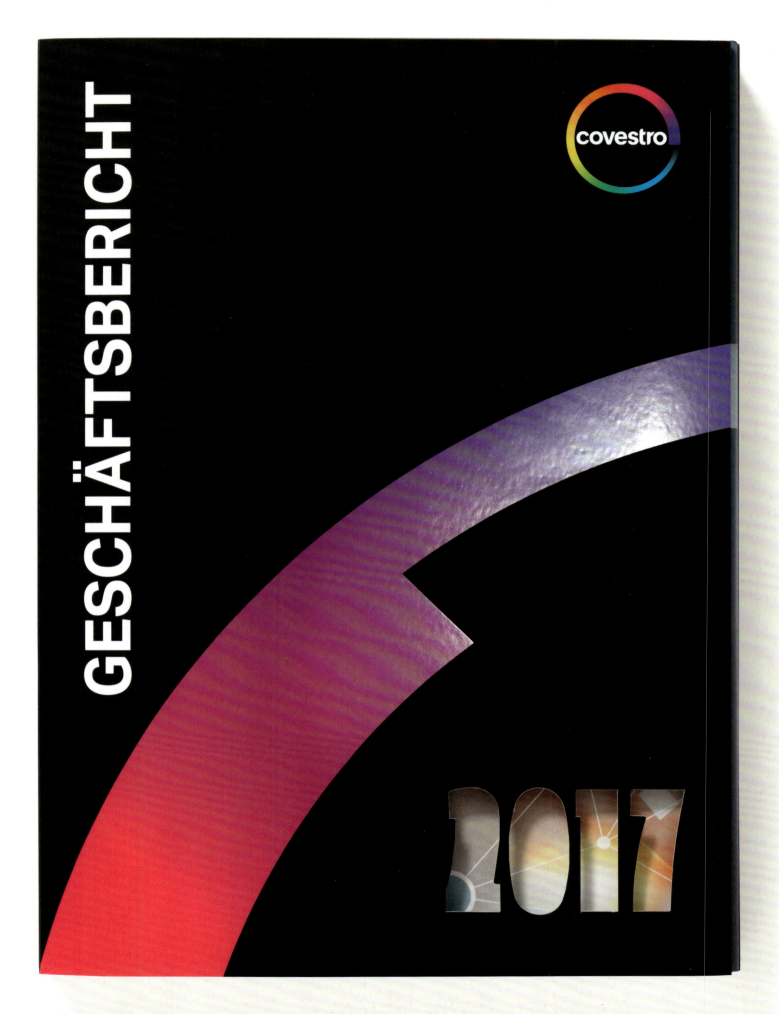

BEGRÜNDUNG DER JURY: Der *Covestro Geschäftsbericht 2017* ist ein herausragender Report. Er beeindruckt inhaltlich und stellt auf beispielhafte Weise dar, was das Unternehmen antreibt. Auf jeder Seite wird deutlich, wie die Covestro Deutschland AG ihre Unternehmenswerte mit Leben erfüllt und was sie so erfolgreich macht. Der Wirtschaftsbericht ist präzise und klar, die schlüssige Darstellung der strategischen und finanziellen Ziele ist perfekt an den Interessen der Stakeholder ausgerichtet.

Die Covestro AG ist ein Chemiekonzern mit 80-jähriger Historie. Seine 16.000 Mitarbeiter erwirtschaften mit Kunst- und Werkstoffen einen Umsatz von 14 Milliarden Euro. Gleich zu Beginn des Geschäftsberichts steht eine programmatische Illustration: Die aufgeklappte Umschlagseite zeigt ein weltumspannendes neuronales Netz, dessen Knotenpunkte von den Symbolen der Nachhaltigkeitsziele der Vereinten Nationen (SDGs) gebildet werden. Im Kern steht der Unternehmensclaim „Warum nicht?". Die Botschaft lautet: Hier entwickelt ein Unternehmen Ideen für die Zukunft, das sich seiner Verantwortung für das große Ganze bewusst ist.

„Unser Mission Statement ‚Warum nicht...?' steht im Einklang mit unserem Ziel, Grenzen zu verschieben, um die Welt lebenswerter zu machen", erklärt der Vorstandsvorsitzende Dr. Markus Steilemann. „Dazu will Covestro mit innovativen Materialien und Lösungen beitragen. Im Geschäftsbericht wollen wir diese Botschaft an unsere Aktionäre, aber auch an Partner, Kunden und Mitarbeiter weitergeben. Die Geschichten, die wir insbesondere im Magazinteil erzählen, sollen zeigen, was alles möglich ist, wenn wir über den Tellerrand hinausblicken und unsere Ziele mutig und gemeinsam als Team verfolgen."

Der Bericht beginnt mit einem Überblick über die Geschäftsfelder des Unternehmens, die knapp und anschaulich beschrieben werden.

Ein Beispiel: „Er ist gefragt, wenn es ans Stromsparen geht: Harter Polyurethan-Schaumstoff zählt zu den besten Dämmstoffen und führt bei Kühlgeräten und Gebäuden zu hoher Energieeffizienz." Zudem erfährt der Leser hier, dass ein Covestro-Vorläufer 1937 den Werkstoff erfunden hat. Der Hinweis auf die Nachhaltigkeit der Produkte ist auf den Punkt formuliert: „Normalerweise basieren Polyurethane auf fossilen Ressourcen wie Erdöl. Covestro ist es 2017 jedoch geglückt, eine wichtige Chemikalie für Hartschaum komplett aus Pflanzen herzustellen – ein bedeutender Schritt hin zu nachhaltiger Rohstoffversorgung." Verweise führen zu den Seiten im Bericht, auf denen die jeweiligen Produkte ausführlicher behandelt werden.

„Mit Blick auf den Klimawandel und die Ressourcenknappheit werden Rohstoffe aus Pflanzen und CO_2 zunehmend wichtiger als nachhaltige Alternative zu Erdöl", sagt dazu Vorstandsvorsitzender Steilemann. „Covestro als Chemieunternehmen trägt mit innovativen Materialien dazu bei, solche globale Herausforderungen zu überwinden und die UN-Ziele für nachhaltige Entwicklung zu erreichen. Wie wir das tun, zeigen wir unseren Lesern mit den Geschichten im Geschäftsbericht."

Der Magazinteil, gegliedert in die Abschnitte Spirit, Produkte, Digitalisierung und Produktion, erzählt Geschichten über Menschen, Ideen und Erzeugnisse des Unternehmens. Hier werden Mitarbeiter und Verbraucher vorgestellt, Kunden und Wissenschaftler. „Wir haben es uns bei Covestro auf die Fahnen geschrieben, unkonventionell und kreativ zu denken und zu handeln. Das zeigen wir im Magazinteil des Geschäftsberichts durch diverse große und kleine Geschichten rund um den Globus", sagt Steilemann [05, 06].

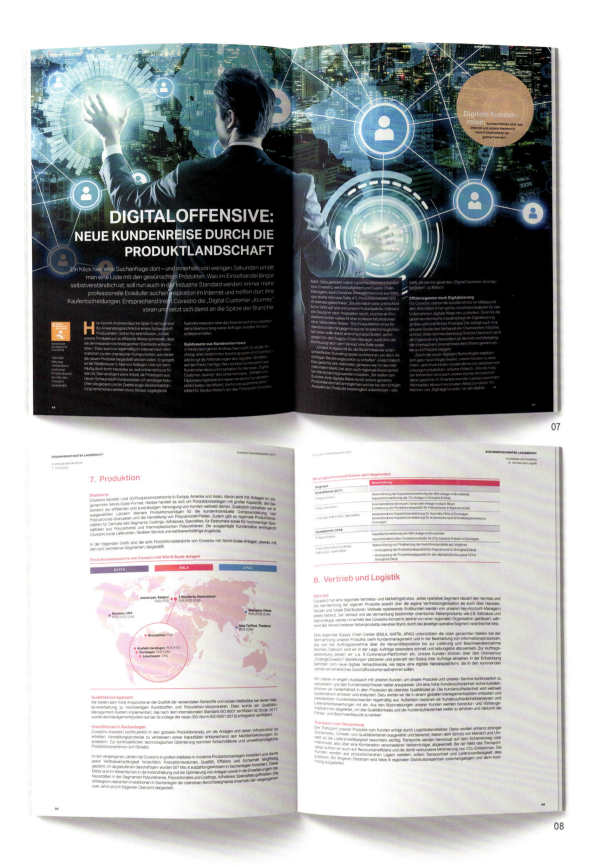

Die Beispiele sind vielfältig und breit gestreut. So stellt der Bericht die „Start-up Challenge" vor, einen unternehmensinternen Wettbewerb um die beste Geschäftsidee. Das Gewinnerteam erhält ein Jahr Zeit, sie weiterzuentwickeln und eine Million Euro Startkapital. Eine Reportage aus dem australischen Outback erzählt vom härtesten Solarmobilrennen der Welt – wobei der Rennwagen des Teams Sonnenwagen mit besonders umweltverträglichem Lack aus Covestro-Produkten beschichtet war.

Und anhand der Geschichte des Kleinbauern Mallappan aus Indien zeigt das Magazin, wie Covestro helfen will, die Lebensverhältnisse von zehn Millionen Menschen in unterversorgten Märkten zu verbessern. In diesem Fall liegt der Schlüssel in einem neuartigen Solartrockner aus Covestro-Materialien. Dadurch bleiben die geernteten Mangos länger haltbar, und Produzent Mallappan bekommt einen höheren Kilopreis.

Besonders übersichtlich: Zu Beginn jeder Geschichte zeigt das entsprechende Symbol an, welches Nachhaltigkeitsziel im Mittelpunkt steht.

KION GROUP AG, FRANKFURT AM MAIN GESCHÄFTSBERICHT
»VERANTWORTUNG«

 econforum.de/2018_022

 SILBER

STECKBRIEF	
Webadresse	www.kiongroup.com/de/main/responsibility_2/responsibility.jsp
Sprachen	Deutsch, Englisch
Durchschnittliche Seitenaufrufe / Monat (Page Impressions)	3.200
Durchschnittliche Einzelbesuche / Monat (Unique Visits)	2.000
Besondere Funktionalitäten	Einbindung bewegter Headerbilder im Loop; individuelles Screendesign für jede der 11 Stories
Konzeption, Umsetzung	MPM Corporate Communication Solutions GmbH, Mainz Beratung: Sandra Burkhardt

UNTERNEHMENSPROFIL	
Webadresse	www.kiongroup.com
Branche	Maschinenbau
Unternehmen	KION GROUP AG
Anzahl Standorte (national)	Rund 50 / 1.500 international
Mitarbeiter (national)	Rund 9.000 / rund 32.000 international
Gründungsjahr	2006
Nächster Geschäftsbericht	28.02.2019
Projektleitung	Senior Vice President Corporate Communications: Michael Hauger

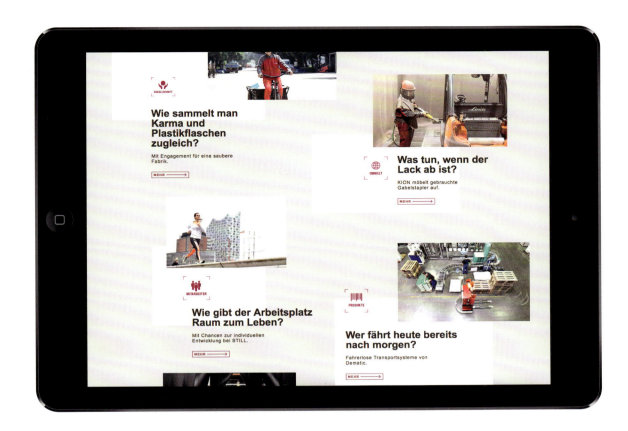

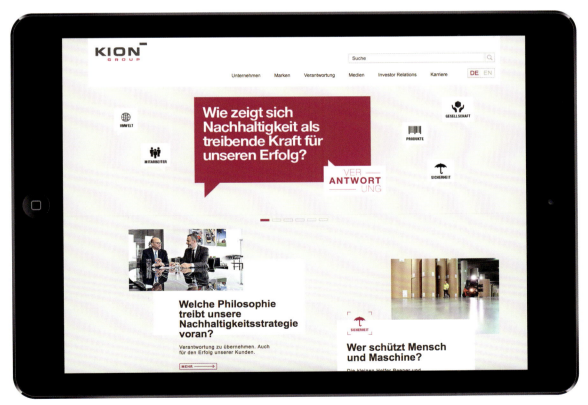

BEGRÜNDUNG DER JURY: Der digitale Geschäftsbericht *Verantwortung* der KION Group AG nutzt eindrucksvoll die Möglichkeiten der digitalen Berichterstattung und bietet außerordentlich gut aufbereitete Informationen. Insbesondere das Leitthema Nachhaltigkeit ist eindringlich umgesetzt. Die grafische Hervorhebung im Slogan macht deutlich, dass es ein wichtiger Bestandteil von Verantwortung ist, auf anstehende Fragen auch Antworten zu geben. Genau das ist KION mit diesem ausgezeichneten Geschäftsbericht gelungen.

01

Im vergangenen Jahr noch war der gedruckte Bericht für 2016 mit dem Award in Silber ausgezeichnet worden. Schon damals war die Qualität der mit der Printversion eng verzahnten, digital hinterlegten Inhalte aufgefallen. In diesem Jahr nun konnte die digitale Fassung des Geschäftsberichts die Jury überzeugen.

Die KION Group, in mehr als 100 Ländern tätig, ist innerhalb der Logistikbranche breit aufgestellt. Der Konzern baut Gabelstapler sowie Logistiksysteme und verkauft Lagertechnik. Zum Unternehmen gehören globale wie regionale Marken aus dem Premium- und dem Economysegment.

Der Digitale Geschäftsbericht *Verantwortung* führt in zehn multimedial aufbereiteten Reportagen um die Welt und zeigt, welche Antworten KION auf Fragen aus den Bereichen Umweltschutz, Mitarbeiterförderung, Familienfreundlichkeit und Arbeitssicherheit gibt.

„Nachhaltigkeit hat sich als Leitmotiv für den Geschäftsbericht aufgedrängt. Nachhaltigkeit hat für die KION Group aus vielen Gründen strategische Bedeutung", erklärt Michael Hauger, Leiter Konzernkommunikation der KION Group. „Unser Ziel ist es, Verantwortung zu übernehmen. Wir wollen Werte für die Gesellschaft und unsere Stakeholder schaffen. Unsere Nachhaltigkeitsstrategie stützt sich auf vier Säulen: Leistung, Produkte, Prozesse und Menschen. Wir verfolgen einen langfristigen unternehmerischen Ansatz."

Ein wiederkehrendes visuelles Element des digitalen Geschäftsberichts sind zwei eckige Sprechblasen, die sich überlappen. Abwechselnd stellen sie Fragen aus dem Bereich Nachhaltigkeit, zum Beispiel „Wer schützt Mensch und Maschine?" oder „Wer gibt Indiens jungen Frauen vom Land eine Chance?". Auf Ebene der Startseite lautet die Antwort in der anderen Sprechblase jeweils „Verantwortung", wobei der Wortbestandteil „Antwort" durch Fettsatz hervorgehoben ist.

Klickt der User das entsprechende Vorschaubild an, wird die Antwort auf der nächsten Ebene konkretisiert: Wer Mensch und Maschine schützt? „Beeper und Keeper. Kleine Helfer erhöhen die Arbeitssicherheit." Wer Indiens Frauen eine Chance gibt? „KION India – mit einem kühnen Projekt. Initiative fördert technisch versierte Frauen." Auf dieser Ebene treten Videoschleifen an die Stelle der Vorschaufotos: Das Thema wird buchstäblich mit Leben gefüllt.

„Wir bieten unseren Kunden innovative, effiziente Produkte, haben ein klares Managementsystem und möchten ein hervorragender Arbeitgeber für unsere Mitarbeiter sein. Das heißt einerseits, dass wir auf die konkreten Bedürfnisse unserer Kunden eingehen und so die nachhaltige, also langfristige Entwicklung unseres Unternehmens fördern, und andererseits, dass wir Verantwortung für die Gesellschaft übernehmen, in der wir leben", sagt Michael Hauger. „Verantwortung bedeutet für uns auch, als Corporate Citizen zu handeln und unserer Verantwortung als Bürger gerecht zu werden. Dieses Ziel können wir nur erreichen, wenn der Mensch im Mittelpunkt unseres Denkens und Handelns steht. Entsprechend haben die Geschichten des Geschäftsberichts eine starke persönliche Komponente."

Ein Beispiel ist die Reportage über Snehal Bhingardeve. Mit nicht einmal 20 Jahren ist die Inderin von zu Hause ausgezogen. Sie hat ihr Heimatdorf hinter sich gelassen, um im KION Werk in Pune als Leiterin einer Montagegruppe zu arbeiten und ihre Familie wirtschaftlich zu unterstützen. „Ich bin die erste Frau, die das Dorf verlassen hat, um zu arbeiten. Meine Freunde sind stolz auf mich und wollen es mir gleichtun", erzählt sie.

Der Geschäftsbericht *Verantwortung* erzählt die Geschichte ruhig und menschlich, in Text und Fotos [08]. Ein dreiminütiges Video zeigt Snehal Bhingardeve an ihrem Arbeitsplatz und mit ihrer Familie.

In ihrer Montagegruppe arbeiten nur Frauen in ihrem Alter. KION India führte die Girls-Only-Line ein, um Einstiegsjobs für Frauen aus ärmeren Verhältnissen zu schaffen. Vierzig von ihnen arbeiten mittlerweile in Pune, inzwischen auch in der Verwaltung und Qualitätssicherung. Bhingardeve kann von dem Gehalt die Ausbildung ihrer Geschwister unterstützen, und sie hat noch ganz andere Pläne: Sie will ihr Studium abschließen, zur ersten Ingenieurin aus ihrem Dorf werden und junge Leute beraten, wie sie Karriere machen können.

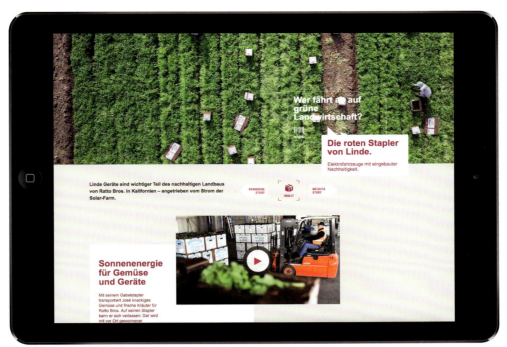

TÜV SÜD AG, MÜNCHEN GESCHÄFTSBERICHT

»MUT«

 econforum.de/2018_028

BRONZE

STECKBRIEF

Webadresse	www.geschaeftsbericht.tuev-sued.de
Seitenanzahl	192
Format	Magazin (etwas kleiner als A4)
Verarbeitung	Zwei getrennte Publikationen, die an der U4 des Finanzberichts ineinandergesteckt werden; Druck Umschlag und ausgewählte Seiten innen im Siebdruck mit Neonfarbe; zweiseitige Umschlagklappen
Papier	PlanoArt, papyrus, 115 g/m² und 300 g/m²
Sprachen	Deutsch, Englisch
Auflage	8.000
Vertriebskanäle	Printbericht: Corporate Book an ausgewählte (potenzielle) Kunden verschickt oder überreicht; Microsite: auf allen analogen u. digitalen Kanälen (Kundenmagazin, Social-Media-Channels etc.) beworben – u. a. über Minibooklet (= kostengünstige Alternative zu Printbericht für Messen u. Kundenbesuche)
Konzeption, Umsetzung	MPM Corporate Communication Solutions GmbH, Mainz Account Manager Corporate Reporting und Corporate Publishing: Sandra Burkhardt
Druck	G. Peschke Druckerei GmbH, Parsdorf b. München

UNTERNEHMENSPROFIL

Webadresse	www.tuev-sued.de
Branche	Sicherheit und Prüfung
Unternehmen	TÜV SÜD AG
Anzahl Standorte (national)	Mehr als 100
Mitarbeiter (national)	Mehr als 10.000
Gründungsjahr	1866
Nächster Geschäftsbericht	April 2019
Projektleitung	Leiter Interne Kommunikation und Publikationen: Jörg Riedle

BEGRÜNDUNG DER JURY: Der *Geschäftsbericht 2017 – Mut* ist ein überdurchschnittlicher Bericht. Er zeigt ein modernes und professionelles Bild der TÜV SÜD und glänzt durch detaillierte Angaben, imposante Schaubilder und Grafiken sowie fabelhafte Texte. Das Titelthema „Mut" findet in der strategischen Ausrichtung des Berichts eine bemerkenswerte Umsetzung. Flankiert wird sie durch ein Magazin, das aktuelle Projekte vorstellt, in denen der Zusammenhang zwischen Geschichten mutiger Menschen und der TÜV SÜD AG augenfällig wird.

01

02

Die TÜV SÜD AG beschäftigt auf der ganzen Welt 24.000 Mitarbeiter. Neben der Konzernzentrale unterhält der Zertifizierungs- und Prüfdienstleister Zentralen in Mailand und Wien für West- beziehungsweise Mittel- und Osteuropa, für den amerikanischen Kontinent in Boston, für die Region ASMEA in Pune und für Nordasien in Hongkong. Der Umsatz lag 2017 bei knapp 2,5 Milliarden Euro.

Derzeit sieht sich das Unternehmen in einer Umbruchphase. TÜV SÜD möchte zum bestimmenden Sicherheitspartner der digitalen Transformation werden. Unter dem Motto „Veränderung braucht Mut" beschreibt der Geschäftsbericht, wie das Unternehmen den größten Veränderungsprozess seiner Geschichte vorantreibt.

„Mut in einer Umbruchphase bedeutet, immer wieder bestehende Dienstleistungen neu zu erfinden, neue Wege zu gehen und sich aktiv weiterzuentwickeln – und trotzdem keine Abstriche bei Qualität und Verlässlichkeit zu machen", erläutert Jörg Riedle, Leiter Interne Kommunikation und Publikationen bei der TÜV SÜD AG. „Indem wir heute und in der Welt von morgen für mehr Sicherheit sorgen, ist TÜV SÜD auch ein ‚Mutbereiter' für seine Kunden. Denn diese können nur mutig sein, wenn sie Risiken einschätzen und damit bewältigen können. Dabei helfen wir mit unseren Services."

Der *Geschäftsbericht 2017 – Mut* ist auffällig in Neongelb und Dunkelblau gestaltet. Aufwendiger Siebdruck lässt die Neonfarbe deutlich hervortreten. Der Bericht besteht aus zwei Bänden, dem eigentlichen Geschäftsbericht und einem Magazinteil. „Mut" steht in großen, blauen Lettern auf dem leuchtenden Untergrund. Die Titelseite des Zahlenbandes ist ein wenig zurückhaltender gestaltet – hier dominiert Dunkelblau. Die letzte Seite des Magazins ist in eine Lasche in die Rückseite des Finanzteils eingeschoben. Zusammen ergeben die Bände ein Heft, das man wenden und von beiden Seiten lesen kann.

Das Magazin ist in die fünf Kapitel „Digitale Transformation", „Mobilität", „Industrieanlagen", „Produktsicherheit" und „Arbeit & Leben" gegliedert. Jedes Kapitel besteht aus zwei Beiträgen: Faktisch gehaltene Berichte präsentieren aktuelle Arbeitsgebiete und Innovationsfelder von TÜV SÜD. Ergänzt werden sie durch emotional erzählte Porträts mutiger Menschen aus aller Welt, die durch ihren Einsatz der Gesellschaft Impulse geben, Fortschritt vorantreiben oder auch einfach ihre eigenen Möglichkeiten ausloten.

„Mut hat viele Aspekte – und auch die Themen Vertrauen und Sicherheit, die für TÜV SÜD zentrale Begriffe sind. Wir wollen in unserem Geschäftsbericht nicht nur darstellen, wo unser Unternehmen Mut beweist, sondern auch Menschen aus ganz unterschiedlichen Kulturen und Bereichen zeigen, die täglich Mut beweisen", sagt Jörg Riedle.

Der Kosmopolit und Entrepeneur Shai Reshef beispielsweise hat eine Online-Universität gegründet. Alessia Zecchini hat als Apnoetaucherin Weltrekorde aufgestellt. Die Monobobskifahrerin Anna Schaffelhuber hat bei den Paralympics mehrere Goldmedaillen gewonnen. Die Frauenrechtlerin Theresa Moozhiyil kämpft in Indien gegen patriarchales Denken und stellt in ihrem Unternehmen überwiegend Frauen ein. Und ein Team aus Niederbayern hat den ersten selbstfahrenden Minibus Deutschlands in Betrieb genommen.

07

08

Die Porträts sind vierfarbig gedruckt, besitzen ein dynamisches und variables Layout [05–08]. Ihre Überschriften sind in jeweils eigenen, auf den Inhalt abgestimmten Typografien gehalten. Die fachlichen Berichte hingegen beschränken sich auf jeweils eine Doppelseite und die Farben Schwarz und Blau.

Gleich der erste Magazinbeitrag präsentiert ein Beispiel für die digitale Transformation. Kurz und knapp wird hier beschrieben, wie TÜV SÜD auf den Bedarf an sicheren Speichermöglichkeiten in der Cloud reagiert: Die „Sealed Cloud" ist eine Sicherheitstechnologie, die sogar Serverbetreiber vom Zugriff auf die geschützten Daten ausschließt – nur der autorisierte Nutzer kann das. Damit zielt TÜV SÜD vor allem auf Kunden im Mittelstand, einer Gruppe, in der die Bedenken, sich der Cloud anzuvertrauen, besonders groß sind. 1.250 Unternehmen nutzen die Sealed Cloud bereits.

B. BRAUN MELSUNGEN AG, MELSUNGEN GESCHÄFTSBERICHT
»BARB | EAGLE GROVE, IOWA«

econforum.de/2018_034

STECKBRIEF	
Webadresse	www.bbraun.de/barb
Seitenanzahl	100
Format	210 mm × 280 mm
Sprachen	Deutsch, Englisch
Auflage	200
Vertriebskanäle	Ausschließlich digital (Website, Social Media, Intranet), Reichweite: 72.000 Leser
Konzeption, Umsetzung	Strichpunkt GmbH, Stuttgart

UNTERNEHMENSPROFIL	
Webadresse	www.bbraun.de
Branche	Medizintechnik, Pharma
Unternehmen	B. Braun Melsungen AG
Anzahl Standorte (national)	16 (ohne Dialysezentren)
Mitarbeiter (national)	Mehr als 15.000
Gründungsjahr	1839
Nächster Geschäftsbericht	März 2019
Projektleitung	Head of Corporate Publishing: Holger Minning

Eine lachende Frau mit braunen Haaren und Daunenjacke kniet im Schnee. Sie hält ihren Hund im Arm. Die Wintersonne taucht die Landschaft in gelbes Licht. Auf dem Titelbild des Geschäftsberichts betont B. Braun Melsungen AG ihre menschliche Seite.

Der Bericht rückt einen Menschen in den Vordergrund: Barb Dooley. Die 60-jährige Amerikanerin wohnt in Eagle Grove im US-Staat Iowa. Der 32-seitige Magazinteil erzählt aus dem Leben der Krankenschwester im Ruhestand. **Durch authentisches Storytelling erfährt der Leser, wie B. Braun die Gesundheit von Menschen schützt und verbessert.** So schafft der Bericht eine Verbindung zwischen Barbs Geschichte und den Themen des Unternehmens.

Es sind Themen aus den Bereichen Gesundheit und Medizin, mit denen Barb, ihre Familie und Freunde in ihrem Leben in Berührung kommen. Barbs Schilderungen werden ergänzt durch medizinische Nebengeschichten und Infografiken, die die entsprechenden B. Braun Therapiefelder anschaulich erklären: orthopädischer Gelenkersatz, Kontinenzversorgung, Ernährungstherapie sowie Hämodialyse. Die Printversion des Magazins hat auch visuell einen Bezug zu Amerika. Der digitale Bericht, ergänzt durch Bilder und Videos, machen Barbs Geschichte auf der Website www.bbraun.de/barb erlebbar.

04

05

Auf Barbs Geschichte folgt der Finanzbericht. Auf 40 Seiten bietet der Konzernlagebericht einen ausführlichen Überblick über die Entwicklung des Unternehmens. Neben dem Geschäftsmodell werden insbesondere die gesamtwirtschaftlichen Rahmenbedingungen der Regionen kompakt erläutert. Es folgt der Konzernabschluss auf zehn Seiten mit übersichtlich gestalteten Tabellen.

B. Braun ist mit 62.000 Mitarbeitern in 64 Ländern einer der weltweit führenden Hersteller von Medizintechnik und Pharmaprodukten sowie Anbieter medizinischer Dienstleistungen. 95 Prozent der rund 5.000 B. Braun Produkte stellt das Unternehmen selbst her – Lösungen für die Infusions-, Ernährungs- und Schmerztherapie, Infusionspumpen und -systeme, chirurgische Instrumente, Nahtmaterial, Hüft- und Knie-Endoprothesen sowie Geräte und Zubehör für die Dialyse und die Wundversorgung. Zudem berät B. Braun Kliniken darin, wie sie ihre Prozesse optimieren können. Insgesamt hat der Konzern im Jahr 2017 einen Jahresumsatz von 6,8 Milliarden Euro erwirtschaftet.

DR. ING. H.C. F. PORSCHE AG, STUTTGART GESCHÄFTSBERICHT
»PERSPECTIVE.«

 econforum.de/2018_038

SILBER
INTEGRIERTE UNTERNEHMENSKOMMUNIKATION

STECKBRIEF	
Seitenanzahl	258
Format	210 mm × 280 mm
Verarbeitung	Fadenheftung, Schuber, Topschild, Sonderfarbe Silber, Heißfolienprägung, 5/5-farbig plus Lack
Papier	Umschlag: 250 g/m² Scheufelen phenixmotion Xenon, Scheufelen Inhalt: 135 g/m², Scheufelen phenixmotion Xenon, Scheufelen
Sprachen	Deutsch, Englisch, Chinesisch
Auflage	2.055
Vertriebskanäle	Mailing, Pressekonferenz, persönliche Übergabe
Konzeption, Umsetzung	MEIRÉ UND MEIRÉ GmbH & Co. KG, Köln Projektleitung: Kolja Konstantin Pitz, Kreativdirektion: Mike Meiré, Brand Manager: Julia Otschik, Art Direktion: Katharina Ripperda, Reinzeichnung: Tamara Schiebahn, Produktion: Kathrin Wilde
Druck	Druckstudio GmbH, Düsseldorf Vertrieb: Edgar Scholz, Geschäftsführung: Werner Drechsler

UNTERNEHMENSPROFIL	
Webadresse	www.newsroom.porsche.com
Branche	Automobil
Unternehmen	Dr. Ing. h.c. F. Porsche AG
Anzahl Standorte (national)	5 bis 10
Mitarbeiter (national)	Mehr als 10.000
Gründungsjahr	1931
Nächster Geschäftsbericht	März 2019
Projektleitung	Leiterin Corporate Publishing: Sabine Schröder, Projektmitarbeit: Pascal Schulze-Bisping

SILBER INTEGRIERTE UNTERNEHMENSKOMMUNIKATION — CHÄFTSBERICHT 039

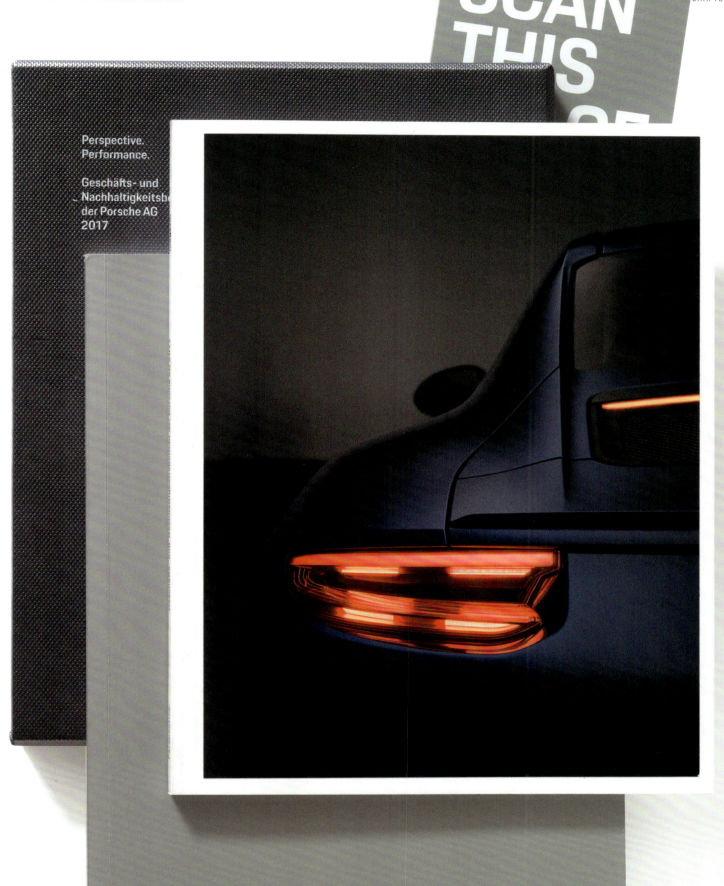

Wie kaum ein anderes Unternehmen steht Porsche für herausragendes Design und ein hohes Maß an Individualität. Der Geschäfts- und Nachhaltigkeitsbericht spiegelt dies thematisch und in der Aufmachung wider. Der Bericht besteht aus zwei Teilen, die im silbergrau schimmernden Schuber zusammenfinden: Band eins heißt *Perspektive.* und ist als Magazin konzipiert. Der zweite Band *Performance.* umfasst die Zahlen, Daten und Fakten zum abgelaufenen Geschäftsjahr sowie zum Nachhaltigkeitsengagement von Porsche. Nur ein symbolisches Tortendiagramm auf dem Titel von *Performance.* zeigt an, dass sich der Band ausschließlich um Zahlen und Fakten dreht. Die Geschäftszahlen sind abwechslungsreich aufgearbeitet und ansprechend bebildert. Der Tabellenteil ist in Weiß auf edlem, silbergrauem Grund dargestellt.

Auch der Titel von *Perspective.* kommt ohne Text aus: Ein künstlerisches Hochglanzfoto zeigt ein Detail eines Fahrzeughecks, dessen Rundungen auch dem Laien sofort verraten, dass hier ein Porsche 911 abgebildet ist.

Den essayistischen roten Faden bildet die Frage nach der „Identität im Zeitalter der digitalen Transformation" – ein hochaktuelles Thema, das die Gesellschaft und die Automobilindustrie gleichermaßen beschäftigt. Programmatisch formuliert es die Aufmacherseite des Kapitels „Core Identity": **„Digitale Transformation fordert vor allem die dynamischen Aspekte der Identität: Nur wer sich ständig neu erfindet, kann morgen noch er selbst sein."** Der Leser muss nur einmal umblättern, um zu erfahren, was das konkret für Porsche bedeutet. Im Interview erklärt der Vorstandsvorsitzende Oliver Blume unter anderem: „Ich wage die Prognose, dass bis 2030 der sportlichste Porsche einen Elektroantrieb hat. Wer weiß – vielleicht fährt bis dahin sogar unsere Sportwagenikone 911 elektrisch."

Der Band *Perspektive.* versammelt eine Reihe von Essays hochkarätiger Autoren: Buchautor und CEO der Axel Springer hy GmbH Christoph Kesse etwa schreibt über die Selbstbestimmung des Menschen im Zeitalter der Digitalisierung, Zeit-Redakteur Tobias Hürter über Objekte, die unsere Identität prägen. Anspruchsvoll bebildert werden die Essays von Fotografen und Medienkünstlern wie Amos Fricke, Anny Wang oder der Designagentur Sucuk und Bratwurst.

Thematisch passend kann der Leser ausgewählte Fotos und Grafiken zum Leben erwecken, indem er die Augmented-Reality-Funktion des Geschäfts- und Nachhaltigkeitsberichts nutzt [05]. Dazu muss er zunächst die Porsche Newsroom-App herunterladen. Scannt er nun die entsprechenden Bilder in der Printversion, werden informative Kurzvideos sowie weitere ergänzende digitale Inhalte gezeigt.

EUROPA SERVICE HOLDING AG, SOLINGEN GESCHÄFTSBERICHT
»IM AUFTRAG IHRER KANZLERIN«

econforum.de/2018_042

STECKBRIEF

Webadresse	www.youtube.com/watch?v=etEi8WbH7EY
Sprachen	Deutsch
Interaktive Technologien	Facebook, YouTube, LinkedIn, Xing
Konzeption, Umsetzung	Jannis Döring, Hannover Drehbuch/Kamera/Schnitt/Color Grading/Erklärvideos: Jannis Döring, Drehbuch/Regie: Moritz Kriese, Kamera: Christopher Fey, Ton/Sound-Design: Sebastian Saager
Druck	A1 SPECIALS, Bremen Geschäftsführerin: Ute Carla Betjemann
Schauspieler	Jens E. Hilgerloh, Reiner Scharlowsky, Antonia von Romatowski, Vong Chanthapanya, Michael Wessiepe

UNTERNEHMENSPROFIL

Webadresse	www.europa-service.de
Branche	Autovermieter
Unternehmen	EUROPA SERVICE Holding AG
Anzahl Standorte (national)	Über 1.100 (EUROPA SERVICE Gruppe)
Mitarbeiter (national)	Mehr als 50
Gründungsjahr	1965
Nächster Geschäftsbericht	Juli 2018
Projektleitung	Vorsitz Vorstand: Jens E. Hilgerloh, Vorstand: Detlef Kehler, Markus Hoff, Marketing und PR: Inga Porep

PARKPLATZ, SCHLOSS ELLER, 20:21

Film ab! Der Vorstandsvorsitzende der EUROPA SERVICE Autovermietung AG ist in einem schwarzen Audi auf der Autobahn unterwegs. Er bekommt einen Anruf. Am Telefon ist LQ, die Quartiermeisterin, und fragt ihn, ob er noch einmal in die Firma komme. Als er dies verneint, ermahnt sie ihn, den Wagen bitte in einem Stück wiederzubringen, und nicht nur ein Stück vom Wagen. Noch ein schneller Blick auf die Uhr und mit Vollgas geht es los. Spätestens hier ist klar: Der Film „Im Auftrag Ihrer Kanzlerin" ist eine Hommage an die James-Bond-Reihe.

Wäre es nicht bereits im Titel eingeblendet worden, der Zuschauer würde nicht erwarten, dass er einen digitalen Geschäftsbericht anschaut. Denn immer wieder wird dieser Film an passender Stelle unterbrochen, um sich auch als Geschäftsbericht zu präsentieren: **Unternehmenskennzahlen und Bilanzsummen – alles ist enthalten und wird auf kurzweilige Weise visualisiert.** Dieser originelle Auftritt wurde durch limitierte Videobooks ergänzt, in denen die wichtigsten Kennzahlen noch einmal gedruckt aufgeführt sind.

Die Handlung des Kurzfilms: Die Wahlauftaktveranstaltung der Kanzlerin auf Schloss Eller wird von der konkurrierenden Partei „Plan B" torpediert. Sie hat am Einlass einen Ganoven platziert, der die Autoschlüssel der Abgeordneten an sich nimmt – sämtliche Autos werden gestohlen. Zum Glück für die Kanzlerin befindet sich der Autovermieter Jens Hilgerloh – der Vorstandsvorsitzende des Unternehmens spielt sich selbst – unter ihren Gästen. Es bedarf einiger Telefonate und der raschen Mithilfe durch das gesamte Team der EUROPA SERVICE AG und ihren Partnern, bis nach kurzer Zeit schließlich die ersten Limousinen bereitstehen.

Die Präsentation der Kennzahlen ist eng mit der Filmhandlung verschränkt. So organisiert der Autovermieter im Film einen Teil der benötigten 100 Fahrzeuge, indem er sie aus Tochter- und Beteiligungsgesellschaften zusammenzieht. Dazu werden die Eckdaten der EUROPA SERVICE Gruppe eingeblendet, des Tochterunternehmens Drive-CarSharing, der ES Dienstleistungsgesellschaft sowie der ARS, der Auto Rent Systems.

Weitere 50 Limousinen stellt der Vermieter der Kanzlerin zur Verfügung, indem er sie kurzerhand zukauft. Hierzu der Infoblock: Die EUROPA SERVICE Holding ließ 2016 insgesamt 25.564 Fahrzeuge neu zu, vom Nissan bis zum Aston Martin, zehn Prozent mehr als im Vorjahr.

Schließlich treffen die Limousinen vor Schloss Eller ein, alle Gäste können abreisen. Die Kanzlerin ist begeistert: „Deutschland steht zutiefst in Ihrer Schuld. Wie war noch gleich der Name?" „Hilgerloh, Jens Hilgerloh", erwidert der Vorstandsvorsitzende der Unternehmensgruppe. Am Ende fährt sie in seinem Audi fort. Hilgerloh geht zu Fuß nach Hause. An der Landstraße macht er eine Entdeckung. Fortsetzung folgt.

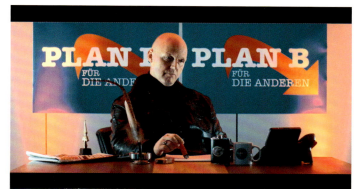

EUROPEAN AMERICAN INVESTMENT BANK AG, WIEN (ÖSTERREICH) GESCHÄFTSBERICHT
»DIE GRÖSSE IM KLEINEN«

econforum.de/2018_046

STECKBRIEF	
Seitenanzahl	24
Format	DIN A3
Verarbeitung	Geschäftsbericht-Zeitung in Mappe eingelegt; Mappe mit Überzug außen indigo/innen orange, Öse silber, Rundgummi orange eingezogen, Splint silber
Papier	Mappe: 135 g/m² Curious Skin Zeitung: 85 g/m² Opako Bulk
Sprachen	Deutsch, Englisch, Russisch
Auflage	400
Vertriebskanäle	Veranstaltung, persönliche Übergabe
Konzeption, Umsetzung	die3 Agentur für Werbung und Kommunikation GmbH, Dornbirn (Österreich) Beratung: Alex Welzenbach, Creative Director: Andreas Gorbach, Art Director: Cornelia Wolf
Druck	Druckerei Thurnher GmbH, Rankweil (Österreich)
Illustration	Shake Your Tree Studio, Berlin

UNTERNEHMENSPROFIL	
Webadresse	www.eurambank.com
Branche	Bankwesen
Unternehmen	European American Investment Bank AG
Anzahl Standorte (national)	1
Mitarbeiter (national)	Mehr als 20
Gründungsjahr	1999
Nächster Geschäftsbericht	Juni 2018
Projektleitung	Vorsitz Vorstand: Manfred Huber

GESCHÄFTSBERICHT 2016

EURAM BANK AG

DIE GRÖSSE
— IM KLEINEN —

EURAM BANK
Creative Financial Solutions

Die Wiener pflegen bekanntermaßen ein geradezu romantisches Verhältnis zum Kaffee. Der Geschäftsbericht *Die Größe im Kleinen* der European American Investment Bank AG macht gleich zu Beginn klar, dass dies auch in der Finanzbranche gilt: „Als Wiener lieben wir den Espresso oder wie man bei uns sagt, den ‚Mokka'. Wir trinken ihn mit Kunden, mit Kollegen und auch alleine mit unseren Gedanken."

Dass hier explizit von Espresso die Rede ist (und nicht etwa von Einspänner, Melange oder einem Braunen), ist kein Zufall. Denn im zweiten Teil des gleichen Zitats wird das Format der Kaffeespezialität in Bezug zu dem Bankhaus gesetzt, das sich über seine kompakte Größe definiert: „Wir genießen ihn in der Bank und in den Cafés rundum, und er steht für das, was uns zum Erfolg geführt hat: Die Konzentration auf die Stärken des Kleinen."

Die kleine Bank bietet Bank- und Finanzdienstleistungen an, sie ist zu 100 Prozent in Privatbesitz. **Die Konzentration auf die Stärken des Kleinen ist tief im Selbstbild des Unternehmens verankert.** Das Narrativ der Wiener Kaffeehauskultur bietet dazu weitere Anknüpfungspunkte. So spielt der Geschäftsbericht bewusst mit der Assoziation des Kaffeehauses, in dem der Kellner seine Stammgäste kennt, in dem sich die Gäste gern austauschen und in dem die Tradition des ausgiebigen Zeitunglesens gepflegt wird.

Klein, stark und mit klarem Bekenntnis zu Wien – so treffend, wie die Espressometapher ist, so schlüssig ist die Gestaltung des Berichts: Den Umschlag bildet eine tiefblaue Mappe im Atlasformat, die einem Kaffeehausmenü nachempfunden wurde. In großen Lettern steht dort „DIE GRÖSSE" und in kleinen Lettern „im kleinen". Der Geschäftsbericht ist im großzügigen Zeitungsformat gedruckt. Einmal gefaltet ist er in die Mappe eingelegt und mit einem orangen Gummizug fixiert.

Als wiederkehrendes Element kommt die Farbe Orange zum Einsatz: Sie dominiert großflächig die Innenseiten der Mappe und wird in Überschriften sowie in gliedernden Zwischenüberschriften erneut aufgegriffen.

Luftig gestaltete Zwischenseiten lockern den Zahlen- und Berichtsteil auf: Großformatige Illustrationen zeigen mit leichtem Strich Kaffeehausszenen. Kurze Texte stellen einen Bezug zum Unternehmen als kleine Bank her, indem sie die Vorteile der Unternehmensgröße herausstellen: „klein ist flexibel", „klein ist kommunikativ", „klein ist kreativ", „klein ist aufmerksam" und „klein ist kooperativ". Die knallorangen Überschriften sind daher wohl auch konsequent in Kleinschreibung gehalten.

FRANZ HANIEL & CIE. GMBH, DUISBURG GESCHÄFTSBERICHT
2017 »NEUE WEGE GEHEN«

 econforum.de/2018_050

STECKBRIEF	
Webadresse	http://haniel.corporate-report.com/2017/
Seitenanzahl	200
Format	210 mm × 297 mm
Verarbeitung	U1, U2 und Rücken gedoppelt, Klebebindung mit Innenumschlag, Wannenstanzung mit Perforation eingehängtes Magazin
Papier	Recyclingpapier aus 100 % Altpapier, FSC recycled, 140–350 g/m², Circle Premium Offset White
Sprachen	Deutsch, Englisch
Auflage	2.000
Vertriebskanäle	Mailing, Online, Veranstaltungen, persönliche Übergabe
Konzeption, Umsetzung	SILVESTER GROUP GmbH & Co. KG, Hamburg Managing Partner: Thilo M. Tern, Art Director: Dörte Roßmann, Director Digital/Film: Paul Maibach
Druck	druckpartner Druck- und Medienhaus GmbH, Essen
Fotografie	Fotoagentur-Ruhr Moers Bettina Engel-Albustin, Moers; Katja Velmans, Düsseldorf

UNTERNEHMENSPROFIL	
Webadresse	www.haniel.de
Branche	Investmentholding / Family-Equity-Unternehmen
Unternehmen	Franz Haniel & Cie. GmbH
Anzahl Standorte (national)	1
Mitarbeiter (national)	Mehr als 100
Gründungsjahr	1756
Nächster Geschäftsbericht	April 2019
Projektleitung	Sonja Hausmanns, Dr. Katharina Janke, Projektmanagement: Katrin Mertens

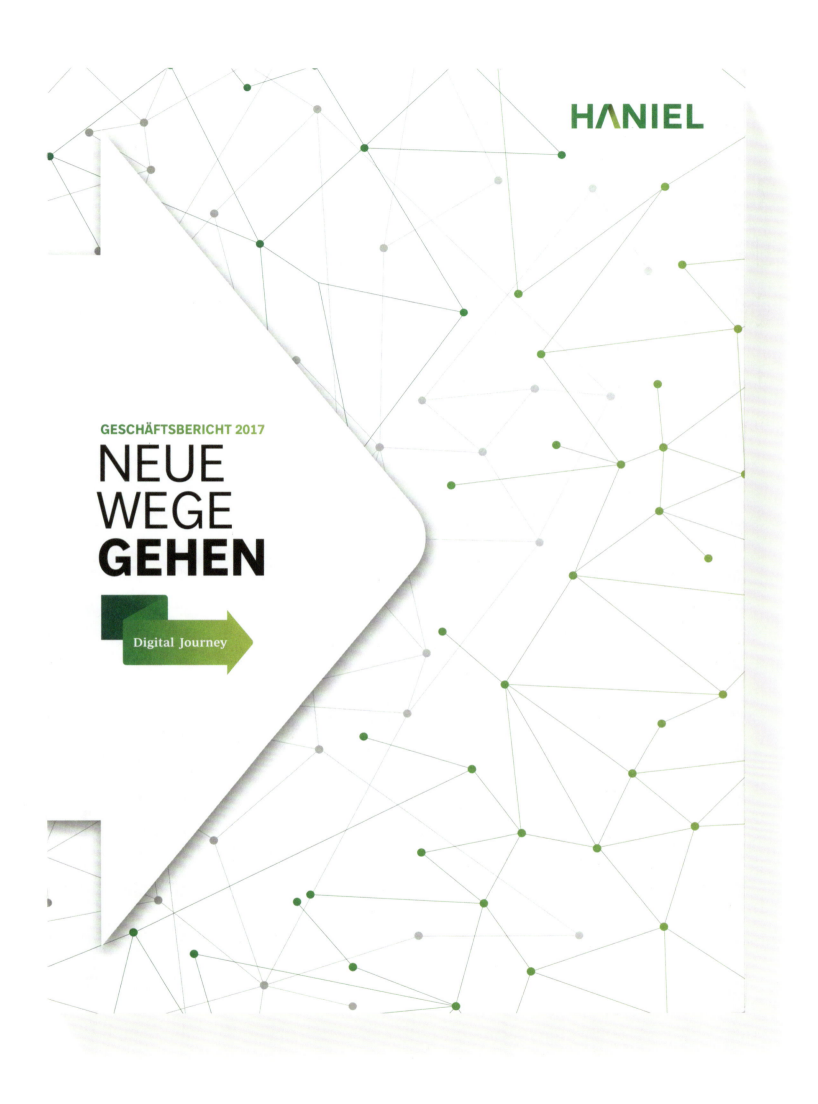

Der Geschäftsbericht 2017 *Neue Wege gehen* des Family-Equity-Unternehmens Haniel ist der dritte Teil eines „Fortsetzungsromans". Bereits in den vergangenen beiden Jahren hatten sich die Geschäftsberichte des 1756 gegründeten Familienunternehmens mit dem Digitalen Wandel beschäftigt. Sie zeigen, wie das auf Beständigkeit ausgerichtete Unternehmen sein langfristiges Ziel, in Generationen zu denken und nachhaltig zu handeln, in das digitale Zeitalter überführt. Haniels Ziel ist es, dabei „enkelfähig" zu bleiben.

Der Geschäftsbericht *Auf den Weg gemacht* skizzierte 2015 den Ansatz, den Haniel verfolgt. In *Digital Journey* stellte das Unternehmen 2016 konkrete Ziele der digitalen Reise vor. Der dritte Geschäftsbericht zur Digitalen Transformation erläutert nun, wie Haniel diese Ziele erreicht.

In der Klappe der Titelseite werden die Kennzahlen des Jahres 2017 jeweils im Vergleich zu 2016 aufgeführt. Vom Umsatz über den Cashflow bis hin zur Mitarbeiterzahl ist zu jeder Kennzahl die Seite im Geschäftsbericht angegeben, auf der der Leser mehr erfährt. In der gleichen Aufklappseite findet sich ein Überblick über die sechs Geschäftsbereiche sowie zwei Finanzbeteiligungen Haniels. **Der Magazinteil Neues Denken wagen umfasst 34 Seiten, ist in kleinerem Format ausgeführt und kann per Perforation vom 156-seitigen Finanzteil herausgelöst werden [01].**

Als Einstieg des Magazins präsentiert Haniel seine Strategie: „Mehrwert durch flexibles Portfoliomanagement". Die sechs Geschäftsbereiche werden jeweils auf einer Doppelseite dargestellt: BekaertDeslee, ein Hersteller von Matratzenbezugsstoffen; der international führende Full-Service-Anbieter individueller Wachraumhygiene- und Textillösungen, CWS-boco; der Rohstoffrecycler ELG; Optimar, ein Hersteller automatisierter Fischverarbeitungssysteme; der Verpackungsmaschinenhersteller Rovema und TAKKT, ein Portfolio von B2B-Versandhändlern für Geschäftsausstattung.

Auf sechs Seiten erklären Führungskräfte aus Unternehmensbereichen, wie sie den Digitalen Wandel gestalten [04, 05]. Das Magazin zeigt außerdem, wie sich Schacht One, die digitale Werkbank der Haniel-Gruppe, die Leser bereits aus den vorangegangenen Geschäftsberichten kennen, entwickelt hat. Schließlich werden für jeden Geschäftsbereich die konkreten Ziele aus dem Bericht 2016 aufgegriffen, zu denen die Digital Journey führen soll, und aktuelle Projekte dargestellt.

Der solide gearbeitete Finanzteil des Berichts bietet detaillierte Informationen, ergänzt durch eine Vielzahl übersichtlicher Charts. Dem Thema Digitalisierung angemessen ist der Geschäftsbericht 2017 *Neues Denken wagen* crossmedial konzipiert. QR-Codes führen zum Online-Bericht, wo als digitaler Mehrwert Projektberichte, Fallbeispiele und Filme zu Strategie, Corporate Governance und Digitalthemen hinterlegt sind.

KFW BANKENGRUPPE, FRANKFURT AM MAIN GESCHÄFTSBERICHT
»WEITERDENKEN – AUS VERANTWORTUNG«

econforum.de/2018_054

	STECKBRIEF
Webadresse	www.kfw.de/geschaeftsbericht
Sprachen	Deutsch, Englisch
Durchschnittliche Einzelbesuche / Monat (Unique Visits)	7.500
Besondere Funktionalitäten	Ausgewogene Mischung aus Text, Zahl und Illustration; animierte Kreisdiagramme geben die Zusammensetzung von Gesamtsummen wieder, Balken- oder Liniendiagramme die Entwicklung von (Förder-)Zahlen; komplett responsive
Interaktive Technologien	Vertiefende Infos zum Ausklappen und als Verlinkung; ausgewählte Highlight-Zahlen werden hervorgehoben (Animation: Hochzählen der Zahl) und können nach Jahren oder Regionen verglichen werden (Tab-Navigation)
Konzeption, Umsetzung	MEHR+ Kommunikationsgesellschaft mbH, Düsseldorf Creative Director: Markus Schüßler, Beratung: Stefanie Golm, Art Director: Victoria Sabath

	UNTERNEHMENSPROFIL
Webadresse	www.kfw.de
Branche	Banken
Unternehmen	KfW Bankengruppe
Anzahl Standorte (national)	3
Mitarbeiter (national)	Mehr als 5.000
Gründungsjahr	1948
Nächster Geschäftsbericht	April 2019
Projektleitung	Leitung Kommunikation: Dr. Michael Helbig, Leitung Konzernkommunikation: Armin Kloß, Projektleitung: Sandra Karabinski, Kerstin Luthe, Kerstin Scheffer

Digitalisierung, Globalisierung, Klima- und sozialer Wandel sind Themen, die neue Herausforderungen mit sich bringen. Die KfW Bankengruppe fördert Menschen, Unternehmen, Institutionen und Gesellschaften, die sich der Bewältigung dieser Herausforderungen stellen, weiterdenken und nachhaltig handeln. Die Unterstützung der Projekte dieser „Weiterdenker" sieht die KfW als zentrale Aufgabe an. 2017 wurde die Kampagne „Weiterdenker" gestartet. Der Geschäftsbericht *Weiterdenken – aus Verantwortung* ist ein wichtiger Teil davon.

01

02

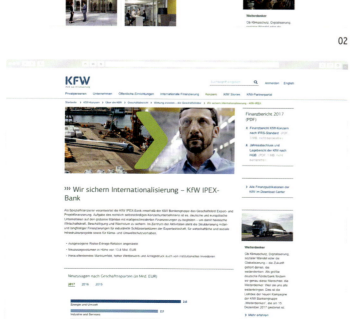

03

Einmal im Jahr fasst der Bericht die Finanzierungs- und Förderleistungen der KfW sowie deren Wirkungen zusammen. Damit positioniert sich die KfW gegenüber einer Zielgruppe von relevanten Entscheidungsträgern als elementarer Impulsgeber, der zukunftsweisende Ideen erkennt und finanziert. „Bank aus Verantwortung" ist also keine Worthülse, sondern das gesellschaftliche Leistungsversprechen einer der größten Förderbanken weltweit.

Die Startseite des transparent aufbereiteten Geschäftsberichts 2017 ist klar gegliedert. Unter einer Slideshow mit Motiven aus der „Weiterdenker"-Kampagne folgen Schaltflächen zum Brief des Vorstandes, zu den Kennzahlen, zum Bericht des Verwaltungsrats und zum Corporate-Governance-Bericht. Den Magazinteil bilden die Rubriken „Weiterdenken" und „Wirkung erzielen". In der rechten Seitenspalte steht der Finanzbericht 2017 als PDF zum Download bereit. Darunter befindet sich ein Link zu einem Interview, in dem zwei KfW Marketing-Expertinnen die Leitidee der Kampagne „Weiterdenker" erläutern.

Klickt sich der User beispielsweise in den Bereich „Wirkung erzielen" erhält er einen umfassenden Einblick in die Geschäftsfelder der KfW Bankengruppe [02–07]. Zu ihnen zählen unter anderem die Sicherung der Internationalisierung durch die KfW IPEX-Bank, der Geschäftsbereich KfW Entwicklungsbank und das Geschäftsfeld Finanzmärkte. Auch hier gibt es anfangs wieder eine Slideshow, bevor die Schaltflächen zu den einzelnen Themen folgen. Wer nach dem Lesen der Inhalte noch mehr erfahren will, begibt sich auf die nächste Ebene.

Immer wieder trifft der User im Geschäftsbericht auf Zitate von Mitarbeitern, die das Engagement der KfW Bankengruppe belegen. Zum Einstieg in einzelne Kapitel kommunizieren typografische Animationen, welche Wirkungen jeweils erzielt wurden. Darüber hinaus fassen gut strukturierte Grafiken oder animierte Diagramme wichtige Zahlen und Fakten zusammen. Zum Einsatz kommen auch Illustrationen, die den Blick des Users lenken und ihm helfen, Inhalte schnell zu erfassen.

04

05

06

07

NBB NETZGESELLSCHAFT BERLIN-BRANDENBURG GMBH & CO. KG, BERLIN
GESCHÄFTSBERICHT
»DIE ZUKUNFT DES GASNETZES – DAS GASNETZ DER ZUKUNFT«

econforum.de/2018_058

STECKBRIEF	
Webadresse	www.nbb-netzgesellschaft.de/Downloads/nbb_geschaeftsbericht_2017.pdf
Seitenanzahl	96
Format	210 mm × 297 mm
Verarbeitung	Flexcover mit geradem Rücken, inkl. Heißfolienprägung mit dunkelblauer Metallicfolie (Luxor 302) auf dem Titel und der Rückenzeile, Seite 3 bis 6 sind verkürzt auf eine Breite von 10,5 cm, Verkürzung erfolgt durch Registerstanzung am Buchblock
Papier	Umschlag: 120 g/m² f-color orange 416 Vorsatz: 120 g/m² f-color orange 416 Inhalt: 120 g/m² TAURO OFFSET matt holzfrei
Sprachen	Deutsch
Auflage	700
Vertriebskanäle	Mailing, Online, persönliche Übergabe
Konzeption, Umsetzung	EKS Energie Kommunikation Services GmbH, Berlin Agenturdirektion / Projektleitung: Kerstin Sattler, CD Text: Martin Strathmann, Art-Direktion: Peter Bomballa
Druck	Königsdruck GmbH, Berlin Geschäftsführer: Thomas Bertelt, Projektmanagement: Annette Vanhauer
Fotograf	Swen Gottschall Fotografie GbR, Berlin

UNTERNEHMENSPROFIL	
Webadresse	www.nbb-netzgesellschaft.de
Branche	Energiewirtschaft
Unternehmen	NBB Netzgesellschaft Berlin-Brandenburg GmbH & Co. KG
Anzahl Standorte (national)	Mehr als 10
Mitarbeiter (national)	Mehr als 400
Gründungsjahr	2006
Nächster Geschäftsbericht	April 2019
Projektleitung	Vorsitzender der Geschäftsführung: Maik Wortmeier, Geschäftsführer: Frank Behrend, Leitung Unternehmenskommunikation: Carsten Döring

Die NBB Netzgesellschaft Berlin-Brandenburg sorgt in der Region für den Transport von Gas. Sie betreibt ein knapp 14.000 Kilometer langes Rohrnetz und übergibt das Gas über 335.000 Anschlüsse an ihre Kunden. Der *NBB-Geschäftsbericht 2017* bildet diese Leistung ab, und er verfolgt zudem ein programmatisches Ziel: Unter dem Motto „Die Zukunft des Gasnetzes – das Gasnetz der Zukunft" positioniert der Bericht das Thema Gasnetzinfrastruktur in der Debatte um die Energiewende.

Dazu ist der Geschäftsbericht explizit als eine Art Beweisführung aufgebaut. Anhand von vier Thesen belegt er die Zukunftsfähigkeit der Gasnetzinfrastruktur als Teil einer zuverlässigen, klimaschonenden und wirtschaftlichen Energieversorgung. Und das tut er mit klarer Gliederung, starken Farben – prominent sind Orange und Dunkelblau – sowie mit anschaulichen Grafiken.

Beispielsweise zeigt der Bericht auf, wie das Gasnetz eine klimaschonende Energieerzeugung ermöglicht. So wurde das zu Vattenfall gehörende Heizkraftwerk Klingenberg von Braunkohle- auf Gasbetrieb umgestellt. Der Betreiber diskutierte verschiedene Konzepte, investierte schließlich 100 Millionen Euro in den Umbau und spart jetzt jährlich 600.000 Tonnen CO_2-Emissionen.

Der *NBB-Geschäftsbericht 2017* erklärt anschaulich, wie das Gasnetz grüne Energie transportiert. Als Beispiel dient eine Biogasanlage der Berliner Stadtreinigung [04, 05]. Mit dem hier produzierten Gas betreibt die Stadtreinigung 150 Fahrzeuge, die Hälfte ihrer Müllsammelflotte. Fotos zeigen die Biogasanlage, die Einspeisestation und die Methanzapfsäule. Im Interview erklärt der Abteilungsleiter Bioabfall der Berliner Stadtreinigung – also des NBB-Kunden – die Ziele des Betreibers. Eine übersichtliche Infografik visualisiert die doppelte Kreislaufwirtschaft der Anlage, die neben Biomethan auch Biodünger erzeugt.

Nicht zuletzt stellt der Bericht das Potenzial der Power-to-Gas-Technologie dar. So lässt sich überschüssiger Wind- und Sonnenstrom nutzen, um Wasserstoff herzustellen. Die konsequente Nutzung dieser Technologie würde zwei Probleme lösen, die die Effizienz grünen Stroms bislang beeinträchtigen: Zum einen ermöglicht es die Technologie, überschüssigen Ökostrom zu speichern. Zum anderen lässt sich der Wasserstoff über Gasnetze zu Endkunden transportieren, ohne dass die Stromnetze massiv ausgebaut werden müssten – der Ausbau der Stromnetze gilt als Nadelöhr der Versorgung mit erneuerbaren Energien.

Im Berichtsteil setzen sich visuelle Elemente aus dem Magazinteil fort. So sind die Spalten, in denen die Unternehmenszahlen für das Jahr 2017 aufgeführt sind, deckend mit dem kräftigen Orange unterlegt.

UMWELTSCHUTZANLAGEN SIGGERWIESEN, BERGHEIM (ÖSTERREICH) GESCHÄFTSBERICHT

»TÄTIGKEITSBERICHTE UMWELTSCHUTZ-ANLAGEN SIGGERWIESEN«

 econforum.de/2018_062

STECKBRIEF	
Seitenanzahl	35
Format	25,5 mm × 31,5 mm
Verarbeitung	Rillenprägung, Logoprägung (Letterpress), Sonderelemente: Stempelvermerke und handschriftliche Vermerke
Papier	Umschlag: Gmund Colours 300 g/m² Innenteil: 80 g/m² Papier aus Altbestand der 80er-Jahre Druckerei Khil, Graz
Sprachen	Deutsch
Auflage	300
Vertriebskanäle	Persönliche Übergabe an Aufsichtsrat
Konzeption, Umsetzung	SINZ GmbH Kommunikationsagentur, Salzburg (Österreich) Creative Director: Miriam Zimmermann, Redaktion: BA Anne Frank, BSc Sabine Hasslacher
Druck	The Infinitive Factory e.U., Graz (Österreich)

UNTERNEHMENSPROFIL	
Website	www.umweltschutzanlagen.at
Branche	Abfallwirtschaft, Abwasserreinigung und Wasserversorgung
Unternehmen	Umweltschutzanlagen Siggerwiesen
Anzahl Standorte (national)	1
Mitarbeiter (national)	Mehr als 100
Gründungsjahr	1974
Nächster Geschäftsbericht	März 2018
Projektleitung	Geschäftsführung: Mag. Josef Weilhartner, DI Günter Matousch

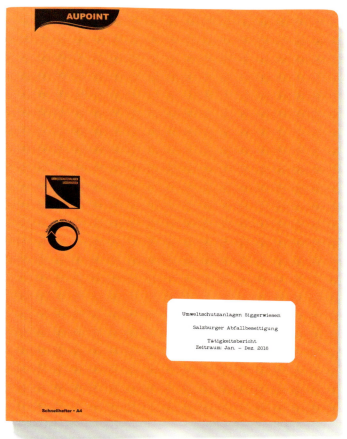
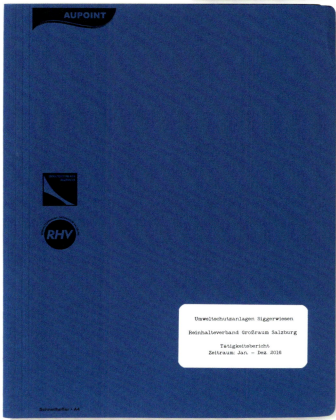
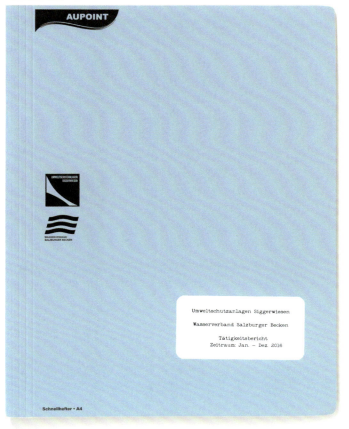

Der kleine Stapel aus drei DIN-A4-Schnellheftern fällt sofort auf. Allein die Farben der Umschläge aus Karton wirken wie ein Besuch aus der Vergangenheit: ein leuchtendes Orange, ein sattes Dunkelblau, ein leicht graues Hellblau. Die weißen Adressaufkleber aus Papier fügen sich stimmig in die Retro-Anmutung ein. In Schreibmaschinentypografie verraten sie, dass die drei Hefter zusammengehören: Gemeinsam bilden sie die *Tätigkeitsberichte Umweltschutzanlagen Siggerwiesen*.

01

02

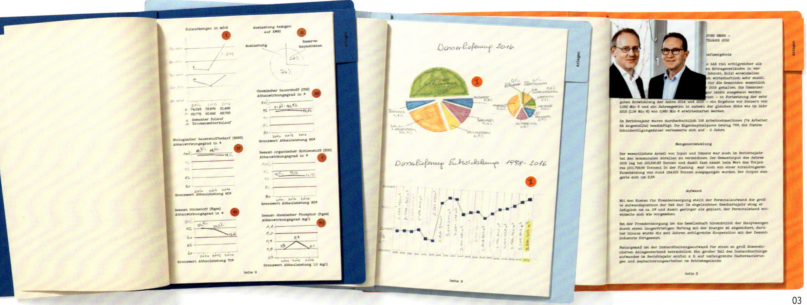

03

Hinter dem Unternehmensnamen Umweltschutzanlagen Siggerwiesen verbergen sich drei Salzburger Einrichtungen: Die Salzburger Abfallbeseitigung GmbH (SAB) entsorgt den Abfall von Privathaushalten und Unternehmen. Sie dokumentiert ihr Geschäftsjahr 2016 in dem orangen Schnellhefter.

Der dunkelblaue Ordner enthält den Tätigkeitsbericht des Reinhalteverbands Großraum Salzburg (RHV). Das Unternehmen betreibt eine der größten biologischen Kläranlagen sowie ein etwa 150 Kilometer langes Kanalsammelnetz, und es kümmert sich um die Wartung weiterer 500 Kilometer Kanäle.

Der Wasserverband Salzburger Becken (WSB) schließlich zählt zu den wichtigsten Wasserversorgern im Bundesland Salzburg. Seine Aufgabe besteht im Schutz der Wasserqualität im Großraum Salzburg. Über eine knapp 50 Kilometer lange Hauptleitung, die „Wasserschiene", bringt der WSB Trinkwasser vom Brunnen Taugl zu den Mitgliedern des Verbandes. Sein Geschäftsjahr ist in dem hellblauen Hefter beschrieben.

04

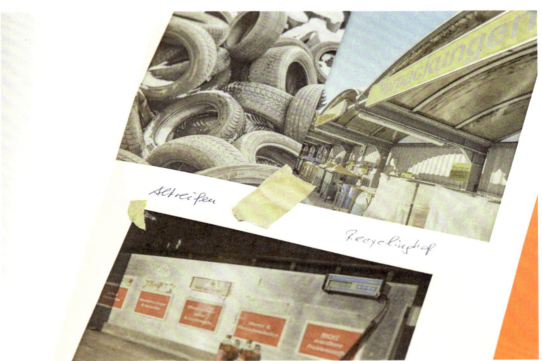

05

Die Idee, die Tätigkeitsberichte im Retrolook zu präsentieren, wurde auch im Innenteil originell und konsequent umgesetzt. Das verwendete, leicht grobe Papier stammt aus einem alten Lagerbestand und bietet authentische Haptik. **Die Blätter sind gelocht und auf Metalllaschen aufgefädelt, über dem Deckblatt ist ein Streifen mit fünf bunten Lochverstärkern eingeheftet [01].** Das Siegel „EMAS zertifiziert", das auf den Deckblättern von SAB und RHV platziert wurde, ist nicht etwa maschinell aufgedruckt, sondern tatsächlich als Stempel ausgeführt.

Die Fotos der Geschäftsführer sind dem Vorstandsbrief mit einer Heftklammer als Fotoabzüge beigefügt. Kleine Details wie von Hand beschriftete Einklebepunkte machen jedes Exemplar der Tätigkeitsberichte zum Unikat.

Die Berichte beginnen jeweils mit dem Zahlenteil, zahlreiche Fotografien illustrieren den jeweiligen Geschäftsbereich. Eine Trennseite, ausgeführt im dicken Karton des Umschlags, gliedert den Bericht in zwei Teile. Im Abschnitt „Anlagen" werden jeweils besondere Ereignisse des Geschäftsjahrs 2016 präsentiert, im Fall der SAB beispielsweise die Aktion „Sauberes Salzburg" und die EMAS-Zertifizierung.

SIEGFRIED AG, ZOFINGEN (SCHWEIZ) GESCHÄFTSBERICHT

»GLOBAL AUSGERICHTET – FOKUSSIERT – MARGENSTARK«

 econforum.de/2018_066

STECKBRIEF	
Webadresse	www.report.siegfried.ch
Seitenanzahl	76
Format	285 mm × 428 mm; 285 mm × 214 mm gefalzt
Verarbeitung	Rollenoffsetdruck, 5 Bünde, einmal gefalzt
Papier	UPM matt C, leicht matt gestrichen, holzhaltig, Weiße 80, 60 g/m²
Sprachen	Deutsch, Englisch
Auflage	6.000
Vertriebskanäle	Versand an alle Aktionäre, persönliche Übergabe auf der Bilanzmedienkonferenz an Analysten (Vorabauflage), Versand Kurzversion an alle Mitarbeitenden, Auflage in den Empfangsbereichen aller neun Standorte
Konzeption, Umsetzung	Hej GmbH, Zürich (Schweiz) Beratung und Projektleitung: Janine Widler, Creative Director: Helm Pfohl, Design: Pascal Hartmann
Druck	ZT Medien AG, Zofingen (Schweiz) Kundenberater: Adrian Trübenbach
Illustration	Kornel Illustration, Bern (Schweiz) Illustrator: Kornel Stadler
Programmierung	POI Media Solutions GmbH, Langenthal (Schweiz) Programmierer: Thomas Barth

UNTERNEHMENSPROFIL	
Webadresse	www.siegfried.ch
Branche	Life Science (Chemie und Pharmazeutik)
Unternehmen	Siegfried AG
Anzahl Standorte (national)	2
Mitarbeiter (national)	Weniger als 1.000
Gründungsjahr	1873
Nächster Geschäftsbericht	März 2019
Projektleitung	Chief Communications Officer: Peter Gehler, Senior Communications Manager: Christa Brügger, Senior Specialist Communications: Michelle Hirt

Das Erste, was am *Siegfried Geschäftsbericht 2017* ins Auge fällt, ist das originelle Format: Er erscheint in Form einer Zeitung. Der Bericht ist aufgeteilt in fünf Bünde, die sich wie eine tatsächliche Zeitung separat herausnehmen, in der Reihenfolge verändern oder nach dem Lesen akkurat beiseitelegen lassen. Die Ausführung ist bis ins Detail konsequent, der Druck erfolgte im Rollenoffset-Zeitungsdruckverfahren. Eingefasst ist der Geschäftsbericht in eine breite, blaue Banderole. Im kompletten Bericht, inklusive aller Abbildungen, kommt ausschließlich die Unternehmensfarbe Cyan zum Einsatz.

01

02   03

Die Gestaltung der Titelseite folgt der Idee der Zeitung. **Im Kopf steht der Titel „Siegfried", darunter drei Kästen mit Verweisen auf Beiträge nebst Seitenangabe, etwa „Ganzheitliches Verständnis für die Heilung und Vorbeugung – Seite 9". Darunter die dreizeilige Headline „Global ausgerichtet. Fokussiert. Margenstark"** [01]. Es folgen ein Zitat des Verwaltungsratspräsidenten Andreas Casutt zum Lagebericht und ein Teaser zu einem Interview mit CEO Rudolf Hanko über die Strategie des Konzerns, jeweils mit illustriertem Porträt der Protagonisten.

Der erste Bund des Geschäftsberichts umfasst den Lagebericht des weltweit tätigen Schweizer Pharmazulieferers, in dem das Geschäftsmodell anschaulich erklärt wird. Kurz und knapp skizziert der Bericht etwa den Unterschied zwischen Wirkstoff und Medikament: „Das Medikament bringt den Wirkstoff in den Körper." Das Unternehmen produziert aus einer Hand pharmazeutische Wirkstoffe und die fertigen Produkte, die der Patient einnimmt. Das Spektrum des Konzerns reicht von Vertragsentwicklung über Forschung und Entwicklung über klinische Studien bis hin zur kommerziellen Produktion.

04

05 06

Der zweite Bund erläutert die Strategie. Insbesondere wird der Übergang von der vorigen Strategie „Transform" zur neuen Strategie „Evolve" erklärt: In den Jahren 2010 bis 2015 verfolgte der Konzern das Hauptziel, eine kritische Größe und Wettbewerbsposition zu erreichen, etwa durch die Akquisition der Wirkstoffgeschäfts von BASF. Die Folgestrategie, so zeigt der Bericht, soll die Erfolgsgeschichte auf hohem Niveau fortsetzen.

Die weiteren Bünde beinhalten die Themen Corporate Governance, den Nachhaltigkeitsbericht sowie den kompletten Finanzbericht 2017.

Die Präsentation des Geschäftsberichts im Unternehmensumfeld folgt übrigens ebenfalls der gestalterischen Leitidee einer Zeitung: In den Empfangsbereichen der weltweit neun Standorte wird die Zeitung zum Lesen bereitgehalten – stilecht eingespannt in einen klassischen Zeitungsstock in Siegfried-Blau.

TELEFÓNICA DEUTSCHLAND, MÜNCHEN GESCHÄFTSBERICHT

2017 »MOBILE FREIHEIT LEBEN.«

econforum.de/2018_070

	STECKBRIEF
Webadresse	www.geschaeftsbericht.telefonica.de/2017/digital-me-digital-us
Sprachen	Deutsch, Englisch
Durchschnittliche Seitenaufrufe / Monat (Page Impressions)	13.000
Durchschnittliche Einzelbesuche / Monat (Unique Visits)	4.000
Besondere Funktionalitäten	HTML5 und CSS3 (voll responsive), AutoScroll mit Ton, SVG-Animationen, 360-Grad-Video
Interaktive Technologien	Share-Funktionen Social Media (Facebook, Twitter, WhatsApp, Xing) und E-Mail, 360-Grad-Video
Konzeption, Umsetzung	heureka GmbH, Essen Beratung / Projektleitung: Sebastian Schulz, Art Director: Gorden Koschel
Foto- und Videoproduktion	Schlüter Fotografie GbR, Essen
Videoproduktion	VeyVey Films GbR, Köln

	UNTERNEHMENSPROFIL
Webadresse	www.telefonica.de
Branche	Telekommunikation und Mobilfunk
Unternehmen	Telefónica Deutschland Holding AG
Anzahl Standorte (national)	Mehr als 10
Mitarbeiter (national)	Mehr als 5.000
Gründungsjahr	2012
Nächster Geschäftsbericht	März 2019
Projektleitung	Stefanie Seidlitz

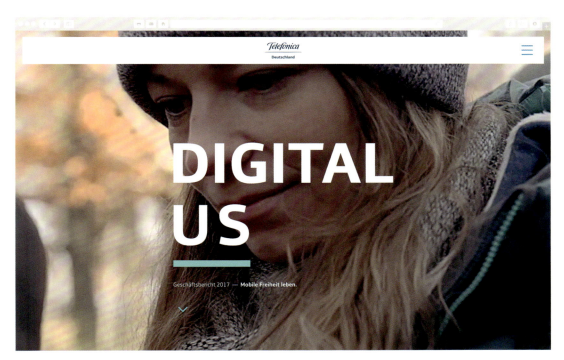

Wer den digitalen Geschäftsbericht von Telefónica Deutschland aufruft, wird auf der Landingpage in voller Bildschirmbreite von einem kurzen Video-Loop empfangen. Über diesem Blickfang animiert in serifenlosen Lettern das Thema des Berichts: „Digital Me. Digital Us – Mobile Freiheit leben."

User können sich den digitalen Geschäftsbericht selbst erschließen, oder sie lassen sich führen: Ein Klick auf den Button „Auto-Scroll starten" setzt ein Scrollen durch die Startseite in Gang, bei dem sich Videos und kurze Textabschnitte abwechseln. Die Textblöcke werden zudem von einer Frauenstimme vorgelesen. Die Navigationsleiste leitet den User zum Finanzteil des Berichts, wo Lagebericht und Konzernabschluss als PDF hinterlegt sind.

01

Im ersten Block der Startseite richtet der Vorstand das Wort an den User. Im Video erklärt CEO Markus Haas die strategische Ausrichtung des Unternehmens: „Unsere Kunden werden in Zukunft zwei, drei, vier Geräte mit dem mobilen Internet verbinden, und der Anbieter, der hier die beste Lösung anbietet, das heißt mobile Geräte einfach anzubinden, jederzeit verfügbar zu haben, der wird das Rennen gewinnen."

Den Kern des Onlineauftritts bildet der Magazinteil des Berichts, der in die Bereiche Kunden, Mitarbeiter und Gesellschaft gegliedert ist. **Unter der Überschrift „Unsere Freiheit ist mobil" werden in vier kurzen Videos unterschiedliche Bedürfnisse und Ansprüche an mobile Freiheit vorgestellt [02]:** Die Kamera begleitet den 28-jährigen Mau-Dong Lau beim Bouldern. Den Sport betreibt er nie allein, sondern er verabredet sich dazu mobil. Das YouTuber-Pärchen Claudia Langer und Robin Blase dokumentiert den Alltag mit Töchterchen Emily im Netz. Die Rentner Manfred und Doris Rafalski berichten, wie sie nach und nach die Vorteile des Smartphones für sich entdeckt haben. Und der Online-Unternehmer Thorsten Kolsch zeigt im 360-Grad-Video ein paar der Orte, von denen aus er als digitaler Nomade arbeitet – von Teneriffa bis hin zum Coworking-Büro in Hamburg. So spiegelt jedes Video auch in Stil und Machart den Charakter seiner Protagonisten wider.

Ein weiterer Abschnitt ist den Mitarbeitern gewidmet. Im Videogespräch stellen die porträtierten Mitarbeiter jeweils eine Frage an Personalvorständin Nicole Gerhardt. Beispielsweise möchte Senior B2B Marketing Manager Mark Stohlmann wissen, ob künftig alle Mitarbeiter in der Lage sein müssen, Daten zu analysieren.

Im Abschnitt Gesellschaft wird das Berliner BASECAMP vorgestellt, wo das Unternehmen in unterschiedlichen Formaten in einen gesellschaftlichen Dialog tritt. Gegliedert in drei Videos bezieht Vorständin Valentina Daiber Stellung zu Themen wie Datensicherheit und Privatsphäre und tauscht sich dabei in der Videodiskussion mit Experten aus.

02

INVESTOR RELATIONS

HIGHLIGHTS
GESCHÄFTSJAHR 2017

In einem dynamischen, aber rationalen Umfeld zeigte der deutsche Mobilfunkmarkt seit Mitte 2017 eine zunehmende Ausrichtung auf größere Datenpakete. Die Telefónica Deutschland Group war mit dem Geburtstagsangebot O$_2$ Free 15 und der Aktualisierung des O$_2$ Free Tarifportfolios Anfang September Vorreiter dieser Entwicklung. So konnten wir neue Maßstäbe für die mobile Freiheit unserer Kunden setzen. Wir stimulieren weiter den Verbrauch von mobilen Daten und investieren unter anderem in unsere Kernmarke O$_2$. So stärken wir unsere Marktpositionierung.

G 04 / Mobilfunkanschlüsse (Postpaid/Prepaid)
In Millionen

03

04

05

VOITH GMBH & CO. KGAA, HEIDENHEIM GESCHÄFTSBERICHT
»DIGITALE TRANSFORMATION«

econforum.de/2018_074

	STECKBRIEF
Webadresse	www.voith.com/corp-en/VZ_annual-report-2017_de.pdf
Seitenanzahl	218
Format	210 mm × 280 mm
Verarbeitung	Imitierte Schweizer Broschur mit Bundbogen, 2-fach-Wangenstanzung, Einschubseiten, Blindprägung, Neonfarben
Papier	Umschlag: Olin Regular Absolut white, 300 g/m² Bundbogen: Olin Regular Absolut white, 200 g/m² Inhalt: Olin Regular Absolut white, 120 g/m² Einschubseiten: Olin Regular Absolut white, 130 g/m²
Sprachen	Deutsch, Englisch
Auflage	3.100
Vertriebskanäle	Mailing, persönliche Übergabe, Online
Konzeption, Umsetzung	Klaus Bietz \ visuelle Kommunikation, Frankfurt am Main
Druck	EBERL PRINT GmbH, Immenstadt
Text / Redaktion Magazin	ag text, Rostock Redakteur: Dirk Böttcher
Text / Redaktion Finanzbericht	Seipp Kommunikationsberatung, Köln Redakteurin: Anja Seipp

	UNTERNEHMENSPROFIL
Webadresse	www.voith.com
Branche	Maschinenbau
Unternehmen	Voith GmbH & Co. KGaA
Anzahl Standorte (national)	Mehr als 50
Mitarbeiter (national)	Mehr als 5.000
Gründungsjahr	1867
Nächster Geschäftsbericht	Dezember 2018
Projektleitung	Head of Corporate Branding: Marijane Ludwig, Global Corporate Communications: Dirk Böckenhoff

voith.com

VOITH

digitale
trans-
forma-
tion

digitale transformation
Geschäftsbericht 2017

Der Technologiekonzern blickt auf eine Geschichte von über 150 Jahren zurück. 19.000 Mitarbeiter erwirtschaften in 60 Ländern in aller Welt einen Umsatz von 4,2 Milliarden Euro. Der Geschäftsbericht *Voith, Digitale Transformation* erzählt in modernem Layout und mit einer Bildsprache, die den Menschen in den Mittelpunkt rückt, wie das Unternehmen seine Kenntnisse aus der materiellen Welt nutzt, um die Digitalisierung mitzugestalten.

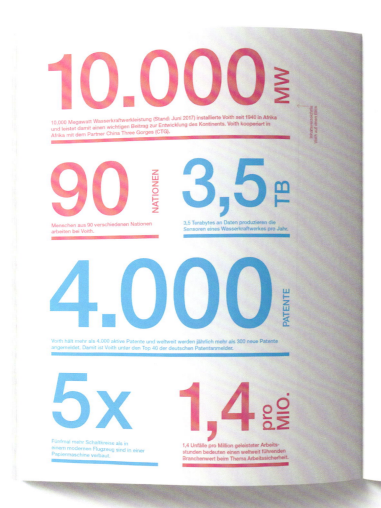

Der Konzern ist breit aufgestellt. So bekommt der Leser bereits auf der Innenseite des Umschlags neben den wichtigsten Kennzahlen auch einen Steckbrief an die Hand und erfährt: Ein großer Teil der weltweiten Papierproduktion wird mit den Papiermaschinen des Konzernbereichs Voith Paper hergestellt, ein Viertel der weltweit in Wasserkraftwerken gewonnenen Energie mit Voith Hydro-Turbinen und Generatoren gewonnen. Antriebselemente von Voith Turbo finden sich in Anlagen und Fahrzeugen in aller Welt. Und Voith Digital Solutions arbeitet für globale Schlüsselindustrien.

Im Magazinteil sorgen gestalterische Akzente für Auflockerung: Kurze Erklärungen und Steckbriefe werden in Form eines kleinen digitalen Ordners hervorgehoben – ein Element, das sich bereits auf dem Titel des Geschäftsberichts findet. Besondere Aufmerksamkeit erhalten die Querschnittsthemen Customer Journey, Datensicherheit, Big Data und Augmented Reality: Sie werden in Glossarbeiträgen erkärt und auf kleinformatig angeschnittenen Seiten durchweg in leuchtendem Magenta gedruckt.

Ein Doppelinterview zur 60-prozentigen Beteiligung von Voith Digital Solutions am Digitaldienstleister Ray Sono eröffnet den Bericht. Die strategische Idee hinter der Beteiligung wird anschaulich erklärt: So trägt der Digitaldienstleister zur Anwenderfreundlichkeit bei industriellen Anwendungen bei und hilft dem Maschinenbauer, Komplexität klug zu reduzieren. Ein konkretes Beispiel für Digitalisierung im Businesskundengeschäft folgt auf der nächsten Doppelseite: **Eine Infografik veranschaulicht, wie Voith mit der digitalen Handelsplattform merQbiz den Markt für Altpapier revolutioniert [04].**

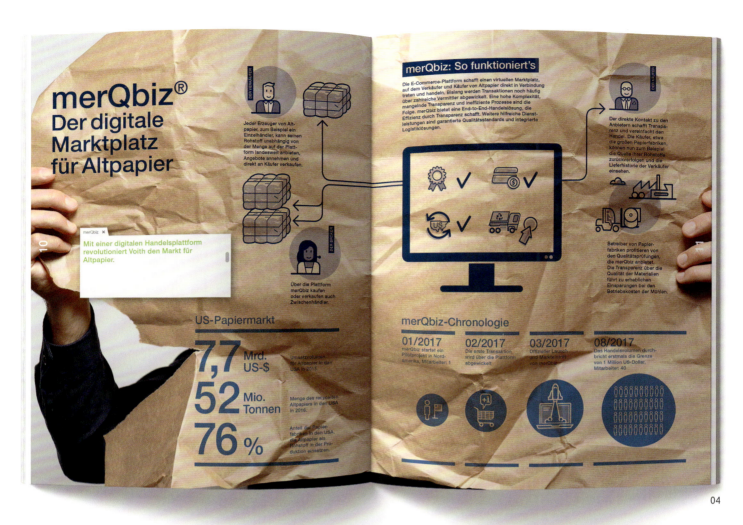

04

05

06

Einen weiteren Schwerpunkt bildet der Bereich Mitarbeiter. Die Personalchefin berichtet, wie Big Data die Gewinnung neuer Mitarbeiter verändert, und in kurzen Statements skizzieren Personalverantwortliche aus Brasilien und China, wie sie Smartphones und Social Media einsetzen.

Die bestimmenden Farben des Umschlags und des Magazinteils kehren im Finanzteil wieder. Sie werden dort in Überschriften und Tabellen als Codierung für die unterschiedlichen Kapitel eingesetzt: Im Vorwort des Vorsitzenden der Geschäftsführung, der Vorstellung von Geschäftsführung und Aufsichtsrat sowie im Bericht des Aufsichtsrats setzt das leuchtende Magenta Akzente. Der Konzernlagebericht nimmt das Blau wieder auf, der Konzernabschluss das Grün.

VOLKSWAGEN AG, WOLFSBURG GESCHÄFTSBERICHT
»FACE THE CHANGE«

 econforum.de/2018_078

STECKBRIEF	
Webadresse	www.geschaeftsbericht2017.volkswagenag.com
Seitenanzahl	426
Format	210 mm × 297 mm
Verarbeitung	Sowohl Magazin- als auch Finanzteil sind mit einer Hochprägung auf dem Titel versehen; der Schutzumschlag als auch der Umschlag des Magazins haben Wechselcover, die zwei unterschiedliche Mitarbeiter des Volkswagen Konzerns zeigen
Papier	Papiersorte: Everprint Premium Magazinteil: Umschlag: 300 g/m²; Inhalt: 100 g/m² Finanzteil: Umschlag: 400 g/m², Bundbogen: 150 g/m², Inhalt: 90 g/m²
Sprachen	Deutsch, Englisch
Auflage	11.000
Vertriebskanäle	interne und externe Vertriebskanäle; Jahrespressekonferenz 2018; 100.000 Exemplare des Magazinteils werden unterjährig über Händler und Website an die Zielgruppe distribuiert
Konzeption, Umsetzung	C3 Creative Code and Content GmbH, Berlin Beratung: Anna Laura Sylvester, Chefredaktion: Jochen Förster, Creative Director: Nelli Havemann, Art Director: Patrick Weseloh, Projektmanagement: Annika Tietke-Ettelt, Daniela Müller, Redaktion: Joachim Hentschel, Jana Galinowski, Marin Majica, Bildredaktion: Simone Gutberlet
Druck	Kunst- und Werbedruck GmbH & Co. KG, Bad Oeynhausen Beratung/Verkauf: Heinz-Dieter Schwarze, Melanie Reinkensmeier
Post Production	Peter Becker GmbH Medienproduktionen, Würzburg Key Accounter: Thomas Brand

UNTERNEHMENSPROFIL	
Webadresse	www.volkswagenag.com
Branche	Automobilindustrie
Unternehmen	Volkswagen AG
Anzahl Standorte (national)	6
Mitarbeiter (national)	Mehr als 110.000
Gründungsjahr	1938
Nächster Geschäftsbericht	März 2019
Projektleitung	Global Content Hub: Stefanie Lioe, Constantin May

GESCHÄFTSBERICHT 079

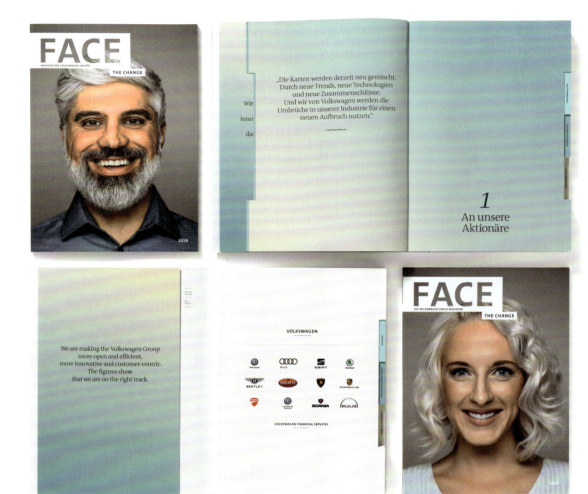

Offenheit, Menschlichkeit, Vertrauenswürdigkeit: Das ist der erste Eindruck, den der *Volkswagen Geschäftsbericht 2017* erzeugt. Die freundlich inszenierten Porträts zweier Mitarbeiter auf dem Titel des Magazins stehen für die Botschaft, dass sich der Volkswagen Konzern seinen Herausforderungen stellt: Er zeigt Gesicht, und er sieht dem Wandel ins Auge. Der Titel „Face the Change" unterstreicht das durch ein Wortspiel. „face" bedeutet sowohl „Gesicht" als auch „begegnen".

In dem Motto, so heißt es im Vorwort, stecke zweierlei, „der Aufruf, unseren Wandel gemeinsam entschlossen anzupacken, sowie der Hinweis, dass gute, echte, nachhaltige Veränderung stets von Menschen für Menschen gestaltet wird". Das Magazin ist als separates Heft in die Umschlagklappe des Geschäftsberichts eingelegt. Es ist in vier inhaltliche Schwerpunkte gegliedert. Das erste Kapitel behandelt das Thema Elektromobilität. Den Aufmacher bildet ein Gespräch mit Ulrich Eichhorn, Leiter Forschung und Entwicklung des Volkswagen Konzerns, und Henning Kagermann, Präsident der Deutschen Akademie der Technikwissenschaften (acatech). Im Anschluss werden sieben Meilensteine der Roadmap E vorgestellt, bevor das Magazin einen Blick in die Zukunft wagt: Das Projekt „Futures of Mobility" entwickelt Szenarien für den Verkehr des Jahres 2030 in San Francisco, Peking, Mumbai und Ostsachsen. Der Einsatz von Skizzen unterstreicht den visionären Charakter.

04

05

06

Die weiteren Kapitel sind der digitalen Vernetzung von Autos sowie den Themen Nachhaltigkeit und Innovationen gewidmet. **Den visuellen roten Faden bildet die auf Menschen ausgerichtete Bildsprache [02, 04].** Zudem werden die Kapitel durch Doppelseiten eingeleitet, deren rechte Seite jeweils eine Mitarbeiterin oder einen Mitarbeiter des Konzerns im Porträt zeigen.

Die letzte Doppelseite des Magazins schlägt die Brücke zum Finanzteil des Geschäftsberichts: Auf einer Seite sind die wichtigsten Kennzahlen des Volkswagen Konzerns sowie der Volkswagen AG tabellarisch aufgeführt. Auf der Seite gegenüber wird anhand einer Weltkarte die Entwicklung der Auslieferungszahlen von 2015 bis 2017 dargestellt.

Dieselbe Doppelseite findet sich in der Titelblattklappe des Finanzteils wieder. So menschlich, wie der Magazinteil gestaltet ist, so nüchtern-sachlich präsentiert sich der wirtschaftliche Teil des Berichts. Wenige Fotos dienen dem Finanzteil zur Auflockerung, Fakten und Kennzahlen stehen im Mittelpunkt.

MERCK KGAA, DARMSTADT
NACHHALTIGKEITS- / CSR-BERICHT
»CORPORATE RESPONSIBILITY BERICHT 2017«

econforum.de/2018_082

GOLD

STECKBRIEF

Webadresse	http://berichte.merckgroup.com/2017/cr-bericht
Sprachen	Deutsch, Englisch
Durchschnittliche Seitenaufrufe / Monat (Page Impressions)	8.926
Durchschnittliche Einzelbesuche / Monat (Unique Visits)	2.703
Besondere Funktionalitäten	Parallax-Effekt auf Startseite, Chat-Format, Akkordeons, Fly-out, Topnavigation, Rückverlinkung nfB- und GRI-Index, Excel-Downloadoption für Tabellen, Videos, responsives Design für mobile Endgeräte (z. B. Smartphone), relevanzgesteuerte „Find as you type"-Suche, Layer-Glossar „on-mouse-over"
Interaktive Technologien	Auswahlmöglichkeiten im Storytelling-Teil, interaktive Infografiken (z. B. Kennzahlenvergleich), interaktive Materiality-Analyse, related Links, animierte GIFs und Videos zur Kommunikation des Berichts in sozialen Medien (z. B. Facebook), Social-Sharing-Buttons, Feedback-Option
Konzeption, Umsetzung	Stakeholder Reporting GmbH, Hamburg
Design und Umsetzung (Online / PDF)	nexxar – digital reporting evolved GmbH, Wien (Österreich)
Videos zum CR-Bericht	Nick Wolff – Regisseur I Videograf I Fotograf, Düsseldorf

UNTERNEHMENSPROFIL

Webadresse	www.merckgroup.com/de
Branche	Wissenschaft / Technologie / Gesundheit
Unternehmen	Merck KGaA
Anzahl Standorte (national)	Mehr als 10
Mitarbeiter (national)	Mehr als 10.000
Gründungsjahr	1668
Nächster Geschäftsbericht	März 2019

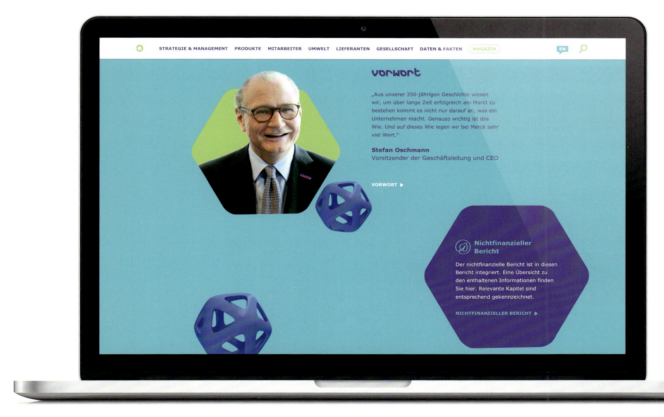

BEGRÜNDUNG DER JURY: Extrem hohes Niveau – diese Aussage hat der Nachhaltigkeitsbericht von Merck hervorgerufen. Besonders die interaktiven Grafiken und die beispielhafte Präsentation gewichtiger Zahlen und Fakten untermauern den gelungenen Gesamteindruck. Außerdem denkt dieser Bericht mit, denn die verschiedenen Filterfunktionen ermöglichen eine Sichtung nach unterschiedlichen Kriterien. Diese Nutzerfreundlichkeit und die spielerische Leichtigkeit, die den gesamten Bericht auszeichnet, machen die Lektüre zur echten Entdeckungsreise.

Wie sehr das Wissenschafts- und Technologieunternehmen Merck an Dialog und Austausch interessiert ist, zeigt sich bereits in der Gestaltung des Corporate-Responsibility-Berichtes 2017. Hintergrundberichte und Unternehmensgeschichten des Magazinteils werden auf der Startseite in markanten Sprechblasen angerissen – das erinnert stark an soziale Nachrichtendienste. Merck greift damit einen aktuellen Trend auf und nutzt ihn als Leitmotiv für den interaktiven Charakter des Berichts.

„Wir sehen Nachhaltigkeit nicht nur als Verpflichtung, sondern auch als entscheidenden Wettbewerbsvorteil. Unsere Aktivitäten richten wir immer weiter danach aus, dass sie doppelten Mehrwert schaffen – sowohl für unser Unternehmen als auch für die Gesellschaft. Dazu gehört auch, dass wir transparent darüber sprechen, wie wir uns einbringen, beispielsweise bei den Nachhaltigkeitszielen der Vereinten Nationen", erklärt Herwig Buchholz, Leiter von Group Corporate Responsibility bei Merck. **Der Bericht bringt strategische Ansätze klar auf den Punkt: „hinschauen, zuhören, besser machen" heißt es zum Beispiel in einer Überschrift im Bereich Strategie & Management.** Wie das zu nachhaltigen Lösungen führt, erfahren die Leser anhand der Praxisbeispiele.

Die zeitgemäße Gestaltung des Berichts täuscht fast ein bisschen über die lange Tradition des Unternehmens hinweg: Dabei ist Merck schon seit 350 Jahren am Markt. Der Erfolg beruht nicht allein auf guten Produktlösungen, sondern auch auf der nachhaltig ausgerichteten Geschäftsstrategie. Genau das spüren die Leser bei der Lektüre des vorliegenden Berichts. Maria Schaad, bei Merck verantwortlich für die Corporate-Responsibility-Berichterstattung erläutert die Hintergründe: „Unser diesjähriger Corporate-Responsibility-Bericht erscheint zum 350. Geburtstag und steht im Zeichen des Dialogs mit Partnern. Magazinthemen wie die Tropenkrankheit Bilharziose, die umweltfreundliche Photovoltaik oder unsere Schulförderung haben wir in Form von Chats multimedial aufbereitet. Den gesamten Bericht haben wir besser strukturiert, um den Lesefluss zu erleichtern."

05

06

Der Magazinteil befasst sich mit den Themen Gesundheit, Umwelt, Bildung und Kultur. Das Besondere an der Berichterstattung sind die Gesprächsverläufe der Protagonisten für jeden Bereich und die Darstellung in Sprechblasen, die neben Nachrichten und Fotos auch Links zu Videos oder weiterführenden Seiten enthalten. Der Leser kann damit einer Unterhaltung folgen und dabei auf spielerische Weise eine Menge über das nachhaltige Engagement des Unternehmens erfahren. Die knappe, eingängige sprachliche Gestaltung orientiert sich am Stil der sozialen Netzwerke. Sie macht wissenschaftliche Zusammenhänge anschaulich und bereitet komplexe Inhalte in kleineren Einheiten lesefreundlich auf. Nach der Lektüre wird beispielsweise klar, wie organische Leuchtdioden Mobiltelefone oder Fernseher zum Leuchten bringen oder wie Gebäudefassaden mithilfe organischer Photovoltaikmodule Strom erzeugen können. Die farbliche Markierung der Beiträge hilft bei der Zuordnung der Beiträge zu den Absendern und lockert ganz nebenbei zudem die Seiten optisch auf.

Neu ist der nichtfinanzielle Bericht, der mit dem neuen CSR-Umsetzungsgesetz Einzug in die Nachhaltigkeitsberichterstattung gehalten hat. Die Seitennavigation hilft bei der thematischen Einordnung, denn dort findet sich stets der Hinweis, welche Themen zum nichtfinanziellen Bericht gehören. Insgesamt sorgt das geradezu knallige Farbkonzept für regelmäßige Überraschungseffekte. Auf dem dunklen Hintergrundblau kommen grafische Elemente in kräftigem Pink, Hellblau oder Grün besonders gut zur Geltung. Diese mutige Gestaltung macht die Seite lebendig, weil sie ansprechende optische Kontraste hervorbringt und die Aufmerksamkeit gezielt auf Inhalte oder wichtige Gliederungseinheiten lenkt.

Die Benutzerführung erlaubt dank einer klaren Navigation schnelle Themenwechsel zwischen Unternehmensvorstellung, verschiedenen Produktwelten und Tätigkeitsfeldern von Merck.

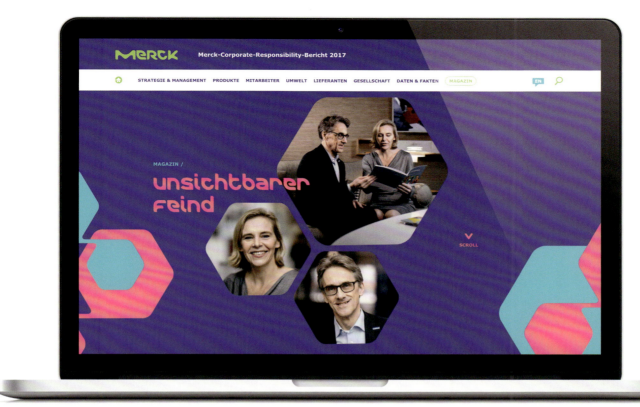

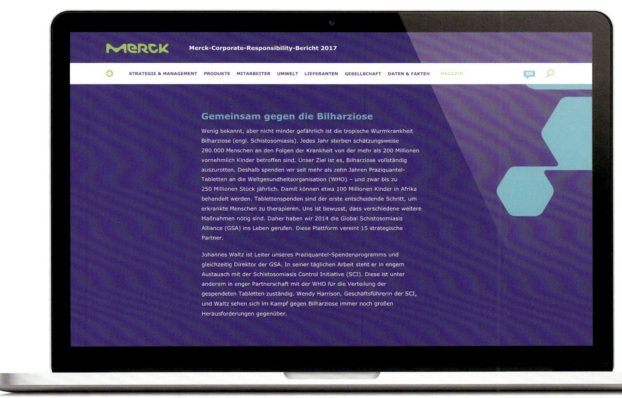

REWE GROUP, KÖLN
NACHHALTIGKEITS- / CSR-BERICHT
»MITEINANDER.«

econforum.de/2018_088

SILBER

STECKBRIEF	
Webadresse	www.rewe-group-nachhaltigkeitsbericht.de/2016
Sprachen	Deutsch, Englisch
Durchschnittliche Seitenaufrufe / Monat (Page Impressions)	4.270
Durchschnittliche Einzelbesuche / Monat (Unique Visits)	310
Besondere Funktionalitäten	Interaktive Lieferkette mit animierten Zusatzinformationen, responsiver GRI-Index mit Sortierfunktion sowohl nach GRI als auch nach den vier Nachhaltigkeitssäulen der REWE Group, Bewegtbild auf Startseite, Einbindung von Videos, PDF-Download-Funktion des GRI-Berichts
Interaktive Technologien	Einbindung von Corporate Videos, Verlinkung auf soziale Netzwerke, responsiver GRI-Index mit Sortierfunktion, interaktive Lieferkette mit animierten Zusatzinformationen
Konzeption, Umsetzung	akzente kommunikation und beratung GmbH, München Geschäftsführung: Sabine Braun, Beratung: Daniel Schulz
Visuelle Umsetzung	3st kommunikation GmbH, Mainz Geschäftsführer: Alex Knaub

UNTERNEHMENSPROFIL	
Webadresse	www.rewe-group.com
Branche	Handel und Touristik
Unternehmen	REWE Group Aktiengesellschaft (REWE - Zentral-Aktiengesellschaft), eingetragene Genossenschaft (REWE-ZENTRALFINANZ eG)
Anzahl Standorte (national)	Mehr als 100
Mitarbeiter (national)	Mehr als 100.000
Gründungsjahr	1927
Nächster Geschäftsbericht	Juni 2018
Projektleitung	Bereichsleiterin Corporate Responsibility: Nicola Tanaskovic, Senior Projektleiterin	Corporate Responsibility Nachhaltigkeit - Strategie und Projekte: Kerstin May, Projektleiter Umwelt und NH-Reporting: Felix Barth

BEGRÜNDUNG DER JURY: Weil der Nachhaltigkeitsbericht der REWE Group das Unternehmen und seine Lieferkette so umfassend abbildet, ist er besonders eindrucksvoll – das gibt es in dieser Gründlichkeit und Transparenz bislang nicht. Hier wird die Wirkweise nachhaltiger Prozesse mit einer durchdachten und eingängigen Darstellung für die Leser nachvollziehbar gemacht. Zentrale Themen werden herausgestellt und inhaltlich optimal ausgearbeitet. Zudem bringen interaktive Elemente jede Menge Abwechslung in diesen digitalen Bericht.

01

Der Nachhaltigkeitsbericht gibt schon auf der Startseite die Richtung vor: „Der Titel ‚Miteinander' drückt aus, dass wir nur gemeinsam mit unseren Partnern, Mitarbeitern und Kunden das Thema Nachhaltigkeit weiterentwickeln können", erklärt Nicola Tanaskovic, Bereichsleiterin Corporate Responsibility bei der REWE Group. Nur so lassen sich nachhaltige Ziele umsetzen. Gerade Handelsunternehmen mit ihrem direkten Draht zu den Verbrauchern stehen dabei in der Verantwortung, einen Beitrag zum Wandel im Konsumverhalten zu leisten. Dem können sie gerecht werden, wenn zum Beispiel Lieferketten nachhaltiger gestaltet oder Märkte mit Grünstrom betrieben werden.

Der Nachhaltigkeitsbericht zeigt Ansätze und strategische Entscheidungen der REWE Group auf, mit denen das Unternehmen Wirtschaftlichkeit und verantwortungsvolles Handeln in Einklang bringen will. Die ausschließlich digital vorliegende Dokumentation der nachhaltigen Maßnahmen gliedert sich in unterschiedliche Bereiche. Das Nachhaltigkeitsmagazin zeigt die Highlights des Nachhaltigkeitsengagements auf, wie den Abschied von der Plastiktüte, umweltgerecht gebaute Supermärkte, innovative Forschung zum Thema Geschlechtsbestimmung im Ei und die Vereinbarkeit von Beruf und Alltag. Zudem werden nachhaltige Urlaubskonzepte der konzerneigenen Hotelmarke vorgestellt. Und die Baumarktkette toom engagiert sich bei Natursteinen für sichere Arbeitsbedingungen und gegen Kinderarbeit in China oder Indien.

Unter dem Menüpunkt Lieferkette erfahren die Seitenbesucher, wie Früchte und Rohstoffe wie Baumwolle, Kakao oder Soja nachhaltig hergestellt und verarbeitet werden und wie sie in den Markt gelangen. Dabei wird der gesamte Prozess vom Anbau bis zum Regal anschaulich und gut nachvollziehbar in entsprechenden Einzelschritten dargestellt. Probleme werden klar benannt – beispielsweise Umweltschäden und soziale Auswirkungen durch den Anbau von Soja als Futtermittel – und das Engagement der REWE Group zu diesem Thema dargestellt.

02

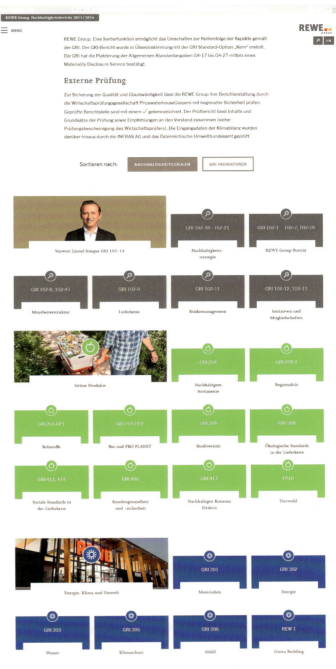

03

04

05

06

Der integrierte GRI-Bericht zeigt wichtige Kennzahlen, Daten und Fakten; er richtet sich in erster Linie an das Fachpublikum. Dieser Teil lässt sich sowohl numerisch nach den GRI-Indikatoren als auch nach den vier Nachhaltigkeitssäulen der REWE Group sortieren: Grüne Produkte; Energie, Klima und Umwelt; Mitarbeiter; Gesellschaftliches Engagement. „Durch die Aufteilung in Magazin- und GRI-Teil können wir unterschiedliche Zielgruppen gleichermaßen ansprechen. Das Nachhaltigkeitsmagazin beinhaltet die Highlights aus unserem Engagement und wird durch Videos und Bilder erlebbar. Im GRI-Bericht kann der User sich entscheiden, ob man den Bericht nach GRI sortiert oder nach den Säulen unserer Nachhaltigkeitsstrategie – mit diesem Kniff wird der Bericht ein echter REWE Group-Bericht", erläutert Nicola Tanaskovic. Die Unterseiten zu den Nachhaltigkeitssäulen beinhalten jeweils den Managementansatz inklusive Handlungsfelder, Kennzahlen, Zielen und Dokumentation. Dank einer klaren Gestaltung lassen sich die Inhalte schnell erfassen.

„Transparenz wird zunehmend wichtiger. Als REWE Group berichten wir bereits seit 2009 nach GRI. Dabei haben wir uns von einem reinen Printbericht weiterentwickelt zu einem modernen Online-Berichtsformat, mit dem wir Standards für die Branche gesetzt haben", so die Bereichsleiterin Corporate Responsibility. Der Online-Auftritt wirkt freundlich, klar und gut strukturiert. Die Unterteilung ermöglicht jederzeit eine schnelle Orientierung, und der Bericht lädt durch die angenehme Gestaltung und anregenden Überschriften zum Stöbern ein. Das Motto des Berichtes – „Miteinander" – findet sich auf allen Berichtsebenen wieder, kluge Verweise und Verlinkungen bilden integrative und kommunikative Strukturen ab.

Die Programmierung im Responsive Design ermöglicht zudem einen flexiblen Zugriff auf den Nachhaltigkeitsbericht über unterschiedliche mobile Endgeräte.

ASSMANN BÜROMÖBEL GMBH & CO. KG, MELLE
NACHHALTIGKEITS- / CSR-BERICHT
»NACHHALTIG«

econforum.de/2018_094

	STECKBRIEF
Webadresse	www.assmann.de/unternehmen
Seitenanzahl	108
Format	280 mm × 210 mm
Verarbeitung	Schweizer Broschur (Buchblock mit Fadenheftung und Bundbogen); Titelprägung
Papier	Umschlag: Igepa, Circle Offset Premium White 350 g/m² Bundbogen Inhalt: Igepa, Circle Offset Premium White 140 g/m²
Sprachen	Deutsch, Englisch
Auflage	1.500
Vertriebskanäle	Mailing, Messe, persönliche Übergabe, Online, Vertrieb
Konzeption, Umsetzung	FIRST RABBIT GmbH, Köln Senior Art Direction: Jens Tappe, Concept & Text Direction: Andreas Müller
Druck	wentker druck GmbH, Greven Leiter Druckvorstufe / DigitalDruck: Andreas Bernsjann

	UNTERNEHMENSPROFIL
Webadresse	www.assmann.de
Branche	Büromöbelherstellung
Unternehmen	ASSMANN BÜROMÖBEL GmbH & Co. KG
Anzahl Standorte (national)	1
Mitarbeiter (national)	Mehr als 100
Gründungsjahr	1939
Nächster Geschäftsbericht	Dezember 2019
Projektleitung	Leiter Industrial Engineering / Umweltmanagement / Nachhaltigkeit: Andreas Fipp, Leitung Marketing und Kommunikation: Marc Schumann

Schwerpunktmäßig befasst sich der Nachhaltigkeitsbericht des Büromöbelherstellers Assmann mit dem alliterativen Dreigestirn aus Kommunikation, Kooperation und Konzentration. Diese drei strategischen Komponenten werden in allen Unternehmensbereichen genau untersucht und mit Zahlen und Leben gefüllt. Das macht den Bericht authentisch, lebendig und vermittelt einen informativen wie hintergründigen Eindruck von einem Unternehmen, das sich professionell und sympathisch präsentiert.

01

02

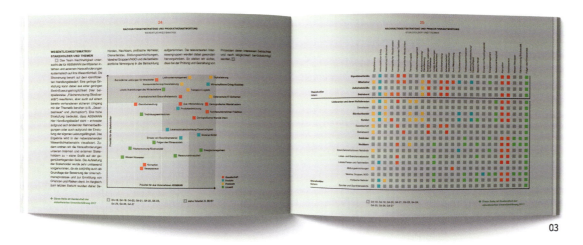

03

Dass Assmann ein Unternehmen ist, das sich auf die Bedürfnisse von Menschen in ihrer Arbeitswelt fokussiert, merkt man diesem Bericht an. Und dieses Postulat bildet auch den starken Auftakt, die aufklappbare Innenseite des Titels spricht genau das an: „Für uns steht der Mensch im Mittelpunkt der Produktentwicklung und konzeptionellen Planung, denn jeder Mensch ist anders – hat andere Maße, Vorstellungen, Ansprüche und Ziele." Deshalb zeigt dieser Bericht berührende Aufnahmen von Mitarbeiterinnen und Mitarbeitern bei der Arbeit mit Kolleginnen und Kollegen oder beim Betriebssport. Diese Bilder erzählen von verantwortungsvollem Handeln, Vertrauen und einem engen Zusammenhalt.

Wichtige Aussagen erhalten als farblich abgesetztes Zitat einen zentralen Platz und bilden die Essenz der informativen Texte oder setzen besondere Aspekte. Auch die Hervorhebung wichtiger Inhalte im Fließtext lenkt die Aufmerksamkeit der Leser und hebt wichtige Aussagen hervor. **Inhaltlich setzt sich der Bericht nicht nur mit nachhaltigen Maßnahmen und wegweisenden Strategien auseinander, er schaut auch in die Zukunft der Arbeitswelt.** Damit bleibt Assmann bei einem Thema, das das Unternehmen mit seinen Produkten aktiv mitgestaltet. Das passt zum Credo einer „Mischung aus Bodenständigkeit und Zukunftsgewandtheit", die das Unternehmen auszeichnet.

04

05

06

Das Thema Umwelt nimmt einen besonderen Raum ein und spielt in der Unternehmensstrategie eine bedeutende Rolle. **Das Umweltmanagementsystem von Assmann erhält sogar eine ganze rot eingefärbte Doppelseite, auf der die einzelnen Komponenten präzise und leicht verständlich detailliert erklärt sind [05].** Wichtige Kennzahlen und Daten sind schlüssig aufbereitet und Ziele samt ihrer Notwendigkeit klar definiert.

Der Übergang zum analytischen Zahlenteil erfolgt leicht erkennbar über eine farbliche Indikation. Die Seiten des Berichtsteils sind grau hinterlegt. Die rote Farbgebung der Tabellenüberschriften stellt eine angenehme optische Abwechslung dar und greift die Farbwelt des Imageteils noch einmal auf.

DER GRÜNE PUNKT DSD – DUALES SYSTEM HOLDING GMBH & CO. KG, KÖLN
NACHHALTIGKEITS- / CSR-BERICHT
»DER GRÜNE PUNKT«

 econforum.de/2018_098

STECKBRIEF	
Webadresse	www.gruener-punkt.de/de/nachhaltigkeit/nachhaltigkeitsbericht-1516.html
Seitenanzahl	52
Format	220 mm × 220 mm
Verarbeitung	Aufmerksamkeitsstarker Titel mit einer hochwertigen Stanze; bewusst wurde auf Veredelungen verzichtet, die die Recyclingfähigkeit beeinträchtigen.
Papier	Circleoffset Premium white, 100 % Recyclingpapier, FSC
Sprachen	Deutsch, Englisch
Auflage	2.600
Vertriebskanäle	Klimaneutraler Versand, beide Versionen sind online abrufbar, Auslage bei Veranstaltungen und Messen, persönliche Übergabe an Geschäftspartner etc.
Konzeption, Umsetzung	komm.passion GmbH, Düsseldorf Art Director: Matthias Heynen, Redakteurin: Katrin Koster

UNTERNEHMENSPROFIL	
Webadresse	www.gruener-punkt.de
Branche	Verpackung, Sekundärrohstoffe und Recycling
Unternehmen	Der Grüne Punkt DSD – Duales System Holding GmbH & Co. KG
Anzahl Standorte (national)	5 bis 10
Mitarbeiter (national)	Mehr als 100
Gründungsjahr	1990
Nächster Geschäftsbericht	September 2019
Projektleitung	Pressesprecher: Norbert Völl

DER GRÜNE
PUNKT

Sustainability Report 2015/2016

Wie funktioniert Nachhaltigkeit eigentlich im Alltag? Ist Mülltrennung sinnvoll, wenn doch „sowieso alles verbrannt wird"? Der Bericht des Grünen Punktes setzt sich mit unbequemen Themen auseinander. Dabei präsentiert sich diese schlanke Dokumentation so, wie man es von einem ernst gemeinten Nachhaltigkeitsbericht erwartet: nachhaltig, kompakt und prägnant.

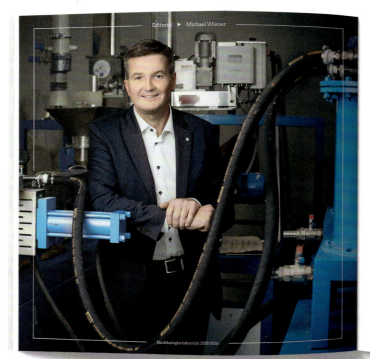

01

02   03

Im handlichen Format mit 52 Seiten ist dieser Bericht ein praktisches Kompendium für Mitarbeiter und Journalisten, die sich für Nachhaltigkeitsstrategien und -werte interessieren. Die Broschüre beschreibt in klaren Worten und passenden fotografischen sowie illustrativen Darstellungen die Bedeutung von Wertschöpfungsketten, Produktionszyklen und Materialkreisläufen. Denn das Duale System in Deutschland dient nicht allein dem Recycling von Abfall, das Unternehmen entwickelt auch neue Sortierverfahren und Verwertungswege. Insbesondere die Grafiken sind den jeweiligen Themen angepasst und sorgen nicht nur für Abwechslung, sondern lenken die Aufmerksamkeit auf ausgesuchte Bereiche. Treffende Piktogramme für Phänomene wie „fossile Rohstoffe", „Treibhauseffekt" oder ungewöhnliche grafische Veranschaulichungen von Unternehmensprozessen und Ergebnissen sind schnell in ihrer Bedeutung zu erfassen und tragen dazu bei, wichtige Zusammenhänge zu erschließen.

Die Bildwelt zeigt unter anderem Mitarbeiter, die in der Wiederverwertung arbeiten – und ganz offensichtlich stolz darauf sind. Auf den Titelseiten der einzelnen Kapitel stehen wiederum die zu verwertenden Stoffe im Fokus. Mitunter wirken die Berge von Altglas, Leichtmetall und Papier durch ungewöhnliche Nahaufnahmen wie Kunstwerke. **Dazu verdeutlichen die Fakten und Zahlen, wie schnell und effektiv sich Verpackungen aus Kunststoff, Metall, Glas und Papier wieder in neue Materialien verwandeln lassen [05].** So werden in Deutschland binnen zehn Sekunden aus 600 Kilogramm Glasbruch wieder rund 1.000 neue 0,7-Liter-Flaschen. Zahlen wie diese zeigen die gewaltigen Dimensionen der gesamten Recyclingbranche und ihre wachsende Wirtschaftskraft.

Der Nachhaltigkeitsbericht wurde bei einem Familienbetrieb auf zertifiziertem Umweltpapier gedruckt – bewusst ohne Veredelungen, die die Recyclingfähigkeit beeinträchtigen. Er wurde klimaneutral versandt und liegt in Deutsch und Englisch vor. Die verwendeten Fotos und Grafiken werden im Sinne der Nachhaltigkeit für weitere Publikationen und Präsentationen genutzt.

EVONIK INDUSTRIES AG, ESSEN
NACHHALTIGKEITS- / CSR-BERICHT
»ZUHÖREN LOHNT SICH«

econforum.de/2018_102

STECKBRIEF	
Webadresse	http://corporate.evonik.de/de/verantwortung/
Seitenanzahl	98
Format	210 mm × 297 mm
Verarbeitung	Doppelung des Außenumschlags
Papier	Circleoffset Premium White, FSC-zertifiziert und ausgezeichnet mit dem Blauen Umweltengel und EU Ecolabel Innenumschlag: 200 g/m² Außenumschlag: 300 g/m² gedoppelt Inhalt: 140 g/m²
Sprachen	Deutsch, Englisch
Auflage	25
Vertriebskanäle	Persönliche Übergabe
Konzeption, Umsetzung	BISSINGER[+] GmbH, Hamburg Konzeption: Martin Peters

UNTERNEHMENSPROFIL	
Webadresse	www.evonik.de
Branche	Chemie
Unternehmen	Evonik Industries AG
Anzahl Standorte (national)	Mehr als 10
Mitarbeiter (national)	Mehr als 10.000
Gründungsjahr	2007
Nächster Geschäftsbericht	März 2019
Projektleitung	Hannelore Gantzer, Projektmitarbeit: Kathrin-Maria Beermann

NACHHALTIGKEITS-BERICHT 2017

ZUHÖREN LOHNT SICH

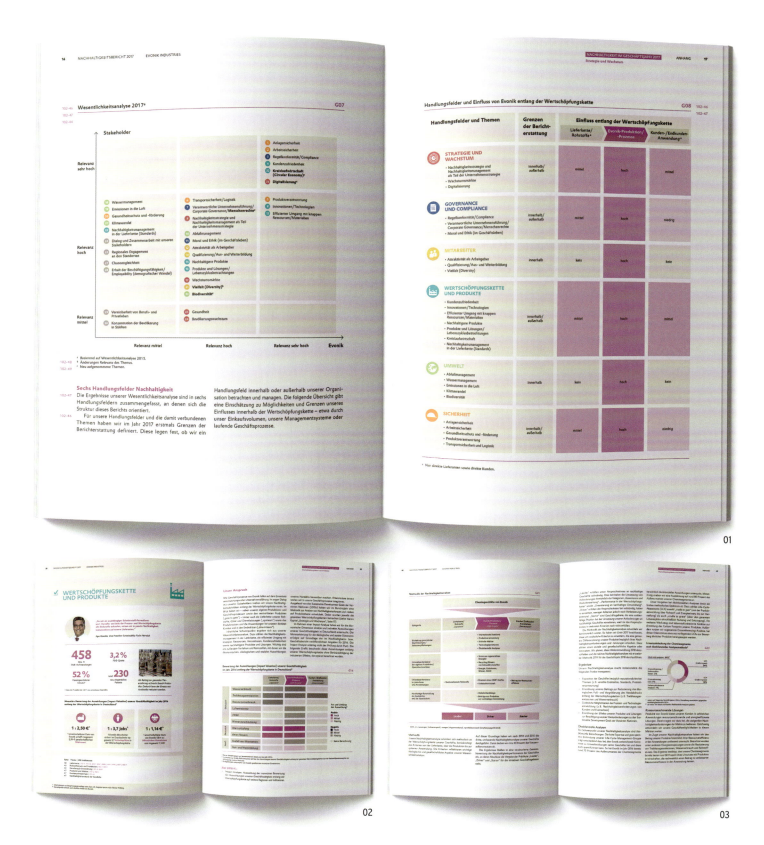

Inhaltlich überzeugt dieser Bericht, weil hier spürbar die jahrelange Erfahrung bei der Gestaltung von Nachhaltigkeitsberichten einfließt. Zugleich unterstreicht die Fülle der Informationen den Stellenwert, den nachhaltiges Handeln bei Evonik einnimmt. Der Titel „Zuhören lohnt sich" erscheint ungewöhnlich, verdeutlicht aber den strategischen Ansatz und eine Fähigkeit, die das Spezialchemieunternehmen auszeichnet: Evonik sucht den direkten Dialog mit unterschiedlichsten Interessengruppen und leitet daraus seine Vorgehensweisen für nachhaltiges Handeln ab.

Wichtige Erkenntnisse aus diesem Dialog werden gar zu einer eigenen Rubrik, die ein Bestandteil jedes Abschnitts dieses Nachhaltigkeitsberichtes sind: Die schriftlichen Denkanstöße stammen unter anderem von Wissenschaftlern, Gründern, Führungskräften, Mitarbeitern oder Vertretern globaler Nachhaltigkeitsorganisationen. **Wichtige Kernaussagen leiten auf der Titelseite jedes Kapitels ein und werden in ausführlicher Interviewform wieder aufgegriffen [02, 04–06].** Durch die Wiedergabe als Gespräch wirken die Ausführungen locker, sie rücken leicht verständlich besondere Aspekte nachhaltigen Engagements in den Mittelpunkt. Die Denkanstöße stehen im Einklang zum höchst informativen Ansatz und der Verpflichtung zu Transparenz. Sie zeigen neue Denk-

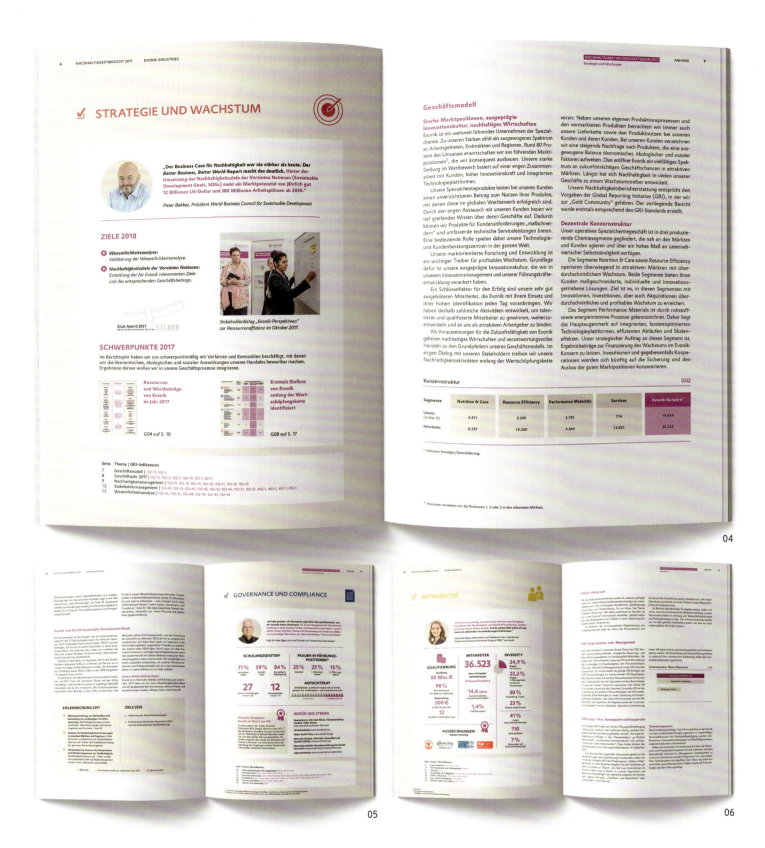

richtungen auf. Die Berichterstattung über die Managementansätze zeigt, welche Ideen bereits umgesetzt wurden und verdeutlicht die fortschrittliche Ausrichtung von Evonik. Im Fokus steht die Auseinandersetzung mit Digitalisierung, Biodiversität und Kreislaufwirtschaft.

Der tief gehende Analyseteil ermöglicht Experten profunde Einblicke in die Wertschöpfungskette einzelner Handlungsfelder, verschiedene Unternehmensabläufe und Prozesse sowie eine genaue Nachhaltigkeitsanalyse. Hierbei zeigt sich, dass sich der Blick vom eigenen Unternehmen auch auf Kooperationspartner und Lieferanten richtet. Indem beispielsweise die Lieferantenqualifizierung auch auf Partner ausgeweitet wird, werden Ansprüche an nachhaltiges Handeln weitergetragen, und Evonik nimmt eine Vorbildrolle ein.

Insgesamt vermittelt der vorliegende Bericht einen sehr genauen Eindruck über die vielfältigen Aktivitäten des nachhaltigen Handelns von Evonik. Die enorme Datenmenge wird klar, übersichtlich und eingängig abgebildet und sinnvoll um markante illustrative Darstellungen sowie aussagekräftige Grafiken ergänzt. Analysten und Experten finden sich in der Datenmenge schnell zurecht und erlangen einen guten Überblick über Kennzahlen und erreichte Nachhaltigkeitsziele.

GUNDLACH BAU UND IMMOBILIEN GMBH & CO. KG, HANNOVER
NACHHALTIGKEITS- / CSR-BERICHT
»HEUTE FÜR MORGEN«

 econforum.de/2018_106

STECKBRIEF	
Webadresse	www.gundlach-bau.de/nachhaltigkeit
Sprachen	Deutsch
Besondere Funktionalitäten	Kennzahlenmodul, Filme, Nachhaltigkeitskarussell
Interaktive Technologien	Kommentarfunktion zu allen Beitragsseiten
Plattform	Smartphone-optimierte Version
Konzeption, Umsetzung	eindruck Personengesellschaft, Hannover Text: Matthias Müller-Wolfgramm, Freie Beratung, Konzeption: Ingo Stoll, Filmer, Best Company Video GmbH: Man-Chun Li
Unternehmensberatung	imug Institut für Markt-Umwelt-Gesellschaft e. V., Hannover Beratung: Stefan Dahle, Thomas Läuger
Webdesign	neuwaerts GmbH, Hannover Art Director: André Keller
Programmierung	steindesign Werbeagentur GmbH, Hannover Programmierung: Andreas Berkhahn, Tim Tilch

UNTERNEHMENSPROFIL	
Webadresse	www.gundlach-bau.de
Branche	Bauen und Immobilien
Unternehmen	Gundlach Bau und Immobilien GmbH & Co. KG
Anzahl Standorte (national)	1
Mitarbeiter (national)	Mehr als 100
Gründungsjahr	1890
Projektleitung	Frank Scharnowski, Projektmitarbeit: Franz-Josef Gerbens, Nadine Otto, Christian Kaiser, Frank Mittag, Kai Holsten, Bernd Dege, Geschäftsführung: Dr. Frank Eretge, Lorenz Hansen

Der nunmehr vierte Nachhaltigkeitsbericht von Gundlach erscheint erstmals ausschließlich digital. Damit wird der CO_2-Abdruck nicht vergrößert, Kennzahlen und Fakten lassen sich jederzeit aktualisieren, und der Bericht ist überall verfügbar. Doch nicht nur der Verzicht auf Papier bringt das Wertesystem des Unternehmens zum Ausdruck, auch die Ausrichtung der Unternehmensbereiche und die ehrgeizigen Ziele spiegeln das Bewusstsein für verantwortungsvolles Handeln wider.

01

02

03

Interessant ist der nutzerorientierte Ansatz dieses Berichts. Denn die Aufteilung in die drei Ebenen Startseite, Kapitel mit Inhaltsangabe und Detailseiten richtet sich an verschiedene Nutzergruppen und deren digitale Lesegewohnheiten. Die Startseite informiert überblicksartig über alle Nachhaltigkeitsaktivitäten. Passende Bildmotive sind verbunden mit aussagekräftigen kurzen Texten, die schnell Auskunft über wichtige Ziele geben. Daneben bilden Diagramme und Schautafeln wichtige Entwicklungen und relevante Zahlen ab, und es kommen Persönlichkeiten wie der Oberbürgermeister von Hannover und sein Stadtbaurat Uwe Bodemann zu Wort, die über das Spannungsfeld aus Immobilienbranche, demografischer Entwicklung und urbanes Wohnen sprechen. Ehrgeizige Projekte wie das Recyclinghaus oder das Vorhaben zum klimaangepassten Bauen am „Herzkamp" zeigen, wie Gundlach wichtige Trends und Entwicklungen aufgreift und nach intelligenten Lösungen sucht, die im Einklang mit ökologischen, ökonomischen und sozialen Kriterien stehen.

Dieser weite Blick über den Tellerrand setzt sich auf den Detailseiten fort, die in sieben Handlungsfelder untergliedert sind. Sie beginnen stets mit einem Video: Ein kurzer Vorspann mit Erkennungsmelodie und ansprechender Grafik gibt Auskunft über das Thema, zu dem ein Unternehmensvertreter spricht – neben einem der Geschäftsführer kommen in diesen Filmen Mitarbeiter aus dem Marketing, dem strategischen Einkauf oder dem Betriebsrat zu Wort. **Die thematische Vertiefung offenbart, wie weitreichend Entscheidungen für nachhaltiges Handeln sind und was sie im unternehmerischen Alltag bedeuten.**

52 Unternehmenskennzahlen liefern Aufschluss über Relevanz und Wirkung der Einzelmaßnahmen in jedem Handlungsfeld. Bewegtbildaufnahmen, Grafiken und die Kommentarfunktion bieten zugleich einen facettenreichen und interaktiven Zugang für den Webseitenbesucher. Durch die Einbindung des Berichts in den allgemeinen Unternehmensauftritt gelingt zudem ein fließender Übergang zu weiteren Handlungsfeldern des Familienunternehmens.

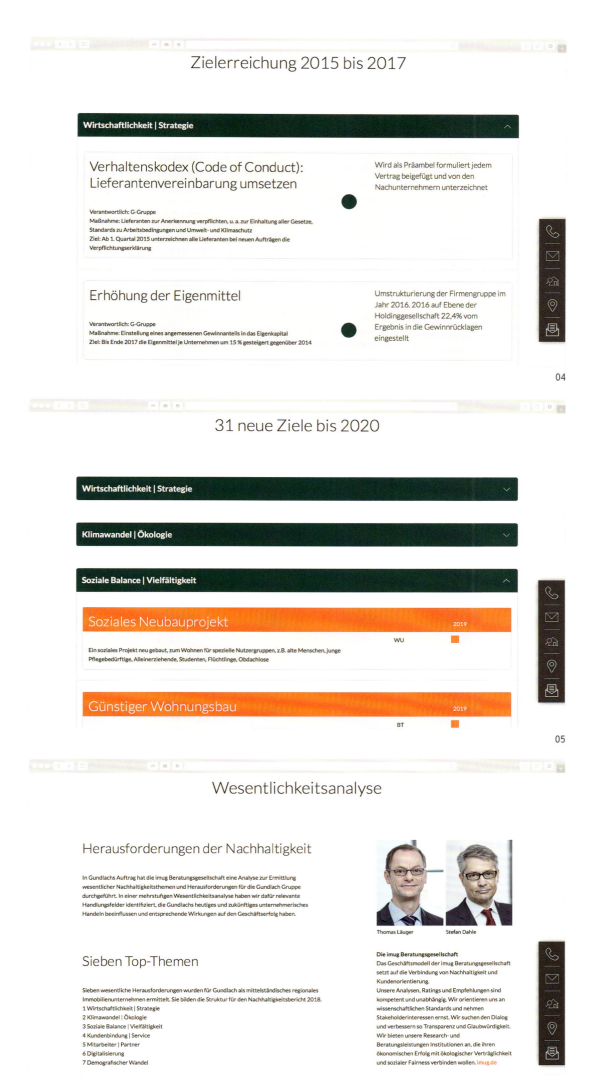

RAIFFEISEN BANK INTERNATIONAL AG, WIEN (ÖSTERREICH) NACHHALTIGKEITS- / CSR-BERICHT
»NACHHALTIGKEITSBERICHT 2017 DER RBI – ›SDGs MEET RBI‹«

 econforum.de/2018_110

STECKBRIEF	
Webadresse	www.rbinternational.com/nachhaltigkeitsmanagement
Seitenanzahl	160
Format	210 mm × 297 mm
Verarbeitung	Gefalzt, fadengeheftet, CO_2-neutrale Produktion, Cover inkl. Flappe
Papier	Umschlag: Algro Design Duo 360 g/m² weiß – FSC Mix Credit Inhalt: Amber Offset 120 g/m² h'frei weiß – 100 % PEFC
Sprachen	Deutsch, Englisch
Auflage	800
Vertriebskanäle	Mailing, persönliche Übergabe, Veranstaltungen, Online (Homepage und Intranet)
Konzeption, Umsetzung	Raiffeisen Bank International AG, Wien (Österreich)
Druck	Bösmüller Print Management GesmbH & Co. KG, Stockerau (Österreich)
Lektorat	edith holzer communications EPU, Wien (Österreich)
Übersetzung	Interlingua Language Services – ILS GmbH, Wien (Österreich)
Grafik	Werbegrafik Elisabeth Windisch, Österreich

UNTERNEHMENSPROFIL	
Webadresse	www.rbinternational.com
Branche	Finanzdienstleistung
Unternehmen	Raiffeisen Bank International AG
Anzahl Standorte (national)	2
Mitarbeiter (national)	Mehr als 1.000
Gründungsjahr	1986
Nächster Geschäftsbericht	März 2019

Nachhaltigkeitsbericht 2017

„SDGs meet RBI" – Beitrag der RBI zu den Sustainable Development Goals

Zu den auffälligsten Besonderheiten dieses Nachhaltigkeitsberichtes gehören sicher die außergewöhnlichen Bildwelten, die mit unerwarteten Perspektiven überraschen. Die Aufnahmen stammen von Schülern der Höheren Lehranstalt für wirtschaftliche Berufe in Biedermannsdorf, die sich im Rahmen eines Fotowettbewerbs intensiv mit den globalen Nachhaltigkeitszielen auseinandergesetzt haben. Die Ergebnisse wurden auf der Titelseite und den Kapitelseiten groß in Szene gesetzt. Damit hat genau die Generation ihren Blick auf Nachhaltigkeit gelegt, deren Zukunft mit den beschriebenen Maßnahmen gesichert werden soll.

Der Bericht gliedert sich inhaltlich in drei wesentliche Kategorien, die der Nachhaltigkeitsstrategie der Raiffeisen Bank International entsprechen: Das Unternehmen betrachtet sich als „verantwortungsvoller Banker", „fairer Partner" und „engagierter Bürger". Jedes Kapitel beleuchtet ausführlich die wesentlichen Handlungsgrundsätze, Analysen zu Auswirkungen, Risiken und Chancen und geht auf zahlreiche, unterschiedliche Maßnahmen in allen Bereichen des nachhaltigen Engagements ein. **Detaillierte Grafiken und Diagramme bilden wichtige Rahmendaten und Ergebnisse ab [01].** Fotos und Zitate von Mitarbeitern und Managementvertretern und externen Experten runden den informativen Gesamteindruck ab. Die ausführlichen Texte sind durch Zwischenüberschriften und Absätze strukturiert und durch die freundliche Aufmachung gut lesbar.

Eine Navigationsleiste am rechten Seitenrand zeigt stets an, in welchem Kapitel sich die Leser befinden und ermöglicht rasche Themenwechsel. So gelangen die Experten etwa schnell zum GRI-Inhaltsindex und zum Prüfbericht oder können sich im Bereich Management umfassend über Nachhaltigkeitsverständnis und strategische Ausrichtung der Raiffeisen Bank International informieren. Als besonders praktisch erweist sich die ausklappbare Titelinnenseite – hier werden die wichtigsten Fakten des Nachhaltigkeitsberichtes zusammengefasst. Auf einen Blick lassen sich so zum Beispiel der konzernweite Frauenanteil, Nachhaltigkeitsratings, die Investitionen in das Gemeinwesen oder wichtige Säulen der Nachhaltigkeitsstrategie erfassen. Darüber hinaus sind herausragende Beispiele für nachhaltiges Handeln mit einem klassischen Daumen-hoch-Zeichen markiert, das zusätzliches Interesse weckt.

Der Nachhaltigkeitsbericht der Raiffeisen Bank International erschien in einer Auflage von 800 Stück auf Deutsch und Englisch. Er wurde bei Veranstaltungen persönlich übergeben, zusätzlich per E-Mail versendet und ist darüber hinaus online auf der Unternehmensseite sowie im Intranet verfügbar.

SCHAEFFLER GRUPPE, HERZOGENAURACH
NACHHALTIGKEITS- / CSR-BERICHT
»VERANTWORTUNG FÜR MORGEN«

 econforum.de/2018_114

STECKBRIEF	
Webadresse	www.schaeffler-nachhaltigkeitsbericht.de/2017
Seitenanzahl	80
Format	210 mm × 297 mm
Verarbeitung	5/5-fbg. plus Dispersionslack seidenmatt, partiell kratzfeste matte Cellophanierung auf den Umschlagseiten; gekürzte Klappe vorn als zusammengefasstes Inhaltsverzeichnis, mit kantengleicher Verarbeitung von Inhalt und Umschlag, Bindung als PUR-Klebebindung
Papier	Umschlag: 350 g/m² Circle Silk Premium White, FSC Inhalt: 120 g/m² Circle Offset Premium White 1,2 fach, FSC
Sprachen	Deutsch, Englisch
Auflage	4.500
Vertriebskanäle	Personalisierter Postversand, Veranstaltungen/Messen, E-Mail, Website
Konzeption, Umsetzung	nexxar GmbH, Wien (Österreich)
Druck	EBERL PRINT GmbH, Immenstadt
Beratung, inhaltliches Konzept und Redaktion	Stakeholder Reporting GmbH, Hamburg

UNTERNEHMENSPROFIL	
Webadresse	www.schaeffler.com
Branche	Maschinenbau, Automobilzulieferer
Unternehmen	Schaeffler Gruppe
Anzahl Standorte (international)	Rund 170
Mitarbeiter (international)	Mehr als 90.000
Gründungsjahr	1946
Nächster Geschäftsbericht	März 2019
Projektleitung	Corporate Sustainability Officer: Pia Theresa Dürrschnabel

Der zweite Nachhaltigkeitsbericht des Technologieunternehmens Schaeffler stellt eine Weiterentwicklung der ersten Ausgabe dar und etabliert den hohen Standard der nachhaltigen Berichterstattung des Konzerns. Die neue Struktur untergliedert stärker in Rechenschaftsbericht und Imageteil, darüber hinaus treten vier zentrale Themen der Nachhaltigkeitsstrategie stärker in den Vordergrund: Verantwortung in der Lieferkette, Entwicklung „grüner" Produkte und Prozesse, Umweltschutzmaßnahmen und das Engagement für eine vielfältige Gesellschaft.

Optisch werden die Kapitel des Magazinteils durch großformatige Porträtfotos eingeleitet, die die beschriebenen Bereiche illustrieren. Dadurch gewinnt der Bericht an Charakter, und die geschilderten Maßnahmen werden lebendig. **Die Texte auf diesen Seiten führen kurz in teils komplexe Themenwelten ein, sie passen in ihrer frischen sprachlichen Gestaltung zur Offenheit der Bilder.** So werden die Leser animiert, sich weiter mit den Inhalten auseinanderzusetzen. Denn wer erfährt, dass Gerhard Axmann die Lieferanten bei Schaeffler genauer unter die Lupe nimmt, möchte wissen, was mit „unerwarteten Entdeckungen" bei dieser Arbeit gemeint ist. Auf den folgen-

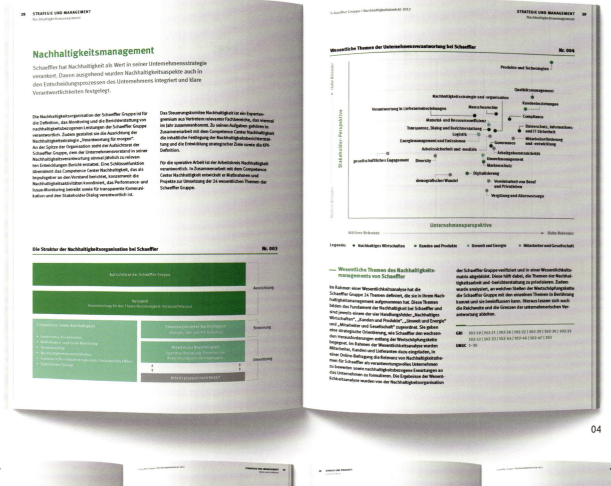

den Seiten jedes Magazinkapitels fallen vor allem die klare Aufteilung und die knappen, treffenden Überschriften ins Auge. Der helle Hintergrund ist lesefreundlich, und die begleitenden Fotos geben den Arbeitsalltag authentisch wieder. Angenehm fallen zudem die kurzen und aussagekräftigen Zitate der Mitarbeiter auf.

Der Übergang zum Rechenschaftsbericht erfolgt mittels einer grünen Kapitelseite, die ein Inhaltsverzeichnis beinhaltet sowie einen Überblick über die vier Handlungsfelder, für die jeweils ein passendes Piktogramm entwickelt wurde. Generell überzeugt dieser Berichtsteil mit einer harmonischen Gestaltung, bei der die aussagekräftigen und informativen Texte gekonnt von Grafiken und Visualisierungen begleitet werden sowie in ein ordnendes Farbkonzept eingebunden sind. Eine gute Orientierung bilden auch die Piktogramme, die die Ziele für nachhaltige Entwicklung der Vereinten Nationen symbolisieren. Sie werden im Kapitel Werte und Leitlinien eingeführt und finden sich dann unter den Titelüberschriften wieder. So ist es möglich, sich schnell einen Überblick zu verschaffen, inwiefern die Maßnahmen des Nachhaltigkeitsengagements von Schaeffler diesen weltweiten Zielen gerecht werden. Auf diese Art schafft Schaeffler Transparenz und Glaubwürdigkeit.

SCHAEFFLER GRUPPE, HERZOGENAURACH
NACHHALTIGKEITS- / CSR-BERICHT
»VERANTWORTUNG FÜR MORGEN«

 econforum.de/2018_118

STECKBRIEF	
Webadresse	www.schaeffler-nachhaltigkeitsbericht.de/2017
Sprachen	Deutsch, Englisch
Besondere Funktionalitäten	Filterbare NH-Roadmap, interaktive Elemente (SDG-Übersicht, Materiality-Analyse und GRI-Index), Animationen und interaktive Grafiken im Magazinteil, Verknüpfung von SDGs, GRI-Indikatoren, UNGC auf Inhaltsseiten, Social-Sharing-Funktionen, Responsive Design, Layer-Glossar (Erläuterungen zu Fachbegriffen bei Mausklick), Tabellen sowie PDFs zum Download verfügbar
Interaktive Technologien	Vorbereitete „On-click-Tweets" im Magazin; animierte Highlight-GIFs zur Bewerbung des Online-Berichts in Social Media; Teaser-Videos zu jeder Magazin-Story im Online-Bericht für Social Media; Infografiken für Social Media; Kommunikationsassets für Intranet, Website, Pressemitteilungen etc.
Konzeption, Umsetzung	nexxar GmbH, Wien (Österreich)
Beratung, inhaltliches Konzept und Redaktion	Stakeholder Reporting GmbH, Hamburg

UNTERNEHMENSPROFIL	
Webadresse	www.schaeffler.com
Branche	Maschinenbau, Automobilzulieferer
Unternehmen	Schaeffler Gruppe
Anzahl Standorte (international)	Rund 170
Mitarbeiter (international)	Mehr als 90.000
Gründungsjahr	1946
Nächster Geschäftsbericht	März 2019
Projektleitung	Corporate Sustainability Officer: Pia Theresa Dürrschnabel

Nachhaltiges Handeln erstreckt sich auf alle Unternehmensbereiche, und ist eine bewusste Einstellung, die erlebt und gelebt werden muss. Das börsennotierte Familienunternehmen legt seinem Handeln eine Wertebasis zugrunde, die auf den Kriterien nachhaltig, innovativ, exzellent und leidenschaftlich beruht. Der digitale Nachhaltigkeitsbericht der Schaeffler Gruppe verdeutlicht anhand von vier kurzen Reportagen, wie diese Werte von den Mitarbeiterinnen und Mitarbeitern umgesetzt werden. Dabei hat jedes Thema sein eigenes Motto, unter dem sich die Handlungsfelder der Nachhaltigkeitsstrategie klar abzeichnen.

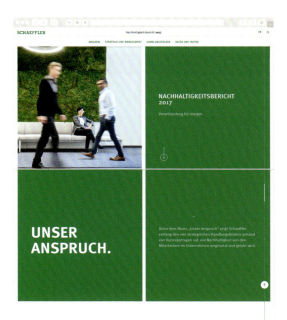

01

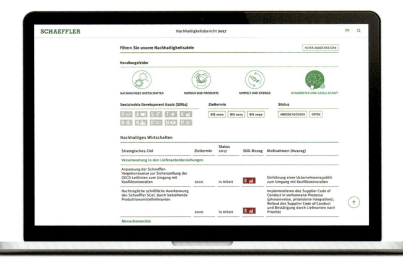

02

Um das Magazin designseitig vom Berichtsteil abzuheben, wird die gesamte Screenbreite genutzt. Vollflächige Bilder, der Einsatz von herausgehobenen Zitaten und Zwischenüberschriften akzentuieren den Reportagestil. Der Einstieg über ein prägnantes Bildmotiv aus dem Unternehmensalltag, eingerahmt vom Titel, wird gefolgt von einem Anleser, der die Kernpunkte der jeweiligen Story zusammenfasst. So findet sich unter der Überschrift „Standards setzen" der Artikel darüber, wie Schaeffler seinen eigenen hohen Verantwortungsanspruch in gleichem Maße auf die Lieferanten überträgt. Die Auseinandersetzung mit Fragen der modernen Mobilität, des Klimaschutzes und des Lebens in einer vielfältigen Gesellschaft ist aktuell und reicht über die Berichterstattung im digitalen Nachhaltigkeitsbericht hinaus.

Alle Artikel im Magazin lassen sich ganz einfach in sozialen Netzwerken teilen, und herausgehobene Zitate wurden zusätzlich mit einem Tweet-Button versehen, der zum digitalen Austausch anregt. Alle Beiträge aus dem Magazinteil sind eingängig geschrieben und überzeugen durch prägnante Aussagen und eine Erzählweise, die vom Allgemeinen zum Besonderen führt. Passende, großformatige Bilder, aussagekräftige Zitate und animierte Infografiken lockern die Seiten angenehm auf.

Die klare Benutzerführung ermöglicht eine gute Orientierung innerhalb der Seite. Mittels Mouseover wechseln die markierten Bereiche automatisch in das markante Grün des Corporate Designs, das auch sonst konsequent bei der Gestaltung der Seiten für Orientierungshilfen wie Pfeile, Rahmen, Überschriften in Navigationsleisten verwendet wird. **Alle Inhalte des digitalen Berichts sind konsequent miteinander verknüpft.** So finden sich am Ende jeder Seite alle Menüpunkte aus dem Magazin wieder, damit die Leser nach der Lektüre bei Bedarf mühelos zur nächsten Story aus dem Magazin wechseln, auf den Berichtsteil mit den Kennzahlen zugreifen oder die Corporate Website der Schaeffler Gruppe besuchen können.

Einen besonderen Service stellt die praktische Filteroption dar, mit deren Hilfe sich Nachhaltigkeitsziele nach Handlungsfeldern und einzelnen Indikatoren sortieren lassen.

03

04

VIELFALT LEBEN

05

PERSPEKTIVWECHSEL

WACKER CHEMIE AG, MÜNCHEN
NACHHALTIGKEITS- / CSR-BERICHT
»NACHHALTIGKEITSBERICHT 2015/2016«

 econforum.de/2018_122

STECKBRIEF	
Webadresse	www.wacker.com/nachhaltigkeitsbericht
Sprachen	Deutsch, Englisch
Durchschnittliche Seitenaufrufe / Monat (Page Impressions)	2.269
Durchschnittliche Einzelbesuche / Monat (Unique Visits)	631
Besondere Funktionalitäten	GIFs zur Begleitung auf Social Media; Waterfall Landing-Page, Einbindung von Google Maps für die Standorte; Animationen im Bericht, z.B. Prozessbeschreibung der Lieferantenbewertung, Ablauf der Verbundproduktion
Interaktive Technologien	Interaktive Materialitätsanaylse und Wesentlichkeitsgrafik mit Filter- und Zoomfunktion, Kennzahlenvergleiche, Downloadangebote, Feedbackfunktion.
Konzeption, Umsetzung	nexxar – digital reporting evolved GmbH, Wien (Österreich)

UNTERNEHMENSPROFIL	
Webadresse	www.wacker.com
Branche	Chemie
Unternehmen	Wacker Chemie AG
Anzahl Standorte (national)	10
Mitarbeiter (national)	10.000
Gründungsjahr	1914
Nächster Geschäftsbericht	März 2017
Projektleitung	Joachim Zdzieblo, Projektmitarbeit: Petra Hettich

Wacker Chemie ist ein Traditionsunternehmen, das auf eine über 100-jährige Geschichte zurückblickt. Das sieht man dem frischen und bildgewaltigen Online-Auftritt nicht an. Der Nachhaltigkeitsbericht, der nur online erschienen ist, wirkt zeitgemäß und überzeugt mit inhaltlicher Tiefe, berührenden Geschichten, klaren Zielen und Übersicht. Klassische Nachhaltigkeitsthemen wie Umwelt, Arbeitsschutz, Sicherheit von Anlagen und Produkten werden auf der Startseite knapp eingeführt und laden durch eine bildreiche und anschauliche Gestaltung zum Weiterlesen ein.

01

02

03

Besonders lebendig wirkt der Bericht vor allem dann, wenn überraschende Geschichten erzählt werden. Dazu gehört die Reportage über zwei junge Frauen aus Afghanistan und Syrien, die dank ihrer guten Sprachkenntnisse im Unternehmen eine Ausbildung zur Kauffrau für Büromanagement meistern. Die Reportage beschreibt zudem einprägsam das Aufeinandertreffen verschiedener Kulturen, Sprachen und Lebensläufe bei einer beruflichen Orientierungswoche für 18 jugendliche Geflüchtete und fängt die Reaktionen der Ausbilder ein, die dabei ebenso viel gelernt haben.

Der Bericht geht des Weiteren auf konkrete Umweltziele wie Investitionen im Gewässerschutz, Klimaschutz, Naturschutz und Landschaftspflege ein. **Er dokumentiert die jährlichen Nachbarschaftsgespräche in weltweiten Standorten, die Mitarbeiter, Anwohner und Gemeindevertreter zusammenbringen und vermittelt ein umfassendes Bild der Bemühungen, Umweltbelastungen zu vermeiden.** Die Kategorie Produktion und Sicherheit listet übersichtlich die Fakten und Zahlen in den Bereichen Energie, Emissionen, Logistik, Transport- und Anlagensicherheit auf. Die benutzerfreundliche Navigation sorgt für eine unkomplizierte Handhabung des Berichts, animierte Grafiken sowie Filter- und Zoom-Funktionen ermöglichen einen schnellen Vergleich wesentlicher Kennzahlen. Das schafft Transparenz und Übersicht. Daneben überzeugt das Layout der Seite mit klaren Strukturen, die stets die Inhalte in den Mittelpunkt rücken. Eine eindeutige Farbgebung setzt Akzente, gliedert Artikel und macht Funktionssymbole schnell auffindbar. Diagramme und Grafiken stellen komplexe Prozesse und Produktionsabläufe vereinfacht dar.

Der Nachhaltigkeitsbericht von Wacker Chemie, der in Deutsch und Englisch verfasst wurde, steht bei Bedarf auch als druckbare PDF-Datei zur Verfügung. Er kommt auf durchschnittlich mehr als 2.200 Seitenaufrufe im Monat.

04

05

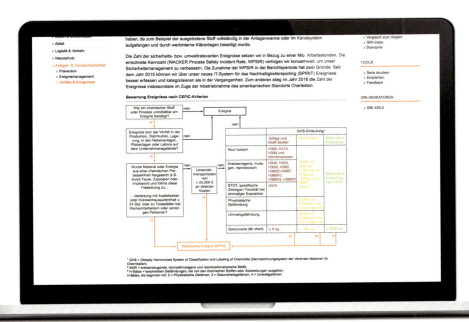

06

FLUGHAFEN MÜNCHEN GMBH, MÜNCHEN-FLUGHAFEN
INTEGRIERTE BERICHTERSTATTUNG
»WEITERDENKEN«

econforum.de/2018_126

GOLD

STECKBRIEF	
Seitenanzahl	180
Format	EndFormat: 297 mm × 210 mm (offenes Format 600 mm × 210 mm)
Verarbeitung	Blindprägung beidseitig, Vorder- und Rückdeckel jeweils mit Inhalt breit überklebt
Papier	Umschlag: ZETA brilliant gehämmert, 2 × 350 g/m² gedoppelt Innenteil: MultiOffset 120 g/m², MultiOffset 90 g/m²
Sprachen	Deutsch, Englisch
Auflage	2.700
Vertriebskanäle	Postalischer Verteiler, persönliche Übergabe, PDF-Download von Unternehmenswebsite
Konzeption, Umsetzung	Kirchhoff Consult AG, Hamburg Beratung: Friederike Falk, Sonja Klein, Dr. Götz Schlegtendal, Art Director: Kristina Koch, Lukas Nörring
Druck	Druckerei Vogl GmbH & Co. KG, Zorneding

UNTERNEHMENSPROFIL	
Webadresse	www.munich-airport.de
Branche	Verkehr und Logistik
Unternehmen	Flughafen München GmbH
Anzahl Standorte (national)	1
Mitarbeiter (national)	Mehr als 5.000
Gründungsjahr	1949
Nächster Geschäftsbericht	Juli 2018
Projektleitung	Helene Hergt, Projektmitarbeit: Johannes Endler, Eva Schindler

BEGRÜNDUNG DER JURY: Der Bericht *Weiterdenken* der Flughafen München GmbH darf – zum wiederholten Mal – als Vorbild für die integrierte Berichterstattung in Deutschland gelten. Ihm liegt ein herausragend systematischer und übersichtlicher Ansatz zugrunde. Mit dem Thema Weiterdenken hat er einen in jeder Hinsicht passenden Leitgedanken gefunden und schlüssig umgesetzt. Der Flughafen München hat sich auf dem Erfolg des im Vorjahr ebenfalls prämierten integrierten Geschäftsberichts nicht ausgeruht, sondern das Thema weitergedacht.

Die Flughafen München GmbH gehört zu den Vorreitern der integrierten Berichterstattung in Deutschland. Der integrierte Bericht, der unter dem Motto *Weiterdenken* steht und das Geschäftsjahr 2016 abbildet, ist bereits der siebte, den das Unternehmen veröffentlicht.

„Der integrierte Bericht *Weiterdenken* beschreibt als zentrale Unternehmenspublikation konkrete Projekte, Entwicklungen und Planungen für die Zukunft – zum ersten Mal auch als Online-Bericht", sagt Hans-Joachim Bues, Leiter Unternehmenskommunikation der Flughafen München GmbH. „Als Pionier des Integrated Reportings in Deutschland ist es das Ziel des Flughafens München, internationale Standards der Berichterstattung zu erfüllen, ohne dabei die Leserfreundlichkeit aus den Augen zu verlieren. Mit unserem ganzheitlichen Reporting schaffen wir maximale Transparenz und bieten höchsten Informationsgehalt für alle Anspruchsgruppen."

Die Wahl des Titels *Weiterdenken* drückt aus, dass sich der Flughafen München nicht auf dem bisher Erreichten ausruhen will. In den 25 Jahren seit Eröffnung des Flughafens am neuen Standort im Erdinger Moos ist der Flughafen längst zu einem internationalen Drehkreuz geworden und zu einem wichtigen Standortfaktor für die Unternehmen und Arbeitnehmer in der Region.

Den Leitgedanken des Weiterdenkens illustrieren insbesondere Sonderseiten, die zwischen den Kapiteln platziert sind. So zeigt der Bericht auf einer Doppelseite die digitalen Angebote für Besucher, Passagiere und Umsteiger, schlüssig illustriert durch einen Zeitstrahl. Eine weitere Doppelseite porträtiert das neue Terminal-2-Satellitengebäude – hier sind die wichtigsten Kennzahlen ebenso aufgeführt wie der jeweilige Beitrag des Terminals zu den sechs Kapitalarten.

Dem Kapitel „Arbeitswelt und Gesellschaft" ist ein Überblick vorangestellt, warum sich der Flughafen mit Recht als Jobmaschine bezeichnen kann. **Und nicht zuletzt wird skizziert, was der Flughafen München heute unternimmt, um bis 2030 zum ersten deutschen Airport zu werden, der CO_2-neutral betrieben wird.**

Der integrierte Bericht *Weiterdenken* richtet sich an die internen und externen Stakeholder des Flughafens. In einer jährlichen Befragung ermittelt das Unternehmen, welche Themen in welchem Grad für die jeweilige Gruppe von Interesse sind. Der integrierte Bericht sticht auch deshalb hervor, weil er die integrierte Berichterstattung selbst thematisiert. So wird diese Art der Berichterstattung eingangs auf einer Seite in Grundzügen erklärt.

Auf der gegenüberliegenden Seite illustriert eine große Grafik das Geschäftsmodell des Münchner Flughafens und die daraus folgende Systematik des Berichts. Sie schlüsselt sechs Arten von Kapital auf: Finanzen, Infrastruktur, Know-how, Mitarbeiter, Umwelt und Gesellschaft. **Für jede Kapitalart wird der Beitrag zur Wertschöpfung genannt.** Unter „Finanzen" beispielsweise verbucht der Flughafen einen Umsatz von 1,36 Milliarden Euro, unter „Infrastruktur" fällt beispielsweise die Eröffnung des T2-Satellitengbäudes, unter „Gesellschaft" werden knapp 35 Millionen Euro Gewerbesteuern und 222 Millionen Euro an Beschaffungen aus der Region genannt.

Auf jeweils einer Seite werden im Anschluss die Kapitalarten kompakt und übersichtlich vorgestellt. Jeweils in der linken Spalte finden sich Kennzahlen, kleine Infografiken und Zitate. Daneben werden für jede Kapitalart Bedeutung, Input, Maßnahmen und Output in Stichpunkten skizziert.

Auf den übersichtlichen und systematischen Einstieg folgen der Brief der Geschäftsführung und schließlich die Kapitel zu Strategie und Management, Leistungsportfolio, Arbeitswelt und Gesellschaft, Umwelt und Klimaschutz sowie der Finanzbericht und die Nachhaltigkeitskennzahlen.

Über die gesamte Länge veranschaulicht der Bericht *Weiterdenken* Daten und Zusammenhänge in Diagrammen, Piktogrammen und Tabellen, die die Informationsbedürfnisse des Fachpublikums erfüllen und gleichzeitig für den Laien verständlich sind.

ENBW ENERGIE BADEN-WÜRTTEMBERG AG, KARLSRUHE
INTEGRIERTE BERICHTERSTATTUNG
»AUF KURS – STRATEGIE 2020«

 econforum.de/2018_132

SILBER

STECKBRIEF	
Webadresse	www.enbw.com/bericht2017 www.enbw.com/report2017
Seitenanzahl	162
Format	DIN A4
Verarbeitung	Klebebindung, 3-seitiger Farbschnitt orange, UV-Reflieflack, Nanomatt-Folienkaschierung, Registerstanzung
Papier	Umschlag: 350 g/m² SoporSet Premium Offset – FSC-zertifitiert Innenumschlag: 190 g/m² SoporSet Premium Offset – FSC-zertifitiert Inhalt: 120 g/m² SoporSet Premium Offset – FSC-zertifitiert
Sprachen	Deutsch, Englisch
Auflage	3.500
Vertriebskanäle	Hauptversammlung, Veranstaltungen, persönliche Gespräche, online
Konzeption, Umsetzung	IR-ONE AG, Hamburg
Druck	Elanders GmbH, Waiblingen
Texterstellung	PvF Investor Relations GmbH & Co. KG, Oberursel (Taunus)
Redaktionssystem	firesys GmbH, Frankfurt am Main

UNTERNEHMENSPROFIL	
Webadresse	www.enbw.com
Branche	Energie
Unternehmen	EnBW Energie Baden-Württemberg AG
Anzahl Standorte (national)	Mehr als 100
Mitarbeiter (national)	Mehr als 10.000
Gründungsjahr	1997
Nächster Geschäftsbericht	März 2018

BEGRÜNDUNG DER JURY: Im *Integrierten Geschäftsbericht 2017* der EnBW Energie Baden-Württemberg AG findet die Idee der integrierten Berichterstattung eine eindrucksvolle Umsetzung. Die Darstellung des Geschäftsmodells und der Strategie ist auch deshalb so überzeugend, weil insbesondere Chancen und Ziele eingängig präsentiert werden. Die exzellente Verständlichkeit und Prägnanz verdankt der Bericht nicht zuletzt den durchweg sinnreich eingesetzten Grafiken und der geschickten Informationsverknüpfung.

Das Titelbild kommt direkt zur Sache: Auf schlichtem weißen Grund führt eine orange Kurve zunächst nach unten, erreicht einen Tiefpunkt und zeigt mit elegantem Schwung schließlich wieder nach oben. Der letzte Teil ist gestrichelt, denn er weist in die Zukunft. Es ist die Umsatzkurve des Energieversorgers, der 2012 einen Umsatzeinbruch erlitt, aber nun, 2017, die Talsohle durchschritten hat. Bis 2020 soll es wieder so weit aufwärts gehen, dass das Niveau von 2012 wieder erreicht ist. Dazu der Titel: „Auf Kurs – Strategie 2020".

„Seit 2012 erleben wir mit der Energiewende einen radikalen Umbruch in der Energiewirtschaft. Die Reputation der Energieunternehmen lag am Boden, die alten Geschäftsmodelle trugen nicht mehr", sagt Uwe Fritz, Leiter Medien & Events der EnBW Energie Baden-Württemberg AG. „Seit 2017 geht es wirtschaftlich wieder aufwärts. Auf Basis eines neu ausgerichteten Geschäftsportfolios gelang uns die Ergebniswende."

EnBW dokumentiert sein Geschäft seit 2014 in Form von integrierter Berichterstattung. Seitdem hat das Unternehmen seine Berichte kontinuierlich weiterentwickelt. Über die letzten Jahre sind die Berichte noch prägnanter und transparenter geworden, um so den steigenden Informationsbedürfnissen aller Stakeholder gerecht zu werden.

„Unsere Anspruchsgruppen messen uns nicht nur am wirtschaftlichen Erfolg, sondern auch an unserem Handeln für Nachhaltigkeit und Klimaschutz", erklärt Uwe Fritz. „Wir verfolgen daher mit dem Integrierten Geschäftsbericht seit Jahren den Ansatz einer transparenten Berichterstattung und entwickeln diese kontinuierlich weiter. Darüber hinaus unterstützt die EnBW die Entwicklung einer klimabezogenen Unternehmensberichterstattung. Im Integrierten Geschäftsbericht 2017 haben wir erste Schritte in diese Richtung gemacht."

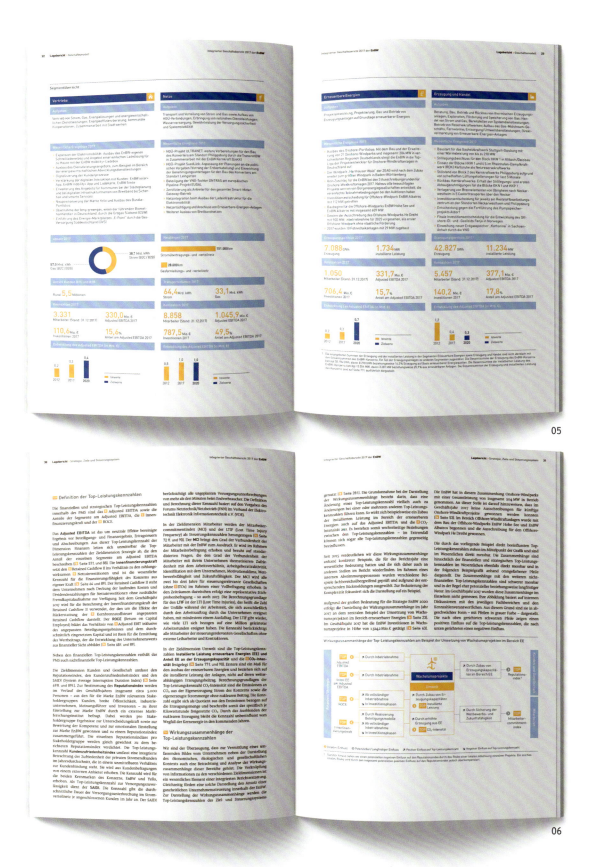

05

06

So hat das Unternehmen die neuen gesetzlichen Anforderungen zur Stärkung der nichtfinanziellen Berichterstattung im Lage- und Konzernbericht berücksichtigt. Zudem hat die EnBW die Empfehlungen der Task Force on Climate-related Financial Disclosures (TCFD) berücksichtigt, um ihren Umgang mit klimabezogenen Risiken deutlicher darzustellen. Wie wichtig dem Unternehmen das Thema integrierte Berichterstattung ist, lässt sich auch daran ablesen, dass es sich aktiv an seiner Weiterentwicklung beteiligt, indem es beispielsweise am IIRC Framework Panel teilnimmt.

Der dem eigentlichen Geschäftsbericht vorangestellte Imageteil ist knappgehalten. Er umfasst vier pointierte Beiträge zu Grundsatzthemen, die jeweils zwei Doppelseiten einnehmen. Jeder Geschichte im Imageteil ist am Ende ein halbseitiges Drei-Fragen-Interview beigefügt, in dem eine Expertin oder ein Experte einen Blick in die Zukunft wirft. Ihre Einschätzungen ordnen die strategischen Entscheidungen von EnBW in einen größeren wirtschaftlichen Kontext ein. Im Fall des Strategieabschnitts ist der Experte Frank Klose, Managing Director der Boston Consulting Group. Er rät: „Energiekonzerne müssen sich auf Zukunftsbereiche konzentrieren, die sie beherrschen."

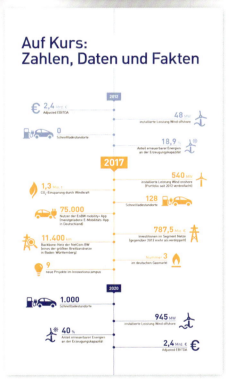

Im Abschnitt „Rückenwind" wird skizziert, welche tragende Rolle der Windkraft beim Ausbau der erneuerbaren Energien zukommt. Durchdacht ist die Auswahl von Eckdaten, die mit den entscheidenden Jahren der EnBW-Strategie in Beziehung gesetzt werden: So erfährt der Leser in der Infografik und im vertiefenden Text, dass 2012 die vor deutschen Küsten installierte Leistung der Offshore-Windenergie bei 48 Megawatt lag – genug, um 50.000 Haushalte zu versorgen. 2017 waren es bereits 336 Megawatt, für 2020 rechnet die Branche mit 945 Megawatt.

Dem gleichen Dreisprung folgen die Berichte „Ganz nah dran", der beschreibt, wie EnBW den Endkunden neue Möglichkeiten der Stromübergabe und der Stromspeicherung anbietet, sowie „Alles im Fluss", der den Ausbau der Netzinfrastruktur schildert: 2012 beschreibt den Ausgangspunkt der neuen Strategie und 2017 den aktuellen Stand. Jeder Abschnitt bietet einen Ausblick auf die Strategie des Zieljahres 2020.

CLARIANT AG, MUTTENZ (SCHWEIZ) INTEGRIERTE BERICHTERSTATTUNG
»ALL IN ONE«

 econforum.de/2018_138

STECKBRIEF	
Webadresse	http://reports.clariant.com
Seitenanzahl	168
Format	210 mm × 280 mm
Papier	Umschlag: PlanoArt, hochweiß, 300 g/m² Inhalt: PlanoArt, hochweiß, 130 g/m²
Sprachen	Deutsch, Englisch
Auflage	5.500
Vertriebskanäle	Versand und Auflage an alle Headquarters weltweit, Abgabe an Generalversammlung, Einzelversand nach Online-Bestellung
Konzeption, Umsetzung	Mutabor Design GmbH, Hamburg Creative Director: Sven Ritterhoff, Design: Jonas Becker, Konzeption: Martin Skoeries, Projektmanagement: Dominic Meissner
Druck	Neidhart + Schön Group AG, Zürich (Schweiz) Beratung: Olivier Neidhart
Gestaltung, Grafik, Layout, Redaktion Reportagen	KammannRossi GmbH, Köln Art Director: Arne Büdts, Projektmanagement: Katherina Schneider, Redaktion: Jürgen Jehle, Tom Rademacher, Layout/Satz: Jörg Schneider
Redaktion und Beratung integrierte Berichterstattung	Sustainserv GmbH, Zürich (Schweiz) Beratung: Dr. Bernd Kasemir, Redaktion: Manuela Huck-Wettstein, Stefan Luegstenmann
Produktionsüberwachung	KOMMINFORM GmbH & Co. KG, Kriftel Producer: Detlef Westenberg

UNTERNEHMENSPROFIL	
Webadresse	www.clariant.com
Branche	Chemische Industrie
Unternehmen	Clariant AG
Anzahl Standorte (national)	Mehr als 100
Mitarbeiter (national)	Mehr als 10.000
Gründungsjahr	1995
Nächster Geschäftsbericht	März 2019
Projektleitung	Leitung Unternehmenskommunikation: Dr. Kai Rolker, Projektleitung: Claudia Kamensky, Projektmitarbeit: Joana-Isabel Kelp

01

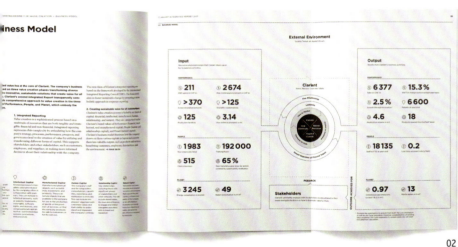

02

03

„All in One" steht so groß in serifenlosen Lettern auf dem Deckblatt, dass sie das Format ausfüllen. Darüber ist ein noch viel größeres C gelegt, in blassem Grau, als sei eine durchscheinende Folie aufgeklebt. Es ist das Logo des Schweizer Chemieunternehmens Clariant. So zeigt bereits das Titelblatt des integrierten Geschäftsberichts an, worauf es im Innenteil ankommt: Klarheit, Transparenz und eine umfassende Berichterstattung aller Aspekte in einer Publikation.

Mit *All in One* legt die Clariant AG zum zweiten Mal einen integrierten Geschäftsbericht vor. **Der Wechsel zur integrierten Berichterstattung folgt der strategischen Neuausrichtung, die das Unternehmen 2014 vorgenommen hatte.** Damals erhöhte es den Stellenwert von Nachhaltigkeit, indem es sie in die Unternehmensstrategie aufnahm.

Gestalterisch setzt sich im Inneren die Linie fort, die das Titelblatt vorgibt. Der Bericht *All in One* ist minimalistisch und klar gestaltet. Über den gesamten Bericht verteilt werden immer wieder Zahlen hervorgehoben, die dann in kleinen Texten erläutert werden. Mal akzentuieren einzelne Zahlen eine Textseite, dann wieder ist eine Seite eingestreut, die sich komplett auf die Präsentation wichtiger Zahlen konzentriert.

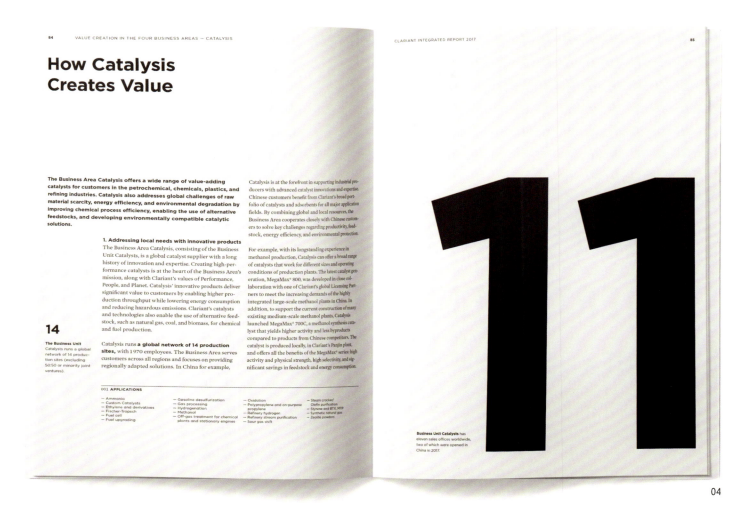

„Hinter jeder Zahl stecken Erfolge und Misserfolge, Lernprozesse und Erfahrungen, Erreichtes und die Folgen daraus. Clariant möchte all diese Geschichten erzählen: woher die Zahlen stammen, wie sie miteinander verbunden sind und welche Auswirkungen sie haben," heißt es in der Einleitung des Berichts. Dass der Bericht auch die Misserfolge nicht verschweigt, zeigt: Dem Unternehmen ist es mit der Transparenz ernst. Beispielsweise wird im Interview mit CEO Hariolf Kottmann und Verwaltungsratspräsident Rudolf Wehrli auch eine gescheiterte Fusion angesprochen, die im Jahr 2017 zunächst geplant gewesen war.

Die klare gestalterische Linie des Berichts zeigt sich auch in der konsequenten farblichen Gestaltung. Sämtliche Überschriften und Texte, Piktogramme und Tabellen sind in Schwarz-Weiß gehalten. Die einzigen farbigen Elemente sind die sparsam eingestreuten Fotos.

Gleich zu Beginn sind auf einer Seite die Kennzahlen der drei Hauptbereiche Performance, People und Planet abgebildet, unterteilt nach den sechs Kapitalarten, die der integrierte Bericht der Definition des Integrated Reporting Council folgend behandelt: Finanzkapital, Intellektuelles Kapital, Produziertes Kapital, Humankapital, Beziehungskapital und Natürliches Kapital. Besonders übersichtlich: Im Kapitel „Ein starker Motor für Wertschöpfung" visualisiert eine Grafik das Geschäftsmodell, die drei Schwerpunkte und die Kapitalarten.

CLARIANT AG, MUTTENZ (SCHWEIZ)
INTEGRIERTE BERICHTERSTATTUNG
»ALL IN ONE«

 econforum.de/2018_142

STECKBRIEF	
Webadresse	http://reports.clariant.com/2017/integrated-report/
Sprachen	Englisch
Durchschnittliche Seitenaufrufe / Monat (Page Impressions)	19.500
Durchschnittliche Einzelbesuche / Monat (Unique Visits)	6.200
Besondere Funktionalitäten	Responsive Design, Videos, Cinemagraphs
Interaktive Technologien	Interaktiver Kennzahlenvergleich, interaktives Business-Model, Downloadcenter, Glossar als Mouseover, Querverweise
Konzeption, Umsetzung	nexxar GmbH, Wien (Österreich) Projektleiter: Martin Sagmüller, Design: Lilla Hankiss

UNTERNEHMENSPROFIL	
Webadresse	www.clariant.com
Branche	Chemische Industrie
Unternehmen	Clariant AG
Anzahl Standorte (national)	Mehr als 100
Mitarbeiter (national)	Mehr als 10.000
Gründungsjahr	1995
Nächster Geschäftsbericht	März 2019
Projektleitung	Leitung Unternehmenskommunikation: Dr. Kai Rolker, Projektleitung: Claudia Kamensky, Projektmitarbeit: Joana-Isabel Kelp, Anders Almtoft

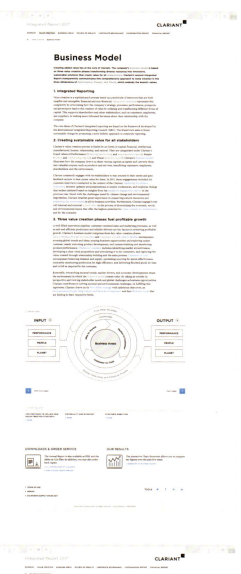

Wie in einem Zoom erscheinen weiße Zahlen auf schwarzem Grund, um gleich darauf im Zentrum der Animation in einem großen „C" zusammenzuschnurren. Der Buchstabe ist gleichzeitig das Logo des Schweizer Spezialchemieherstellers Clariant, neben ihm erscheint der Slogan *All in One*, so der Titel des Integrierten Geschäftsberichts für das Jahr 2017.

All in One ist der zweite integrierte Bericht der Clariant AG. Der Wechsel zur integrierten Berichterstattung war ein logischer Schritt, nachdem das Unternehmen bereits im Jahr 2014 „Mehrwert durch Nachhaltigkeit" zu einer Säule seiner Strategie erklärt hatte. Der Bericht erscheint parallel in einer digitalen und einer gedruckten Fassung. Die Zugriffszahlen deuten darauf hin, dass das Unternehmen damit einen Nerv getroffen hat: Im ersten Monat nach Veröffentlichung griffen 96 Prozent mehr User auf den Online-Report zu als im Vorjahr.

Der Bericht *All in One* ist minimalistisch und klar gestaltet. Die Headlines sind in serifenloser Typografie ausgeführt. Abgesehen von den wenigen Fotos (und den „read more"-Links) ist er, inklusive aller Piktogramme, Tabellen und Grafiken, in Schwarz-Weiß gehalten. Die Fotos zeigen fast ausschließlich Menschen – es ist ein gestalterischer Clou, dass sie die Farbe in den Bericht bringen.

Der Online-Bericht ist klar gegliedert und erschließt sich intuitiv. Unter der Startanimation sind in einer kleinen Slideshow die wichtigsten Kennzahlen aus den Berichtsbereichen „Performance", „People" und „Planet" zusammengefasst. Darunter wiederum stehen zwei Fotos und ein Teaser, die zum Interview mit CEO Hariolf Kottmann und Verwaltungsratspräsident Rudolf Wehrli führen.

Weiteres Scrollen führt den User zu einer übersichtlichen Darstellung des Geschäftsmodells. Der folgende Abschnitt bildet gewissermaßen den Magazinteil des Berichts: Auf Ebene der Startseite wird hier eine Vielzahl von Zahlen präsentiert. Hinter weiterführenden Links erwartet den Leser zu jeder Zahl eine Geschichte, anschaulich aufbereitet in Text, Bild und Video, mit teils animierten Grafiken. **Die Themen reichen von Innovationen zum Schutz vor Medikamentenfälschungen über Arbeitsschutzmaßnahmen bis hin zu einer Reportage zur Erforschung von Pflanzenschutz in einem eigens gebauten Treibhaus.** Die Auswahl der Themen orientiert sich an der Materialitätsmatrix des Unternehmens.

Im letzten Abschnitt der Startebene schließlich führen vier große Schaltflächen zu den vier Geschäftsfeldern des Unternehmens: Care Chemicals, Catalysis, Plastics and Coatings sowie Natural Resources. Über eine Navigation im Kopf der Startseite sind zudem in der Druckversion ausgelagerte Berichtsteile wie der Finanzbericht, der Vergütungsbericht und der Corporate-Governance-Bericht übersichtlich und schlüssig eingebunden.

INTEGRIERTE BERICHTERSTATTUNG 145

DEUTSCHE GESELLSCHAFT FÜR INTERNATIONALE ZUSAMMENARBEIT (GIZ) GMBH, ESCHBORN
INTEGRIERTE BERICHTERSTATTUNG
»ZUSAMMEN WIRKEN WELTWEIT«

 econforum.de/2018_146

STECKBRIEF	
Webadresse	berichterstattung.giz.de/2016
Seitenanzahl	72
Format	210 mm × 297 mm
Verarbeitung	Fadenbindung, zusätzlicher Aufklapper am Umschlag (vorn und hinten), Druck: 5/5 C, 4 C Euroscala plus Sonderfarbe Neon
Papier	Umschlag: BalancePure weiß 350 g/m² Inhalt: BalancePure weiß 120 g/m² Klimaneutraler Druck auf 100 % Recyclingpapier
Sprachen	Deutsch, Englisch
Auflage	25.000
Vertriebskanäle	Mailingverteiler, über Landesbüros, persönliche Übergabe, Messen (Karrieremessen), Veranstaltungen und Online sowie auf einer eigenen Microsite
Konzeption, Umsetzung	Scheufele Hesse Eigler Kommunikationsagentur GmbH, Frankfurt am Main Geschäftsführerin: Beate Scheufele, Account-Management: Marion Wagner, Lena Pawlak, Konzeption: Ursula Martin-Hantl, Grafik: Eva Pfeiffer, Caroline Leu, Reinzeichnung: Peggy Belles

UNTERNEHMENSPROFIL	
Webadresse	www.giz.de
Branche	Internationale Zusammenarbeit
Unternehmen	Deutsche Gesellschaft für Internationale Zusammenarbeit (GIZ) GmbH
Anzahl Standorte (national)	Mehr als 10
Mitarbeiter (national)	Mehr als 10.000
Gründungsjahr	2011
Nächster Geschäftsbericht	Juli 2018
Projektleitung	Leitung Unternehmenskommunikation: Sabine Tonscheidt, Projektleitung und Konzeption: Kerstin Rapp, Konzeption: Elke Winter, Konzeption und Text: Jörg Hilger, Valentin Dyckerhoff, Koordination und Text: Lena Kampe, Konzeption Grafik und Design: Vanessa Bauer

INTEGRIERTE BERICHTERSTATTUNG

Drei Begriffe sind auf dem knalligen, orange-roten Einband in dunkelroter Farbe hervorgehoben: „Zusammen wirken weltweit". Sie bringen auf den Punkt, was die Deutsche Gesellschaft für Internationale Zusammenarbeit (GIZ) GmbH ausmacht: Sie arbeitet weltweit mit Auftraggebern und Partnern zusammen, um Perspektiven für Menschen zu schaffen, und will sich an der Wirksamkeit ihrer Arbeit messen lassen. „Zusammen wirken weltweit" ist deshalb das Motto, das die GIZ für ihren *Integrierten Unternehmensbericht 2016* gewählt hat.

Der Bericht ist in zwei separate Hefte aufgeteilt. **Der 72-seitige Hauptteil beschreibt die strategischen Ziele der GIZ, ihre Leistungen und Kompetenzen sowie das Engagement für unternehmerische Nachhaltigkeit.** Ergänzt wird er durch einen 40-seitigen Band, der den Jahresabschluss bildet sowie eine Microsite zur Berichterstattung, um auch unterjährig über aktuelle Entwicklungen und Daten, vor allem im Bereich Nachhaltigkeit zu berichten.

Der Bericht wurde auf Deutsch und Englisch in einer Auflage von insgesamt 25.000 Exemplaren gedruckt, für die GIZ ist er damit das Printmedium mit dem größten Verbreitungsgrad. Er richtet sich an das politische Umfeld, Wirtschaft, Medien, Nachhaltigkeitsexperten und Partner. Daher versteht die Organisation den Bericht als Unternehmens- und Nachhaltigkeitsbericht sowie Imagebroschüre in einem.

Die aufklappbare Innenseite des Umschlags bietet einen Überblick über die Arbeit der GIZ. Auf einer Seite ist das Profil des Unternehmens umrissen. Auf einer weiteren Seite werden vor dem Hintergrund einer Weltkarte Kennzahlen aufgeführt: 18.260 Beschäftige hat die GIZ in 120 Ländern weltweit, das Geschäftsvolumen lag bei 2,4 Milliarden Euro. Zudem findet sich eine nach Kontinenten sortierte Auflistung aller GIZ-Standorte.

Ebenfalls gut und knapp erklärt sind in der Umschlagklappe die 17 Ziele für nachhaltige Entwicklung (englisch „SDG" genannt), die die Weltgemeinschaft in der Agenda 2030 beschlossen hat und an denen sich die Arbeit der GIZ orientiert. Zu jedem der Ziele ist ein farbiges Piktogramm aufgeführt. Über den gesamten Bericht verteilt kehren die Symbole wieder und verschaffen so Orientierung.

Im Hauptteil des Berichts sind Fotografien, Reportagen und Mitarbeiterstatements aus aller Welt eng verzahnt. Beispielsweise beschreibt das Kapitel zu Flucht und Migration, wie GIZ-Projekte Flüchtlingen und Einheimischen im Norden Iraks, in der Türkei und in Jordanien ein Einkommen sichern und gleichzeitig die Infrastruktur vor Ort verbessern. Auf jeweils einer Seite am Kapitelende ist anhand von Infografiken zusammengefasst, welche Wirkungen die Projekte der GIZ weltweit erzielen konnten.

FLUGHAFEN MÜNCHEN GMBH, MÜNCHEN-FLUGHAFEN INTEGRIERTE BERICHTERSTATTUNG
»WEITERDENKEN«

 econforum.de/2018_150

STECKBRIEF	
Webadresse	bericht2016.munich-airport.de
Sprachen	Deutsch, Englisch
Durchschnittliche Seitenaufrufe / Monat (Page Impressions)	2.500
Durchschnittliche Einzelbesuche / Monat (Unique Visits)	545
Besondere Funktionalitäten	Geschäftsführungs-Videostatements, interaktiver Kennzahlenvergleich, Downloadcenter und Infokorbfunktion, animierte Schaubilder und Diagramme, Slider auf Startseite mit Verweisen, Hervorhebung geprüfter Textteile, interaktive Wesentlichkeitsmatrix, Stakeholderdialog-Feedback-Formular (07.2017-11.2017)
Konzeption, Umsetzung	Kirchhoff Consult AG, Hamburg
Beratung: Kai Ehlers, Art Director: Lars Graage

UNTERNEHMENSPROFIL	
Webadresse	www.munich-airport.de
Branche	Verkehr und Logistik
Unternehmen	Flughafen München GmbH
Anzahl Standorte (national)	1
Mitarbeiter (national)	Mehr als 5.000
Gründungsjahr	1949
Nächster Geschäftsbericht	Juli 2018
Projektleitung	Helene Hergt, Projektmitarbeit: Johannes Endler, Eva Schindler

Der Flughafen München ist eine Erfolgsgeschichte, die über die Region hinausstrahlt. Rund 8.500 Menschen arbeiten im Konzern und haben dazu beigetragen, dass 2016 über 42 Millionen Passagiere in alle Welt fliegen konnten. Doch der integrierte Bericht lenkt den Blick auch in die Zukunft. Unter dem Titel *Weiterdenken* präsentiert er konkrete Projekte, Entwicklungen und Planungen der Gegenwart, die langfristig und nachhaltig wirken sollen. Passend zum Motto wird auch der integrierte Bericht immer weitergedacht: In diesem Jahr erscheint er erstmals auch in einer digitalen Fassung.

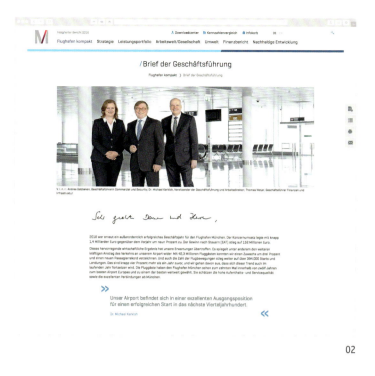

Bereits die Außenansicht und ein großformatiges Foto des zentralen Marktplatzes des 2016 in Betrieb genommenen Terminal-2-Satellitengebäudes gibt die visuelle Linie vor: **Klar und hell geht es in dem Bericht zu, die Transparenz der Architektur stimmt auf die inhaltliche Transparenz des integrierten Berichts ein.**

Die Startseite ist übersichtlich gegliedert. Das Foto aus dem neuen Terminalgebäude ist eines von vier Motiven einer Slideshow, die zu vier thematischen Schwerpunkten führt. Wer auf „Mehr Informationen" klickt, landet auf den Kapiteleinstiegsseiten der Themenbereiche Leistungsportfolio, Strategie und Management, Arbeitswelt und Gesellschaft sowie Umwelt mit Highlight-Stories, in denen konkrete Projekte beschrieben werden. Der Brief der Geschäftsleitung ist auf der Startseite prominent positioniert, gleich unter der Slideshow.

Es folgen vier Teaser zu den gleichen Themenbereichen, die bereits in der Slideshow verlinkt sind. Sie führen den User auf grundsätzliche Darstellungen, die die jeweiligen Themenbereiche ausführlich und im Überblick darstellen. Die Seiten bieten mit Kennzahlen aufgewertete Aufmacherfotos, animierte Grafiken und Zitate. Am Fuß der jeweiligen Seite stehen Verweise auf vertiefende Beiträge, in denen ausgewählte Aspekte hervorgehoben werden.

Den Abschluss der Startseite bilden große Schaltflächen, mit denen die Servicefunktionen des Online-Berichts verlinkt sind: ein interaktiver Kennzahlenvergleich und das Downloadcenter. Eine separate Navigation bietet einen alternativen Zugriff auf die Kapitel.

Der Bericht bietet die Möglichkeit zur individuellen Auswahl von Informationen: So lassen sich die Kennzahlen der letzten drei Jahre in interaktiven Grafiken und Tabellen vergleichen. Die Kennzahlen lassen sich zudem in jedem Kapitel direkt als Excel-Tabelle herunterladen.

INTEGRIERTE BERICHTERSTATTUNG 153

03

04

05

08

GEBERIT INTERNATIONAL AG, JONA (SCHWEIZ)
INTEGRIERTE BERICHTERSTATTUNG
»INTEGRIERTER GESCHÄFTSBERICHT 2017«

 econforum.de/2018_154

STECKBRIEF	
Webadresse	https://geschaeftsbericht2017.geberit.com
Sprachen	Deutsch, Englisch
Durchschnittliche Seitenaufrufe / Monat (Page Impressions)	400
Durchschnittliche Einzelbesuche / Monat (Unique Visits)	250
Besondere Funktionalitäten	Full responsiveness, Highcharts system und interaktive Wesentlichkeitsanalyse
Interaktive Technologien	Isotope, Slider und Highcharts system, HTML to PDF
Konzeption, Umsetzung	EQS Group AG, München Strategie, Beratung, Konzeption: Daniela Gaipl, Art Director: Lissy Mödl, Programmierung: Thomas Kleylein, Grafik: Lissy Mödl

UNTERNEHMENSPROFIL	
Webadresse	www.geberit.com
Branche	Sanitärtechnik
Unternehmen	Geberit International AG
Anzahl Standorte (national)	49
Mitarbeiter (national)	Mehr als 10.000
Gründungsjahr	1874
Nächster Geschäftsbericht	März 2018
Projektleitung	Tihana Ibrahimpasic, Leitung Unternehmenskommunikation: Roman Sidler

Frisch, hellblau und weiß – so empfängt der „Integrierte Geschäftsbericht 2017" der Geberit AG den Nutzer. Der HTML-Geschäftsbericht ist vollständig responsiv umgesetzt und verbindet reichhaltige Informationen mit multimedialen Techniken. Sinnvoll strukturierte Navigationsflächen im Kopf der Seite leiten zu den fünf zentralen Bestandteilen des integrierten Geschäftsberichts: Berichtsteil, Finanzteil, Nachhaltigkeit, Einblicke '17 und Wissen teilen.

Der Berichtsteil umfasst Kernelemente wie den Lagebericht der Konzernleitung, den Corporate-Governance-Bericht sowie den Vergütungsbericht, begleitet von Tabellen und interaktiven Grafiken. Im Finanzteil findet der Leser Zahlen, Fakten sowie den Konzernabschluss mit interaktivem Kennzahlenvergleich. **Der Bereich der Nachhaltigkeit enthält nebst dem Sustainability Performance Report ebenfalls zahlreiche Informationen zu den Themen Umwelt, Mitarbeitende und Gesellschaft.** Des Weiteren wurden die Ergebnisse der Wesentlichkeitsanalyse nach GRI-G4-Richtlinie in einer interaktiven Grafik (sog. Isotope-Lösung) umgesetzt. Jeder der Kernbereiche eröffnet mit einem Überblick über die jeweiligen Highlights des Jahres.

Geberit betreibt nicht weniger als 29 Informationszentren rund um den Erdball. Der Imagebereich „Wissen teilen" stellt die Zentren in Südafrika, dem Vereinigten Königreich und Deutschland in den Fokus. Hier kommen Jahr für Jahr Zehntausende Berufsleute und Auszubildende in den Genuss eines breit gefächerten Kursprogramms. Die Länderstories sind unterhaltsam und informativ in Videos, Slideshows und Kurztexten aufgebaut.

Bereits in den vergangenen Jahren war bei den Usern der Jahresrückblick beliebt. Hinter 42 chronologisch zugeordneten Kacheln präsentieren die „Einblicke '17" unterhaltsam aufbereitete Meldungen und Geschichten aus dem Unternehmen. Die Themen reichen vom 20-jährigen Jubiläum des Bauphysikalischen Labors in Rapperswil-Jona über die Eröffnung eines Ausbildungszentrums in Johannesburg bis hin zur Vorstellung der neuen AquaClean-Kampagne – untermalt durch Bilder und Videos.

Im gut strukturierten Download-Center kann der Leser einzelne Berichtsteile, Daten und Grafiken zusammenstellen, um sie dann gebündelt herunterzuladen.

INTEGRIERTE BERICHTERSTATTUNG 157

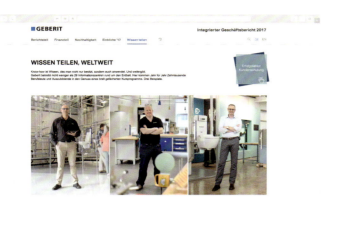

02

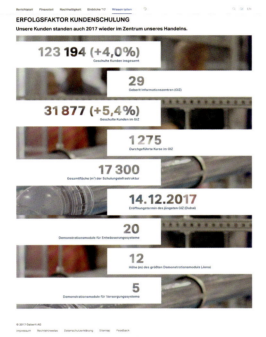

03

04

05

06

07

DENTSPLY SIRONA, WALS (ÖSTERREICH)
IMAGEPUBLIKATION
»DSIGN – EIN DESIGNMAGAZIN FÜR ZAHNARZTPRAXEN«

econforum.de/2018_158

SILBER

STECKBRIEF	
Seitenanzahl	92
Format	210 mm × 297 mm
Verarbeitung	Seidenmattlack, Perforation
Papier	Leimbindung Rücken, Spezialpapier matt gestrichen
Sprachen	3-mal im Jahr
Sprachen	Deutsch, Englisch, Japanisch und Neuauflage in Planung
Auflage	10.000
Vertriebskanäle	DSIGN wurde zunächst in 1. Auflage für die internationale Dentalschau (IDs) 2017 produziert und dort persönlich überreicht; dem Magazin wurde auf der IDs ein separater Messebereich, die sogenannten „Designwelten", gewidmet; in einem Fotobooth konnten die Besucher ein individuelles DSIGN-Cover entwerfen und so ein individualisiertes DSIGN-Magazin als Geschenk mit nach Hause nehmen; in der IDs-Woche wurden über 2.000 persönliche Cover erstellt
Konzeption, Umsetzung	Edelman.ergo GmbH, Berlin Director Corporate Health: Elisabeth Maino, Editor: Maria Bulawin
Designbüro Daniel Sanjuan	sanjuan. designbüro, bonn

UNTERNEHMENSPROFIL	
Webadresse	www.dentsplysirona.com
Branche	Dental
Unternehmen	Dentsply Sirona
Anzahl Standorte (national)	Mehr als 50
Mitarbeiter (national)	Mehr als 15.000
Projektleitung	Sales Marketing Manager Treatments Centers: Angelika Graf, PR Manager Communications: Günther Schmidhuber

BEGRÜNDUNG DER JURY: *DSIGN* von Dentsply Sirona ist eine Publikation, die in der Branche heraussticht. Sie verbindet die Darstellung der eigenen Kompetenz – das Angebot innovativer Behandlungseinheiten – mit Ratschlägen zur optimalen Gestaltung von Praxisräumen. Schon allein das ist eine nützliche Idee. Sie wird noch bereichert durch die hohe Ästhetik, die beeindruckenden Bilder und die ansprechenden Texte. Alle diese Faktoren machen *DSIGN* zu einer Inspirationsquelle, in die man gern hineingezogen wird.

Der Gang zum Zahnarzt ist für keinen ein Vergnügen. Obwohl die Technik immer mehr voranschreitet, um Behandlungen schmerzfreier zu machen, ist die Angst vor Bohrern und anderen Instrumenten groß. Auch die sterile Atmosphäre und das kühle Ambiente vieler Zahnarztpraxen wirken oftmals nicht besonders einladend. Es kommt also in zweifacher Hinsicht wenig Wohlgefühl auf. Dem begegnet Dentsply Sirona mit dem Kundenmagazin *DSIGN*. Es dient Zahnärzten zur Inspiration bei der Gestaltung ihrer Praxisräume, damit sich die Patienten dort auch wohlfühlen.

DSIGN wurde zunächst in einer ersten Auflage in den Sprachen Deutsch und Englisch produziert. Eine Neuauflage und eine neue Ausgabe sind bereits in Planung. Den vorderen Umschlag ziert ein angespitzter Bleistift, was auf dezente Weise auf das Thema Planung hinweist. Hinten sieht man die Reste, die beim Anspitzen übrig bleiben – ein kleiner Gag, der gut ankommt. Innerhalb des Magazins werden Zahnarztpraxen weltweit porträtiert

und Fragen zu Farb-, Licht- und Materialgestaltung mit funktionellen Abläufen und innovativen Medizinprodukten verbunden. Die Leser bekommen Anregungen zu Architektur, Lifestyle und den Behandlungseinheiten von Dentsply Sirona. Sehr bildreich wird aufgezeigt, wie Gestaltung und Workflow zusammenkommen und die Atmosphäre einer Zahnarztpraxis prägen.

Wie bei anderen Designmagazinen, zum Beispiel für Autos, Mode oder Möbel, gibt es auch bei DSIGN einen roten Faden: die Trends der Saison. Hier sind es vier: Honest Materials, Pure Shapes, Cheerful Patterns und Embellished Elegance. Jeder Trend wird mit einer Doppelseite eingeleitet, die einfühlsam beschreibt, was den besonderen Stil ausmacht. So heißt es bei den natürlichen Materialien: „Das Ambiente vermittelt ein Gefühl von Heimat, Authentizität und Verbundenheit mit traditionellen Werten. Patienten fühlen sich hier sofort geborgen." Zur visuellen Einstimmung ist eine formschöne Vase in erdigem Ton abgebildet, die ein bekannter

Designer geschaffen hat. Die folgenden Seiten stellen vier Zahnarztpraxen vor, die sich ganz dem natürlichen Stil verschrieben haben. Schon allein die Überschriften wie „Bergeslust", „Wohltuende Ausblicke" oder „Der Stress bleibt draußen" verdeutlichen, dass sich die gezeigten Praxen in ihrer Ausstattung stark vom Gewohnten abheben. Diesen positiven Eindruck unterstützen viele großflächige und kleine Fotos, die neben den verschiedenen Empfangs- und Behandlungsräumen auch Behandlungseinheiten von Dentsply Sirona präsentieren. Im Anschluss geht es weiter mit den ähnlich aufgebauten Kapiteln zu reinen Formen, fröhlichen Mustern und verschönernder Eleganz.

Auf die Frage, worin die größte Herausforderung bei der Arbeit für das Magazin bestand, antwortet Susanne Schmidinger, Director Product Management and Global Marketing Communication Dentsply Sirona Treatment Centers: „Eine der größten Herausforderungen war es sicherlich, anschaulich und interessant darzustellen, dass

das Design einer zahnärztlichen Behandlungseinheit und des Raums einen starken Einfluss auf die Arbeit des Behandlers und in weiterer Folge das Wohlbefinden des Patienten hat. Mit unseren – eigens für das *DSIGN* Magazin recherchierten – Trends haben wir neue Möglichkeiten für Workflow und Gestaltung in einer Zahnarztpraxis aufgezeigt."

Das Magazin kommt gut an. Verantwortlich dafür sind die aufschlussreichen Inhalte, zu denen auch viele Experten wie Designer, Handelspartner und Trendsetter beigetragen haben, die frische Sprache und die emotionale Gestaltung. Günther Schmidhuber, PR Manager Dentsply Sirona Treatment Centers, freut sich über das Erreichte: „Mich persönlich macht es sehr stolz, dass unser *DSIGN*-Magazin sowohl von Zahnärzten in Deutschland als auch rund um den Globus sehr positiv angenommen wurde und nach wie vor wird."

BRAU UNION ÖSTERREICH AG, LINZ (ÖSTERREICH)
IMAGEPUBLIKATION
»BIERKULTURBERICHT 2017«

econforum.de/2018_164

BRONZE

STECKBRIEF

Webadresse	www.brauunion.at/bierkultur/bierkulturbericht
Seitenanzahl	48
Format	210 mm × 297 mm
Verarbeitung	Rückendrahtheftung, 2× geheftet, gestanzt, gerillt, gefalzt
Papier	Umschlag: 250 g/m², Offset, matt Inhalt: 150 g/m², Offset, matt Papier zertifiziert nach PEFC
Sprachen	Deutsch, Englisch
Auflage	25.000
Vertriebskanäle	Postversand, persönliche Übergabe
Druck	Konica Minolta Business Solutions Austria GmbH, Wien (Österreich)
Grafik & Layout	hufnagl.POEX visuelle kommunikation, Linz (Österreich)

UNTERNEHMENSPROFIL

Webadresse	www.brauunion.at
Branche	Genuss- und Nahrungsmittel
Unternehmen	Brau Union Österreich AG
Anzahl Standorte (national)	Mehr als 10
Mitarbeiter (national)	Mehr als 2.400
Gründungsjahr	1998

BEGRÜNDUNG DER JURY: Mit der Imagepublikation *Bierkulturbericht* 2017 gelingt es der Brau Union Österreich, weit über sich hinauszuwachsen. Das Thema Bier und seine Kultur ist zeitgemäß, interessiert eine breite Zielgruppe und strahlt auf das Unternehmen ab. Die Botschaft, dass die österreichische Bierkultur stark ist und von der Brau Union repräsentiert wird, kommt eindeutig an. Ebenso hervorzuheben sind die fantasievolle Gestaltung und der gut fassbare Schreibstil des Berichts, die das Interesse an der Publikation noch erhöhen.

Österreich ist für seine Gemütlichkeit bekannt. Und zur Gemütlichkeit zählt für viele auch ein gutes Bier. Das sollte bestenfalls aus Österreich sein, sagen die Österreicher, denn es gehört für sie zur Identität der Alpenrepublik: 49 Prozent bevorzugen Bier aus dem eigenen Land, 31 Prozent aus der Region. Nur 6 Prozent mögen internationales Bier. Das und noch viel mehr ist im *Bierkulturbericht 2017* der Brau Union Österreich zu lesen, die Gerstenkaltgetränke mit so schönen Namen wie Zipfer Urtyp, Schwechater Zwickl oder Wieselburger Stammbräu produziert.

Ziel der Brau Union Österreich ist es, Österreich zum Land mit der besten Bierkultur in Europa zu machen.
Warum dem Unternehmen das so wichtig ist und welchen Stellenwert der Bierkulturbericht hat, erläutert Magne Setnes, Vorstandsvorsitzender der Brau Union Österreich: „Bierkultur ist für uns von der Brau Union Österreich mehr als unser tägliches Brot – es ist unsere Leidenschaft, unsere Passion, die besondere Aufmerksamkeit verdient. Der Bierkulturbericht ist eine jährliche Bestandsaufnahme der heimischen Bierkultur und unterstützt uns beim

Erreichen unseres Zieles." Die Publikation liefert Informationen zum österreichischen Biermarkt, Einschätzungen von Gastronomen und Braumeistern sowie Kommentare von Gastautoren. Repräsentative Studien, die gemeinsam mit einem Linzer Umfrageinstitut durchgeführt werden, dienen als Basis für die stichhaltigen Zahlen und Fakten.

Der *Bierkulturbericht 2017* fokussiert das Trendthema Craft-Bier und zeigt unter anderem Folgendes auf: Für die Menschen in der Alpenrepublik ist Bier eindeutig das Nationalgetränk Nummer eins. Die Österreicher sind von der zentralen Rolle des Bieres für die heimische Getränkekultur überzeugt. Am liebsten trinken sie Bier, wenn sie abends ausgehen und Freunde treffen. Und: Die österreichischen Bierspezialitäten sind außerordentlich beliebt. Über diese Fakten hinaus erfährt der Leser, dass die Ansprüche an das Naturprodukt Bier und seine Erzeugung sehr hoch und im Vergleich zum Vorjahr sogar gestiegen sind. Als Gastautoren kommen in der Ausgabe beispielsweise eine Klimatologin und Bierbotschafterin sowie ein renommierter Bierexperte zu Wort.

Obwohl viele Zahlen in den Mittelpunkt gerückt und leicht verständliche Grafiken präsentiert werden, erinnert der Bierkulturbericht gestalterisch an ein hochwertiges und sehr unterhaltsames Magazin. Das liegt vor allem an den großformatigen, atmosphärischen Fotos, die sich durch die gesamte Broschüre ziehen. Hinzu kommt eine überaus bildhafte Sprache, die dazu führt, dass es eine wahre Freude ist, die ebenso aufschlussreichen wie unterhaltsamen Texte zu lesen. Damit der Leser nicht ständig auf das anfängliche Inhaltsverzeichnis zurückgreifen muss, verfügen die beiden Kapitel „Österreich – Heimat der Bierkultur" und „Österreich, Land der Bierspezialitäten" jeweils über ein eigenes Inhaltsverzeichnis.

Dass die Publikation bei den Lesern prinzipiell gut ankommt, beweisen die Worte von Gabriela Maria Straka, Leitung Corporate Affairs & CSR bei der Brau Union Österreich: „Ursprünglich sollte es im Jahr 2009 bei einem Bierkulturbericht bleiben. Doch aufgrund des großen Erfolges entschlossen wir uns, jedes Jahr einen weiteren

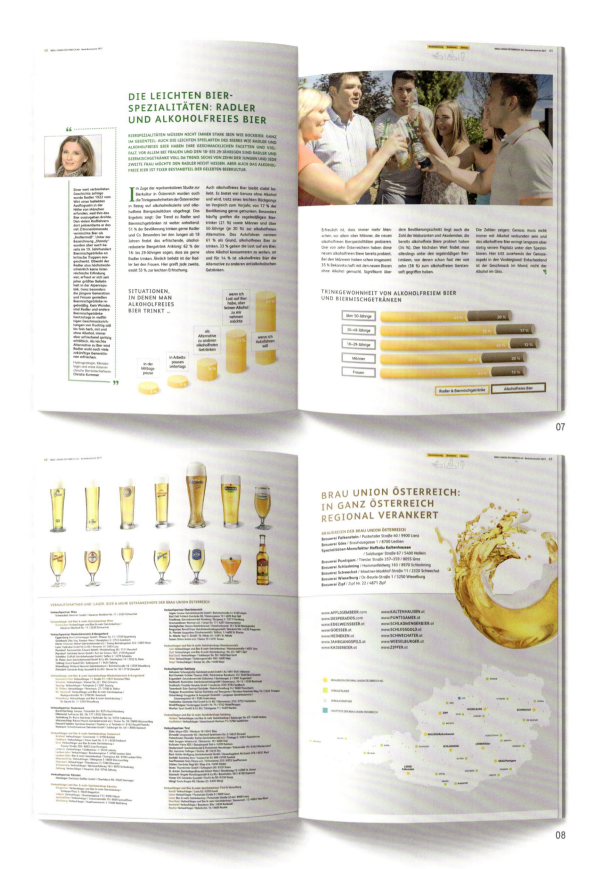

Bierkulturbericht mit einem Schwerpunktthema herauszubringen, wie beispielsweise Gläserkultur oder Rohstoffe. Ganz besonders freue ich mich schon auf die Jubiläumsausgabe im neuen Design, welche wieder mit vielen interessanten Ergebnissen aus der aktuellen Marktstudie aufwarten wird."

Präsentiert wurde der *Bierkulturbericht 2017* auf Pressekonferenzen in Linz und Wien. Außerdem erreichte er Stakeholder, Partner und Mitarbeiter der Brau Union Österreich. Das Thema Bierkultur und die Ergebnisse der Studie werden ganzjährig in die Kommunikationsstrategie der Brau Union Österreich aufgenommen und unter anderem in Presseaussendungen, auf den Social-Media-Kanälen sowie für Hintergrundgespräche mit Medien, Kunden und Geschäftspartnern verwendet. Zusätzlich zur deutschen Printausgabe gibt es eine englische Version des Berichts, die online abgerufen werden kann.

HOCHTIEF AKTIENGESELLSCHAFT, KONZERNKOMMUNIKATION, ESSEN
IMAGEPUBLIKATION
»RICHTIG GRÜN BAUEN.«

 econforum.de/2018_170

STECKBRIEF	
Webadresse	www.hochtief.de/hochtief/7151.jhtml http://hochtief.de/hochtief/3700.jhtml
Seitenanzahl	40
Format	210 mm × 297 mm
Verarbeitung	Zweiseitig lackiert mit Dispersionslack matt; Klapper genutet, geschnitten und zusammengetragen; Umschlag genutet; Klebebindung mit PUR; zwei Klappseiten
Papier	Umschlag: 250 g/m² Maxisilk Inhalt: 170 g/m² Maxisilk
Sprachen	Deutsch, Englisch
Auflage	4.500
Vertriebskanäle	Messen und Veranstaltungen, postalischer Versand, Website-Download, persönliche Übergabe
Konzeption, Umsetzung	Dewitz, Selzer, Partner. Werbeagentur GmbH, Düsseldorf

UNTERNEHMENSPROFIL	
Webadresse	www.hochtief.de
Branche	Bauindustrie
Unternehmen	HOCHTIEF Aktiengesellschaft, HOCHTIEF Konzernkommunikation Aktiengesellschaft
Anzahl Standorte (national)	Mehr als 50
Mitarbeiter (national)	Mehr als 3.000
Gründungsjahr	1873
Projektleitung	PR-Referentin, HOCHTIEF Konzernkommunikation: Indra Folke, Leiterin Corporate Affairs, HOCHTIEF Konzernkommunikation: Julia Schockemöhle

Der Claim von HOCHTIEF lautet: „Wir bauen die Welt von morgen." Um diesem hohen Anspruch gerecht zu werden, hat sich der internationale Baukonzern mit fast 150-jähriger Geschichte dem grünen Bauen verschrieben. Denn die Welt von morgen braucht das Grün von heute – was in den Leitgedanken der Nachhaltigkeit mündet, die idealerweise alle Phasen des Projektzyklus berücksichtigt. Die Imagepublikation *Richtig grün bauen. Wie wir Werte und Werke nachhaltig verbinden* zeigt, wie HOCHTIEF bei jedem Projekt und in allen Belangen auf das Gleichgewicht aus ökonomischen, ökologischen und sozialen Aspekten achtet.

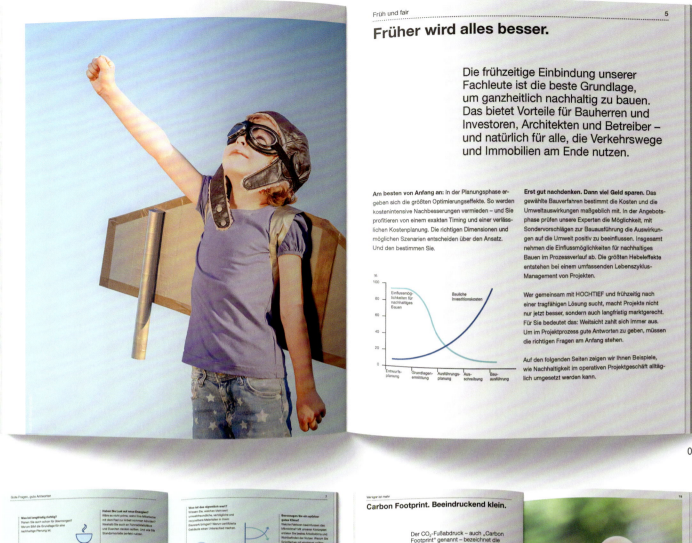

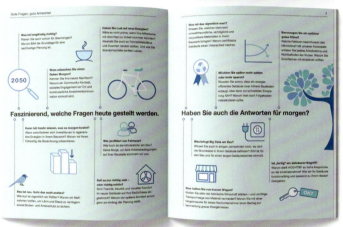

Wie schon der Titel sagt, geht es in der Broschüre um Werte und Werke. Insofern wird nicht nur das breite Spektrum nachhaltiger Produkte und Dienstleistungen präsentiert, sondern es wird auch ausführlich auf die Punkte eingegangen, für die das Unternehmen steht. Dabei folgt die Broschüre keiner offensichtlichen inneren Ordnung, die sich an eine verkopfte thematische Reihenfolge hält. Sie springt beispielsweise ganz locker von Verantwortung über Fairness zur nachhaltigen Baustelle und wechselt zwischen griffigen Texten, anschaulichen Grafiken und einem Frage-und-Antwort-Spiel. Zudem verzichtet die Imagebroschüre komplett auf ingenieursspezifische Darstellungen und komplizierte Beschreibungen von exemplarischen Bauabläufen, was die Zielgruppe – Kunden, Partner und Mitarbeiter, die in ständiger Kommunikation mit vielfältigen Stakeholdergruppen stehen – sicher erfreut.

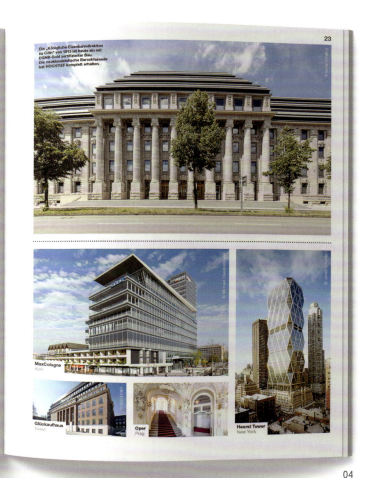

Die Imagepublikation *Richtig grün bauen* zeigt, was möglich ist, um Ressourcen zu schonen, schädliche Emissionen zu vermeiden, Flora und Fauna nicht zu strapazieren und einen gesamtgesellschaftlichen Beitrag zu leisten. **Der Leser erhält unter anderem Einblicke in die Baustellenpraxis von heute. Er erfährt, was ein Carbon Footprint ist und was Big Data am Bau bedeutet.** Zahlreiche Grafiken fassen komplexe Inhalte anschaulich zusammen: den Geist, dem sich HOCHTIEF verpflichtet fühlt, die Punkte, die beim Unternehmen für Fairness stehen, eine Klassifizierung der Treibhausgasemissionen, die globale Präsenz und mehr. Die großformatigen Bilder des 40-seitigen Heftes spielen mit den Headlines und regen auf humorvolle Weise zum Weiterdenken an.

Das kleine Heft mit seinem Format von 210 mal 297 Millimetern ist eine Imagepublikation, die Größe zeigt. Denn sie bringt komplexe Inhalte unterhaltsam und manchmal auch mit Humor an den Leser, ohne die Ernsthaftigkeit des Themas zu vernachlässigen.

INVESCO ASSET MANAGEMENT DEUTSCHLAND GMBH, FRANKFURT AM MAIN IMAGEPUBLIKATION
»RISK & REWARD #01/2018«

 econforum.de/2018_174

STECKBRIEF	
Seitenanzahl	47
Format	210 mm × 297 mm
Verarbeitung	Druck 4-farbig CMYK, Umschlag mit Mattcello, Rückendrahtheftung
Papier	Umschlag: 250 g/m², Profisilk Inhalt: 135 g/m², Profisilk
Sprachen	Deutsch, Englisch
Auflage	8.200
Vertriebskanäle	E-Mail, Postversand, Online (eigene Internetseiten und Drittanbieterseiten), Nutzung auf Veranstaltungen und Messen, persönliche Übergabe
Konzeption, Umsetzung	Invesco Asset Management Deutschland GmbH, Frankfurt am Main
Druckerei	W. B. Druckerei GmbH, Hochheim am Main
Agentur	Textbearbeitung und Übersetzung: Fremde Federn – Köddermann & Quentel GbR, Frankfurt am Main Grafikunterstützung: queo GmbH, Dresden

UNTERNEHMENSPROFIL	
Webadresse	www.de.invesco.com
Branche	Asset-Management
Unternehmen	Invesco Asset Management Deutschland GmbH
Anzahl Standorte (national)	2
Mitarbeiter (national)	Mehr als 200
Gründungsjahr	1987
Projektleitung	Marlene Konecny, Head of Institutional Marketing Germany, Austria, Switzerland Projektmitarbeit: Jutta Becker, Manager Design and Brand Dr. Henning Stein, Head of Global Thought Leadership

Invesco

#01
1. Ausgabe 2018

Was Sie schon immer über Kryptowährungen wissen wollten

Multi-Asset-Multi-Factor-Strategien nach Maß
Verantwortliches Investieren im Blickpunkt: Emerging-Market-Anleihen
Währungsmanagement mit Stil
Ökonometrische Zeitreihenmodelle: Teil 8

Risk & Reward
Märkte und Portfoliostrategien

Dieses Marketingdokument richtet sich ausschließlich an professionelle Anleger und Finanzberater in Deutschland und Österreich sowie an qualifizierte Investoren in der Schweiz. Eine Weitergabe an Privatkunden ist untersagt.

Invesco Ltd., eine weltweit führende unabhängige Investmentgesellschaft, will Investoren weltweit dabei unterstützen, ihre finanziellen Ziele zu erreichen. Das 1935 gegründete Unternehmen hat seinen Hauptsitz in Atlanta, USA. Seit 1987 ist Invesco auch in Deutschland vertreten, an den Standorten Frankfurt am Main und München.

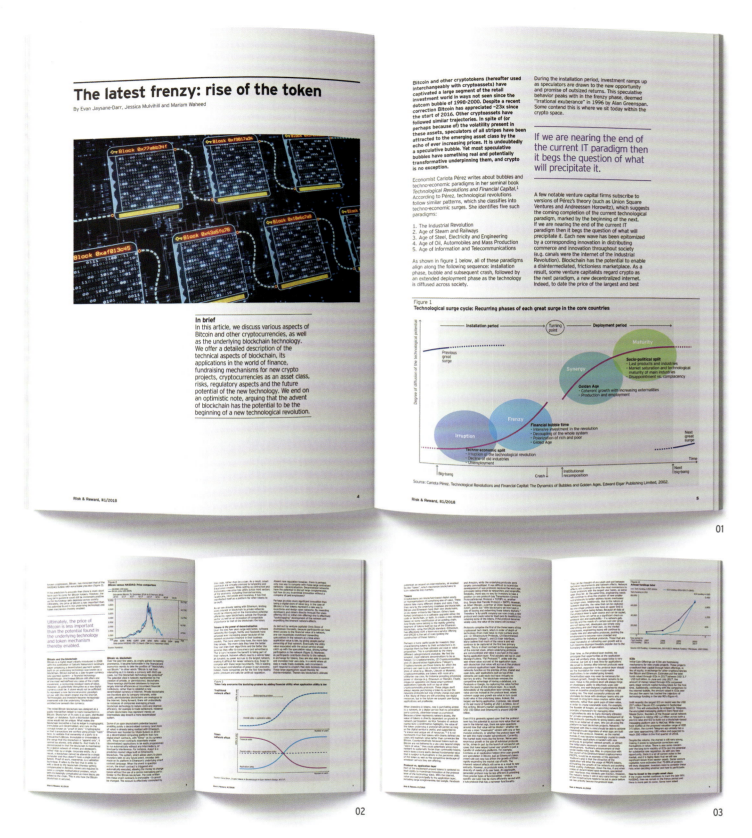

Ursprünglich war *Risk & Reward* eine regionale Publikation mit dem Ziel, institutionelle Kunden in Europa über die Markteinschätzungen und Anlagestrategien von Invesco zu informieren. **Mit dem Relaunch wurde Risk & Reward zur internationalen Flaggschiff-Publikation des Asset-Managers.** Das Magazin wendet sich jetzt an institutionelle Kunden weltweit und stellt das Angebot und Know-how von Invesco in seiner ganzen Breite und Tiefe dar.

Mit dem Relaunch von *Risk & Reward* sollen außerdem die Markenbekanntheit von Invesco gestärkt und das Unternehmen als Meinungsführer positioniert werden. Um Reichweite und Wirkung zu steigern, erweiterte Invesco Zielleserschaft, Inhalte und Auflage. Darüber hinaus wurde das Layout modernisiert, um die Inhalte leichter zugänglich zu machen und visuell attraktiver zu präsentieren. Aufgewertet wird die Publikation durch die regelmäßige Mitarbeit verschiedener Fachautoren, die ihre fundierten Markt- und Investmentkenntnisse einbringen.

In der Titelgeschichte („Topthema") der Ausgabe #01/2018 befassen sich drei Mitarbeiter von Invesco ausführlich mit unterschiedlichen Aspekten des neuen Kryptotrends. Sie analysieren das Wesen von Kryptowährungen, ihre

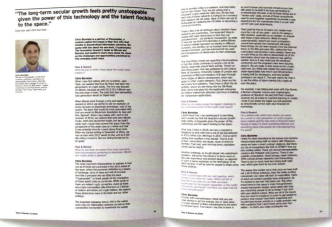

Risiken und Potenziale sowie aufsichtsrechtliche und technische Fragen. Der 11-seitige Beitrag beginnt mit einer sehr anschaulichen Einführung und endet mit der Vorstellung der drei Autoren. Weitere Artikel befassen sich mit Factor Investing, einem strategischen Geschäftsfeld von Invesco, verantwortlichem Investieren (Responsible Investing), einem Investmentansatz, der immer beliebter wird, Währungsmanagement und ökonometrischen Zeitreihenmodellen.

Die Leser von *Risk & Reward* bekommen fundierte Informationen und Einschätzungen zu unterschiedlichsten Investmentthemen. Trotz dieser Vielfalt behalten sie den Überblick: Auf der Titelseite und im Inhaltsverzeichnis ist das „Topthema" optisch hervorgehoben; es gibt großzügig angelegte Überschriften, kurz gefasste Einführungen sowie zahlreiche Zwischentitel, die die Texte gliedern. Viele Schaubilder fassen wichtige Zahlen oder Fakten zusammen; immer wieder wird auf die Autoren der Beiträge hingewiesen.

Der Relaunch von *Risk & Reward* ist noch nicht abgeschlossen. Dennoch wird schon jetzt deutlich, dass die Publikation vielfältiges Investmentwissen vermittelt und innovative Sichtweisen souverän präsentiert.

KFW ANSTALT DES ÖFFENTLICHEN RECHTS, FRANKFURT IMAGEPUBLIKATION
»DER ARBEITSPLATZ DER ZUKUNFT«

 econforum.de/2018_178

STECKBRIEF	
Seitenanzahl	134
Format	225 mm × 195 mm
Verarbeitung	Cover mit Tiefprägung und Schrift des Titels UV-glanzlackiert
Papier	Umschlag: Überzug einseitige Mattfolienkaschierung kratzfest mit Tiefprägung Innenteil: 135 g/m², gestrichen, 2-seitig matt holzfrei weiß
Sprachen	Deutsch
Auflage	1. Aufl.: 1.000, 2. Aufl.: 500
Vertriebskanäle	Verkauf im Buchhandel, Verteilung bei Veranstaltungen, persönliche Übergabe an Gäste, Übermittlung an Multiplikatoren
Konzeption, Umsetzung	Blazek Grafik, Frankfurt am Main
Druck	Henrich Druck + Medien GmbH, Frankfurt am Main

UNTERNEHMENSPROFIL	
Webadresse	www.kfw.de
Branche	Bank
Unternehmen	KfW Anstalt des öffentlichen Rechts
Anzahl Standorte (national)	4
Mitarbeiter (national)	Mehr als 5.000
Gründungsjahr	1948
Projektleitung	Herausgeber: Marc Zirlewagen

Der 13. September 2016 war ein großer Tag für die KfW. Die Anstalt des öffentlichen Rechts feierte die Einweihung ihres neuen Bürogebäudes in der Bockenheimer Landstraße 104 in Frankfurt am Main. Das im Dezember 2017 erschienene Buch *Der Arbeitsplatz der Zukunft* zeigt, dass die KfW stolz auf ihr neues Firmengebäude ist. Das kann sie auch sein, denn es bietet die besten Voraussetzungen für eine moderne Arbeitswelt und erfüllt darüber hinaus auch besondere Anforderungen an Nachhaltigkeit und Energieeffizienz.

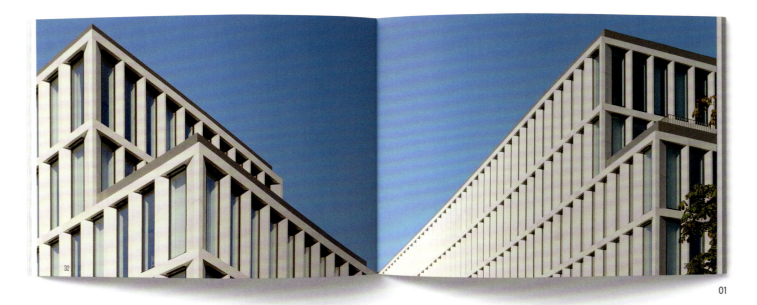

01

02

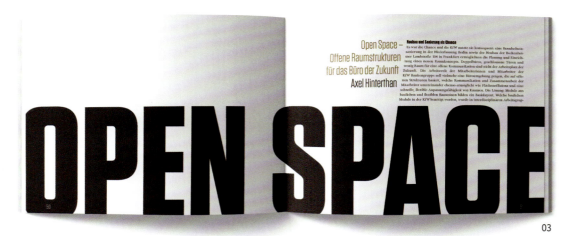

03

Ein Interview auf Seite 11 des Buches gibt unter anderem darüber Auskunft, welchen Stellenwert Architektur für eine Bank und im Speziellen für die KfW hat. Der Architekt und Hochschullehrer Professor Dr.-Ing. Gunter Henn meint: „Architektur drückt immer eine Haltung aus, Architektur kommuniziert. Ein Gebäude teilt sich dem Betrachter mit, und ein Gebäude muss daher die Werte des Bauherrn verdeutlichen. Bei der KfW sind dies Vertrauen, Offenheit und Solidität. Gleichzeitig wirkt ein Gebäude auch nach innen, zu den Mitarbeiterinnen und Mitarbeitern ..."

Was das zukunftsorientierte Bürogebäude und die besondere Arbeitsweise der KfW ausmachen, zeigen die weiteren Seiten der Publikation. Neben einem Vorwort und Angaben über die Autoren enthält sie drei Themenbereiche: das bereits erwähnte Interview, Ausführungen über die Gestaltung des Gebäudes und das Wesen der KfW sowie einen Beitrag zur Geschichte des Standorts. Im Mittelpunkt stehen die offenen Bürostrukturen, welche

die Kommunikation und Zusammenarbeit fördern sollen, sowie das neue Raumkonzept des Innovation Lab. Mit dessen Hilfe will das Digital Office der KfW eine Steigerung der Innovationskraft im digitalen und nichtdigitalen Bereich erreichen.

Der Arbeitsplatz der Zukunft kommt in einem modernen Design daher und signalisiert Wertigkeit. Das Motiv auf dem Cover des Buches ist durch Tiefenprägung fühlbar. **Großzügig gestaltete Doppelseiten mit in riesigen Buchstaben gesetzten Stichworten wie „Interaktion", „Transparenz" oder „Innovation" leiten gemeinsam mit kurzen Texten die verschiedenen Abschnitte ein.** Die zahlreichen Bilder des Gebäudes und seiner Räumlichkeiten finden sich in vielen Größen und sind verschieden positioniert.

Gerichtet ist die Publikation an Stakeholder. Sie wurde maßgeblichen Institutionen und Personen in Frankfurt als Bekenntnis zum Standort überreicht. Den Mitarbeitern wurde sie über verschiedene Kommunikationskanäle vorgestellt, bei Verlosungen konnten sie das Buch gewinnen.

KYOCERA DOCUMENT SOLUTIONS DEUTSCHLAND GMBH, MEERBUSCH
IMAGEPUBLIKATION
»NATOUR-GUIDE«

econforum.de/2018_182

STECKBRIEF	
Webadresse	www.natourguide.kyocera.de
Seitenanzahl	44
Format	159 mm × 210 mm
Verarbeitung	Drahtklammerheftung
Papier	Circlematt White, matt gestrichenes Bilderdruckpapier aus 100 % Altpapier, FSC-zertifiziert, Firma Freytag & Petersen GmbH & Co. KG Umschlag: 250 g/m² Inhalt: 135 g/m²
Sprachen	Deutsch
Auflage	5.000
Vertriebskanäle	Online-Version: www.natourguide.kyocera.de; Printpublikation wurde an 300 Fachhandelspartner verschickt; diese distribuieren das Heft via Hausmessen, Events oder bei Vor-Ort-Terminen an Endkunden, Vertrieb über Deutsche Umwelthilfe
Konzeption, Umsetzung	Antje Nücklich Einzelunternehmen, Wuppertal Konzeption: Dipl.-Des. Antje Nücklich, Grafik: David Frowein
Druck	Kern GmbH, Bexbach

UNTERNEHMENSPROFIL	
Webadresse	www.kyoceradocumentsolutions.de
Branche	IT
Unternehmen	KYOCERA Document Solutions Deutschland GmbH
Anzahl Standorte (national)	1
Mitarbeiter (national)	Mehr als 100
Gründungsjahr	1959
Projektleitung	Daniela Matysiak, Redaktionelle Leitung: Christian Pudzich, Leitung Marketing: Stefan Mauer, Dienstleister: David Frowein, Antje Nücklich

Wie kann man Menschen am besten von der dringenden Notwendigkeit des Umweltschutzes überzeugen? Indem man sie umfassend informiert, sie vor den Risiken warnt und ihnen eindringlich schildert, wie schlecht es schon heute um die Natur bestellt ist? Das ist sicher ein Weg. Die KYOCERA Document Solutions Deutschland GmbH kam auf einen anderen: Sie gab gemeinsam mit der Deutschen Umwelthilfe und dem Wanderexperten Manuel Andrack den *KYOCERA NATOUR-GUIDE* heraus. Wer sich dieses Wanderführers bedient, erlebt die Schönheit der Natur hautnah und wird sich mit Sicherheit bewusst, wie wichtig es ist, sie zu erhalten.

KYOCERA Document Solutions ist ein Anbieter von Lösungen für das Dokumentenmanagement. Wirtschaftliches und umweltschonendes Drucken und Kopieren steht für das Unternehmen im Mittelpunkt. Darüber hinaus setzt es sich für Projekte im Umweltschutz ein. **Schon seit über 30 Jahren pflegt KYOCERA eine enge Partnerschaft mit der Deutschen Umwelthilfe e. V. und engagiert sich mit ihr im Netzwerk „Lebendige Flüsse".** Diese bundesweite Initiative will durch industrielle Nutzung beeinträchtigte Flüsse und Bäche wieder zu Lebensadern der Landschaft machen.

Um Flüsse geht es auch im Wanderführer *KYOCERA NATOUR-GUIDE*. Er stellt deutschlandweit 15 Strecken entlang der lebendigen Flüsse vor und will den Leser dazu motivieren, die Flusslandschaften für sich zu entdecken.

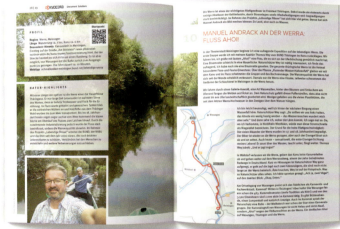

Gleichzeitig berichtet er über das Projekt und die Projekterfolge von KYOCERA. Eingeleitet wird der Guide im handlichen Format von einem Vorwort des Geschäftsführers der KYOCERA Document Solutions Deutschland und einem Vorwort des Bundesgeschäftsführers der Deutschen Umwelthilfe. Es folgt eine Landkarte, auf der alle vorgestellten Touren markiert sind.

Jede Wanderroute beginnt mit einem Profil und näheren Ausführungen zu den Naturhighlights der Strecke. Nach einer kurzen Beschreibung des Gebietes folgt die ausführliche Wegbeschreibung. Der Ausschnitt einer Karte zeigt die Route, gut gewählte Fotos machen Lust auf das Entdecken. Nach dem achten Wanderweg gibt es eine Pause: Das Netzwerk „Lebendige Flüsse" und der Einsatz von KYOCERA bei der Förderung grüner Büros werden beschrieben. Zum Abschluss kommt der Journalist und Wanderexperte Manuel Andrack zu Wort, der auch selbst einige Strecken für die Leser erwandert hat. Der letzte Gedanke gilt dem Unternehmensgründer Kazuo Inamori, der schon 1959 die Worte äußerte: „Achte die Natur und liebe die Menschen."

Alle Strecken aus der Broschüre sind auch über die Wanderapp komoot und über eine eigene Microsite abrufbar.

MERCK KGAA, DARMSTADT
IMAGEPUBLIKATION
»CORPORATE RESPONSIBILITY 2017 – GEMEINSAM!«

econforum.de/2018_186

STECKBRIEF	
Webadresse	www.merckgroup.com/de/company/responsibility/publications.html
Seitenanzahl	28
Format	185 mm × 250 mm
Verarbeitung	1-seitige kratzfeste Mattfolie, Klebebindung, Konturstanzung
Papier	Umschlag: 240 g/m² Druckfein FSC-Mix SGS-COC-003340 Inhalt: 130 g/m² Druckfein FSC-Mix SGS-COC-003340
Sprachen	Deutsch, Englisch
Auflage	9.000
Vertriebskanäle	Hauptversammlung, Empfang, Messen, Veranstaltungen, persönliche Übergabe, Online (PDF)
Konzeption, Umsetzung	Stakeholder Reporting GmbH, Hamburg
Druck	gutenberg beuys feindruckerei GmbH, Langenhagen

UNTERNEHMENSPROFIL	
Webadresse	www.merckgroup.com/de
Branche	Wissenschaft / Technologie / Gesundheit
Unternehmen	Merck KGaA
Anzahl Standorte (national)	Mehr als 10
Mitarbeiter (national)	Mehr als 10.000
Gründungsjahr	1668

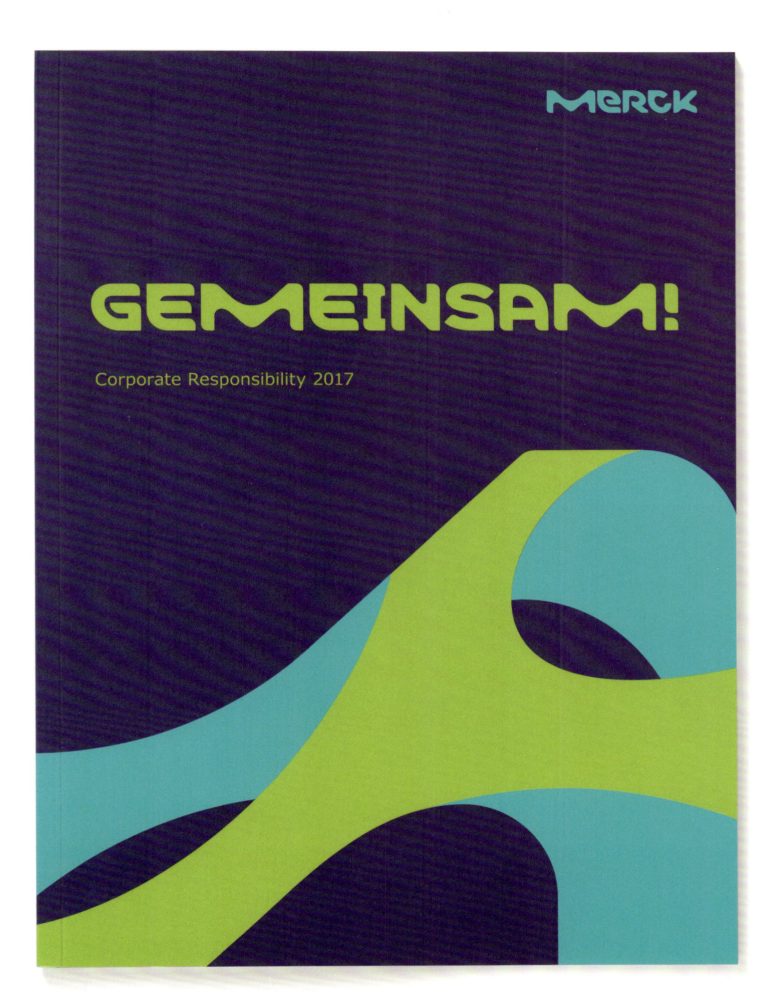

Der globale Markenauftritt von Merck ist inspiriert von der bunten und formenreichen Welt unter einem Mikroskop. Er reflektiert den Wandel vom traditionsreichen Pharma- und Chemieanbieter zum globalen Wissenschafts- und Technologieunternehmen. Die von Merck gewählte Formensprache, die sich auch in der Broschüre *Corporate Responsibility 2017 – Gemeinsam!* wiederfindet, ist sehr aufmerksamkeitsstark, frisch und plakativ. Sie unterstreicht den Charakter des Unternehmens, lockert das Erscheinungsbild auf und strukturiert die Inhalte.

Die Broschüre *Gemeinsam!* flankiert den Corporate-Responsibility-Bericht von Merck, der online abrufbar ist. Mit ihr erhält der Leser einen unterhaltsamen und leicht verständlichen Zugang zu den meist komplexen Themen der unternehmerischen Verantwortung. Warum der Titel *Gemeinsam!* gewählt wurde, erklärt Stefan Oschmann, Vorsitzender der Geschäftsleitung und CEO: „Wir tragen seit 350 Jahren zum Fortschritt der Wissenschaft bei, angetrieben von Neugier. Dafür suchen wir den offenen, konstruktiven Austausch mit all unseren Partnern. Denn nur im Dialog können wir Antworten finden auf die großen Zukunftsfragen unserer Zeit."

Um den Austausch mit den Partnern zu verdeutlichen, sind innerhalb der Broschüre jeweils auf einer Doppelseite ein Mitarbeiter von Merck und ein externer Experte abgebildet, die sich zum Thema Verantwortung in den verschiedenen Handlungsfeldern äußern. **Betont wird der Dialog noch zusätzlich durch eine verkürzte Zwischenseite in Form einer Zelle, die sich zwischen den Doppelseiten befindet.** Der Leser sieht zuerst nur die Worte des einen Zitatgebers, beim Umblättern erscheinen dann die des anderen. Diese Form der Umsetzung nimmt das Konzept des Online-Berichtes auf und überführt es sehr geschickt in das Printmedium.

Eingeleitet wird *Gemeinsam!* durch eine Betrachtung über die Besonderheiten von Merck: die Gründung vor 350 Jahren, die Triebfeder Neugier und die Tatsache, dass die Gründerfamilie bis heute Haupteigentümerin des Unternehmens ist. Dem folgen die drei Kapitel mit den Aktivitäten in den Handlungsfeldern Gesundheit, Umwelt sowie Bildung und Kultur. Für jedes Kapitel wurde eine eigene Farbkombination gewählt, sodass die Unterscheidung leichtfällt. Zu lesen ist unter anderem von Tablettenspenden an die Weltgesundheitsorganisation WHO zur Bekämpfung von Bilharziose, organischer Photovoltaik für mehr Nachhaltigkeit, der Einrichtung von Forschungslaboren für Kinder und Jugendliche sowie der weltweiten Vergabe von fünf Literaturpreisen.

RESOLUTION MEDIA (OMNICOM MEDIA GROUP) GMBH, DÜSSELDORF
IMAGEPUBLIKATION
»REAL TIME MARKETING KOMPASS 2018«

 econforum.de/2018_190

STECKBRIEF	
Webadresse	rtm-kompass.de
Seitenanzahl	84
Format	210 mm × 297 mm
Verarbeitung	4/4-farbig Euroskala plus Dispersionslack matt Umschlag außen glanzcellophaniert
Papier	Umschlag: 300 g/m² BD matt Inhalt: 150 g/m² BD matt
Sprachen	Deutsch
Auflage	1.000
Vertriebskanäle	Überreichung an Kunden und Partner, Event mit Experteninterviews und Podiumsdiskussion, Verteilung an Mitarbeiter, Intranet Bewerbung, interne Sit&Watch-Testimonialkampagne; Publikation der digitalen Ausgabe über Website sowie Social-Media-Kanäle (Facebook, Twitter), klassische Pressearbeit, Einbindung Marketing-Blogs
Konzeption, Umsetzung	Resolution Media GmbH (Omnicom Media Group), Düsseldorf
Druck	Jung Produktion GmbH, Düsseldorf Beratung: Stefan Korff

UNTERNEHMENSPROFIL	
Webadresse	www.resolutionmedia.com/de/de
Branche	Mediaagentur (Omnicom Media Group)
Unternehmen	Resolution Media GmbH (Omnicom Media Group)
Anzahl Standorte (national)	5 bis 10
Mitarbeiter (national)	Mehr als 1.000
Gründungsjahr	2005
Projektleitung	Chief Digital Officer: Sascha Jansen, Projektleitung: Stefan Hezel, Jannik Reuter, Grafikdesign: Trang Le, Eleonora Chubarev, André Steinbrecher, PR: Kathrin Ossendorf, Sonja Kox

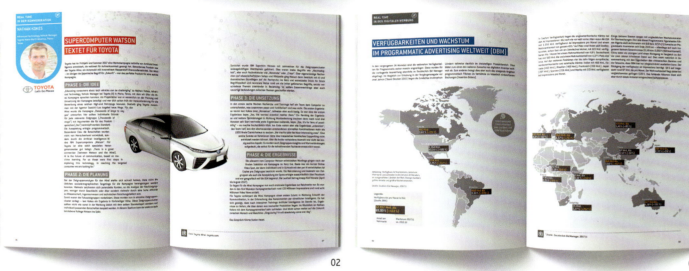

Resolution Media sind die Spezialisten der Omnicom Media Group Germany für digitale Kommunikationsdienstleistungen. Die Agentur ist mit Teams in Düsseldorf und Hamburg vertreten. Deren Fokus liegt auf datenbasierter, programmatischer Kommunikation in Echtzeit. 2018 hat Resolution Media die vierte Ausgabe ihres *Real Time Marketing Kompass* veröffentlicht. **Ziel dieser Publikation ist es, einer breiten Leserschaft – bestehend aus Kunden, Agenturen, Partnern, Medien und Mitarbeitern – in anschaulicher Weise das komplexe Thema „Echtzeitmarketing/Programmatic Advertising" zu vermitteln.**

Das 84 Seiten umfassende Werk gliedert sich in die Hauptbereiche „Real Time in Business und Alltag", „Real Time in der Kommunikation" sowie „Real Time in der digitalen Werbung". Sie umfassen insgesamt 33 Beiträge, die auf viele aktuelle Themen wie Sprachassistenten, Künstliche Intelligenz, Blockchain und Kryptowährungen als auch auf die jüngsten Entwicklungen in der Programmatischen Werbung eingehen. Das abschließende Kapitel führt die wichtigsten nationalen und internationalen Studien und White Paper zum Thema Programmatische Werbung sowie relevante Branchenseiten und zentrale Fachveranstaltungen auf. Ein Glossar erläutert die wichtigsten Fachbegriffe.

Das profunde Insiderwissen des *Real Time Marketing Kompass* stammt von einer Vielzahl an Autoren. Zu ihnen zählen interne Fachleute aus dem Netzwerk der Omnicom Media Group, die bereichsübergreifend aus Technologie, Kreation und Marketing rekrutiert wurden, sowie externe Experten und Manager anderer renommierter Unternehmen. Sehr aufschlussreich ist beispielsweise ein Interview mit Dr. Alex Galert, Gründer und Geschäftsführer von TechFunder: Er äußert sich zu der Frage, ob Chatbots die Zukunft der Echtzeitkommunikation sind. Ebenso interessant sind die Ausführungen von Fabian Johannes Preiss, stellvertretender Direktor für Marketing und PR bei PHD Germany: Er beschreibt die verschiedenen Phasen der Kommunikation – und wie sie sich in Zukunft weiterentwickeln werden.

Für die Veranschaulichung des durch und durch digitalen Themas Echtzeitmarketing nutzte Resolution Media bewusst ein Printmedium, um dem komplexen Stoff ausreichend Raum und gleichzeitig Wertigkeit einzuräumen. Dennoch gibt es darüber hinaus eine Online-Version als PDF und einen Online-Blog. Zudem finden sich am Ende vieler Beiträge neben Quellenangaben, prägnanten Zahlen oder Buchempfehlungen zum Thema Echtzeit auch Verweise zu weiterführenden digitalen Informationen sowie zu erklärenden Videos auf YouTube.

RHOMBERG BAU GMBH, BREGENZ (ÖSTERREICH) IMAGEPUBLIKATION
»IM BAUEN ZU HAUSE«

 econforum.de/2018_194

STECKBRIEF	
Seitenanzahl	34
Format	215 mm × 310 mm
Verarbeitung	Rückensteppstichheftung, Strukturlack, Einklapper mit Visitenkartenschlitz
Papier	Umschlag: 300 g/m² LuxoArt Samt h'frei weiß gestr. 1,05 Vol Inhalt: 170 g/m² LuxoArt Samt h'frei weiß gestr. 1,05 Vol
Sprachen	Deutsch, Englisch
Auflage	2.500
Vertriebskanäle	Messen, Veranstaltungen, Auslage an allen Standorten, persönliche Übergabe, Online-Präsentation und Download-Möglichkeit auf Website www.rhomberg.com.
Konzeption, Umsetzung	die3 Agentur für Werbung und Kommunikation GmbH, Dornbirn (Österreich) Beratung: Bruno Welzenbach, Creative Director: Mario Lorenz, Art Director: Stefan Vögel
Druck	EBERL PRINT GmbH, Immenstadt
Fotografie	Ingo Arndt Wildlife Photography, Langen

UNTERNEHMENSPROFIL	
Webadresse	www.rhomberg.com
Branche	Bauwirtschaft
Unternehmen	Rhomberg Bau GmbH
Anzahl Standorte (national)	3
Mitarbeiter (national)	Mehr als 500
Gründungsjahr	1886
Projektleitung	Leitung Marketing: Matthias Moosbrugger, Projektleitung: Benedikt Krauß, Projektmitarbeit: Torben Nakoinz

Im Bauen zu Hause

Was macht ein Haus zu einem Zuhause? Auf diese scheinbar einfache Frage gibt es viele Antworten, denn letztlich hat jeder seine eigenen Vorstellungen davon. Die Rhomberg Bau GmbH stellte sich ihr und kam zu dem Schluss, dass in erster Linie Wohlgefühl, Sicherheit und Entfaltung die zentralen Punkte sind. Die Imagebroschüre *Im Bauen zu Hause*, die nach dem Re-Branding des nachhaltig handelnden und wirtschaftlich eigenständigen Familienunternehmens veröffentlicht wurde, setzt bei der genannten Frage an und präsentiert die Natur – die Tierwelt – als Beispiel.

Zu Beginn wird der Leser in das Thema eingeführt und darauf hingewiesen, dass die Tierwelt auf faszinierende Weise zeigt, wie individuelle Bedürfnisse in anspruchsvoller Architektur zusammenfinden. Darauf folgen vier Doppelseiten, die der Darstellung des Unternehmens in Bezug auf die Erfahrung, die Tradition, die Entwicklung, die Kompetenzen und die Werte dienen. Die abgebildeten Porträts der Firmenchefs – Cornelius Rhomberg, Walter Rhomberg, Walter-Heinz Rhomberg und Hubert Rhomberg – machen schnell deutlich, dass es sich um ein traditionelles Familienunternehmen handelt.

Der größte Teil der Imagebroschüre kombiniert bauliche Höchstleistungen der Tierwelt mit detaillierten Informationen über die Arbeit und den Anspruch von Rhomberg. Ganzheitlichkeit, Zukunft, Leidenschaft, Vertrauen und Gemeinschaft sind dabei die Schlüsselthemen, die in kurzen Texten und ergänzenden Abbildungen erläutert werden. Eine großzügig gestaltete Doppelseite führt jedes Thema ein. Zu erblicken sind neben der jeweiligen Headline die beispielgebenden Tiere: die australische Weberameise, der Webervogel, die Wespe, die Zwergmaus und das Weichtier Nautilus. Beim Umblättern trifft der Leser auf deren Behausungen, die auf eindrucksvolle Weise fotografiert sind. Kurze Beschreibungen der Tiere und der Besonderheiten ihrer Heimstätten ergänzen die Fotos, bevor sich die weiteren Ausführungen auf die Rhomberg Bau GmbH konzentrieren.

Durch die Anlehnung an die Natur mit ihrem faszinierenden baulichen Spektrum innerhalb der Tierwelt zeigt *Im Bauen zu Hause* auf, was Individualität ist und wie sie umgesetzt werden kann. Dieser große Blick auf das Ganze positioniert Rhomberg als ein Unternehmen, das auch selbst ganzheitlich denkt und handelt – dem Sinnhaftigkeit und Kundennutzen am Herzen liegen. Die Imagebroschüre informiert und inspiriert zugleich. Sie regt den Leser zum Nachdenken über das Bauen und Wohnen an sich und über ein eigenes optimales Zuhause an.

WESTDEUTSCHE LOTTERIE GMBH & CO. OHG, MÜNSTER IMAGEPUBLIKATION
»VERTRAUEN«

 econforum.de/2018_198

STECKBRIEF	
Webadresse	www.vertrauen.blog
Seitenanzahl	60
Format	180 mm × 245 mm
Verarbeitung	Klebebindung; Umschlag außen mit Mattfolie und part. UV-Lack
Papier	Umschlag: 300 g/m² Profi Silk Inhalt: 170 g/m² Inapa Offset
Sprachen	Deutsch
Auflage	7.500
Vertriebskanäle	Veranstaltungen, Online und persönliche Übergabe
Konzeption, Umsetzung	ressourcenmangel an der Panke GmbH, Berlin Berater: Martin Möller

UNTERNEHMENSPROFIL	
Webadresse	www.westlotto.de
Branche	Staatliches Lotterieunternehmen
Unternehmen	Westdeutsche Lotterie GmbH & Co. OHG
Anzahl Standorte (national)	1
Mitarbeiter (national)	Mehr als 100
Gründungsjahr	1955
Projektleitung	Abteilungsleiter Public Affairs / Kommunikation WestLotto: Axel Weber

PFIZER DEUTSCHLAND GMBH, BERLIN
MAGAZIN
»ZWEI«

econforum.de/2018_202

GOLD

STECKBRIEF

Webadresse	www.pfizer.de/zwei-magazin
Seitenanzahl	52
Format	195 mm × 275 mm
Verarbeitung	2-Klammer-Rückstichheftung
Papier	Umschlag: 170 g/m² Multi Art Silk Inhalt: 60 g/m² UPM Cote matt
Anzahl Redakteure / Autoren	12
Erscheinungsweise	Halbjährlich
Sprachen	Deutsch
Auflage	60.000
Vertriebskanäle	Beilage im Deutschen Ärzteblatt, Mailing an 3.000 Direktkontakte, Abgabe auf Veranstaltungen und durch den Außendienst, Online-Bestellung auf www.pfizer.de
Konzeption, Umsetzung	BOHM UND NONNEN GmbH, Darmstadt Art Director: Steven Dohn, Darmstadt, Henning Hesse (Freier Journalist), Berlin, Kirsten Wörnle (Kairos Redaktionsbüro), Freiburg

UNTERNEHMENSPROFIL

Webadresse	www.pfizer.de
Branche	Pharmazeutische Industrie
Unternehmen	Pfizer Deutschland GmbH
Anzahl Standorte (national)	3
Mitarbeiter (national)	Knapp 2.000
Gründungsjahr	1849
Projektleitung	Gesamtverantwortung: Martin Fensch, Projektleitung: Julian Rosenkranz

GOLD MAGAZIN 203

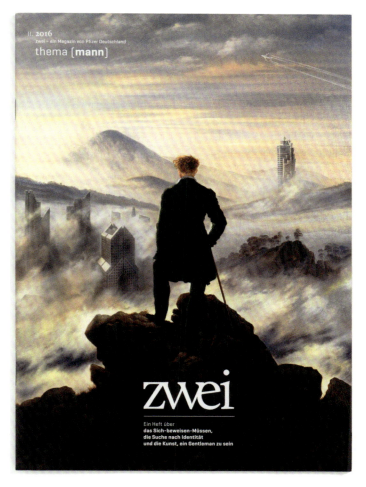

BEGRÜNDUNG DER JURY: Das Kundenmagazin *zwei* von Pfizer ist ausgesprochen originell und hebt sich stark von der Konkurrenz ab. Es behandelt immer wieder facettenreiche, spannende Themen, die unterhaltsam und klug erzählt werden. Jede Ausgabe hat ihre eigene, ganz besondere Aufmachung und überrascht mit herausragenden Texten und einer grandiosen Gestaltung. Trotz der vielfältigen Themen, die weit über das Schaffen des Pharmakonzerns Pfizer hinausgehen, bleibt das Magazin authentisch und stellt den Bezug zum Unternehmen her.

Liest man die Vorworte, die das an Kunden gerichtete Magazin *zwei* von Pfizer einleiten, weiß man bereits, dass es sich um eine außergewöhnliche Publikation handelt. Die Ausgabe I. 2017 über das Thema Liebe beginnt mit den Worten: „Liebe Leserinnen, liebe Leser, wie alt sind Sie? Okay, das sollte man nicht so unvermittelt fragen. Die Frage ist also zurückgezogen …" Bei der Ausgabe II. 2017 mit dem Schwerpunkt „Land der Gesundheit" heißt es: „Liebe Leserinnen, liebe Leser, diese Ausgabe der *zwei* haben wir ganz in die bewährten Hände der Mitglieder unseres Grafiker-Teams um Steven Dohn gelegt. Diesen bürdeten wir die Last auf, das Deutschland der Gesundheit in Zahlen zu zeigen und mit Grafiken Geschichten zu erzählen …" Diese offenen, sympathischen und mit einem Augenzwinkern verbundenen Sätze machen spürbar, wie unkonventionell die Publikation *zwei* ist.

Pfizer stellte sich die Frage: Wie muss ein Kundenmagazin aussehen, damit Ärzte es nach einem arbeitsreichen Tag noch gerne lesen? Die zwei sollte inhaltlich überraschen, lebhaft und ohne Schwere sein. Das ist auch gelungen. Denn die zwei präsentiert spannende Themen und inspirierende Inhalte in einer sehr abwechslungsreichen Optik. Jede Ausgabe widmet sich einem bestimmten Thema wie „Mann", „Frau", „Liebe" oder „Wir". Diese Themen lassen erkennen, dass Pfizer weit über den Tellerrand des eigenen Wirkens hinausschaut.

Martin Fensch, Leiter Corporate Affairs bei Pfizer und Herausgeber der zwei, beschreibt das Magazin so: „Mit der zwei greifen wir die großen Themen des Lebens auf. Verschiedene Blickwinkel eröffnen Assoziationsräume, ohne wertend zu sein. Wir vermeiden traditionelle Formate und setzen gestalterische Kontrapunkte. Ein Blickwinkel ist uns dabei immer sehr wichtig: der unserer Leserschaft, der Ärzte. Sie sind immer wieder auch die Protagonisten unserer Geschichten."

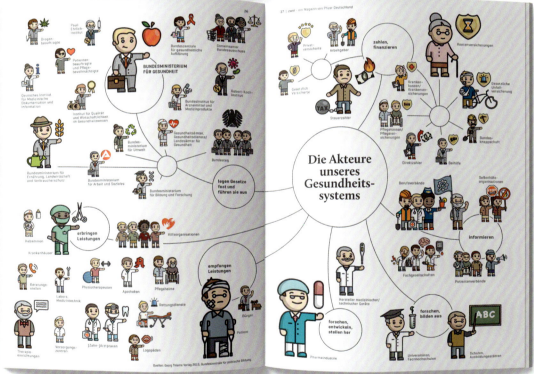

In der Ausgabe I. 2017 geht die Redaktion dem Thema „Liebe" nach [05]. Ein Evolutionsbiologe erklärt den Ursprung der Liebe. Zwei Lehrer für argentinischen Tango zeigen auf, was man im Tanz über die Liebe lernen kann. Außerdem wird die Beziehungsmedizin vorgestellt und ein unsichtbarer Freund zum Mieten. Wie man sich verliebt – das haben die Macher des Magazins aus verschiedensten Studien zusammengetragen, augenzwinkernd, wie auch die Gestaltung zeigt: „Essen Sie viel Knoblauch", „Kaufen Sie sich einen Hund", „Tragen Sie Rot", „Stellen Sie tiefpersönliche Fragen". Die Ausgabe II. 2017 schafft es meisterlich, Deutschland als „Land der Gesundheit" in Zahlen zu zeigen [06, 07] – und ohne Bilder sowie mit wenig Text Geschichten zu erzählen: vom weiblich werdenden Ärzteberuf, über die Vielzahl an Gesetzen und Verordnungen im deutschen Gesundheitswesen bis hin

zum Vergleich eines alten und eines jungen Patienten in der ärztlichen Praxis. Meisterlich deshalb, weil die Zahlen und Fakten grafisch so aufbereitet sind, dass nicht die geringste Langeweile aufkommt. Mit Grafiken, die wie abstrakte Gemälde aussehen, frechen Comics, überraschenden Icons und plakativer Typografie werden tatsächlich Geschichten erzählt.

Dass das Magazin *zwei* eine treue Fangemeinde hat, ist also nicht verwunderlich. Sehr häufig kommen bei Pfizer positive Kommentare an. So schreibt zum Beispiel einer der begeisterten Leser, dass die *zwei* für ihn informativ, unterhaltsam und inspirierend zugleich ist – von der Themenfindung über die journalistische Qualität bis hin zur Gestaltung.

BDEW BUNDESVERBAND DER ENERGIE- UND WASSERWIRTSCHAFT E. V., BERLIN
MAGAZIN
»ZWEITAUSEND50«

econforum.de/2018_208

SILBER

STECKBRIEF

Seitenanzahl	100
Format	180 mm × 235 mm
Verarbeitung	Umschlag: Außenseiten Mattfolienkaschierung
Papier	Umschlag: 250 g/m² LuxoSatin FSC (Profil: PSO coated v3 51L) Inhalt: 115 g/m² RecystarPolar FSC (Profil: PSO uncoated v3 52L)
Anzahl Redakteure / Autoren	8
Erscheinungsweise	Halbjährlich
Sprachen	Deutsch
Auflage	6.000
Vertriebskanäle	Veranstaltung, Online, persönliche Übergabe
Konzeption, Umsetzung	ressourcenmangel GmbH, Berlin Berater: Martin Möller

UNTERNEHMENSPROFIL

Webadresse	www.bdew.de
Branche	Energie- und Wasserwirtschaft
Unternehmen	BDEW Bundesverband der Energie- und Wasserwirtschaft e. V.
Anzahl Standorte (national)	1
Mitarbeiter (national)	Mehr als 100
Gründungsjahr	2007

BEGRÜNDUNG DER JURY: Das Magazin *Zweitausend50* der Energie- und Wasserwirtschaft besticht mit seinem außergewöhnlichen Format und dem grafisch ins Auge springenden Cover in gefälliger Haptik. Der wertige erste Eindruck bestätigt sich durch das gelungene Zusammenspiel der Texte mit einer modernen Typografie, ansprechenden Illustrationen und klarem Layout. Die Themenwahl ist authentisch und zielgruppengerecht, die Textqualität ist ausgezeichnet – dank vielseitiger Stilarten gestaltet sich die Lektüre abwechslungsreich.

Zweitausend50 richtet sich an die rund 1900 Unternehmen der Energie- und Wasserwirtschaft, ihre Belange stehen im Mittelpunkt. „Darüber hinaus wird aber auch branchenfremden Trends Rechnung getragen, die Einfluss auf die Unternehmen der Energie- und Wasserwirtschaft haben", sagt Dirk Manske, Leiter Kommunikation beim Bundesverband der Energie und Wasserwirtschaft (BDEW). Das Magazin sei eine Plattform, „auf der die Mitgliedsunternehmen des BDEW, sprich deren Manager und Experten, ungefiltert und unmittelbar zu Wort kommen können. Auch kontroverse Meinungen gehören dazu und sind erwünscht."

„Komplexität" ist das Thema der Ausgabe 1/2018. Die Energiewende ist extrem komplex, einfache Antworten auf schwierige Fragen wird es ebenso wenig geben wie fertige Lösungen. Das Magazin vertritt die Haltung, dass einzelne Schritte zum Energiewendeziel 2050 führen werden. Die Kapitel „Was ist" und „Was kommt" betrachten die Gegenwart sowie die Zukunft, das dritte Kapitel, „Was könnte", bündelt Visionen, die die Energiezukunft möglicherweise bestimmen könnten.

Wieso steigt der CO_2-Ausstoß, obwohl sich der Anteil der Erneuerbaren Energien an der Stromversorgung ständig erhöht? Wieso sind die Klimaziele weit verfehlt? Diese Fragen stellt Prof. Dr. Armin Grunwald vom Büro für Technikfolgen-Abschätzung im Deutschen Bundestag in einem Gastbeitrag des Kapitels „Was ist". Seine These: Die Energiewende ist ein komplexer Prozess, der einen langen Atem braucht. Solch ein Prozess verlangt transparente Kommunikation, es wird wichtig werden, das Gemeinwesen auf einen Weg des Lernens mitzunehmen.

Ideen sind da, oft auch schon die Prototypen. Werden sie die Zukunft mitbestimmen, gelingt ihnen ein Durchbruch, wo lauern Stolperfallen? Das Kapitel „Was kommt" greift diese Fragen auf. Dirk Manske: „In der Ausgabe beschäftigen wir uns unter anderem mit der Verkehrswende in Deutschland. Wir haben einen Blick in die Niederlande geworfen und uns angesehen, was unser Nachbar im

01

Letzte Chance?

Für manche fühlt es sich wie ein Déjà-vu an: Eine neue Initiative will die Erdgasmobilität in Deutschland voranbringen. Schließlich könnte der Kraftstoff eine entscheidende Rolle bei der Verkehrswende spielen.

02

WAS KOMMT

In der Spur

— Die Ideen sind da, oft auch schon die Prototypen. Die Frage ist: Inwiefern werden sie die Zukunft mitbestimmen? Gelingt ihnen der Durchbruch, welche Entwicklungen wird es geben und wo lauern die Stolperfallen?

03

Nordwesten bei der Elektromobilität anders (und besser) als Deutschland macht." Die vorausschauende Beschäftigung mit alternativen Verkehrskonzepten hat dort eine lange Tradition; seit der Energiekrise von 1971 wird kreativ umgedacht. Ein nachhaltiges Fahrradkonzept wurde aufgebaut, die Elektromobilität avancierte zum Erfolgsmodell, und das Motto „Schauen statt Schilderwald" regelt den Verkehr, in dem die einzelnen Verkehrsteilnehmer aufeinander achtgeben.

Eine andere Zukunftsfrage gilt den Auswirkungen des Brexit. Die britischen Ziele der Klimapolitik waren ambitionierter als die der Europäischen Union, zudem lassen sich die Ziele einer CO_2-Reduzierung in einer größeren Gemeinschaft leichter realisieren. Für die Zukunft der gemeinsamen Energie- und Klimapolitik ist deshalb zu hoffen, dass es zu einer Einigung kommt und der Brexit kein harter Ausstieg wird.

Künstliche Intelligenz ist Thema des Kapitels „Was könnte" [05, 06]. Sie ist überall dort nützlich, wo Menschen ihre eigene einsetzen. Netzmanagement und Energiehandel beispielsweise werden durch lernende Computer rund 20 Prozent weniger kosten. Um Wärme effizient und klimafreundlich bereitzustellen, braucht es möglichst genaue Lastprognosen. Maschinen können die Muster, die präzise Aussagen erlauben, schneller erkennen.

„Von dem umfangreichen Format von bis zu 120 Seiten erhoffen wir uns eine lange Liegezeit. Das Magazin soll die Leserinnen und Leser möglichst lange begleiten. Sie sollen das Gefühl haben, etwas Besonderes in der Hand zu haben. Dies drückt auch unsere Wertschätzung gegenüber der Zielgruppe aus.", erklärt Dirk Manske. „Das Layout unterstützt die klare, strukturierte Leserführung, damit sich Leserinnen und Leser intuitiv orientieren können, egal, ob sie es vorwärts, rückwärts oder querlesen. Unser Ziel ist ein Heft aus einem Guss." Die inhaltsreichen Texte informieren differenziert, das Gespräch mit Experten strahlt eine hohe Authentizität aus. Grafiken und Überschriften sind lebendig und überraschend, ebenso hochwertig ist die Haptik.

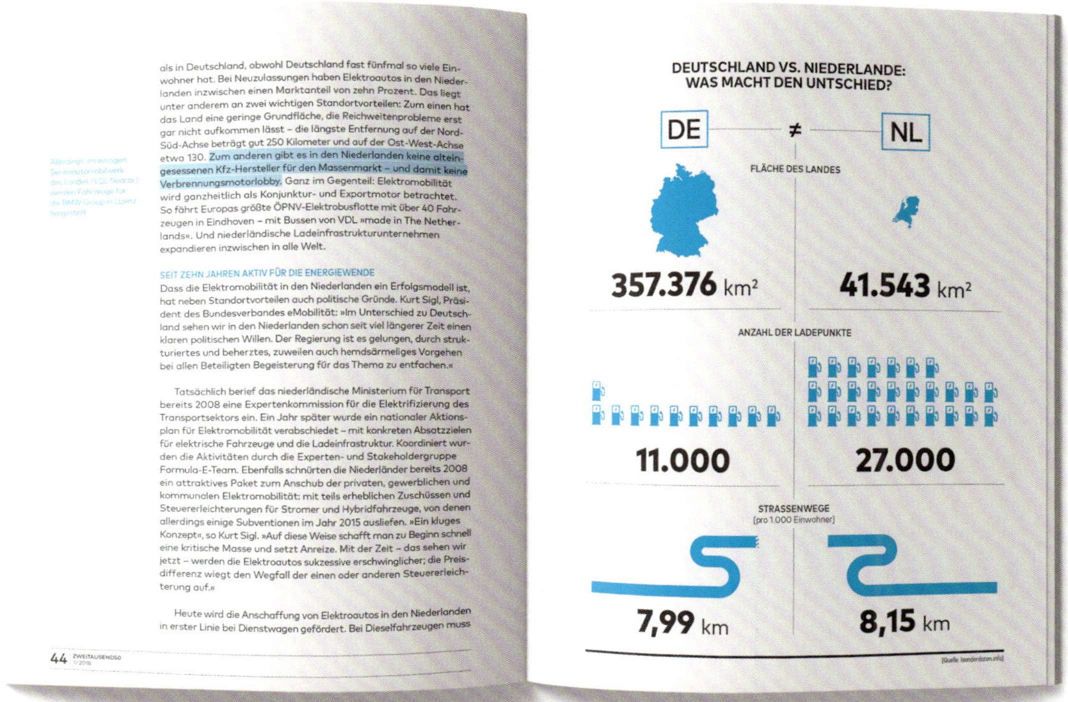
als in Deutschland, obwohl Deutschland fast fünfmal so viele Einwohner hat. Bei Neuzulassungen haben Elektroautos in den Niederlanden inzwischen einen Marktanteil von zehn Prozent. Das liegt unter anderem an zwei wichtigen Standortvorteilen: Zum einen hat das Land eine geringe Grundfläche, die Reichweitenprobleme erst gar nicht aufkommen lässt – die längste Entfernung auf der Nord-Süd-Achse beträgt gut 250 Kilometer und auf der Ost-West-Achse etwa 130. Zum anderen gibt es in den Niederlanden keine alteingesessenen Kfz-Hersteller für den Massenmarkt – und damit keine Verbrennungsmotorlobby. Ganz im Gegenteil: Elektromobilität wird ganzheitlich als Konjunktur- und Exportmotor betrachtet. So fährt Europas größte ÖPNV-Elektrobusflotte mit über 40 Fahrzeugen in Eindhoven – mit Bussen von VDL »made in The Netherlands«. Und niederländische Ladeinfrastrukturunternehmen expandieren inzwischen in alle Welt.

SEIT ZEHN JAHREN AKTIV FÜR DIE ENERGIEWENDE

Dass die Elektromobilität in den Niederlanden ein Erfolgsmodell ist, hat neben Standortvorteilen auch politische Gründe. Kurt Sigl, Präsident des Bundesverbandes eMobilität: »Im Unterschied zu Deutschland sehen wir in den Niederlanden schon seit viel längerer Zeit einen klaren politischen Willen. Der Regierung ist es gelungen, durch strukturiertes und beherztes, zuweilen auch hemdsärmeliges Vorgehen bei allen Beteiligten Begeisterung für das Thema zu entfachen.«

Tatsächlich berief das niederländische Ministerium für Transport bereits 2008 eine Expertenkommission für die Elektrifizierung des Transportsektors ein. Ein Jahr später wurde ein nationaler Aktionsplan für Elektromobilität verabschiedet – mit konkreten Absatzzielen für elektrische Fahrzeuge und die Ladeinfrastruktur. Koordiniert wurden die Aktivitäten durch die Experten- und Stakeholdergruppe Formula-E-Team. Ebenfalls schnürten die Niederländer bereits 2008 ein attraktives Paket zum Anschub der privaten, gewerblichen und kommunalen Elektromobilität: mit teils erheblichen Zuschüssen und Steuererleichterungen für Stromer und Hybridfahrzeuge, von denen allerdings einige Subventionen im Jahr 2015 ausliefen. »Ein kluges Konzept«, so Kurt Sigl. »Auf diese Weise schafft man zu Beginn schnell eine kritische Masse und setzt Anreize. Mit der Zeit – das sehen wir jetzt – werden die Elektroautos sukzessive erschwinglicher; die Preisdifferenz wiegt den Wegfall der einen oder anderen Steuererleichterung auf.«

Heute wird die Anschaffung von Elektroautos in den Niederlanden in erster Linie bei Dienstwagen gefördert. Bei Dieselfahrzeugen muss

44 ZWEITAUSENDSO 1/2018

04

Schon 1943 inspirierte die Hirnforschung Wissenschaftler zur Beschreibung hypothetischer Nervenzellen – auch heute die Basis vieler innovativer KI-Anwendungen.

Einfach machen lassen?

Künstliche Intelligenz kann Antworten auf große Herausforderungen der Energiewende liefern. Einsatzmöglichkeiten gibt es zum Beispiel im Strom- und Fernwärmenetz: Machine Learning und Deep Learning erlauben genauere Prognosen über Angebot und Nachfrage von Energie.

TEXT / Leonore Falk

Bis zum morgigen Freitag überwiegt meist noch unbeständiges Wetter, ehe es zum Wochenende mit zunehmendem Hochdruckeinfluss freundlicher und auch allmählich wärmer wird«, so hielt der Deutsche Wetterdienst (DWD) am 27. April 2017 fest. Der 30. des außergewöhnlich kalten Monats Aprils brachte endlich den Frühling – und regenerativen Stromquellen einen neuen Rekord: An diesem Tag lag der Erneuerbaren-Anteil bei fast 65 Prozent.

So sehr die Meteorologen diesmal mit ihrer optimistischen Prognose recht behielten: Noch genauer als bisher müssen sie Netzbetreiber künftig mit Wetterwissen beliefern, soll verfügbarer Strom aus Erneuerbaren Energiequellen bestmöglich genutzt werden. Gemeinsam mit einem Team vom Fraunhofer-Institut für Windenergie und Energiesystemtechnik (IWES) hat sich der DWD dieser Herausforderung gestellt. Bis Februar 2017 forschte man im Projekt EWeLiNE an der Erstellung innovativer Leistungsprognosemodelle. Sie basieren einerseits auf Wetterprognosen, andererseits auf der eingespeisten Leistung der bestehenden Anlagen. Beispiel Windkraft: »Kennt man die Windgeschwindigkeit, kann man den Leistungsoutput eines Windrades relativ gut voraussagen«, erklärt Dr. Malte Siefert, Projektmanager am Fraunhofer IWES. »Die Frage ist aber, wie genau beides in Beziehung zueinander steht.« Mit künstlicher Intelligenz finden sich darauf überzeugendere Antworten als früher.

Das Wetter möglichst genau zu kennen, wird für das Geschäft der Netzbetreiber mit steigendem Anteil Erneuerbarer im Netz immer wichtiger.

Maschinen lernen und werden klüger als die Menschen. Während diese Geschichte Hollywood zu Schreckensszenarien inspiriert, steht künstliche Intelligenz in der Wirklichkeit für Faszination – und

WAS KÖNNTE EINFACH MACHEN LASSEN? 87

05

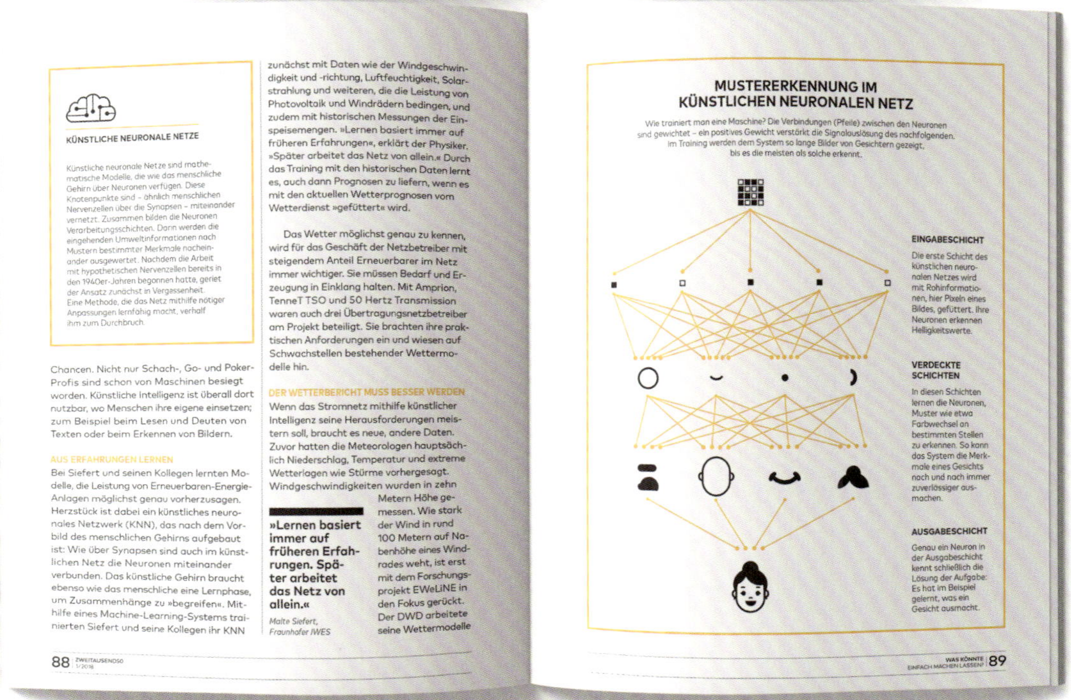
KÜNSTLICHE NEURONALE NETZE

Künstliche neuronale Netze sind mathematische Modelle, die wie das menschliche Gehirn über Neuronen verfügen. Diese Knotenpunkte sind – ähnlich menschlichen Nervenzellen über die Synapsen – miteinander vernetzt. Zusammen bilden die Neuronen Verarbeitungsschichten. Dann werden die eingehenden Umweltinformationen nach Mustern bestimmter Merkmale nacheinander ausgewertet. Nachdem die Arbeit mit hypothetischen Nervenzellen bereits in den 1940er-Jahren begonnen hatte, geriet der Ansatz zunächst in Vergessenheit. Eine Methode, die das Netz mithilfe nötiger Anpassungen lernfähig macht, verhalf ihm zum Durchbruch.

Chancen. Nicht nur Schach-, Go- und Poker-Profis sind schon von Maschinen besiegt worden. Künstliche Intelligenz ist überall dort nutzbar, wo Menschen ihre eigene einsetzen; zum Beispiel beim Lesen und Deuten von Texten oder beim Erkennen von Bildern.

AUS ERFAHRUNGEN LERNEN

Bei Siefert und seinen Kollegen lernten Modelle, die Leistung von Erneuerbaren-Energie-Anlagen möglichst genau vorherzusagen. Herzstück ist dabei ein künstliches neuronales Netzwerk (KNN), das nach dem Vorbild des menschlichen Gehirns aufgebaut ist: Wie über Synapsen sind auch im künstlichen Netz die Neuronen miteinander verbunden. Das künstliche Gehirn braucht ebenso wie das menschliche eine Lernphase, um Zusammenhänge zu »begreifen«. Mithilfe eines Machine-Learning-Systems trainierten Siefert und seine Kollegen ihr KNN zunächst mit Daten wie der Windgeschwindigkeit und -richtung, Luftfeuchtigkeit, Solarstrahlung und weiteren, die die Leistung von Photovoltaik und Windrädern bedingen, und zudem mit historischen Messungen der Einspeisemengen. »Lernen basiert immer auf früheren Erfahrungen«, erklärt der Physiker. »Später arbeitet das Netz von allein.« Durch das Training mit den historischen Daten lernt es, auch dann Prognosen zu liefern, wenn es mit den aktuellen Wetterprognosen vom Wetterdienst »gefüttert« wird.

Das Wetter möglichst genau zu kennen, wird für das Geschäft der Netzbetreiber mit steigendem Anteil Erneuerbarer im Netz immer wichtiger. Sie müssen Bedarf und Erzeugung in Einklang halten. Mit Amprion, TenneT TSO und 50 Hertz Transmission waren auch drei Übertragungsnetzbetreiber am Projekt beteiligt. Sie brachten ihre praktischen Anforderungen ein und wiesen auf Schwachstellen bestehender Wettermodelle hin.

DER WETTERBERICHT MUSS BESSER WERDEN

Wenn das Stromnetz mithilfe künstlicher Intelligenz seine Herausforderungen meistern soll, braucht es neue, andere Daten. Zuvor hatten die Meteorologen hauptsächlich Niederschlag, Temperatur und extreme Wetterlagen wie Stürme vorhergesagt. Windgeschwindigkeiten wurden in zehn Metern Höhe gemessen. Wie stark der Wind in rund 100 Metern auf Nabenhöhe eines Windrades weht, ist erst mit dem Forschungsprojekt EWeLiNE in den Fokus gerückt. Der DWD arbeitete seine Wettermodelle

»Lernen basiert immer auf früheren Erfahrungen. Später arbeitet das Netz von allein.«

Malte Siefert, Fraunhofer IWES

88 ZWEITAUSENDSO 1/2018

MUSTERERKENNUNG IM KÜNSTLICHEN NEURONALEN NETZ

Wie trainiert man eine Maschine? Die Verbindungen (Pfeile) zwischen den Neuronen sind gewichtet – ein positives Gewicht verstärkt die Signalauslösung des nachfolgenden. Im Training werden dem System so lange Bilder von Gesichtern gezeigt, bis es die meisten als solche erkennt.

EINGABESCHICHT

Die erste Schicht des künstlichen neuronalen Netzes wird mit Rohinformationen, hier Pixeln eines Bildes, gefüttert. Ihre Neuronen erkennen Helligkeitswerte.

VERDECKTE SCHICHTEN

In diesen Schichten lernen die Neuronen, Muster wie etwa Farbwechsel an bestimmten Stellen zu erkennen. So kann das System die Merkmale eines Gesichts nach und nach immer zuverlässiger ausmachen.

AUSGABESCHICHT

Genau ein Neuron in der Ausgabeschicht kennt schließlich die Lösung der Aufgabe: Es hat im Beispiel gelernt, was ein Gesicht ausmacht.

WAS KÖNNTE EINFACH MACHEN LASSEN? 89

06

VOLKSWAGEN AG, WOLFSBURG MAGAZIN
»CROSSING«

 econforum.de/2018_214

BRONZE

STECKBRIEF

Webadresse	www.volkswagenag.com/de/sustainability/engagement/culture.html
Seitenanzahl	64
Format	218 mm × 280 mm
Verarbeitung	Schweizer Broschur mit offener Fadenheftung; U1-Tiefprägung plus UV-Spotlack
Papier	Umschlag: 330 g/m² Tauro-Offset Inhalt gestrichen: 135 g/m² Bilderdruck glänzend Inhalt ungestrichen: 120 g/m² Tauro-Offset
Anzahl Redakteure / Autoren	10
Erscheinungsweise	3-mal im Jahr
Sprachen	Deutsch, Englisch
Auflage	3.000
Vertriebskanäle	Mailing, persönliche Übergabe, Kultur-Events
Konzeption, Umsetzung	Nansen & Piccard GbR, München

UNTERNEHMENSPROFIL

Webadresse	www.volkswagen.de
Branche	Automobil
Unternehmen	Volkswagen AG
Anzahl Standorte (national)	Mehr als 10
Mitarbeiter (national)	Mehr als 100.000
Gründungsjahr	1937

Crossing

Volkswagen Group Culture · Ausgabe / Issue No. 1 / 2018

Sprachen der Kunst

Languages of art

BEGRÜNDUNG DER JURY: Mit der ersten Ausgabe von *Crossing* gibt Volkswagen in souveräner Kommunikation die Bühne frei für Kunst und Kultur. Überdurchschnittlich ist das Zusammenspiel von hochwertiger Verarbeitung, mutiger Typografie und inhaltsstarken Artikeln. Die moderne Bildsprache überzeugt mit ruhigen, künstlerischen Fotos. Die Texte haben eine fabelhafte Qualität, und namhafte Persönlichkeiten beleuchten in zahlreichen Kunstsparten die Hintergründe. Volkswagen selbst hält sich dezent im Hintergrund.

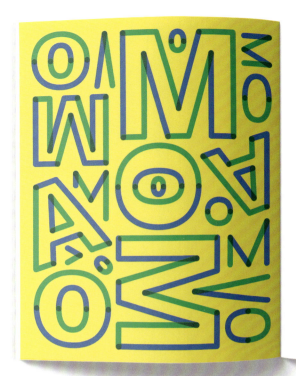

Der „Gedankengang" von Ruth Wolf-Rehfeldt führt in Tiefprägung über das Cover der Ausgabe 1/2018. Die Rückseite kreuzt eine Arbeit von Lois Weinberger. Beides war im Rahmen der documenta 14 zu sehen. *Crossing* **stellt die wichtigsten Kulturprojekte vor, die Volkswagen im letzten Jahr unterstützte.** Esra Aydin, Sprecherin Cultural Engagement des Volkswagen Konzerns, erläutert die Bedeutung des Magazins: „Die Printproduktion ist eine Ergänzung zu den eigenen digitalen Kulturkanälen, die Volkswagen erfolgreich bespielt, sie gibt Raum für die tiefere Beschäftigung mit Themen, Kulturschaffenden und Partnern."

Das zweisprachige Magazin erscheint als Schweizer Broschur mit offenem Rücken und farbig passendem Faden. Die Haptik des Magazins beeindruckt durch den Wechsel zwischen mattem und glänzendem Druck, ebenso hervorragend ist die Optik mit bunt gemischter Typografie. Thematisch wechseln kurze und lange Strecken ab, die Stilarten sind Feature, Reportage, Interview und Gastbeitrag.

„Wir wollen einen nuancierten Blick mit kontroversen Meinungen ermöglichen und uns als ein Dialogpartner zur Verfügung stellen, der differenzierte Perspektiven zulässt. Damit kommen wir unserer Pflicht zur Kulturförderung nach. Das ist ein fruchtbarer Ansatz, denn oft können Künstler Dinge besser auf den Punkt bringen", so Esra Aydin. „Nur im Dialog kann man einander verstehen und am Puls der Zeit sein."

Das Thema dieser Ausgabe ist „Sprachen der Kunst". 2017 hatte Volkswagen überdurchschnittlich viele Projekte im Ausland durchgeführt. „Dass Kunst eine universelle Sprache ist, die viele Barrieren kultureller Art überwinden helfen kann, begegnet uns immer wieder", erzählt Esra Aydin. „In Katar beispielsweise wurden Designklassiker gezeigt, die jeder kennt, ohne zu wissen, dass sie aus Deutschland kommen." Die Ausstellung „Driven by German Design" brachte 400 deutsche Designobjekte nach Doha. *Crossing* stellt acht davon als Stilikonen vor, den Inbegriff des Sportwagens beispielsweise, den Porsche 911 mit seiner unverwüstlichen Eleganz. Auch „Bulb", die Birne von Ingo Maurer, ist ein Kultbild und entspricht, ebenso wie das „Teeservice 5000" der Produktdesignerin Ilse Decho, vollendet dem, wofür deutsches Design bekannt ist: der Konzentration auf Funktion in Formschönheit und ohne Zierrat.

Das Magazin sucht Antworten auf die grundsätzliche Frage, wie über Sprachbarrieren hinweg ein Verstehen möglich ist und welche Rolle die Kultur in einer globalisierten Welt einnimmt. „Deutschland 8" war die bislang umfangreichste Präsentation zeitgenössischer deutscher Kunst in China. Besucher beschrieben für *Crossing* ihre Eindrücke: „Den kritischen Umgang mit der deutschen Rolle im Zweiten Weltkrieg finde ich beeindruckend. Genauso die Tatsache, dass ein Fotograf wie Andreas Mühe Zugang zu Angela Merkel bekommt und sie in einem künstlerischen Kontext in Szene setzen darf. Das wäre in den meisten Ländern vermutlich undenkbar." – „Deutschland 8 hat mich überrascht: Die enorme Vielfalt an unterschiedlichen Bildsprachen, der innovative Einsatz neuer Medien, und ja – auch der Humor!"

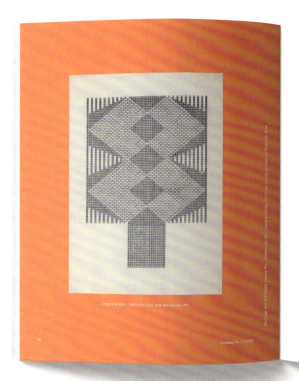

Der Stil von *Crossing* ist authentisch und ästhetisch ansprechend, alle Kunstsparten kommen zu Wort. So berichtet ein Artikel über das Album „New Worlds" des deutschen Cellisten Jan Vogler mit Hollywoodstar Bill Murray. Bill Murray singt und rezitiert darauf berühmte Texte der amerikanischen Literaturgeschichte und zeigt sich als ein begnadeter Musiker. Der weltweite Erfolg europäischer klassischer Musik ist Thema des Interviews mit dem Starpianisten Lang Lang. Seit Jahrhunderten werde sie durch reisende Konzertmusiker verbreitet. Der springende Punkt sei aber ihre Qualität, die Unzahl brillanter Kompositionen, welche die Herzen zutiefst berührten.

Adam Szymczyk, der Kurator der documenta 14, schildert in „Pfade in die Zukunft", was ihm in Erinnerung bleiben wird von dieser Ausstellung und schließt mit einem Wunsch: „Wir sollten die Wege gehen, die sich kreuzen und wieder auseinanderlaufen, hin zu möglichen Zukünften, nicht zur vollendeten Zukunft."

LIVING HAUS GMBH, SCHLÜCHTERN MAGAZIN

»#ZUHAUSE. DAS MAGAZIN RUND UM ALLES, WAS EIN ZUHAUSE AUSMACHT«

econforum.de/2018_220

SPECIAL AWARD

STECKBRIEF

Webadresse	www.livinghaus.de/zuhause.html
Seitenanzahl	72
Format	215 mm × 280 mm
Verarbeitung	Umschlag partielle UV-Lakierung und Soft Touch, Klebebindung, LE-UV-Druckverfahren für ein brillantes Druckbild
Papier	Umschlag: 250 g/m² Tauro, offen, ungestrichen Inhalt: 135 g/m² Tauro, offen, ungestrichen
Anzahl Redakteure / Autoren	11
Erscheinungsweise	Halbjährlich
Sprachen	Deutsch
Auflage	30.000
Vertriebskanäle	Newsletteranforderung, Mailing, Auslage am POS in allen deutschen und österreichischen Fertighauszentren von Living Haus
Konzeption, Umsetzung	oelenheinz+frey Werbeagentur GmbH, Mannheim Geschäftsführer: Uwe Frey, Redaktion: Christian Konzack, Andrea-Marlen Kasper

UNTERNEHMENSPROFIL

Webadresse	www.livinghaus.de
Branche	Hausbau / Fertighaus
Unternehmen	Living Haus GmbH
Anzahl Standorte (national)	Mehr als 10
Mitarbeiter (national)	Mehr als 50
Gründungsjahr	2015
Projektleitung	Marketingleiter: Sven Keller, Geschäftsführer: Jürgen Hauser

BEGRÜNDUNG DER JURY: Das selbstironische Cover stellt einen deutlichen Kontrast dar zu eher konservativen Publikationen der Baubranche. Format, Haptik und Optik des Magazins sind außergewöhnlich, die Bildauswahl ist großartig. Die originelle Themensetzung überzeugt ebenso wie der forsche Stil und das junge, sehr moderne Design. Insgesamt ist #zuhause ein wundervoll unterhaltsames Lifestyle-Magazin, das stringent dem Markenkern folgt.

SPECIAL AWARD

Vom Cover der Erstausgabe von Februar 2018 strahlt ein rotblonder Mann aus seinem fliederfarbenen Pullunder, die Nase des Schoßhündchens in seinem Arm leuchtet lackschwarz, die Tapete hinter ihm beranken Blumen in Beige und Rosa. „Stil? Sicher!" ist der Titel des Magazins. „Das Titelbild hat uns alle sofort begeistert!", lacht Sven Keller, Bereichsleiter Marketing von Living Fertighaus GmbH. Das Unternehmen positioniert sich als junge, emotionale und erfahrene Marke von Ausbauhäusern. Das neu kreierte Magazin *#zuhause* folgt stringent dieser Linie und befasst sich auf außergewöhnliche Art und zielgruppenspezifisch mit den Inhalten Inneneinrichtung, Architektur, DIY, Garten, Sport, Food, Reisen und Lifestyle.

„Unsere Kernbotschaft: Wir haben Zuhause verstanden. Wir sind frisch, frech und unkonventionell. Diese Positionierung ist im Magazin der Anker, von dem aus wir zu den hippen, peppigen Themen gehen. Alles um das Haus herum, alles, was das Leben schöner macht, muss dabei sein", so Sven Keller. „Unser Ziel ist es, anders zu sein als alle anderen."

Das Titelthema dieser Ausgabe beschäftigt sich mit der Revolution der Inneneinrichtung. *#zuhause* weiß um die Lust seiner Leserinnen und Leser, sich bei der Einrichtung selbst zu verwirklichen und dem neuen Zuhause einen unverwechselbaren Charakter zu geben. Das Internet bietet heute dafür eine mannigfaltige Auswahl an Standardmöbeln, exotischen Einzelstücken oder Designobjekten und damit zugleich die Herausforderung, diese Vielfalt im eigenen Zuhause zu einem harmonischen Gesamtbild zusammenzuführen und nicht in einem wilden Stilmix unterzugehen. ***#zuhause* stellt die Möglichkeit vor, sich bei der Einrichtung die Unterstützung eines Profis zu holen, der Orientierung gibt und ab und zu auf die Bremse tritt.** Auch greift es aktuelle Einrichtungstrends auf und gibt Tipps zu ihrer Umsetzung. „Black & White" ist einer der heißesten Trends und zugleich zeitlos. Mehr Farbe kommt mit „Boho Wohnen" ins Spiel. Einrichtungen im Boho-Stil können farbenfroh und opulent sein oder naturfarben und reduziert. Kreativ, persönlich und voller Lebensfreude sind sie jedoch allemal.

01

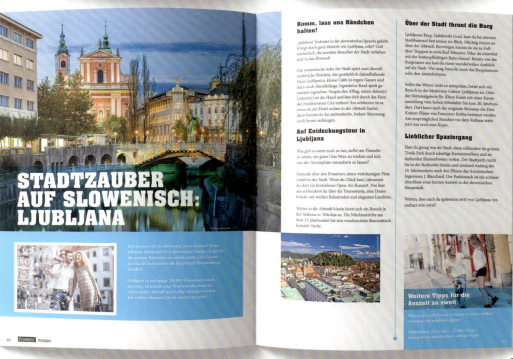

02

03

SPECIAL AWARD

Das Magazin begreift sich nicht als Wohn-, Einrichtungs-, Wellness-, Bastel- oder Reisemagazin, sondern als all das zusammen, schreibt Geschäftsführer Jürgen Hauser im Editorial. Entsprechend breit gefächert sind die Themen. Unter anderem findet sich in *#zuhause* die Anleitung für einen selbstgemachten Betontisch oder die besten Papierflieger zum Selberbasteln. „Entschleunigung" ist ein weiteres Thema. Auch echte Kerle brauchen ihre Auszeit und finden im Magazin hilfreiche Tipps: Was tut mir gut, was fördert meine Entspannung? Hobbytischlern oder Sport? In das größte Funkloch der Gegend springen oder einfach mal „Nein" sagen? Hier wie überall sonst im Heft verweisen QR-Codes als Service auf weiterführende Informationen.

„Wir haben Blogger mit Themen gesucht, die zu unserem Markenkern passen", so Sven Keller. Einer von ihnen ist Florian, der im Bericht „Faszination BBQ" verrät, wo es das beste Fleisch gibt (beispielsweise bei einem Metzger, der weiß, wo seine Tiere herkommen) und wie man es am besten garniert. Sein Rat für die perfekte Zubereitung: unbedingt vorher salzen, pfeffern entweder nachher oder gar nicht.

Yoga ist ein weiteres zielgruppengerechtes Thema. Ein Trend hier ist „Goat Yoga" im Freien, bei dem kleine Ziegen zwischen (und auf) den Yogamatten hin- und herlaufen. Fans von „Bieryoga" dagegen schwärmen von der Bewusstseinserweiterung und der Steigerung der Koordinationskraft, „wenn man bei der einbeinigen Baumstellung auch noch eine Halbe balanciert".

Die Textqualität von *#zuhause* ist forsch und schneidig, die Leser werden geduzt. Der Textumfang ist abwechslungsreich, die Texte verbinden Information und Erzählung. Ein kurzer Film im Internet preist das Heft an als das „rotzfrechste, nötigste, lebenshungrigste, tadelloseste, onlinigste, pudelwohlste, chaotischste ... Zuhause-Magazin, das es je gab."

BRAU UNION ÖSTERREICH AG, LINZ (ÖSTERREICH) MAGAZIN

»PROST! DAS MITARBEITERMAGAZIN DER BRAU UNION ÖSTERREICH AG«

econforum.de/2018_226

STECKBRIEF	
Seitenanzahl	60
Format	DIN A4
Verarbeitung	2 Klammern durch Rücken, gedruckt nach der Richtlinie „Druckerzeugnisse" des Österreichischen Umweltzeichens, Alwa & Deil Druckerei GmbH, UW-Nr. 762
Papier	Umschlag: 100 g/m², Biotop 3, matt Inhalt: 90 g/m², Biotop 3, matt
Anzahl Redakteure / Autoren	50
Erscheinungsweise	Halbjährlich
Sprachen	Deutsch
Auflage	5.500
Vertriebskanäle	Postversand, Intranet, Workplace
Druck	Konica Minolta Business Solutions Austria GmbH, Wien (Österreich)
Grafik und Layout	hufnagl.POEX visuelle kommunikation, Linz (Österreich)

UNTERNEHMENSPROFIL	
Webadresse	www.brauunion.at
Branche	Genuss- und Nahrungsmittel
Unternehmen	Brau Union Österreich AG
Anzahl Standorte (national)	Mehr als 10
Mitarbeiter (national)	Mehr als 2.400
Gründungsjahr	1998

In diesem Jahr soll die Weihnachtszeit bierig sein? Mit dem Rezept für Bierkekse aus dem Magazin *Prost!* wird dieser Wunsch schnell erfüllt. Für den Einsteiger empfiehlt sich Weißbier; wer einen würzigeren Geschmack schätzt, wählt Weißbierbock. Doch das Mitarbeitermagazin der Brau Union Österreich bietet weit mehr: Fünf Rubriken umfassen die ganze Welt der Biere. Informationen aus dem Unternehmen, Serviceangebote, Neuigkeiten von den Standorten sowie Wissenswertes zur Gesundheit und Mitarbeiteraktionen bilden die Basis des authentischen und glaubwürdigen Magazins, in dem auch der unterhaltsame Aspekt nicht zu kurz kommt.

Prost! 2/2017 greift in der Rubrik „Selbstgebraut" interne Themen wie die SAP-Systemumstellung auf, den Führungswechsel im Unternehmen und die Erfolgsgeschichte von Gösser in Deutschland. In der Rubrik „Bier-o-rama" treffen sich Braukunst und Kochkunst, ein Artikel berichtet von der Finance-Tagung 2017; der Bierkulturbericht 2017 wird zusammengefasst, und ein Rückblick gilt der Olympiade beim 1. Nationalen Zapfhahntreffen in Linz, bei der das meisterliche Handwerk des Schlauchwickelns noch einmal zum Leben erweckt wurde, das seit der Konfektionierung von Getränkepythons der Vergangenheit angehört. „Unser Bier" zeigt Neues aus der Welt der

Marken. Hier finden sich österreichische Brauschätze – altbewährte Biere neben Einführungserfolgen – sowie das flexible Thekenzapfsystem BLADE, die Innovation im Fassbierbereich, die Bierzapfen einfach macht. Neues von Cider und Vinsecco findet sich in der Rubrik „Über den Glasrand geschaut". Die „Seidelblicke" informieren über Neuigkeiten von allen Standorten und allen Mitarbeitern.

Prost! erscheint zweimal jährlich in einer Auflage von 5.500 Exemplaren und richtet sich an aktive und ehemalige Mitarbeiter der Brau Union Österreich und deren Familien. **Seine wichtigsten Kriterien sind Glaubwürdigkeit und Realität, die Themen kommen daher aus dem Arbeitsalltag.** Bewusst hat sich das Unternehmen dafür entschieden, das gesamte Magazin intern selbst zu erstellen. Die Mitarbeiter der Brau Union Österreich stehen so nicht nur im Mittelpunkt der Artikel, sie sind auch aktiv am Entstehungsprozess beteiligt. Ob sie im Fuhrpark, in der Brauerei oder im Büro arbeiten – jeder kann und soll Ideen, Texte und Fotos vorschlagen und liefern. Die textliche Ausarbeitung des Magazins passt zu einem Mitarbeitermagazin, die vielfältigen Themen sind für Mitarbeiter der Brau Union Österreich spannend aufbereitet und reich bebildert.

DENTSPLY SIRONA, WALS (ÖSTERREICH) MAGAZIN

»SPOTLIGHT – MITARBEITERMAGAZIN DENTSPLY SIRONA«

 econforum.de/2018_230

STECKBRIEF	
Seitenanzahl	12
Format	A3 und A4
Verarbeitung	Falz
Anzahl Redakteure / Autoren	5
Erscheinungsweise	3-mal im Jahr
Sprachen	Englisch, Deutsch, Französisch, Italienisch, Russisch, Chinesisch und Türkisch
Auflage	13.000
Vertriebskanäle	Print-Handouts, digitale Ausgabe zum Download
Konzeption, Umsetzung	Edelman.ergo GmbH, Berlin Strategy and Finance: Andrea Hamacher, Operative Project Lead: Eva Eckstein, Project Management Global and Digital Editions: Joseline Cousino, Editor Global and Digital Editions: Kerstin Schicha, Project Management Local Editions: Lydia Penski, Editing German: Stefanie Hanus, Layout / DTP Local Editions: Oliver Wilke, Producing / Printing: Manja Gewiss

UNTERNEHMENSPROFIL	
Webadresse	www.dentsplysirona.com
Branche	Dental
Unternehmen	Dentsply Sirona
Anzahl Standorte (national)	Mehr als 50
Mitarbeiter (national)	Mehr als 15.000
Projektleitung	Head of Strategy & Concept Director Corporate Communications and Public Relations: Marion Par-Weixlberger, Corporate Communications Manager: Astrid Hütter, Head of Digital Concept & Implementation: Benjamin Mussler

Ein gemeinsames Unternehmensverständnis von mehr als 16.000 Mitarbeitern in über 40 Ländern zu entwickeln und zu stärken steht im Fokus der internen Kommunikation von Dentsply Sirona. Mit der Fusion von DENTSPLY und Sirona im Jahr 2016 entstand der nun weltweit größte Hersteller von Dentalprodukten und -technologien für Zahnärzte und Zahntechniker. *Spotlight* – das Mitarbeitermagazin von Dentsply Sirona – trägt den Gedanken eines globalen Teams weiter und stärkt die Identifikation mit dem Unternehmen. Die Mitarbeiter sollen sich mit ihren Projekten und Aufgaben gegenseitig inspirieren und motivieren.

Das Magazin erscheint dreimal jährlich als Printausgabe in einer Auflage von 13.000 Exemplaren. **Die Globalausgabe, die in sieben Sprachen erscheint, wird durch Lokalausgaben einzelner Standorte und Geschäftseinheiten (SBUs) ergänzt.** Alle Ausgaben finden sich auch gebündelt auf einer digitalen Plattform. *Spotlight* entwickelte sich aus mehreren zuvor separat erschienenen Mitarbeiterzeitungen. Das weltweite Informationsmedium wird nun in zwei Formaten veröffentlicht: Das globale Magazin erscheint in A3, die Einleger der Lokal- und SBU-Ausgaben haben das Format A4. Vorlagen für beide Größen sorgen für ein einheitliches Erscheinungsbild, wobei Bilder, Grafiken oder Fotos flexibel eingesetzt werden können. Das ruhige Layout ist bestimmt von den Firmenfarben Orange und Blau. Der Textstil ist auf die Zielgruppe zugeschnitten.

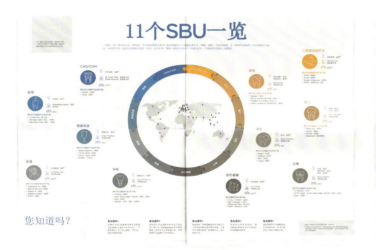

Die globale Ausgabe der Publikation stellt unter anderem Themen der internen Bereiche vor, berichtet von aktuellen Veranstaltungen, digitalen Neuigkeiten und Awards. In unterschiedlichen Serien werden neue Produkteinführungen, weltweite Kampagnen und die verschiedenen Geschäftseinheiten (SBUs) vorgestellt. Zu Beginn jeder Ausgabe leitet ein Executive-Interview in die Fokusthemen der Edition ein und stellt die Prioritäten und Ziele der Unternehmensführung vor. In der Ausgabe 2017 stehen Maureen MacInnis, Chief Human Resources Officer, und deren Antrieb im Fokus, ein globales Team zu entwickeln, dabei Bewährtes zu erhalten und zugleich noch effizienter zu werden. In jeder Ausgabe gibt es außerdem ein „Highlight"-Thema, das auf einer Doppelseite dargestellt wird und als Poster verwendet werden kann. Die letzte Seite der globalen Ausgaben ist immer reserviert für eine Frage und ihre Beantwortung durch ausgewählte Mitarbeiter. In Ausgabe 1-2017 ist es die Frage: „Was motiviert Sie täglich zu Spitzenleistungen?" Die Lokal- und SBU-Ausgaben informieren über Fortschritte, Neuerungen und betriebliche Veränderungen an den jeweiligen Standorten beziehungsweise SBUs.

DEUTSCHE BAHN AG, BERLIN MAGAZIN

»DB WELT – DIE MITARBEITERZEITUNG DER DEUTSCHEN BAHN AG«

🌐 econforum.de/2018_234

STECKBRIEF	
Seitenanzahl	44
Format	210 mm × 297 mm
Papier	Umschlag: Papier Union Primaset, 150 g/m² Bilderdruck holzfrei weiß matt gestrichen Inhalt: Igepa Circle Matt white, holzhaltig matt pigmentiert recycling
Anzahl Redakteure/Autoren	15
Erscheinungsweise	Vierteljährlich
Sprachen	Deutsch
Auflage	89.000
Vertriebskanäle	Abonnements (1.000 Leute), Auslegen an Standorten
Konzeption, Umsetzung	fischerAppelt AG, Hamburg

UNTERNEHMENSPROFIL	
Webadresse	www.bahn.de
Branche	Logistik, Verkehr
Unternehmen	Deutsche Bahn AG
Anzahl Standorte (national)	Mehr als 100
Mitarbeiter (national)	Mehr als 100.000
Gründungsjahr	1994

AUSGABE 01 · APRIL 2018

DAS MITARBEITERMAGAZIN

DB WELT

Zukunft | *Ein Schwerpunkt auf zehn Seiten*

DB Welt ist das grundlegend überarbeitete Mitarbeitermagazin der Deutschen Bahn AG. Aus der gleichnamigen Monatszeitung wurde mit einer neuen Redaktion, neuen Rubriken, einem anderen Format und einem frischen Konzept ein hochwertiges Quartalsmagazin gestaltet. Es widmet sich den großen Themen, beleuchtet Hintergründe und Zusammenhänge und lässt die Mitarbeiter zu Wort kommen. Aktuelle Informationen der Deutschen Bahn AG sind nun auf der Online-Plattform DB Planet zu finden.

Der erste Eindruck des Magazins: Es ist originell. Das Layout ist aufgeräumt, hochwertige Fotoproduktionen begleiten die Themen, die Texte sind transparent und informativ, die Grafiken anschaulich. **Die authentischen und persönlichen Geschichten des Magazins interessieren die Mitarbeiter und passen ausgezeichnet zum Unternehmen.**

Das Schwerpunktthema der Ausgabe von April 2018 ist Zukunft. Wie werden sich die Jobs verändern, wenn durch digitale Lösungen alles von alleine läuft? Wo bleiben die Menschen? Eine viel diskutierte Frage der Mitarbeiter. Eine Antwort gibt der Personalvorstand: Herkömmliche und neue Technologien werden sich überlappen und es

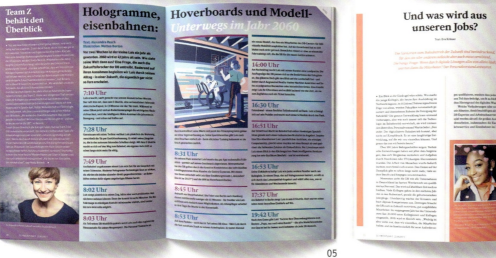

so Unternehmen und Mitarbeitern ermöglichen, sich anzupassen und entsprechend zu qualifizieren. Notwendig sei nur Veränderungsbereitschaft. Von den Möglichkeiten der Kommunikation der Dinge spricht eine Expertin für künstliche Intelligenz. Gleise könnten beispielsweise spüren, wenn ein Baum auf sie gefallen sei, ankommende Züge abbremsen und Schritte einleiten, um das Gleis zu räumen.

Auf dem Cover von *DB Welt* blickt ein kleines Mädchen in die Zukunft. In der Glaskugel sieht es Züge, die an den Wänden der turmhohen Bahnhofshalle hinauf- und hinunterfahren. Zukünftig wird alles wachsen außer dem Platz. Ein Designerduo entwarf einen Turm, fast so hoch wie das Empire State Building, dessen Außenwände Züge befahren sollen. Wie bei Riesenradgondeln werden die Fahrgäste aufrecht sitzen können. **DB Welt richtet den Blick nicht nur in die Zukunft, sondern auch auf die Herausforderungen der Gegenwart.** So begleitete das Magazin zwei Mitarbeiterinnen, die die neue Berufskleidung, in der sich alle 43.000 Kollegen wohlfühlen sollen, einem Praxischeck unterzogen. Das Ziel wurde erreicht, sagen sie. Sehr persönlich berichtet ein Mitarbeiter von seinem Schlaganfall, dem Genesungsprozess und der Rückkehr ins Berufsleben. Im Sommer feiert er sein 45-jähriges Dienstjubiläum; er ist zufrieden, weiter gebraucht zu werden.

DEUTSCHE BAHN AG, BERLIN MAGAZIN
»TAKT DB REGIO NRW«

 econforum.de/2018_238

STECKBRIEF	
Seitenanzahl	24
Format	210 mm × 297 mm
Verarbeitung	4/4-farbig Euroskala, beidseitiger Dispersionslack matt
Papier	135 g/m², Recyclingpapier beidseitig matt gestrichen, Circlesilk Premium White
Anzahl Redakteure / Autoren	2
Erscheinungsweise	Vierteljährlich
Sprachen	Deutsch
Auflage	66.000
Vertriebskanäle	Mailing, Infostände, POS, Verkaufsstellen der Deutschen Bahn, Auslagen in DB Regio Zügen, Online (www.takt-magazin-nrw.de)
Konzeption, Umsetzung	fischerAppelt AG, Hamburg

UNTERNEHMENSPROFIL	
Webadresse	www.bahn.de/nrw
Branche	Eisenbahnverkehrsunternehmen / Schienenpersonennahverkehr
Unternehmen	Deutsche Bahn AG
Anzahl Standorte (national)	5 bis 10
Mitarbeiter (national)	Mehr als 3.000
Gründungsjahr	1994

Takt

DB Regio NRW – Ausgabe 03/2017

Unter der *Linse*

Reingezoomt
NRW und seine Motive

Anatol Kotte
lüftet sein Geheimnis

Mitmachen & gewinnen
Unser Herbsträtsel

Hier ein Schräubchen, da ein Rädchen, eine Feder dort und in der Mitte ein nackter Korpus. Gar nicht unüberschaubar viele Einzelteile, dennoch scheint es unmöglich, daraus wieder eine Kamera zu bauen. Das ansprechende Titelbild von *Takt DB Regio NRW* führt mit der Kamera direkt ins Herz des Heftes: „Unter der Linse" ist das Monothema der Herbstausgabe 2017, mit neuen Perspektiven und in vielseitigen Formaten stellt sie Nordrhein-Westfalen und seine fotogensten Seiten vor. **Die Kombination von Reisen, Bahnfahren und Fotografieren sorgt für Originalität.**

Takt greift das Überthema gut auf und führt es souverän durch das ganze Magazin. Unter dem Titel „Fotoland NRW" gilt ein Blick der Fotografie in Düsseldorf, welches heute die deutsche Stadt ist, in der die meisten Selfies veröffentlicht werden, und zugleich der Ort, an dem 1957 Fotogeschichte geschrieben wurde: Die legendäre „Düsseldorfer Photoschule" um Hilla und Bernd Becher hatte die Schönheit von Hochöfen, Silos und Kühltürmen entdeckt. Anatol Kotte wurde in Minden geboren und gehört heute zur internationalen Spitzenliga der Fotografen. In einem Interview verrät er das Geheimnis eines guten Porträts: Die Neugier des Fotografen auf den Menschen vor der Kamera.

Takt animiert zu einer Fotosafari von Düsseldorf über das Drachenschloss in Königswinter bis ins Zentrum für Internationale Lichtkunst in Unna und gibt Tipps für Veranstaltungen im Herbst, unter anderem die Krimitage in Aachen. „Ein perfektes Wochenende in ..." ist eine andere Rubrik. Diesmal geht der Ausflug nach Münster, die westfälische Fahrradstadt. Zahlreiche Empfehlungen verlocken zum Kennenlernen, Genießen und Verweilen – vom Kunstmuseum „Pablo Picasso" über die Mandelschichttörtchen im A2 hin zum Botanischen Garten. Jedes Heft beantwortet zudem eine Leserfrage; *Takt* erklärt diesmal, wie ein Fahrplan entsteht.

Im Magazin wechseln sich Fotos, Grafiken und längere Artikel mit plakativen Zahlen ab, beispielsweise dass heutzutage in zwei Minuten mehr Fotos gemacht werden als während des gesamten 19. Jahrhunderts. Das Layout ist klar und aufgeräumt, die Grafiken und Bildstrecken sind ansprechend und informativ.

Das solide gearbeitete Printprodukt beweist, dass ein regionales Bahnmagazin weder trocken noch provinziell sein muss und moderne, innovative Formate einsetzen kann. Mit diesem Magazin werden Pendler in NRW zu Touristen im eigenen Land. Es erscheint vierteljährlich mit einer Auflage von 65.000 Exemplaren.

DEUTSCHE BANK AG, FRANKFURT AM MAIN MAGAZIN
»WERTE«

econforum.de/2018_242

STECKBRIEF	
Seitenanzahl	72
Format	210 mm × 280 mm
Verarbeitung	Silberheißfolienprägung auf dem Cover
Papier	Umschlag: Lumisilk 350 g/m² Inhalt: Lumisilk 135 g/m²
Anzahl Redakteure/Autoren	12
Erscheinungsweise	Halbjährlich
Sprachen	Deutsch
Auflage	11.000
Vertriebskanäle	Persönliche Übergabe
Konzeption, Umsetzung	bp Content Marketing und Medien GmbH & Co. KG, Hamburg Konzeption: Leonard Prinz, Art Director: Mark Ernsting, Creative Director: Gesche Wendt

UNTERNEHMENSPROFIL	
Webadresse	www.deutschewealth.com
Branche	Bank
Unternehmen	Deutsche Bank AG
Anzahl Standorte (national)	Mehr als 10
Mitarbeiter (national)	Mehr als 10.000
Gründungsjahr	1870
Projektleitung	Leitung Marketing Deutschland: Rainer Görtz

Für den Philosophen Richard David Precht ist klar: „Wir brauchen keine Reformen, wir brauchen Revolutionen – im Hinblick auf unsere Wirtschaftsmodelle. Unsere Probleme lassen sich nur noch mit Radikalität lösen. Beschwichtigungslyrik macht gar keinen Sinn mehr." Das sagt er im Interview mit WERTE, dem Magazin der Deutschen Bank. Die Ausgabe N°16 von 2017 trägt den Titel „Zukunft gestalten". Precht ist einer der Experten, die in diesem Heft über Fragen der Zeit sprechen. Das Magazin wurde im Jahr 2017 neu konzipiert – es behielt seinen hochwertigen Inhalt, bekam aber ein frisches Erscheinungsbild.

Der erste Eindruck von WERTE überzeugt. Haptik, Optik und Format sind modern und solide. Das ansprechende Cover und die hochwertige Veredelung runden das Äußere ab. Das Magazin hat ein klares Layout und hochwertige Fotostrecken. Die Textqualität ist durchgängig qualitätsvoll und zielgruppengerecht, die Bildsprache begleitet die Texte schlüssig und dynamisch. **Das Ziel des Magazins ist es, für die vermögendsten Kunden der Bank Themen von latenter Aktualität in Form von exklusiven Essays, Gesprächen, Porträts und Reportagen aufzubereiten.**

Precht sieht einen Vorteil der Digitalisierung darin, dass die Menschen damit von unwürdiger geistiger Arbeit befreit würden. Jedoch sei es wichtig, jetzt die Weichen zu stellen für eine nachhaltige Gestaltung der Digitalisierung und der zukünftigen Gesellschaft. Philosophen, sagt er, könnten und sollten Bilder und Wege dorthin aufzeigen, die in Angst verharrende Politik sei dazu nicht in der Lage.

Ein anderer Artikel richtet den Blick auf Hongkong, wo sich, wie in allen Megastädten, die Probleme des modernen Lebens wie unter einem Brennglas bündeln, wo aber auch Lösungsansätze aufschimmern. Ein Beispiel dafür sind die kleinen Grünflächen für Sportplätze und Naherholung, die zwischen den Wolkenkratzern versteckt sind. Dort, wo Menschen sich begegnen können, gebe es lebenswerte Stadtviertel, sagt der Soziologe Wolf-Dietrich Bukow dazu. Beeindruckende ganzseitige Fotografien begleiten die Reportage.

Der Artikel „Zukunft gestalten in Berlin Valley" hat ein ungewöhnliches Format, mit dem sich 13 Gründerinnen und Gründer aus Berlin vorstellen: In einer Mischung aus Foto und Illustration machen sie sich und ihre digitalen Geschäftsideen sichtbar, knappe Texte liefern Details. Einer der Gründer produziert Edelpopcorn aus handverlesenen Maiskugeln. Die Geschmacksrichtung „Weiße Schokolade Salzbrezel" ist derzeit der Favorit.

DEUTSCHE TELEKOM AG, BONN
MAGAZIN
»DIGITALISIERUNG – OHNE ENDE – CHANCEN«

econforum.de/2018_246

STECKBRIEF	
Webadresse	www.e-paper.telekom.com/cr_2017_de
Seitenanzahl	36
Format	200 mm × 280 mm
Verarbeitung	Fadenheftung, Veredelung Heißfolienprägung
Papier	Umschlag: 300 g/m² Gmund Colors GC 45 Inhalt: 160 g/m² Circleoffset Premium White (FSC Recycled Credit GFA-COC-001485)
Anzahl Redakteure / Autoren	2
Erscheinungsweise	Jährlich
Sprachen	Deutsch, Englisch
Auflage	2.000
Vertriebskanäle	Veranstaltungen, persönliche Übergabe, Online
Konzeption, Umsetzung	Deutsche Telekom AG, Bonn Stakeholder Reporting GmbH, Hamburg

UNTERNEHMENSPROFIL	
Webadresse	www.telekom.com
Branche	Information und Telekommunikation
Unternehmen	Deutsche Telekom AG
Anzahl Standorte (national)	Mehr als 100
Mitarbeiter (national)	Mehr als 100.000
Gründungsjahr	1995

DIGITALISIERUNG
OHNE ENDE
CHANCEN

„Um der nächsten Generation eine lebenswerte Welt zu hinterlassen, müssen wir der Zukunft mutig und neugierig entgegengehen." Mit diesen Worten begrüßt Timotheus Höttges, Vorstandsvorsitzender der Deutsche Telekom AG, die Leser des Magazins *DIGITALISIERUNG – OHNE ENDE – CHANCEN* im Mai 2018. **Das Unternehmen will mit dem Heft Impulse setzen für die notwendige gesellschaftliche Debatte zu den Chancen der Digitalisierung für eine nachhaltigere Entwicklung, der Frage nachgehen, was unternehmerische Verantwortung im digitalen Zeitalter bedeutet, und aufzeigen, dass mit einer verantwortungsvollen und gestalteten digitalen Zukunft die Ziele der Agenda 2030 der Vereinten Nationen erreicht werden können.**

Die erste Rubrik des Magazins beleuchtet den Umgang mit digitaler Transparenz. Der Rohstoff des 21. Jahrhunderts sind Daten. Wem können sie anvertraut werden? Wie kann man sie und sich schützen? Das Magazin skizziert Risiken und bietet zugleich Lösungen wie diese reduziert werden können, ob durch die Rund-um-die-Uhr-Cyberabwehr des Unternehmens oder hilfreiche Tipps für Verbraucher im Online-Ratgeber www.sicherdigital.de.

Grenzenlosigkeit ist ein weiteres Thema. Zeitliche und örtliche Grenzen lösen sich auf, jeder ist nahezu immer erreichbar und vernetzt. Die Vorteile liegen auf der Hand, doch auch die Schattenseiten wie Stress und Überfor-

derung sind bekannt. Dass Digitalisierung für Nachhaltigkeit stehen kann, zeigt der Energiebereich, wenn, wie in Bonn, Straßenlampen mit Bewegungsmeldern verbunden sind und nur aufleuchten, sobald sich Passanten nähern. Die Themensetzung in den weiteren Rubriken „Wandel der Arbeit", „Teilhabe" und „Wachstum" überzeugt ebenso, indem sie Risiken, Chancen und Lösungen beleuchtet.

Das Layout des Heftes ist klar strukturiert. Auf der Vorderseite des Covers steht in Weiß und Magenta in veredelten Großbuchstaben der Titel DIGITALISIERUNG – OHNE ENDE – CHANCEN, auf der Rückseite klein „Verantwortung leben. Nachhaltigkeit ermöglichen." Die schlichte, hochwertige Verarbeitung mit Fadenheftung und angenehmer Haptik prägt das ganze Heft. Es wurde klimaneutral gedruckt.

Die Textqualität ist in Stil und Inhalt zielgruppengerecht, die Texte sind informativ, sie machen komplexe Sachverhalte verständlich und regen zum Nachdenken und zur Diskussion an. Das Magazin erscheint jährlich in einer Auflage von 2.000 Exemplaren und kann als E-Paper gelesen werden. Eine weitere Serviceleistung des Unternehmens ist das Konzernportal „Digitale Verantwortung", das als Diskussionsraum zur Verfügung steht.

DR. ING. H.C. F. PORSCHE AG, STUTTGART MAGAZIN

»CARRERA MAGAZIN 01/2018«

 econforum.de/2018_250

SILBER
INTEGRIERTE UNTERNEHMENSKOMMUNIKATION

	STECKBRIEF
Seitenanzahl	80
Format	222 mm × 293 mm
Verarbeitung	Sonderfarbe: Pantone 908 U + Altarfalz
Papier	Ungestrichen, FSC-Mix-Papier
Anzahl Redakteure / Autoren	7
Erscheinungsweise	Vierteljährlich
Sprachen	Deutsch
Auflage	30.000
Vertriebskanäle	Versand
Konzeption, Umsetzung	ramp.space GmbH & Co. KG, Reutlingen Creative Director: Michael Köckritz, Beratung / Konzeption: Bernd Haase, Art Director: Sandra Stephan, Grafik: Christina Ströbele, Text: Bernd Haase, Michael Petersen
Druck	Neef + Stumme premium printing GmbH & Co. KG, Wittingen

	UNTERNEHMENSPROFIL
Webadresse	www.porsche.com
Branche	Automobil
Unternehmen	Dr. Ing. h.c. F. Porsche AG
Anzahl Standorte (national)	5 bis 10
Mitarbeiter (national)	Mehr als 30.000
Gründungsjahr	1931
Projektleitung	Leitung Unternehmenskommunikation: Dr. Josef Arweck, Leitung Öffentlichkeitsarbeit: Sabine Schröder, Projektleitung: Alexander Günzler, Projektmitarbeit: Karolina Mahrla

Wer an Qualität denkt, hat meist die Beschaffenheit von Produkten im Blick. Gut ist, was sich durch hochwertige Materialien, perfekte Funktionalität und Langlebigkeit auszeichnet. Für Porsche ist Qualität umfassender: Sie ist auch gelebte Markenidentität, die sich durch alle Ebenen der Unternehmensprozesse zieht – von der innovativen Entwicklung bis hin zum menschlichen Miteinander. Die Ausgabe 01/2018 des Mitarbeitermagazins *Carrera* bildet diese Haltung ab und zeigt auf 80 Seiten sehr detailliert, wie Qualität bei Porsche gelebt wird.

01

02

03

Das Cover begrüßt den Leser mit einer Illustration, die Straßen und Autos, Fertigung und Technik, Kunden und Mitarbeiter zusammenführt. Das Zentrum bilden zwei Hände in weißen Handschuhen, die einen Globus in die Höhe halten – das Symbol für einen hohen Qualitätsanspruch. Ein kurzer Text weist jedoch extra darauf hin, dass Qualität für Porsche mehr ist: eben ein Prozess. Die vorherrschende Farbe auf dem Cover und im gesamten Magazin ist Blau, die Farbe der Konzentration, des Verstandes, des Denkens, der Wissenschaft – Blau als Ausdruck für Qualität.

Das Kapitel „Neues Denken" stellt aktuelle Modelle aus dem Hause Porsche vor, fasst auf einer Doppelseite Zitate von Mitarbeitern, Kunden und Markenbotschaftern zum Thema Lebensqualität zusammen und bringt auf einem achtseitigen Aufklapper den Kernwert des Automobilherstellers auf den Punkt. Darüber hinaus ist viel über verschiedene Abteilungen des Konzerns zu erfahren. Das Kapitel „Gelebte Werte" widmet sich ausführlich der Qualitätsarbeit als Teamwork und der Nachwuchsförderung. Das Kapitel „Pure Emotion" kommt noch einmal auf

die Lebensqualität zurück. Sie wird unter anderem am guten Essen in der Kantine, an der Hilfe für in Not geratene Menschen und am unvergleichlichen Sound des Burmester-3-D-High-End-Sourround-Sound-Systems im Porsche Panamera festgemacht.

Obwohl bei *Carrera* auch der Blick von außen kommt, wurde den Mitarbeitern der größte Platz eingeräumt. Das stärkt mit Sicherheit das Wir-Gefühl. **Die eingängigen Ausführungen über das Denken von Porsche in puncto Qualität und über die Arbeit der Kollegen erleichtern die Identifikation mit dem Automobilhersteller.** Zudem fördern der angenehme, lockere Schreibstil und die spielerischen Elemente des Magazindesigns die Auseinandersetzung mit dem Anspruch von Porsche.

Wie es sich für ein vorausdenkendes Unternehmen gehört, lassen sich zu einzelnen Themen zusätzliche Inhalte wie kurze Filme per App abrufen, indem dafür vorgesehene Bilder, Codes oder Symbole gescannt werden.

DR. ING. H.C. F. PORSCHE AG, STUTTGART
MAGAZIN
»CHRISTOPHORUS – PORSCHE MAGAZIN #385«

 econforum.de/2018_254

SILBER
INTEGRIERTE UNTERNEHMENSKOMMUNIKATION

	STECKBRIEF
Webadresse	www.christophorus.porsche.com/de
Seitenanzahl	100
Format	215 mm × 280 mm
Verarbeitung	Klebebindung / Hotmelt, Dispersionslack matt
Papier	Umschlag: 200 g/m² Condat matt Perigord 1,1-Volumenpapier Inhalt: 100 g/m² Condat matt Perigord 1,1-Volumenpapier
Anzahl Redakteure / Autoren	15
Erscheinungsweise	5-mal im Jahr
Sprachen	Deutsch, Französisch, Englisch, Spanisch, Russisch, Japanisch, Italienisch, Portugiesisch, Polnisch, Chinesisch, Taiwanesisches Chinesisch, Koreanisch
Auflage	600.000
Vertriebskanäle	An Porsche-Kunden, -Interessenten, Abonnenten, Vertrieb über Christophorus.porsche.com, mobil über Christophorus-App, crossmedial
Konzeption, Umsetzung	Delius Klasing Corporate Publishers (DKCP), Bielefeld Leiter Corporate Publishing / Chefredaktion Christophorus: Edwin Baaske, Chefredaktion Christophorus: Christina Rahmes
Druck	Mohn Media, Gütersloh
Layout	design hoch drei GmbH & Co. KG, Stuttgart Art Director: Wolfram Schäffer, Layouter: Ioannis Karanasios

	UNTERNEHMENSPROFIL
Webadresse	www.porsche.de
Branche	Automobil
Unternehmen	Dr. Ing. h.c. F. Porsche AG
Anzahl Standorte (national)	5 bis 10
Mitarbeiter (national)	Mehr als 10.000
Gründungsjahr	1931
Projektleitung	Herausgeber: Dr. Ing. h.c. F. Porsche AG, Leiter Öffentlichkeitsarbeit und Presse: Dr. Josef Arweck, Leiterin Corporate Publishing: Sabine Schröder, Projektleitung: Sebastian Missel

Wie sieht die Mobilität von morgen aus? Bedeutet sie weiterhin Freiheit? Wird die Kfz-Steuer nach dem Gewicht des Fahrzeugs bezahlt? Fahren wir statt mit Fernbussen mit Luftschiffen? Können 3-D-Drucker Sportwagen herstellen? Sind Rennfahrer dank künstlicher Intelligenz überflüssig? Diese und weitere Fragen an die Zukunft stellt Porsche in seinem Kundenmagazin *Christophorus #385*. Es erschien zum Auftakt des Jubiläums „70 Jahre Porsche Sportwagen". Statt mit Stolz nur auf das Gestern und Heute zu schauen, befasst sich das Heft vor allem mit dem, was noch kommt, und fokussiert die Mobilität der Zukunft.

Was beim Durchblättern des Magazins sofort auffällt ist, dass die Farbe Weiß vorherrscht. Sie findet sich bei den abgebildeten Sportwagen, bei der Kleidung der zahlreichen Fotomodelle, bei Einleitungen und Überschriften. Der Grund findet sich noch vor dem Editorial: „Ein unbeschriebenes Blatt Papier. Weiß. Leer. Offen für Spannendes, Tragisches – oder für das Schöne. Das weiße unbeschriebene Blatt ist das klassische Synonym für die Zukunft. Alles auf Anfang – die absolute Freiheit des Denkens."

Wie jeder *Christophorus* so ist auch die Jubiläumsausgabe in die drei Kapitel Fühlen, Verstehen und Erfahren gegliedert. Diese Begrifflichkeit macht deutlich, dass der Leser inhaltlich eine große Fülle und Tiefe erwarten darf. **Geboten werden exklusive Blicke hinter die Kulissen von Porsche, einfühlsame Porträts und unterhaltsame Reportagen.** Im Vordergrund stehen visionäre Ideen und konkrete Projekte. Unter der Überschrift „Level 6" erfährt man zum Beispiel, wie die nächste Evolutionsstufe nach dem vollautomatisierten Fahren aussehen könnte. Bis

die nötige Technik für Level 5 einsatzbereit ist, soll es noch zehn Jahre dauern. Die Stufe danach könnte dann auf einen Bewusstseinswandel zielen, der das Grundverständnis vom Automobil verändert. **Die Ausgabe schließt mit einem Porträt des Rennfahrers Mark Webber im Jahr 2038, das ihn bereits mit 41 Jahren und – nach drei Stunden Maske – mit 61 Jahren zeigt [04].**

Am Ende steht ein Zitat von Ferdinand „Ferry" Porsche: „Das letzte Auto, das gebaut werden wird, wird ein Sportwagen sein." Diesem letzten Blick in die Zukunft folgt die Aufforderung, sich über die *Christophorus*-App Zugang zu weiteren Inhalten zu verschaffen. Dazu müssen nur diejenigen Bilder gescannt werden, die mit einem kleinen Pluszeichen gekennzeichnet sind. Auch wird auf die Online-Version des Magazins mit Zusatzmaterial, Videos und dem Web-TV-Format 9:11 hingewiesen.

DR. ING. H. C. F. PORSCHE AG, STUTTGART
MAGAZIN
»CHRISTOPHORUS – PORSCHE MAGAZIN #385«

 econforum.de/2018_258

SILBER
INTEGRIERTE UNTERNEHMENSKOMMUNIKATION

	STECKBRIEF
Webadresse	www.christophorus.porsche.com/de
Sprachen	Deutsch, Englisch, Französisch, Italienisch, Spanisch, Polnisch, Portugiesisch, Chinesisch, Taiwanesisches Chinesisch, Japanisch, Koreanisch, Russisch
Art der Anwendung	Browseranwendung
Zielgruppe	Porsche-Kunden, Porsche-Fans, Porsche-Clubmitglieder
Häufigkeit Updates / Erscheinungsweise	Monatlich
Konzeption, Umsetzung	Delius Klasing Corporate Publishers (DKCP), Bielefeld Leiter Corporate Publishing: Edwin Baaske, Chefredaktion: Christina Rahmes
Programmierung	C3 Creative Code and Content Gmbh, Berlin
Webmaster:	Jacek Skaba

	UNTERNEHMENSPROFIL
Webadresse	www.porsche.de
Branche	Automobil
Unternehmen	Dr. Ing. h.c. F. Porsche AG
Anzahl Standorte (national)	5 bis 10
Mitarbeiter (national)	Mehr als 10.000
Gründungsjahr	1931
Projektleitung	Herausgeber: Dr. Ing. h.c. F. Porsche AG, Leiter Öffentlichkeitsarbeit und Presse: Dr. Josef Arweck, Leiterin Corporate Publishing: Sabine Schröder, Projektleitung: Sebastian Missel

Editorial

70 Jahre. Das Beste kommt noch.

→ Artikel lesen

Ein unbeschriebenes Blatt Papier

Weiß. Leer. Offen für Spannendes, Tragisches – oder für das Schöne. Das weiße unbeschriebene Blatt ist das klassische Synonym für die Zukunft. Alles auf Anfang – die absolute Freiheit des Denkens.

→ Artikel lesen

Stil

Auch nach der digitalen Revolution werden Sportwagen von Porsche noch immer Ausdruck eines speziellen Lebensgefühls sein. Über die Unsterblichkeit der Individualität und den Luxus des Selberfahrens.

→ Artikel lesen

Guter Typ

Ein Porsche erntet überall auf der Welt anerkennende Blicke. Nur wenige Marken haben ein so positives Image. Schon im legendären Porsche 356 „Nr. 1"

Der *Christophorus* zählt zu den ältesten und renommiertesten Kundenmagazinen weltweit. Dass das Magazin immer jung bleibt, beweist Porsche mit der modernen Printausgabe und dem digitalen Auftritt: Es gibt eine kostenlose App für Apple- und Android-Geräte, die das Porsche Magazin in zwölf Sprachen auf Mobilgeräte bringt, und eine Magazin-Website. Die digitalen Ausgaben gehen über die Inhalte des gedruckten Magazins hinaus, indem sie mit unterhaltsamen Videos, überraschenden 3-D-Animationen, informativen Grafiken und brillanten Fotogalerien angereichert sind.

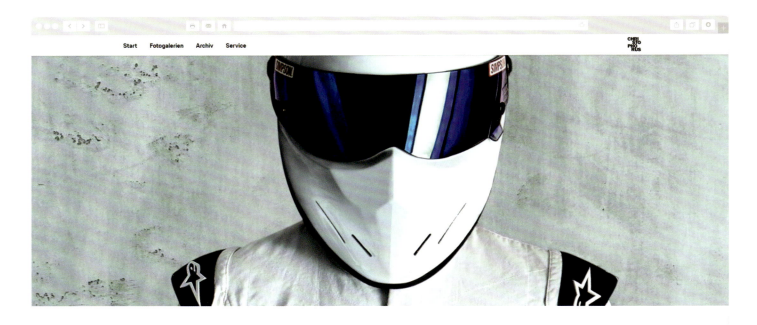

Ben Collins – The Stig
Er wirkte als Stuntfahrer in James-Bond- und Batman-Blockbustern wie Ein Quantum

01

02

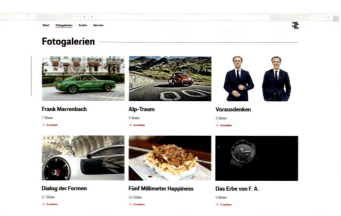

03

Wie das Heft, das zum 70. Porsche Jubiläum erschienen ist, so konzentriert sich auch die Magazin-Website des *Christophorus #385* auf die Mobilität der Zukunft. Auch hier herrscht die Farbe Weiß vor, um Offenheit auszudrücken und Raum für Inspirationen und Interpretationen zu schaffen. Konzipiert ist die Seite als „Onepager", damit der Nutzer ganz bequem von oben nach unten und umgekehrt scrollen kann, ohne auf ein umständliches Menü zurückgreifen zu müssen. Die Rubriken der gedruckten Ausgabe sind als solche erkennbar, die Bildsprache der Artikel wird digital adaptiert: Klickt man mit der Maus auf ein Foto, vergrößert sich das Bild. **Diese Art der Fokussierung gibt dem Auftritt mehr Tiefe, macht ihn lebendiger.** Werden die Fotos oder „Artikel lesen" angeklickt, öffnen sich die Beiträge. Diese Website lässt sich leicht handhaben und regt zum Eintauchen in die vielfältigen Inhalte an.

Um die Themen des gedruckten Magazins zu vertiefen, hat sich Porsche einiges einfallen lassen: Die Beschreibung der Faszination, die von der Farbe Weiß ausgeht, wird mit einem PDF ergänzt, das heruntergeladen werden kann. Es enthält eine Abbildung des Buches *Weiß* vom japanischen Autor Kenya Hora sowie weitere Ausführungen. Das Porträt des Rennfahrers Mark Webber im Jahr 2038 beinhaltet neben Fotos von ihm mit 41 und 61 Jahren ein zusätzliches Video, in dem die Verwandlung im Zeitraffer festgehalten wurde. Auch zusätzliche Beiträge erweitern den Inhalt: „Von der Küste auf die Straße" beschreibt die Porsche Tour 2018 – von Kap Arkona zur Zugspitze – mit dem Carrera 4 GTS Cabriolet. „Hauptsache Leidenschaft" stellt das neue Format „Porsche Talks" vor – erster Gesprächspartner der Autorin Ronja von Rönne ist Reid Anderson, Ballettintendant in Stuttgart.

Die als porsche.com-Subdomain angelegte Website verfügt über zahlreiche Verknüpfungen, zum Beispiel zum Porsche Newsroom und zum 9:11 Magazin. Hinzu kommen Retweets und Verlinkungen mit den Social-Media-Kanälen der in den Artikeln gezeigten Personen.

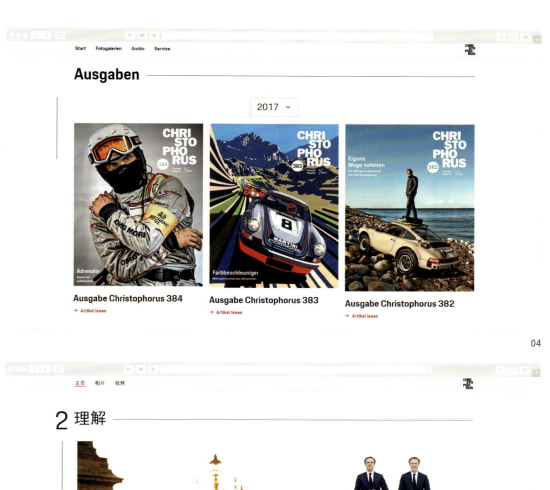

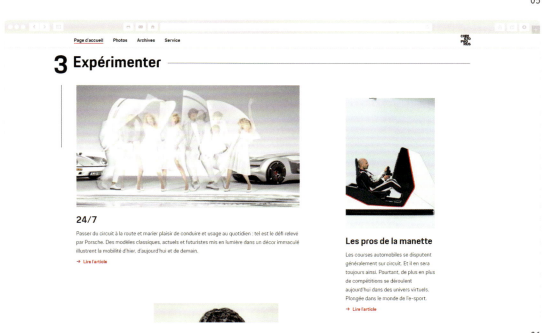

EVONIK INDUSTRIES AG, ESSEN MAGAZIN
»ELEMENTS«

 econforum.de/2018_262

STECKBRIEF	
Webadresse	elements.evonik.de/01-2018/
Seitenanzahl	60
Format	230 mm × 300 mm
Verarbeitung	Klebebindung
Papier	Umschlag 200 g/m² LuxoSatin Inhalt: 115 g/m² LuxoArt Samt
Anzahl Redakteure / Autoren	11
Erscheinungsweise	Vierteljährlich
Sprachen	Deutsch, Englisch
Auflage	35.000
Vertriebskanäle	Auslage an Standorten, Einzelheftversand, Auslage auf ausgewählten ICE-Strecken in der 1. Klasse der Deutschen Bahn sowie an nationalen und internationalen Flughafenlounges; zudem steht ELEMENTS den Lesern auch als Online-Magazin zur Verfügung
Konzeption, Umsetzung	BISSINGER[+] GmbH, Hamburg Chef vom Dienst: Inga Borg

UNTERNEHMENSPROFIL	
Webadresse	www.evonik.de
Branche	Chemie
Unternehmen	Evonik Industries AG
Anzahl Standorte (national)	Mehr als 10
Mitarbeiter (national)	Mehr als 10.000
Gründungsjahr	2007
Projektleitung	Chefredaktion: Dr. Karin Aßmann, Matthias Ruch

Ein praller Luftballon ziert das Titelbild der Ausgabe 1/2018 von ELEMENTS, dem Magazin von Evonik Industries. In seiner Mitte prangt der Schriftzug „Her mit dem CO_2". Ein interessantes Cover, ein ungewöhnlicher erster Eindruck des sehr hochwertig gemachten Magazins. Inhaltlich verbindet das grundlegend neugestaltete ELEMENTS den Wissenschaftsjournalismus des früheren Innovationsmagazins elements mit gesellschaftlicher, ökonomischer und politischer Einordnung.

„Her mit dem CO_2" ist einer der drei Themenschwerpunkte des Magazins. Die Grundfrage: Lassen sich aus Kohlendioxid, Wasser und Ökostrom durch künstliche Fotosynthese Spezialchemikalien herstellen? Das könnte Energiepolitik und Chemiewirtschaft gleichzeitig verändern. Ein Bericht gilt dem Stand der Forschung anhand eines konkreten Projektes von Siemens und Evonik. Verschiedene Formate, beispielsweise ein Essay von Prof. Dr. Franz-Ferdinand Schüth, dem Direktor am Max-Planck-Institut für Kohlenforschung, erweitern die Perspektive. **Das Magazin mit dem Untertitel „Forschen. Wissen. Zukunft." richtet sich an Wissenschaftler, Multiplikatoren aus Wirtschaft und Politik und die naturwissenschaftlich interessierte Öffentlichkeit.** Entsprechend umfassend und verständlich sind die Themen aufbereitet, sie werden glaubwürdig vermittelt.

Das zweite Großthema ist „Wert schöpfen mit Bits und Bytes". Hier kommt unter anderem Jens Monsees zu Wort, Digital-Chef von BMW. Er erläutert Chancen und Risiken der Digitalisierung für die deutsche Industrie. „Polymere für den Knochenbau" als drittes Hauptthema dreht sich um den Einsatz von Spezialkunststoffen für Implantate oder Prothesen. Der Heilungsprozess wird durch Kunststoffimplantate beschleunigt. Noch reicht ihre Festigkeit aber nicht für große Implantate aus.

Die Zentrale von Evonik steht in Nordrhein-Westfalen, zugleich ist das Unternehmen in mehr als 100 Ländern aktiv. Jede Ausgabe wird eines dieser Länder vorstellen. In diesem Heft ist es Brasilien. Großformatige, aussagekräftige Bilder und Kurztexte verdeutlichen die Beziehungen zwischen den Menschen, der Region und dem Unternehmen.

Alle Texte sind qualitativ hochwertig und wissenschaftlich fundiert, der anspruchsvolle und doch verständliche Stil spricht fachkundige sowie branchenfremde Leser an. **Das Layout der neuen *ELEMENTS* ist klar und überzeugend.** Die Inhalte können durch die sachlich orientierte Typografie wirken, welche die Themenauswahl gut unterstützt. Schaubilder und Grafiken bereichern die Texte. In der Online-Ausgabe des Magazins werden die Inhalte durch zusätzliche Bildergalerien und interaktive Grafiken ergänzt.

FRANZ HANIEL & CIE. GMBH, DUISBURG MAGAZIN
»ENKELFÄHIG«

 econforum.de/2018_266

STECKBRIEF	
Webadresse	www.enkelfaehig.de
Seitenanzahl	56
Format	210 mm × 280 mm
Verarbeitung	PUR-Klebebindung, 12-seitiges Booklet als Beikleber
Papier	Lessebo Design Smoth natural, FSC mix Umschlag: 240 g/m² Inhalt: 115 g/m² FSC mix von IGEPA
Anzahl Redakteure/Autoren	11
Erscheinungsweise	Halbjährlich
Sprachen	Deutsch
Auflage	11.000
Vertriebskanäle	enkelfähig wird an 8.000 Abonennten versandt sowie an Mitarbeiter verteilt; es kann über unsere Website bestellt werden und liegt in den Gebäuden für Besucher aus
Konzeption, Umsetzung	C3 Creative Code and Content GmbH, München Text: Peter Gaide, Art Director: Christoph Kienzle

UNTERNEHMENSPROFIL	
Webadresse	www.haniel.de
Branche	Investmentholding/Family-Equity-Unternehmen
Unternehmen	Franz Haniel & Cie. GmbH
Anzahl Standorte (national)	1
Mitarbeiter (national)	Mehr als 100
Gründungsjahr	1756
Projektleitung	Sonja Hausmanns, Janina Groffmann

Wir stehen durchschnittlich 219 Tage unseres Lebens im Stau, warten im Schnitt 156 Stunden pro Jahr auf das Hochfahren des Computers und hängen bis zu 45 Stunden jährlich in Warteschleifen. Warten nervt, weil man sich langweilt. Warten kann aber auch positiv sein, wenn die dadurch frei werdende Zeit mit Sinnvollem gefüllt wird. Wie das aussehen kann, zeigt die im Dezember 2017 erschienene Ausgabe des Magazins *enkelfähig*, die sich voll und ganz den verschiedenen Facetten des Wartens widmet. Sie verbindet Allgemeines und Kurioses mit Geschichten aus dem Unternehmen Haniel.

Im Vorwort erfährt der Leser, dass Haniel dem Warten durchaus positiv gegenübersteht und diesen Zustand auch als Chance begreift, um mit Geduld und Ausdauer langfristige Pläne umzusetzen. Das ist beispielsweise dann wichtig, wenn es darum geht, den richtigen Moment abzuwarten, um ein Projekt zu realisieren. Haniel nutzt das Warten also, um möglichst gut vorbereitet zu sein. **In einem Interview äußert sich der Vorstandsvorsitzende Stephan Gemkow über die Macht des langen Atems und den Zeitdruck beim digitalen Wandel [03].** Hier wird ersichtlich, dass es auch Situationen gibt, in denen Warten keine Option ist.

Neben diesen und anderen Beiträgen, die das Denken und Beispiele des Handelns von Haniel wiedergeben, wartet das Magazin mit breiter gefassten Ausführungen rund um das Kernthema auf: Ein Gespräch mit der Journalistin und Autorin Manoush Zomorodi zeigt, wie es um die Langeweile und die Angst vor dem Nichtstun bestellt ist. Matthias Sutter, Verhaltensökonom, sieht Geduld als Erfolgsfaktor für Ausdauer. Wie kostbar Zeit ist, verdeutlicht ein Artikel über die Primatenforscherin Julia Fischer, deren Erkenntnisse auf Langzeitbeobachtungen basieren.

Unterhaltsame Unterbrechungen runden das monothematische Magazin ab: Eine bunt gemischte Doppelseite gibt in konkreten Zahlen an, wie viel Zeit in verschiedenen Lebensbereichen gewartet wird. Wie schön es ist, wenn das Warten endet, zeigt eine Fotostrecke, die mit einem fantastischen Bild eines Vulkanausbruchs beginnt. Unter dem Gedanken „Was lange währt" erzählen Mitarbeiter aus der Haniel-Gruppe private und berufliche Geschichten. Dem beschwingten Warten dient eine Spotify-Playlist – mit Titeln wie „The Waiting", „Robert De Niros's Waiting" oder „Wait A Minute Baby".

Wieder einmal ist das an eine breite Zielgruppe gerichtete Magazin aus dem Hause Haniel eine intelligente, abwechslungsreiche und originelle Lektüre. Sie lässt an keiner Stelle Langeweile aufkommen und ist auch bestens dazu geeignet, Wartezeiten mit Sinn zu füllen.

LEDVANCE GMBH, GARCHING MAGAZIN

»PULS MAGAZIN – DAS MITARBEITERMAGAZIN VON LEDVANCE«

econforum.de/2018_270

STECKBRIEF	
Webadresse	https://pulsemagazine.ledvance.com/de/2017/01/index.html
Seitenanzahl	24
Format	210 mm × 297 mm
Verarbeitung	Rückendrahtheftung mit 2 Klammern, Umschlag mit Dispersionslack matt beidseitig
Papier	Umschlag: 200 g/m² Circle Offset premium white FSC Inhalt: 100 g/m² Circle Offset premium white FSC
Anzahl Redakteure / Autoren	4
Erscheinungsweise	Halbjährlich
Sprachen	Deutsch, Englisch, Französisch
Auflage	9.000
Vertriebskanäle	Per Post an die Standorte in den Ländern, dort persönliche Übergabe; in der Zentrale in Garching Verteilung über Aufsteller bzw. auf die Schreibtische gelegt
Konzeption, Umsetzung	cc:langen GmbH, München Senior Consultant: Holger Lappe, Stephanie Rank
Druck	Aumüller Druck GmbH & Co. KG, Regensburg
Grafik / Layout	Erasmi + Stein, München

UNTERNEHMENSPROFIL	
Webadresse	www.ledvance.de
Branche	Lichttechnik
Unternehmen	LEDVANCE GmbH
Anzahl Standorte (national)	5 bis 10
Mitarbeiter (national)	Mehr als 3.000
Gründungsjahr	2016
Projektleitung	Communication Specialist: Nora Hauenstein

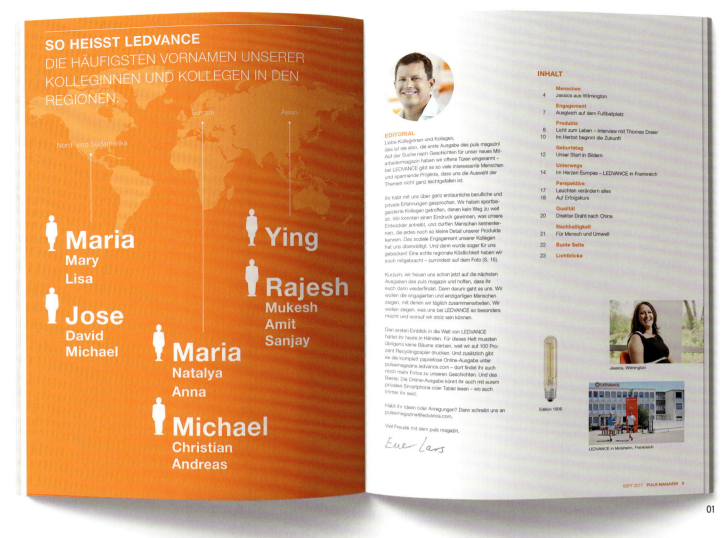

Jessica aus Wilmington lächelt im September 2017 vom Titelbild des *puls magazin*. Die Marketingspezialistin aus den USA wird im Mitarbeitermagazin von LEDVANCE als inspirierende Expertin und als liebenswürdiger Mensch porträtiert. Sie erzählt aus ihrem Leben und von ihrem Engagement für Gerechtigkeit und Veränderung. **Das *puls magazin* hat das Ziel, die weltweit rund 9.000 Mitarbeiter des Unternehmens zu vernetzen und sie mit echten Geschichten anzusprechen.** Sie stehen im Mittelpunkt des Magazins, denn sie sind es, die mit ihrer Persönlichkeit und Erfahrung das Unternehmen prägen.

Hinter dem Namen LEDVANCE verbirgt sich das 100 Jahre alte Lampengeschäft von OSRAM, das heute ein international führendes Unternehmen für innovative Lichtprodukte sowie intelligente und vernetzte Lichtanwendungen ist. Da nur etwa die Hälfte der Mitarbeiter auf interne Kommunikationskanäle wie Intranet Zugriff hat, wurde die Kommunikationslücke mit einem gedruckten Mitarbeitermagazin geschlossen.

puls magazin greift viele sehr unterschiedliche Themen auf. So gilt ein Rückblick dem International Soccer Cup, bei dem in Süddeutschland zehn Teams aus vier Ländern mit viel Energie und Ehrgeiz um den begehrten Wanderpokal kämpften. Eine Doppelseite widmet sich dem 1. Geburtstag von LEDVANCE und den diesem voran-

gegangenen Prozessen. Eine Reportage aus Frankreich stellt drei der dortigen Mitarbeiter vor und gibt Tipps für Reisen und Speisen im Elsass. Jede Ausgabe enthält zudem einen lokalen Beileger, der dank einer Layoutvorlage von den Standorten selbst gestaltet wird. Garching beispielsweise stellt in der Septemberausgabe sein LIGHT:LAB vor, vier Räume, in denen Kunden, Partner und Mitarbeiter die Lampen und Leuchten hautnah erleben können.

puls magazin erscheint zweimal jährlich in einer Auflage von 9.000 Exemplaren. Es ist solide verarbeitet, hat eine angenehme Haptik, ist sauber und aufgeräumt gestaltet und vermittelt eine hohe Glaubwürdigkeit. Die Anmutung einer Hochglanzbroschüre wird vermieden durch den Druck auf 100 Prozent Recyclingpapier. **Das grafische Konzept verzichtet auf das Logo auf dem Cover – die Titelseite jeder Ausgabe zeigt einen Mitarbeiter des Unternehmens.** Das Layout im Magazinstil arbeitet mit einer authentischen Bildsprache, Profifotos und eigene Bilder der Mitarbeiter ergänzen einander. Die Logofarben Weiß und Orange bestimmen die Gestaltung; sie vermitteln einen kräftigen Eindruck. Die Texte sind kurz, zielgruppengerecht und angenehm zu lesen.

LINDE MATERIAL HANDLING GMBH, ASCHAFFENBURG MAGAZIN

MITARBEITERMAGAZIN »RED«

 econforum.de/2018_274

STECKBRIEF	
Seitenanzahl	28
Format	210 mm × 297 mm
Papier	135 g/m² Galaxi Keramik
Anzahl Redakteure / Autoren	12
Erscheinungsweise	Vierteljährlich
Sprachen	Deutsch, Französisch, Englisch, Spanisch, Schwedisch, Italienisch, Tschechisch, Polnisch, Russisch, Ungarisch, Portugiesisch, Slowakisch, Slowenisch
Auflage	14.000
Vertriebskanäle	Online, persönliche Zustellung, Paketversand, Auslage
Konzeption, Umsetzung	die gestalten. Personengesellschaft, Mainz Creative Director: Dipl.-Designer Joachim Holz
Druck	Kuthal Print GmbH & Co. KG, Mainaschaff Kundenberater Innen-/Außendienst: Thomas Haumbach

UNTERNEHMENSPROFIL	
Webadresse	www.linde-mh.de
Branche	Maschinenbau
Unternehmen	Linde Material Handling GmbH
Anzahl Standorte (national)	5 bis 10
Mitarbeiter (national)	Mehr als 3.000
Gründungsjahr	1904
Projektleitung	Senior Communications Specialist: Susanne Schmidtchen

„Wieviel Zeit bleibt uns noch?", fragt *red*, das Mitarbeitermagazin von Linde Material Handling, in seiner Märzausgabe 2018. Die Frage steht auf dem Sockel des bröckelnden Denkmals eines Gabelstaplers. Das Titelbild ist bewusst provokant, denn es geht um Disruption: **Das Unternehmen wandelt sich vom traditionellen Fahrzeughersteller zum digitalen Lösungsanbieter.** Dabei müssen Führungskräfte und Mitarbeiter bereit sein, Gewohntes über Bord zu werfen und sich auf neue Herangehensweisen einzulassen. *red* will diesen Kulturwandel gezielt unterstützen.

Einstieg in die 12-seitige Strecke zum Titelthema ist ein großformatiges Foto eines modernen Warenlagers, in dem die Abläufe höchstenfalls am Monitor von Menschen gesteuert werden. *red* setzt unterschiedliche erzählerische Formate wie Interviews, Hintergrundberichte und Kurzinformationen ein. Die Artikel beschreiben das Ziel des Unternehmens, den Kunden durch Beratung zu Sicherheit, Energie und Intralogistik an sich zu binden; sie beantworten die Frage nach dem Kerngeschäft und skizzieren die Notwendigkeit, Kundenbedürfnisse schnell zu

erkennen. Dementsprechend vielfältig sind die Themen: Datenbrillen, die Maschinenbedienern die Instruktionen direkt auf die Brille liefern, Mitarbeiter, die auf die Frage „Wo steht Linde in 5 Jahren?" antworten, der Tagesablauf einer Stammdatenspezialistin aus der Ich-Perspektive. **Die Texte kommen direkt aus dem Bauch des Unternehmens und machen das Magazin glaubwürdig, der Stil passt zur Zielgruppe.** Die Papierbroschüre lässt sich mit einer Augmented-Reality-App zum Digitalprodukt wandeln: Hält man das Smartphone über das Foto, startet das dazugehörige Video.

red erscheint in einer Auflage von 14.000 Exemplaren in 25 Ländern und in 13 Sprachen. Das Magazin richtet sich an Mitarbeiter in Büro und Produktion, in der weltweiten Organisation oder im Headquarter in Deutschland. Das Besondere: Ein internationales Redaktionsteam konzipiert das Magazin vierteljährlich; fünf lokale Redaktionen in Deutschland, Frankreich, Großbritannien, Italien und Spanien ergänzen die Inhalte durch Lokalseiten mit eigenen Themen. So ist *red* globales und lokales Medium in einem.

OTTO GMBH & CO KG, HAMBURG MAGAZIN
»RE:BLOG«

 econforum.de/2018_278

STECKBRIEF	
Webadresse	www.reblog.de
Sprachen	Deutsch
Art der Anwendung	Browseranwendung im Responsive Design, das 2017 insbesondere den Anforderungen von „Mobile First" angepasst wurde
Funktionalität	Wordpress-basiertes Online-Magazin mit interaktiven Elementen (u. a. Kommentarfunktion, interaktives Tool „Das nachhaltige Haus", Aktion „Pioniere der Nachhaltigkeit", digitale Verlängerung von Influencer-Events); re:BLOG ist eine Multi-Autoren-Plattform (17 Autoren aus der Szene der Eco-Influencer)
Zielgruppe	Konsumenten, die ihr Leben nachhaltiger gestalten möchten und dabei Rat, Tipps und Inspiration suchen; Influencer und Multiplikatoren der nachhaltigen Szene, OTTO-Stakeholder
Durchschnittliche Einzelbesuche / Monat (Unique Visits)	80.000
Häufigkeit Updates / Erscheinungsweise	Täglich
Interaktive Technologien	Blog mit Kommentarfunktion, interaktives Tool „Das nachhaltige Haus", regelmäßig aktualisierte Bloggerprofile
Konzeption, Umsetzung	COMPANIONS GmbH, Hamburg

UNTERNEHMENSPROFIL	
Webadresse	www.otto.de
Branche	Multichannel-Handelsunternehmen
Unternehmen	OTTO GmbH & Co KG
Anzahl Standorte (national)	Mehr als 100
Mitarbeiter (national)	Mehr als 100.000
Gründungsjahr	1949

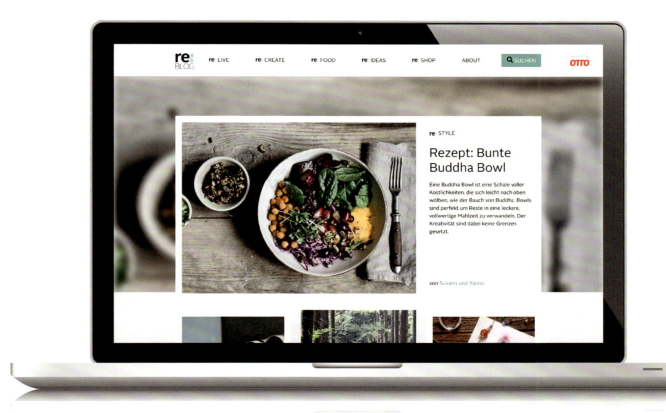

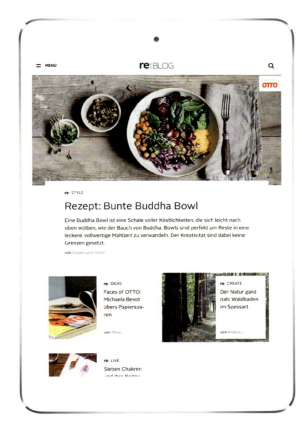

Die Startseite des digitalen Magazins *re:BLOG*, dem Nachhaltigkeitsblog von OTTO, begrüßt im Juni mit einem Artikel zum ökologischen Gärtnern im Gewächshaus. Die Menüpunkte re:LIVE, re:CREATE, re:Food und re:IDEAS führen zu Unterpunkten mit mannigfaltigen Themen, die umfassend und attraktiv präsentiert sind. „ABOUT" erzählt von der Idee hinter dem Magazin, re:SHOP stellt nachhaltige Artikel vor. Das re: der Name basiert auf vielen Begriffen, die zum Konzept der Nachhaltigkeit gehören wie Recyling, Reparatur, Reduktion, Respekt für Mensch und Natur.

01

02

Wer sich durch *re:BLOG* klickt und scrollt, erhält vielseitige Einblicke in die Welt der Nachhaltigkeit. Das Magazin ist klar und übersichtlich aufgebaut. Das Zusammenspiel aus Text- und Bildsprache überzeugt. Das Netzwerk aus Bloggern und Autoren, das hinter dem Magazin steht, bringt neben gut recherchierten und lesbaren Texten auch sehr viel Persönlichkeit und Abwechslung in die Seiten. *re:BLOG* blickt hinaus in die Welt und ermöglicht zugleich intensive Einblicke in das Unternehmen OTTO, das bereits seit mehr als 25 Jahren nachhaltiges Wirtschaften in der Unternehmenskultur verankert hat. Mit dem Online-Magazin hat das konventionelle Wirtschaftsunternehmen komplett den Schritt in die Digitalisierung gewagt und verfolgt diesen Weg konsequent weiter, weg von der absenderorientierten Kommunikation hin zu einem Dialog auf Augenhöhe. **Mit der authentischen, zielgruppengerechten Themensetzung erreicht *re:BLOG* jene Menschen, die sich bemühen, ihren Alltag nachhaltig zu gestalten und dabei Wissen, Tipps und Inspiration suchen.** Pro Monat wird das täglich aktualisierte Magazin durchschnittlich 80.000-mal besucht.

Wie es gelingt, das Unwichtige wegzulassen und sich auf das zu konzentrieren, was am meisten Nutzen verspricht, verrät ein Artikel zum Pareto-Prinzip, das sich in der Wohnung, beim Schminken oder im Arbeitsalltag anwenden lässt. Der Frage, wieso so viele Bienen sterben und was man selbst in einer Stadtwohnung für sie tun kann, geht ein anderer Text nach. Neben Rhabarberrezepten und einer Einführung in die ostfriesische Teezeremonie findet sich ein Bericht zum weltweiten Wassermangel, unter anderem mit dem Hinweis, beim täglichen Einkauf darauf zu achten, virtuelles Wasser zu sparen. Optimale Wohnraumnutzung ist ebenfalls ein Blogthema. Viele Konzepte dafür werden vorgestellt. Charmant einfach und preisgünstig: Schlichte Rollen unter den Möbeln ermöglichen eine deutlich flexiblere Raumgestaltung.

03

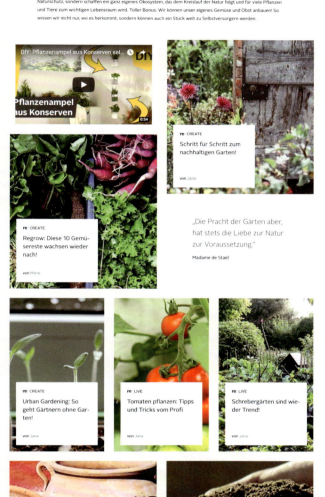

04

05

06

S-KREDITPARTNER GMBH, BERLIN
MAGAZIN
»[ESKAː'PEː]-JOURNAL 2017«

econforum.de/2018_282

	STECKBRIEF
Seitenanzahl	52
Format	DIN A4
Verarbeitung	Veredelung: partieller Relieflack auf Titelseite, Farbschnitt um Buchblock
Verarbeitung	Broschur, Klebebindung Konfektion: Einkleben eines 12-seitigen Leporellos auf die U3 mit Gummidot, Versand mit beigelegter Videokarte
Papier	Umschlag: Condat matt Perigord, 1,1-faches Volumen, 250 g/m² Inhalt: Condat matt Perigord, 1,1-faches Volumen, 135 g/m²
Anzahl Redakteure / Autoren	1
Erscheinungsweise	Jährlich
Sprachen	Deutsch
Auflage	1
Vertriebskanäle	Mailing, persönliche Übergabe bei Akquisitionsgesprächen, Veranstaltungen, Messen
Konzeption, Umsetzung	wirDesign communication AG, Berlin Creative Director Text: Jan Rentzow, Art Director: Stefanie Kropp, Text: Tilman Tschacher, Account-Management: Heidi Bohrer, Fotografie: Michael Jungblut, Franz Bischof, Film/Regie: Jonathan Winkler

	UNTERNEHMENSPROFIL
Webadresse	www.s-kreditpartner.de
Branche	Finanzierung
Unternehmen	S-Kreditpartner GmbH
Anzahl Standorte (national)	5 bis 10
Mitarbeiter (national)	Mehr als 100
Gründungsjahr	2011
Projektleitung	Marketing und Kommunikation: Laura Schimanski, Berit Müller

[ɛskaːˈpeː]
Entscheidungen

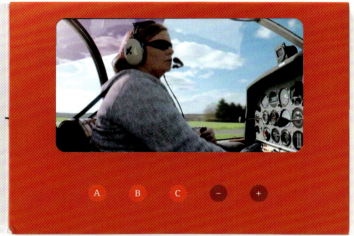

Über den Wolken, in ihrem Flugzeug, findet die Produktverantwortliche der Sparkasse Oberhessen immer wieder neue Perspektiven und Ideen für ihre Arbeit. Vieles, was sie beim Fliegen braucht, wie Zielstrebigkeit und Vertrauen, ist ihr auch beruflich dienlich. Das Magazin [eska:'pe:] 2017 der S-Kreditpartner GmbH porträtiert sie und andere Mitarbeiter von Sparkassen zwischen Krefeld und Lörrach. **Mit Geschichten, die so unterschiedlich sind wie die Menschen in den Sparkassen, eröffnet S-Kreditpartner einen neuen Blick auf ihre Arbeit.** S-Kreditpartner ist Spezialist für Auto- und Konsumentenkredite und zentraler Verbundpartner von rund 300 Sparkassen. Ihr Magazin [eska:'pe:] 2017 trägt den Titel „Entscheidungen" und ersetzt in neuem Format zum zweiten Mal den klassischen Geschäftsbericht. Dieser ist ausführlich im Bundesanzeiger zu finden, die wichtigsten Zahlen liegen [eska:'pe:] lediglich als Leporello „Quintessenz 2016" bei.

[eska:'pe:] lässt die Mitarbeiter der Sparkassen zu Wort kommen. Sie schildern, wie sie mehr Erlös für ihre Sparkassen schaffen und welche Argumente für eine Vollkooperation mit S-Kreditpartner sprechen; sie berichten über die Schritte, die sie von ihrer eigenen Entscheidung zu einem gemeinsam realisierten Erfolg führten; sie erzählen von dem, was sie motiviert. Ein Vorstandsmitglied aus Krefeld beispielsweise spielte 30 Jahre lang Handball; nach

wie vor ist es ihm wichtig, dass seine Mannschaft Erfolg hat. Ein Bericht gilt dem Betriebscoaching in Lörrach-Rheinfelden, das einmal pro Monat eine Woche lang stattfindet und den Mitarbeitern ermöglicht, ihre Beratung besser und zielführender zu gestalten und zugleich Zeit zu sparen. „Gemeinsam mutiger sein" heißt das Interview mit zwei Geschäftsführern von S-Kreditpartner, in dem sie über die sprechen, die als Erste die Zusammenarbeit mit ihnen wagten, und in dem sie über den gemeinsamen Erfolg und die Herausforderungen der Zukunft berichten.

Die Themensetzung von *[eska:'pe:]* ist sehr dicht an der Zielgruppe, der Schreibstil ist persönlich, authentisch und erzählerisch. Bild- und Textsprache spielen schön zusammen. Das Magazin hat ein wertiges Äußeres und ansprechende Veredelungen wie partiellen Reliefflack auf der Titelseite und Farbschnitt um den Buchblock. Begleitet wird das gedruckte Magazin von einem Video-Bord mit drei Filmen, in denen die Protagonisten der Sparkassen kurz und persönlich Erfolgstipps geben. Das Magazin wird verschickt oder persönlich bei Akquisitionsgesprächen, Veranstaltungen und Messen überreicht.

VOLKSWAGEN AG, WOLFSBURG MAGAZIN

»FLEET MAGAZINE«

 econforum.de/2018_286

STECKBRIEF	
Seitenanzahl	64
Format	230 mm × 300 mm
Verarbeitung	Klebebindung, Rolling des Umschlags, Sonderfarbe Silber
Papier	Umschlag: 200 g/m² Proficar
Inhalt	100 g/m² Proficar
Anzahl Redakteure / Autoren	3
Erscheinungsweise	Vierteljährlich
Sprachen	Deutsch
Auflage	12.500
Vertriebskanäle	Versand im Abo, Auslage bei Veranstaltungen
Konzeption, Umsetzung	Lattke & Lattke GmbH, Reichenberg

UNTERNEHMENSPROFIL	
Webadresse	www.volkswagen-group-fleet.de
Branche	Automobil
Unternehmen	Volkswagen AG
Anzahl Standorte (national)	Mehr als 100
Mitarbeiter (national)	Mehr als 100.000
Gründungsjahr	1937

Fleet Magazine ist das Magazin der Volkswagen AG für Groß- und Direktkunden mit der Aufgabe, das Vertrauen in Konzern und Marken zu stärken, sich im Wettbewerb abzugrenzen und den Verkauf zu fördern. Es richtet sich an die Geschäftsleitung, Flottenchefs und Einkaufsabteilungen von bestehenden und potenziellen Großkunden der Volkswagen Group mit den Marken Volkswagen Pkw, Audi, SEAT, ŠKODA, Volkswagen Nutzfahrzeuge und Volkswagen Leasing.

Schon seit 35 Jahren erscheint *Fleet Magazine*. In der Ausgabe Frühling 2018 liegt sein Schwerpunkt auf der Digitalisierung. Unter dem Titel „Fleet of Chance" wird die Arbeitswelt 4.0 beleuchtet und der Frage nachgegangen, was auf Flottenmanager zukommt, wenn sich die Arbeit zunehmend entgrenzt und dynamisiert. Der Leiter Konzerndesign, Michael Mauer, erläutert, dass sich die nächste Evolutionsstufe im Automobilbau im Design durch freie Raumgestaltung auswirken werde. Mit einer Bestandsaufnahme zeigt ein anderer Artikel, wie die Mobilität der Zukunft auf konsequenter Digitalisierung basieren wird.

Ein Interview informiert über neue Prüfverfahren, die den Verbrauch und die CO_2-Emission der Fahrzeuge ermitteln. Die Rubrik Recht gibt Informationen zum Datenschutz, zu Sturmschäden oder verkehrsbehinderndem Parken. Auch der Vielfalt der Konzernmarken wird in Text und Bild Rechnung getragen: Unter anderem präsentiert Volkswagen ein Modell aus dem Segment des Kompakt-SUV und ein viertüriges Coupé stellt die „Essenz der neuen Designsprache" von Audi vor.

Fleet Magazine liefert nicht nur Wirtschafts- und Managementbeiträge, sondern versteht sich auch als Lifestyle-Magazin; es bietet Reisetipps – in dieser Ausgabe lockt die Basler Fasnacht, deren buntes Treiben seit Jahrhunderten am Montag nach Aschermittwoch beginnt –, verweist auf interessante Ausstellungen wie „Women in Beetles" oder erzählt im Artikel „Porsche auf's Brot" von den 25 Bienenvölkern, die auf dem Leipziger Betriebsgelände 400 Kilogramm Lindenblütenhonig produzierten, der nun im Shop von Porsche Leipzig verkauft wird.

Die sprachliche Gestaltung des *Fleet Magazine* ist zielgruppengerecht und prägnant. **Die Informationen werden mit Blick auf den Gesamtkontext stringent vermittelt, durch die passende Auswahl von Textformaten ist der Stil vielfältig und lebendig, die Bandbreite reicht von mehrseitigen Artikeln zu Notizen.** Im Layout dominieren zurückhaltende Farben mit Silber als Gestaltungselement. Fotografien und gestalterische Elemente gehen Hand in Hand mit dem Text.

ŠKODA AUTO DEUTSCHLAND GMBH, WEITERSTADT MAGAZIN
»EXTRATOUR«

 econforum.de/2018_290

STECKBRIEF	
Seitenanzahl	20
Format	300 mm × 470 mm
Verarbeitung	Zeitung
Papier	80 g/m² Circel Offset White
Anzahl Redakteure / Autoren	3
Erscheinungsweise	Vierteljährlich
Sprachen	Deutsch
Auflage	374.000
Vertriebskanäle	Post / persönlich
Konzeption, Umsetzung	Lattke & Lattke GmbH, Reichenberg Creative Director: Jens Lattke

UNTERNEHMENSPROFIL	
Webadresse	www.skoda-auto.de
Branche	Automobil
Unternehmen	ŠKODA AUTO Deutschland GmbH
Anzahl Standorte (national)	1
Mitarbeiter (national)	Mehr als 100
Gründungsjahr	1991

extratour

1.2018 ZEITUNG FÜR ŠKODA FREUNDE

AUTOSALON 2018 IN GENF

DIE ZUKUNFT IM BLICK

HOCHSPANNUNG IN DER RALLYESAISON 2018

Fabian Kreim und Frank Christian treten erstmals in der U28-Wertung der Rallye-Europameisterschaft an. Folgen Sie dem Team auf facebook unter www.facebook.com/SKODARS Motorsport/

Es gibt weltweit viele Automobil-Events. Und jedes hat dabei den Anspruch, sich von anderen zu unterscheiden. Etwa durch technologische Schwerpunkte, besonders zahlreiche Anbieter – oder weil es beim Publikum äußerst beliebt ist. Zur dritten Kategorie gehört in jedem Fall der Genfer Autosalon. Extratour lädt Sie dazu ein, den Spirit dieser außergewöhnlichen Veranstaltung (nach) zu erleben: Begleiten Sie uns auf den ŠKODA Messestand im Palexpo, lernen Sie unsere Highlights kennen – und richten Sie mit ŠKODA den Blick auf die Zukunft der Mobilität.

Bereit? Dann begeben wir uns am besten gleich zum Herzstück des Messestands und betreten den interaktiven Innovationstunnel, wo sich die Besucher über die Konzeptstudie VISION X informieren konnten. Auf der rechten Seite des Tunnels standen unter anderem die „Simply Clever"-Details von VISION X im Fokus, während auf der gegenüberliegenden Seite Wissenswertes über dessen Produktion zu erleben war, wie zum Beispiel über die Gestaltung und Qualität der verwendeten Materialien und Komponenten.

Mit diesen Eindrücken konnten die Messegäste die VISION X dann auch gleich in Augenschein nehmen, denn ŠKODA präsentierte seine Vision eines modernen Crossovers in unmittelbarer Nähe – und gab damit den Ausblick auf ein drittes Modell der erfolgreichen SUV-Familie. Die Studie überträgt die markentypische Formensprache der SUV-Modelle in ein weiteres Fahrzeugsegment. Auch VISION X verfügt über die kristallinen Designakzente, die von der traditionellen böhmischen Glashandwerkskunst inspiriert sind. Neu ist der große Touchscreen-Monitor. Er ermöglicht ein neues Bedienkonzept in den Bereichen Infotainment und Connectivity. Besonders innovativ ist das Hybridantriebskonzept: Detaillierte Infos auf Seite 3.

Erfolgsmodell im Kleinwagensegment

Ebenfalls auf dem Messestand präsentierte sich der umfangreich überarbeitete ŠKODA FABIA. Ein modifiziertes Design an Front und Heck sorgt für ein ebenso elegantes wie dynamisch-modernes Erscheinungsbild im Exterieur. Außerdem werden erstmals LED-Scheinwerfer sowie LED-Heckleuchten angeboten. Im Innenraum setzen ein neu gestaltetes Kombiinstrument und neu gestaltete Sitze frische optische Akzente. Auch das Angebot an Fahrerassistenzsystemen und „Simply Clever"-Details wird nochmals erweitert. Mehr auf Seite 5.

Exklusive SUV-Topversion

Individuelle Designmerkmale und eine exklusive Serienausstattung kennzeichnen den ŠKODA KODIAQ Laurin & Klement. Die Topversion des großen SUV verfügt über 19 Zoll große Leichtmetallräder „Sirius", Voll-LED-Scheinwerfer, einen Kühlergrill mit verchromten Lamellen sowie modellspezifisch gestaltete Front- und Heckschürzen. Im Innenraum unterstreichen die Lederausstattung und Dekorleisten in einem eigenständigen Design die elegant stilvolle Note des ŠKODA KODIAQ Laurin & Klement. Zur Markteinführung wird auch das Motorenprogramm des „Großen" erneuert.

Noch mehr Fahrspaß

Künftig sind für den ŠKODA SUPERB neue Ausstattungsfeatures verfügbar, darunter ein optimiertes Zugangs- und Start-System KESSY oder eine Ambientebeleuchtung, die mit der Fahrprofilauswahl vernetzt ist. Für maximalen Fahrspaß sorgt zudem der ŠKODA OCTAVIA RS. In Genf wurde er erstmals mit dem optionalen Challenge Plus-Paket gezeigt, das exklusive Design- und Ausstattungsmerkmale im Exterieur und Interieur umfasst.

Optisch und technisch überarbeitet zeigten sich FABIA und FABIA COMBI. Künftig sind für die beiden jeweils vier drehfreudige Benzinmotoren konfigurierbar.

Viele Besucher begeistern der Genfer Autosalon wegen seiner „familiären" Atmosphäre. Auf ihrem diesjährigen Messestand präsentierte die Marke ŠKODA zudem eine vielfältige Auswahl ihrer Modellfamilie.

Extratour ist die „Zeitung für ŠKODA Freunde". Ihr Ziel ist es, aktuelle Kunden zu binden und in ihrer Kaufentscheidung zu bestätigen sowie potentielle Neukunden zu begeistern und allen die Markenwerte von ŠKODA aufzuzeigen. ŠKODA wirbt neben seinem guten Preis-Wert-Verhältnis mit gutem Design, viel Raum und Simply-Clever-Lösungen. Diese Werte vermittelt das Magazin sehr glaubwürdig mit einer interessanten Themenmischung.

Für *extratour* wurde ein originelles Format gewählt: 20 Seiten als solide gestaltete Zeitung. Farblich geht die Seitengestaltung Hand in Hand mit den Themen der Artikel und den abgebildeten Fahrzeugen. **Das Layout ist übersichtlich und wird getragen von einer klaren Typografie.** Die Bilder sind professionell, die Textqualität ist themengerecht und lebendig.

Ein Rückblick gilt in der Ausgabe 1/2018 dem Autosalon 2018 in Genf. Dort präsentierte ŠKODA unter anderem einen Cross-over, bei dem sich Zukunft mit Tradition verbindet: Er hat einen Hybridantrieb und im Innenraum kristalline Designakzente, die von der weltbekannten Kunstfertigkeit des böhmischen Glashandwerks zeugen. Ein anderes Zukunftsthema ist die Konnektivität. Die Rubrik „Auto & Technik" stellt im vorliegenden Magazin

das vernetzte Auto vor, das selbstständig über eine günstige Tankstelle, einen herrlichen Aussichtspunkt oder schlechte Wetterverhältnisse am Zielort informieren wird. ŠKODA setze Vernetzung ein, sagt Frank Jürgens, Sprecher der Geschäftsführung, in extratour, um „das Autofahren zum Vorteil seiner Kunden einfacher, effizienter, sicherer und umweltschonender" zu machen.

Das Magazin bietet dem Leser eine ausgewogene inhaltliche Mischung. **Es werden neue Produkte des Konzerns vorgestellt, Fachbeiträge informieren über Recht, Beschaffung oder Steuern, und auch der Unterhaltungswert kommt nicht zu kurz.** Der Schauspieler Oliver Mommsen erzählt beispielsweise, dass er sich liebend gerne sportlich in der Natur betätigt und deshalb oft sowohl Paddelboot als auch Fahrrad, Slackline und Tennissachen im Kofferraum habe, um für jede Laune gerüstet zu sein. Ein reich bebilderter Bericht gilt dem Filmparadies Tschechien, das inzwischen Geheimtipp für internationale Filmdrehs ist, und informiert über die Möglichkeit, bei einer Führung durch Prag den Spuren der Filme zu folgen. Auch an die Kinder wird gedacht: Die Rubrik „Autokids" schildert den Werdegang des kleinen Maulwurfs, der über Nacht zum tschechischen Weltstar wurde und seit 1957 nicht nur Kinderherzen höherschlagen lässt.

… GOLD

TENNET TSO UND TRANSNETBW GMBH, BAYREUTH UND STUTTGART
PR-/HR-PROJEKTE UND -KAMPAGNEN

»MAXIMALE TRANSPARENZ: BÜRGERBETEILIGUNG BEI DEUTSCHLANDS GRÖSSTEM NETZAUSBAUPROJEKT«

econforum.de/2018_294

STECKBRIEF

Webadresse	www.suedlink.tennet.eu / www.transnetbw.de/suedlink
Art des PR-/HR-Projektes/ der PR-/HR-Kampagne	Frühe Bürgerbeteiligung (online und offline) zum größten Infrastrukturprojekt der Energiewende
Anlass / Thema	Der Erdkabel-Vorrang bedeutet eine Art Neustart – sozusagen SuedLink 2.0 – und Chancen für mehr Akzeptanz; aber klar ist: Es gibt noch viele negative Emotionen aus SuedLink 1.0 (Freileitung); Zudem sind durch die Erdkabelplanung neue Regionen betroffen; Land- und Forstwirtschaft sehen Erdkabel kritisch
Zielgruppe	Bürgerinnen und Bürger in allen von der Planung berührten Kommunen; politische Entscheider in diesen Regionen (MdBs, Landesregierungen, MdLs, Landräte, Bürgermeister, Gemeinderäte), Fachbehörden auf kommunaler, regionaler und Landesebene, Zivilgesellschaft und NGOs, Medien und weitere Multiplikatoren
Ziele der Aktion	1) Vorbehalte abbauen, Konfliktlinien entschärfen und Akzeptanz vor Ort stärken – bevor das formale Genehmigungsverfahren beginnt; 2) die fachliche Planung verbessern, indem das lokale Wissen frühzeitig einbezogen wird; 3) enge Kooperation: Einbindung bisher kritischer Stakeholder (Landkreise usw.)
Erreichte Ziele	Vorbehalte und Kritik spürbar reduziert, positives Feedback auf Bürgerdialog und -beteiligung durch Key Stakeholder (etwa Landkreise, Bürgermeister, Medien und Fachbehörden); NGOs und lokale Politik kooperieren und loben die Dialogoffensive; die Bundesfachplanung konnte „in time" starten
Umfang / Maßnahmen	1) Online-Beteiligungstool SuedLink WebGIS: alle Daten und Bewertungen online abrufbar, direkte Beteiligung; 2) Landkreisbündnis: Gemeinsam mit Landkreisen kommunizieren und mit Umweltministerium B-W; 3) Dialogevents mit großen Teams Herbst 2016: 7 Events für Politik, 36 Info-Foren für Bürger; 1. Hälfte 2017: weitere 35 Events
Begleitmaterial	SuedLink Newsletter, Projektwebsites und virtuelles Info-Forum, Manual zu WebGIS, Videotagebücher / YouTube-Erklärvideos, Info-Foren: Themeninseln / Technologie zum Anfassen, Broschüren und Factsheets zu Key Issues, Event-Ankündigungen durch Anzeigen und regionale Pressearbeit, Stakeholdermailings
Dauer des Projekts / der Maßnahme	Von September 2016 bis Juni 2017
Kommunikationskanäle	Ca. 80 lokale Events: kommunale Info-Abende, Info-Foren für Bürger, Workshops zu Ergebnissen Bürgerbeteiligung. Online-Beteiligungstool SuedLink WebGIS (GIS = Geograph. Informationssystem): den Planern direkt über die Schulter blicken; Pressearbeit lokal / regional / bundesweit; Bürgerhotline und Bürgerreferenten vor Ort
Zielmedien	Regionale Publikumsmedien: Tageszeitungen, Online, Hörfunk und TV; Fachmedien Behörden und politische Stakeholder (Kommunen, Landkreise, Länder, Bundespolitik); Fachmedien Forst- und Landwirtschaft; Foren und Newsletter für Key Stakeholder (Politik, Medien, Bürgerinitiativen)
Resultate Kommunikation / Berichterstattung	Bürger und Kommunen haben sich umfassend beteiligt; Karten 900.000 Mal abgerufen; über 7.000 Hinweise, 6.600 via WebGIS, alle geprüft und beantwortet; Ergebnis: 28 Korridoranpassungen; über 8.800 Teilnehmer auf den Dialogevents
Anzahl der Printartikel	1.160
Gesamtauflage Print	202 Mio.
Anzahl der TV-Beiträge	5
Zuschaueranzahl TV	3 Mio.
Anzahl der Hörfunkbeiträge	35
Höreranzahl	100 Mio.
Anzahl der Artikel Online	80
Seitenaufrufe Online (Page Impressions)	7 Mio.
Konzeption, Umsetzung Dialogevents	navos – Public Dialogue Consultants GmbH, Berlin Seniorberatung: Julia Thielicke, Beratung: Aline Baur, Juniorberaterin: Maria Dörpholz
Fachplanung und Beratung	ILF Consulting Engineers GmbH, Rum bei Innsbruck (Österreich)
Stakeholder und Hinweismanagement WebGIS	ARCADIS Germany GmbH, Darmstadt Projektleitung: Katharina Frömmel, Communication Management Specialist: Christian Möller Veranstaltungsmanagement (Baden-Württemberg): follow red GmbH, Stuttgart Projektleitung: Christopher Wünsche

UNTERNEHMENSPROFIL

Webadresse	www.tennet.eu www.transnetbw.de
Branche	Strom (Übertragungsnetzbetreiber)
Unternehmen	TenneT TSO GmbH und TransnetBW GmbH
Anzahl Standorte (national)	Zusammen mehr als 10
Mitarbeiter (national)	Mehr als 1.000
Gründungsjahr	2009 / 2012
Projektleitung	Projektleiter SuedLink TenneT TSO: Dr. Christoph Thiel, Projektleiter SuedLink TransnetBW: Thomas Schlüter, Projektleiterin Kommunikation SuedLink TransnetBW: Saskia Albrecht, Projektleiter Kommunikation SuedLink TenneT TSO: Michael Roth

BEGRÜNDUNG DER JURY: TenneT TSO und TransnetBW haben mit dem Dialogverfahren für SuedLink vorbildlich gezeigt, wie Bürgerbeteiligung heute erfolgreich organisiert werden kann. Die Akzeptanz für ein hoch umstrittenes Projekt wurde deutlich gesteigert, weil die Belange der Bürger ernst genommen werden. Die Kampagne setzt damit wichtige Signale für die politische Mitbestimmung. Am Ende hat sie Geld und Zeit gespart. Und sie zeigt, dass es besser ist, miteinander zu reden als übereinander.

Damit Bürgerbeteiligung gelingt, braucht es maximale Transparenz. Beim Neustart eines der größten Infrastrukturprojekte Deutschlands setzten TenneT TSO und TransnetBW deshalb von Beginn an auf Dialog. Mit einer Länge von rund 700 Kilometern soll SuedLink zur Hauptschlagader der Energiewende werden. Ab dem Jahr 2025 soll die neue Stromtrasse ökologisch gewonnenen Windstrom aus Norddeutschland in die Zentren im Süden transportieren. Ursprünglich war geplant, die Trasse überirdisch, als sogenannte Freileitung, zu verlegen. Dagegen formierte sich massiver Widerstand. Jetzt soll SuedLink als Erdkabel realisiert werden – so, wie es Bürger, Initiativen und Landkreise gefordert hatten und der Gesetzgeber daraufhin festgeschrieben hat. Das ist sozusagen „SuedLink 2.0". Dieser Neustart des Projekts war eine planerische und kommunikative Herausforderung, die die Projektträger aktiv angenommen haben.

„Bei anderen großen Infrastrukturprojekten wie Stuttgart 21 hat sich gezeigt: Ohne Akzeptanz in der Bevölkerung lassen sich Großvorhaben heute nicht mehr realisieren. Die Menschen wollen auf Augenhöhe informiert und beteiligt werden. Nur so können Konflikte entschärft, lokales Wissen integriert und die Netze erfolgreich ausgebaut werden. Genau dort haben wir bei SuedLink angesetzt. Und nur so konnten wir die Planungsunterlagen ‚in time' einreichen. Das hat kaum ein großes Projekt in den vergangenen Jahren geschafft", sagt Thomas Schlüter, Projektleiter bei TransnetBW.

Die für Suedlink zuständigen Netzbetreiber haben die umfassendste Beteiligung durchgeführt, die es für ein Stromnetzprojekt in Deutschland jemals gab. Das Konzept für das Dialogverfahren stammt von navos – Public Dialogue Consultants, ARCADIS und ILF. **Bereits vor der Einreichung der Antragsunterlagen bei der Bundesnetzagentur wurden Bürger, Initiativen und lokale Politik mit einem informellen Beteiligungsverfahren aktiv in die Planung eingebunden.** Ein wichtiges Instrument dabei war die innovative Online-Beteiligungsplattform SuedLink WebGIS. Die Plattform bildete die Basis für eine breite Information – und für den Dialog mit den Stakeholdern. Bürgerinnen und Bürger konnten alle Planungskarten, Daten und Analysen einsehen und ihre Hinweise und Vorschläge zur Korridorführung direkt in das System eintragen. Auf diese Weise waren in jedem Planungsstadium sämtliche Informationen und Hinweise zum Projekt transparent.

GOLD PR-/HR-PROJEKTE UND -KAMPAGNEN 297

01

02

03

04

05

06

Daneben gingen TenneT und TransnetBW auch in den direkten Dialog. Auf 78 örtlichen Dialogveranstaltungen diskutierten sie mit interessierten Bürgern, Gemeinden und Landkreisen, wie Dr. Christoph Thiel, Projektleiter bei TenneT TSO, erläutert: „Auf unseren Infomärkten haben wir mit kurzen Vorträgen in das Thema eingeführt, und dann hieß es für uns: runter vom Podium – und ins persönliche Gespräch mit den Bürgerinnen und Bürgern! Alle Besucher konnten über unsere Online-Plattform WebGIS sämtliche Planungsdaten einsehen und ihre Vorschläge und Anmerkungen direkt in die Karten eintragen. Alles war sichtbar, auch die Antwort unserer Planer auf die Vorschläge. Mehr Transparenz geht nicht!"

07

08

09

Insgesamt gingen während der informellen Bürgerbeteiligung mehr als 7.000 Hinweise ein. Wichtig war TenneT und TransnetBW, dass alle Hinweise geprüft und individuell beantwortet werden. Die Antragsunterlagen für SuedLink konnten dennoch im Zeitplan bei der Bundesnetzagentur eingereicht werden. Der Dialog hat nicht nur die Akzeptanz von SuedLink verbessert, sondern auch die Planung. **An 28 Stellen wurde die Korridorplanung aufgrund der eingegangenen Hinweise angepasst.** 900.000 Klicks auf der Beteiligungsplattform, rund 7.000 Hinweise, die zu 28 tatsächlichen Anpassungen führten – diese Zahlen zeigen die Relevanz des Projekts und den Erfolg des Dialogverfahrens. Es hat SuedLink vorangebracht. Die Bürger haben maßgeblich an der Gestaltung der Streckenführung mitgewirkt. Denn TenneT TSO und TransnetBW haben den Dialog mit Bürgern als Chance zur Mitgestaltung und für eine bessere Planung begriffen.

TERRE DES FEMMES – MENSCHENRECHTE FÜR DIE FRAU E. V., BERLIN
PR-/HR-PROJEKTE UND -KAMPAGNEN
»DAS GENDER PAY GAP EXPERIMENT«

econforum.de/2018_300

SILBER

STECKBRIEF

Webadresse	www.gender-salary-experiment.de
Art des PR-/HR-Projektes/ der PR-/HR-Kampagne	Storydoing mithilfe eines Experiments; PR-Stunt in dessen Mittelpunkt ein Online-Film steht
Anlass / Thema	Die andauernde Lohndifferenz zwischen Männern und Frauen (national und international)
Zielgruppe	Allg. Öffentlichkeit, Politik und Unternehmen (national und international)
Ziele der Aktion	Die öffentliche Aufmerksamkeit erhöhen, die mangelnden politischen Bemühungen zur Gleichstellung entlarven und Unternehmen auffordern, konkrete Maßnahmen gegen Ungleichbehandlung zu ergreifen
Erreichte Ziele	Öffentliche Diskussion entfacht, breite nationale und internationale Berichterstattung, große Unterstützung von anderen Frauenorganisationen, Aktivisten, Feministinnen und vielen Menschen auf Facebook
Evaluation / Controlling	Medienmonitoring, Facebook Statistiken
Umfang / Maßnahmen	Microsite, Online-Film, Presseinformationen, Kooperationen mit Influencern
Begleitmaterial	Fotos und Profile der Protagonisten, Statements von TERRE DES FEMMES, Daten und Fakten zum Thema Gleichbehandlung, redaktionelles Footage-Material für TV-Sender
Dauer des Projekts / der Maßnahme	Von Februar bis März 2018
Kommunikationskanäle	Print, TV, Online, Social Media
Zielmedien	Lifestyle-Medien, Frauenmedien, Tageszeitungen, TV-Magazine, Newsportale, Fachpresse (national und international)
Resultate Kommunikation / Berichterstattung	Gesamtreichweite von 165 Millionen in nur drei Tagen

Konzeption, Umsetzung	Jung von Matt AG, Hamburg Kreativgeschäftsführung: Dörte Spengler-Ahrens, Managing Director Beratung: Stephan Giest, Creative Director: Marielle Heiß, Eva Stetefeld, Florentin Hock, Text und Konzeption: Andreea Nedelcu, Art Director, Screendesign, Konzeption: Julia Hellwege, Text: Jens Paasen, Grafik- und Screendesign: Christoph Drange, Grafikdesign: Laura Stieg, Kundenberatung: Lara Timm, Felix Altmann
PR Lead International	achtung! GmbH, Hamburg Management Supervisor: Robert Hoyer, Senior Account Manager: Katharina Bittner, Account Manager: Stephanie Sendler
Filmpoduktion	e+p films GmbH, Hamburg Producer: Uli Reuter, Ina Alabowitz
Postproduktion	KAEPTN Postproduktion GmbH, Hamburg Post Production: Oliver Anlauf

UNTERNEHMENSPROFIL

Webadresse	www.frauenrechte.de/online
Branche	Menschenrechte für die Frau
Unternehmen	TERRE DES FEMMES – Menschenrechte für die Frau e. V.
Anzahl Standorte (national)	1
Mitarbeiter (national)	Mehr als 20
Gründungsjahr	1981
Projektleitung	Geschäftsführender Vorstand: Christa Stolle

BEGRÜNDUNG DER JURY: Das „Gender Pay Gap Experiment" von TERRE DES FEMMES lenkt anschaulich die Aufmerksamkeit auf das geschlechtsspezifische Lohngefälle. Das ungewöhnliche Experiment verbindet eine großartige Idee mit einer bewegenden Botschaft. Eine international angelegte Kampagne verbreitet diese Botschaft weltweit. Damit zeigt die Kampagne auf eindrückliche Weise, wie eine glaubwürdig erzählte Geschichte eine kontrovers geführte Diskussion auf die Agenda setzen kann.

Wie groß ist die Lücke der Gehälter zwischen den Geschlechtern tatsächlich? Machen Personalchefs wirklich noch immer Unterschiede, je nachdem wer vor ihnen sitzt? Um Antworten auf diese Fragen zu bekommen, hat die deutsche Frauenrechtsorganisation TERRE DES FEMMES ein aufschlussreiches Experiment durchgeführt: Sie schickte identische Personen – einmal als Mann und einmal als Frau – in das gleiche Bewerbungsgespräch.

Die Ergebnisse des Experiments sind so eindeutig wie erschreckend. Sie zeigen eindrücklich, welch immense Lohnlücke auch heute noch zwischen den Geschlechtern klafft. Für das „Gender Pay Gap Experiment" suchte TERRE DES FEMMES drei Transgender, die sowohl als Frau als auch als Mann leben. Jede Person bewarb sich zweimal auf dieselbe Stelle, mit denselben Fähigkeiten, der gleichen Erfahrung – aber mit unterschiedlichem Geschlecht. Und obwohl die Menschen in den Gesprächen nichts als ihr Aussehen unterschied, wurden ihnen um bis zu 33 Prozent höhere Gehälter angeboten, wenn sie als Mann auftraten.

Die Bundesgeschäftsführerin TERRE DES FEMMES, Christa Stolle, erklärt: „Die ungleiche Bezahlung von Frauen und Männern ist seit Jahren bekannt. Geändert hat sich bisher wenig. Trotz politischer Bemühungen. Unser Anliegen war es, die Kampagne so umzusetzen, dass der entscheidende Faktor deutlich wird: das Geschlecht!"

Die Bewerbungsgespräche wurden mit versteckter Kamera aufgezeichnet. Die Dokumentation wurde auf einer Website online gestellt und weltweit über soziale Netzwerke wie Facebook, YouTube und Twitter verbreitet [02, 04]. Die von der Agentur Jung von Matt kreierte Kampagne setzt darauf, ein gesellschaftlich relevantes Thema emotional aufzuladen. Für die PR-Strategie war die Agentur achtung! verantwortlich.

Neben dem Filmmaterial zum Experiment stellten TERRE DES FEMMES und die Agenturen umfangreiches und maßgeschneidertes Material für die internationale Presse zur Verfügung. Dazu gehörten, neben klassischen Presseinformationen, Fotos und Profilen der Protagonisten, Statements von TERRE DES FEMMES

sowie Daten und Fakten zum Thema Gleichbehandlung. Außerdem wurde redaktionelles Footagematerial für TV-Sender vorbereitet. In den sozialen Medien arbeitete die Kampagne mit einflussreichen Influencern zusammen.

Mit dieser innovativen Strategie war die Kampagne überaus erfolgreich. Christa Stolle resümiert: „Das Projekt hat viel Resonanz erzeugt: Nationale und internationale Medien haben über unser Gender Pay Gap Experiment in mehr als 500 Beiträgen berichtet. Wir erreichten eine Reichweite von 165 Millionen in nur drei Tagen. In den sozialen Medien hat unser Film die Gemüter erhitzt! Die Emotionalisierung des Themas hat also funktioniert: Wir haben die Tragweite des Themas ins Bewusstsein der Menschen gerückt. Und wir hoffen, damit einen kleinen Beitrag dazu geleistet zu haben, dass die Höhe des Gehalts nicht vom Geschlecht abhängt."

Die Kampagne hat eine neue Diskussion über die Gleichstellung der Geschlechter angestoßen. Denn das Experiment entlarvt, wie real der Gender-Pay-Gap in Deutschland auch heute noch ist. Auch die Zahlen des Bundesamts für Statistik zeigen die Lohnungerechtigkeit zwischen den Geschlechtern. Sie ist in Deutschland im Vergleich zu anderen europäischen Staaten sogar besonders groß. Christa Stolle erklärt: „Im Durchschnitt verdienen Männer 21 Prozent mehr als Frauen! Daher fordert TERRE DES FEMMES gleichen Lohn für gleiche Arbeit. Auf diese Ungerechtigkeit muss aufmerksam gemacht werden. Denn für die Frauen bedeutet sie ein höheres Armutsrisiko. Und auch die Unternehmen sollten ein Interesse an der gleichen Bezahlung haben, um die Attraktivität als ArbeitgeberIn zu steigern."

Frauenorganisationen, Aktivisten und unzählige Follower in den sozialen Medien unterstützen die Kampagne und verbreiten sie mit dem Hashtag #paybacktime weiter. So ermutigt das „Gender Pay Gap Experiment" Frauen – nicht nur in Deutschland – für ihre Rechte einzutreten und ein angemessenes Gehalt zu verlangen.

02

03

04

OTTO GMBH & CO KG, HAMBURG
PR-/HR-PROJEKTE UND -KAMPAGNEN
»RE:MIND«

econforum.de/2018_306

BRONZE

STECKBRIEF

Webadresse	www.reblog.de
Art des PR-/HR-Projektes/ der PR-/HR-Kampagne	Kongress mit Influencern, OTTO-Stakeholdern und Multiplikatoren des nachhaltigen Engagements, der digital und seriell verlängert wurde – auf OTTOs Nachhaltigkeitsplattform re:BLOG und den Social Media-Kanälen der Teilnehmer
Anlass / Thema	Die glaubwürdige Kommunikation von OTTOs nachhaltigem Engagement; Einlösung des Markenversprechens, ein „Enabler" eines besseren Lebens auch für anspruchsvolle Konsumenten zu sein, die ihr Leben nachhaltig gestalten wollen
Zielgruppe	Konsumenten, die ihr Leben nachhaltiger gestalten möchten und dabei Rat, Tipps und Inspiration suchen; Influencer und Multiplikatoren der nachhaltigen Szene, OTTO-Stakeholder
Ziele der Aktion	Ausbau des Influencer-Netzwerks, Intensivierung des Dialogs zwischen Multiplikatoren und OTTO-Stakeholdern, Generierung von Aufmerksamkeit, Backlinks und Trafficzuwachs für OTTOs Nachhaltigkeitsplattform re:BLOG; gleichzeitig galt es, das re:BLOG noch glaubwürdiger in der Szene der nachhaltigen Content Creators im Netz zu verankern
Evaluation / Controlling	Monitoring und Analyse der Influencer-Berichterstattung rund um den re:MIND-Kongress in den sozialen Netzwerken und auf nachhaltigen Plattformen, Messung des Traffic-Zuwachses auf dem re:BLOG, dem Nachhaltigkeits-Blog von OTTO, das den re:MIND-Kongress initiierte, Analyse des Feedbacks und der Diskussionen direkt auf der Veranstaltung
Begleitmaterial	Give-aways: in Gläsern abgefüllter Honig von der Imkerei auf dem OTTO-Gelände, Papphocker to go, Einladungsposter, Refill-Cups, re:MIND gebrandete Powerbanks, Kurzinterviews mit Kongressteilnehmern zum Download und zur freien Publikation
Dauer des Projekts / der Maßnahme	Eintägiger Kongress am 3.11.2017 mit digitaler Verlängerung – Diskussionen rund um das Kongressmotto
Kommunikationskanäle	Print (Programm, Einladung), Website, Social Media, Real Life Event
Zielmedien	Social-Media-Kanäle und Plattformen, die von Influencern und Multiplikatoren der nachhaltigen Szene betrieben werden
Resultate Kommunikation / Berichterstattung	Der Hashtag des Kongresses, #remind, trendete am Veranstaltungstag auf Platz 2 bei Twitter; zahllose Blogger ließen sich vom Kongressmotto re:MIND inspirieren und berichteten rund um den Kongress auf ihren Kanälen von ihrem ganz persönlichen Ringen um den nachhaltigen Alltag; mit dem re:MIND-Kongress konnte der Initiator, das re:BLOG von OTTO, seinen Status als Impulsgeber in der nachhaltigen Szene glaubwürdig untermauern; OTTO wurde als überraschend innovationsstarkes Unternehmen wahrgenommen – nicht nur auf dem Feld des nachhaltigen Engagements
Konzeption, Umsetzung	COMPANIONS GmbH, Hamburg

UNTERNEHMENSPROFIL

Webadresse	www.otto.de
Branche	Multichannel-Handelsunternehmen
Unternehmen	OTTO GmbH & Co KG
Anzahl Standorte (national)	Mehr als 100
Mitarbeiter (national)	Mehr als 100.000
Gründungsjahr	1949

BEGRÜNDUNG DER JURY: Der re:MIND Kongress begreift Kommunikation als Plattform. OTTO verlässt damit das alte Sender-Empfänger-Schema und stellt sich der Diskussion. Durch diese Strategie punktet OTTO bei der jungen Zielgruppe und positioniert sich überzeugend als Partner auf Augenhöhe. Das Format der TED-Talks ist beachtlich und setzt neue Impulse. re:MIND ist ein treffendes Beispiel für zeitgemäßes Content-Marketing mit einem perfekt ausbalancierten Mix aus ambitioniertem Inhalt und Unterhaltung.

OTTO hat sich auf den Weg gemacht: Nachhaltiges Wirtschaften soll zum festen Bestandteil der Unternehmenskultur werden. Der re:MIND-Kongress war eine weitere Etappe auf diesem Weg. Im Herbst 2017 lud die OTTO Group insgesamt 150 Teilnehmerinnen und Teilnehmer nach Hamburg. Einer bunt gemischten Gruppe aus Bloggern und Influencern stellte das Unternehmen sein ökologisch-nachhaltiges Engagement zur Diskussion. Ernährung, Wohnen, Mode, Reise, Familie, Minimalismus – der Strauß der Themen, die unter Nachhaltigkeitsaspekten kontrovers diskutiert wurden, war breit gefächert.

re:MIND reiht sich ein in ein breit angelegtes Kommunikationsprojekt der OTTO Group zum Thema Nachhaltigkeit unter dem Namen re:BLOG. Die Vorsilbe „re" wurde deshalb gewählt, weil sie viele Worte verbindet, die mit Nachhaltigkeit zu tun haben, wie recyceln, reparieren oder respektieren. Der Kongress setzte konsequent auf den Dialog auf Augenhöhe. Denn Ziel war es, das re:BLOG noch glaubwürdiger in der Szene der nachhaltigen Content Creators im Netz zu verankern.

Marie Voss, Projektmanagerin Influencer Marketing und Online Marketing bei OTTO: „Gerade beim Thema Nachhaltigkeit ist es nicht mehr zeitgemäß, wenn Unternehmen als Sender kommunizieren. Mit re:BLOG von OTTO sprechen wir nicht zu einer Zielgruppe, sondern mit ihr. Und in dieser Kommunikation ist der Dialog mit den Influencern das Kernstück. **Die Content Creators, mit denen wir zusammenarbeiten, schauen wohlwollend, aber auch kritisch auf das nachhaltige Engagement von OTTO [02, 03].** Sie stellen auf Workshops und Events Fragen und geben Anregungen. Davon lernen und profitieren die OTTO-Mitarbeiter und Stakeholder."

Dabei setzte sich re:MIND von eingefahrenen Formaten ab. Die Redebeiträge wurden in Form sogenannter TED-Talks gehalten. TED, das steht für „Technology, Entertainment, Design". Es sind kurze, maximal 18-minütige Livereden, die sich viral verbreiten. So wurden die digitalen Fassungen der re:MIND-TED-Talks über die sozialen Medien weltweit weitererzählt. Die von der Agentur COMPANIONS GmbH konzipierte und realisierte Vernetzungsaktion von OTTO ist dabei weder laut noch schrill. Vielmehr bot der Kongress eine Plattform für eine kritische Auseinandersetzung unter Partnern. Auf diese Weise schuf re:MIND eine belastbare Basis für einen langfristigen Dialog zwischen OTTO-Steakholdern und Influencern.

BRONZE PR-/HR-PROJEKTE UND -KAMPAGNEN

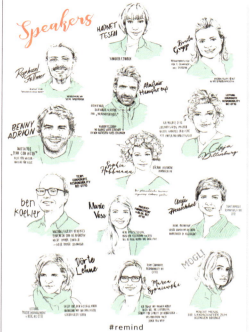

01

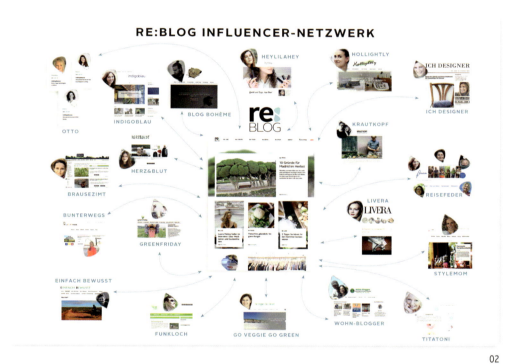

02

03

„Die Idee mit den schnellen, kurzen Impulsvorträgen auf Augenhöhe haben wir aus den Erfahrungen der vorangegangenen Konferenz entwickelt. 2016 hatten wir noch eine Bühne, von der aus die Redner zum Publikum gesprochen haben. Das hatte einen Distanz-Effekt, den wir nicht mehr wollten: Vortragende, die sonst ihre Zuhörenden duzen, benutzten plötzlich das Sie. Einfach, weil die Bühne ein Gefälle erzeugt hat. Diesmal fanden die Talks und Interviews ebenerdig in einer Speaker's Corner statt – ohne Hemmschwelle. Dadurch war viel mehr Lebendigkeit und Power in den Diskussionen."

Die Resonanz auf den kleinen, aber kreativ und innovativ konzipierten Kongress war enorm: Der Hashtag des OTTO-Kongresses #remind belegte am Veranstaltungstag bei Twitter Platz 2. Zahllose Blogger griffen das Stichwort auf und verbreiteten es weiter. Zugleich verknüpften sie den Hashtag mit ihren persönlichen Erfahrungen und berichteten aus ihrem nachhaltigen Alltag. Auf diese Weise setzte sich der Diskurs in der digitalen Welt fort.

„Die intensiv geführten Diskussionen haben nicht nur das Projekt re:BLOG, sondern auch die Mitarbeiter der Corporate Responsibility bei OTTO beflügelt. Der Kongress hatte Vorgänger – Workshops und zum Beispiel eine Baumpflanzaktion – und wird Nachfolger haben. Diese Weiterentwicklung der Kommunikation zeichnet re:BLOG aus", sagt Marie Voss.

Die OTTO Group hat mit dem Kongress re:MIND ein neues Kapitel des Content-Marketings aufgeschlagen. Kernstück dieser Strategie ist nicht allein die Erzählung selbst. Vielmehr wird diese durch die Verknüpfung von analogem Kongress und seiner digitalen Fortsetzung mit individuellen Geschichten zum kollektiven Erlebnis.

BRONZE PR-/HR-PROJEKTE UND -KAMPAGNEN 311

04

05

FISCHERAPPELT AG, HAMBURG
PR-/HR-PROJEKTE UND -KAMPAGNEN
»BRING YOUR PARENTS TO WORK«

econforum.de/2018_312

SPECIAL AWARD

STECKBRIEF	
Webadresse	https://www.youtube.com/watch?v=Viaqqc28F_w
Art des PR-/HR-Projektes/ der PR-/HR-Kampagne	Employer Branding
Anlass / Thema	Laut einer LinkedIn-Studie weiß eines von drei Elternpaaren nicht, was ihre „erwachsenen Kinder" überhaupt tagtäglich leisten müssen; wir nutzen diesen Inside für unsere Employer-Branding-Kampagne
Zielgruppe	Alle 512 fischerAppelt-Mitarbeiter
Ziele der Aktion	Einblick in das Agenturleben geben
Erreichte Ziele	Mit unserer Kampagne konnten wir unser Ziel optimal umsetzen und einen humorvollen sowie unterhaltsamen Einblick in das Agenturleben bei fischerAppelt geben
Evaluation / Controlling	Facebook Statistics, Google Analytics und quintly
Umfang / Maßnahmen	Die erste Episode umfasst drei Folgen, für die sich Elternteile des Praktikanten bis hin zu unserem Vorstand begeistern ließen
Begleitmaterial	Online: Der Fokus der Distribution lag auf Facebook; die Serien erschienen crossmedial auf allen unseren Kanälen
Dauer des Projekts / der Maßnahme	23. bis 25. Oktober 2017
Kommunikationskanäle	Online
Zielmedien	Presseberichte in der Branchenpresse
Resultate Kommunikation / Berichterstattung	Auf Facebook rund 40.000 User, rund 200 Interaktionen pro Video, 60 % Steigerung des Traffics auf unserer Homepage, 50 % Steigerung der Kontaktaufnahme, über 100 direkte Reaktionen in der Agentur, Planung der zweiten Staffel
Konzeption, Umsetzung	fischerAppelt AG, Hamburg

UNTERNEHMENSPROFIL	
Webadresse	www.fischerappelt.de
Branche	Kommunikation und Content-Marketing
Unternehmen	fischerAppelt AG
Anzahl Standorte (national)	5 bis 10
Mitarbeiter (national)	Mehr als 500
Gründungsjahr	1986

BEGRÜNDUNG DER JURY: „Bring Your Parents To Work" ist eine wundervolle und überaus originelle Aktion. Besonders die breite Fächerung der mitmachenden Eltern, die vom Vater des Praktikanten bis zum Vater des Vorstands reicht, macht die einfallsreiche Kampagne außergewöhnlich. Mit geringem Aufwand ist fischerAppelt auf diese Weise ein sehr effizientes Projekt mit hoher Resonanz gelungen. fischerAppelt hat sich mit der famosen Employer-Branding-Kampagne als attraktiver Arbeitgeber für kreative Köpfe positioniert.

SPECIAL AWARD

„Employee, das sind die Beschäftigten." – So weit, so klar. Aber was bitte schön ist Branding? Hat das was mit Western zu tun? Oder gar mit der Kavallerie, wie der Vater eines fischerAppelt-Beraters mutmaßt. Schon nach wenigen Sekunden des witzigen, über YouTube verbreiteten Films der Agentur fischerAppelt AG ist klar: Der Agenturslang führt bei den meisten Eltern der Agenturmitarbeiter zu Verwirrung. Sie haben keine Ahnung, was ihre Kinder den lieben langen Tag treiben. Und sie sind damit nicht allein. Denn laut LinkedIn weiß eine/-r von drei Müttern oder Vätern nicht, was ihre erwachsenen Kinder tagtäglich leisten. Und umgekehrt fällt es den Nachkommen schwer, ihren Eltern genau das zu erklären.

„In Gesprächen mit unseren Kollegen merkten wir schnell, dass vor allem die Arbeit in einer Agentur viele Mütter und Väter mit Fragezeichen in den Augen zurücklässt. Branding? Sales Funnel? Content? Influencer? Diesen Insight wollten wir nutzen, um eine aufmerksamkeitsstarke Kampagne zu starten. Ziel war es, die Agenturmarke fischerAppelt in der Agenturcommunity weiter zu stärken und potenzielle Bewerber auf eine humorvolle Art auf unsere Vakanzen aufmerksam zu machen. Und natürlich Müttern und Vätern einen Einblick in das Agencylife zu geben", sagt Elena Keller, die das Social-Media-Marketing von fischerAppelt verantwortet.

Die Agentur fischerAppelt hat sich deshalb eine kleine, aber sehr besondere Employer-Branding-Aktion einfallen lassen. Sie rief alle Kolleginnen und Kollegen auf, ihre Eltern in die Agentur einzuladen: „Bring your parents to work"! Die Aktion kam in der Belegschaft gut an, wie Elena Keller erklärt: „Unsere Kollegen reagierten sehr positiv auf die Idee und unseren Aufruf. Rund 20 Anmeldungen erreichten uns von Kollegen aus dem Vorstand bis hin zu Praktikanten. Nachdem wir unsere Serie dann veröffentlicht hatten, wollten bereits viele unserer Kollegen ihre Eltern für eine zweite Staffel anmelden."

01

02

03

SPECIAL AWARD

Die Eltern durften nicht nur gucken und staunen, sondern selbst mitmachen. Beim „Bring Your Parents To Work"-Day nahmen die Eltern einen Tag lang den Arbeitsplatz ihres Kindes ein und schlüpften in deren Rolle [04]. Klar, dass sich beim Rollentausch jede Menge amüsanter Situationen ergaben. Was den Eltern an technischem Wissen, Englischkenntnissen oder Agenturdeutsch manchmal fehlen mochte, machten sie mit einer ordentlichen Portion Humor locker wieder wett. Gut also, dass die Eltern in ihrer temporären Rolle als Chef, Berater oder Praktikant von einem Kamerateam begleitet wurden. Denn so entstanden kurze, überaus unterhaltsame Filme über die jeweiligen Elternbesuchstage an den Standorten Hamburg, Berlin und München. Diese Filme bildeten das Zentrum der Aktion, die via Facebook, Twitter, den Corporate-Blog und begleitende PR-Maßnahmen verlängert wurde.

Auch für Agenturen wird es aufgrund der demografischen Entwicklung immer schwieriger, das passende Personal zu akquirieren. Employer-Branding ist für Industrie- und Dienstleistungsunternehmen eine zunehmend wichtige Strategie, die Qualitäten des eigenen Unternehmens als Arbeitgeber zu präsentieren. Durch den Aufbau einer sympathischen Arbeitgebermarke wird das Unternehmen für zur Unternehmenskultur passende potenzielle Bewerber attraktiv. Zugleich wird damit die Reputation des Unternehmens insgesamt positiv gesteigert. Noch kommt diese Strategie bei Agenturen recht wenig zum Einsatz. fischerAppelt ist deshalb ein Pionier in modernem Personalmarketing. Und das mit Erfolg, wie Elena Keller ausführt:

„Auf Facebook erreichten wir rund 40.000 User aus unserer direkten Bewerberzielgruppe. Pro Episode konnten wir rund 200 Interaktionen verzeichnen. Auch die Branchenpresse wurde auf unsere Aktion aufmerksam. Außerdem steigerten wir den Traffic auf unserer Karriereseite im Kampagnenzeitraum um 60 Prozent. Uns erreichten insgesamt 26 neue Bewerbungen, die sich auf die Kampagne bezogen. Mit der Serie treffen wir einen Nerv der Agentur-Community und erhielten darüber hinaus Hunderte positive Rückmeldungen und Forderungen nach Staffel 2."

SPECIAL AWARD PR-/HR-PROJEKTE UND -KAMPAGNEN 317

04

05

06

BAYERISCHES STAATSMINISTERIUM FÜR GESUNDHEIT UND PFLEGE, MÜNCHEN
PR-/HR-PROJEKTE UND -KAMPAGNEN
»MEIN FREIRAUM. MEINE GESUNDHEIT. IN JEDEM ALTER.«

 econforum.de/2018_318

STECKBRIEF	
Webadresse	www.freiraum.bayern.de
Art des PR-/HR-Projektes/ der PR-/HR-Kampagne	Breite Öffentlichkeit
Anlass / Thema	Gesund älter werden
Zielgruppe	Menschen ab 65 Jahren in Bayern
Ziele der Aktion	Aktivieren von gesundheitsbewusstem Verhalten im Alter
Evaluation / Controlling	Erfassung Kontakte
Umfang / Maßnahmen	Magazin als Beileger in der bayerischen Tagespresse, Lesezirkel, TV-Kooperationen mit bayerischen Regionalsendern, Spots auf Bayern 1, Zusammenarbeit mit den regionalen Gesundheitsämtern durch Plakate und weiteres Material, Website, Kick-off-Aktion „Sprechendes Plakat", PK
Begleitmaterial	Print (Magazin), Online (Website), Give-aways
Dauer des Projekts / der Maßnahme	November 2017 bis Juni 2018
Kommunikationskanäle	Print, TV, Radio, Online, Veranstaltungen
Zielmedien	Tageszeitungen, Lesezirkel
Resultate Kommunikation / Berichterstattung	Presseauswertung: ca. 4,6 Millionen Kontakte Presse (Beileger) und Funk (Radiospots): 10,3 Mio TV: 25 Mio Anzahl der Printartikel: 1 Gesamtauflage Print: 1 Mio. Zuschaueranzahl TV: 41 Mio.
Konzeption, Umsetzung	brandarena GmbH & Co. KG, Ismaning Beratung: Marc Hörhammer, Konzeption: Anja Sprotte, Regie: Richard Höfler
Mediaplanung	BrainagencyMedia GmbH, München Mediaplaner: Sabine Sturm

UNTERNEHMENSPROFIL	
Webadresse	www.stmgp.bayern.de
Branche	Staatsministerium
Unternehmen	Bayerisches Staatsministerium für Gesundheit und Pflege
Anzahl Standorte (national)	1
Mitarbeiter (national)	Mehr als 100
Gründungsjahr	2013
Projektleitung	Leitung Unternehmenskommunikation: Volker Brand, Projektleitung: Franziska Steingraber

Menschen der Generation 65 plus haben heute meist noch viele Lebensjahre vor sich – und oft auch noch viel vor. Denn die gewonnene Zeit ohne Erwerbs- oder Erziehungsarbeit verschafft neue Möglichkeiten, sein Leben aktiv zu gestalten und gesund älter zu werden. Über diese Chancen aufklären, ohne mit erhobenem Zeigefinger zu belehren, das war der Ansatzpunkt einer Kampagne des Bayerischen Staatsministeriums für Gesundheit und Pflege. Die positiven Aspekte des Älterwerdens standen deshalb im Fokus: mehr individuelle Entscheidungsfreiheit und mehr Freizeit. Die Kampagne konzentriert diese zentralen Botschaften in dem Motto: Mein Freiraum. Meine Gesundheit. In jedem Alter.

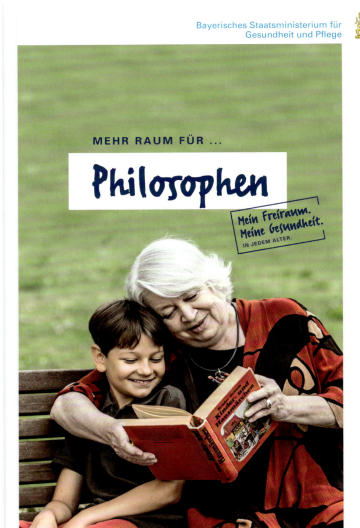

Wie klärt man Menschen auf, die über einen großen Erfahrungshorizont verfügen? Am besten, indem man Menschen aus der Zielgruppe selbst sprechen lässt! Die von der Agentur brandarena GmbH & Co. KG entwickelte Kampagne stellt deshalb echte Menschen der Generation 65 plus in den Vordergrund. Menschen, die ihren Freiraum bereits bewusst leben und genießen. Die Modelle wurden im ganz normalen Alltag gesucht und gefunden. Sie reden authentisch von sich und bieten so positive Rollenmodelle an, wie man gesund und lebensbejahend älter werden kann.

Hauptbestandteile der Kampagne waren ein eigenes Magazin, ein Film zum Making-of sowie sprechende Plakate. Die Plakate wurden in den Fußgängerzonen verschiedener bayerischer Städte eingesetzt, um auf die Kampagne aufmerksam zu machen. Zu sehen war ein älterer Herr, der mit den Passanten auf sehr charmante Art ins Gespräch kam und dabei die wesentlichen Themenbereiche der Kampagne ansprach. Die sprechenden Plakate sorgten auf

03

04

05

unterhaltsame Art für Irritation. Die Menschen blieben stehen und ließen sich auf die Gespräche ein. Im Making-of-Film ist zu sehen, wie der Herr vom Plakat mit Mikro und Kamera in einem kleinen Raum sitzt und wie die amüsierten Passanten auf den Plakatmann eingehen.

Zusätzlich wurde die Kampagne über viele verschiedene Mittel beworben, etwa durch Beileger in der bayerischen Tagespresse, auf Plakaten oder auf der Website des Bayerischen Staatsministeriums für Gesundheit und Pflege. Im regionalen Fernsehen und Rundfunk wurden zudem Spots ausgestrahlt. **Die authentischen Geschichten der Menschen aus der Zielgruppengeneration sorgten für eine hohe Resonanz in der regionalen Presse.** Verstärkt wurde dieser Effekt durch die Kooperation mit den örtlichen Gesundheitsämtern, die unter dem Kampagnendach eigene Veranstaltungen durchführten. Die Kampagne hat das Thema „gesundes Altern" in eine breite Öffentlichkeit getragen.

FOLKWANG UNIVERSITÄT DER KÜNSTE KDÖR, ESSEN
PR-/HR-PROJEKTE UND -KAMPAGNEN
»FOLKWANG IST ...« – EINE PARTIZIPATIVE UND CROSSMEDIALE JUBILÄUMSKAMPAGNE

econforum.de/2018_322

STECKBRIEF	
Webadresse	www.folkwangist.de
Art des PR-/HR-Projektes/ der PR-/HR-Kampagne	Partizipative und crossmediale Kampagne
Anlass / Thema	Auseinandersetzung mit der Folkwang Identität anlässlich des 90-jährigen Bestehens der Folkwang Universität der Künste in 2017
Zielgruppe	Studierende (ca. 1.600), Lehrende (ca. 400), MitarbeiterInnen (ca. 130), Alumni, Freunde und Freundinnen, Förderer und Förderinnen, PartnerInnen der Hochschule, interessierte Öffentlichkeit
Ziele der Aktion	Sammlung persönlicher Antworten auf die Frage, was Folkwang bedeutet; Mitwirkung aller internen und externen Zielgruppen der Hochschule: ihre Beiträge sichtbar machen und so ihre Identifikation mit der Hochschule stärken; mit der Kampagne in der regionalen Berichterstattung auftauchen; attraktive Produkte und Formate entwickeln, die die Kampagnenbeiträge nachhaltig sichtbar machen; mehr Folkwängerinnen und Folkwänger als BotschafterInnen der Hochschule aufbauen und so mittelfristig die Folkwang Universität der Künste regional, national und international profilierter kommunizieren und im öffentlichen Bewusstsein verankern; gegebenenfalls Überprüfung des Markenkerns „Exzellenz, Vielfalt, Interdisziplinarität"
Erreichte Ziele	Rund 1.800 eingegangene Beiträge; Beteiligung aller Statusgruppen: Studierende, Lehrende, MitarbeiterInnen, Alumni, Freundinnen, Freunde und PartnerInnen der Hochschule, BesucherInnen, Persönlichkeiten aus Kultur, Wirtschaft und Politik sowie anonyme Beiträge; nachhaltiger Ausbau der Kommunikationsaktivitäten in den sozialen Medien (u. a. erfolgreiche Einführung des zentralen Instagram-Kanals mit 711 „Folkwang ist ..."-Beiträgen; 10.000 Likes der zentralen Hochschulseite bei Facebook); Berichterstattung über die Kampagne in Lokal-, Regional- und Fachmedien; Sichtbarkeit der Ergebnisse über das Kampagnenjahr hinaus durch Produkte wie den Folkwang Kalender 2018 und die weitere Nutzung des #folkwangist; zahlreiche FolkwänglerInnen als (neue) BotschafterInnen identifiziert und etabliert, ihre Identifikation mit der Hochschule gefördert, Stärkung des Markenkerns der Folkwang Universität der Künste: Exzellenz, Vielfalt (vor allem!), Interdisziplinarität
Evaluation / Controlling	Dokumentation (und Auszählung) aller eingegangen Antworten auf der Kampagnenwebsite www.folkwangist.de, Social-Media-Monitoring, Rückkopplung / Dialog mit allen BeitraggeberInnen für weitere Veröffentlichungen
Umfang / Maßnahmen	Offizieller Kampagnenstart mit Festakt und über 300 geladenen Gästen, Kampagnenwebsite www.folkwangist.de, Bespielung der Social-Media-Kanäle und Online-Medien der Hochschule, Pressearbeit, „Folkwang ist ..."-Veranstaltungen über das gesamte Jahr hinweg, Einbindung von eingegangenen Statements in Produkte und Aktivitäten
Begleitmaterial	Flyer, Imageplakatserie, Postkartenserien, exklusive Pins, Sticker, Buttons, Roll-ups, Infostand, ein neuer Band der Folkwang EDITION, Advertorial, Imageanzeige, Folkwang Kalender 2018
Dauer des Projekts / der Maßnahme	14. Februar bis 31. Dezember 2017
Kommunikationskanäle	Online: Kampagnenwebsite www.folkwangist.de, Facebook, Instagram, Twitter, YouTube; Print: Pressemeldungen, Postkarten, Flyer, Plakate, Abendprogramme; direkte Ansprache
Zielmedien	Vor allem die Kommunikationskanäle der Folkwang Universität der Künste (Hochschulwebsite, Kampagnenwebsite, Social-Media-Kanäle der Hochschule) sowie Lokal-, Regional- und Fachmedien
Resultate Kommunikation / Berichterstattung	Kontinuierliche Berichterstattung von Print- und Onlinemedien sowie Hörfunk und TV während des gesamten Jubiläumsjahres; rund 1.800 „Folkwang ist ..."-Beiträge; 1.250 #folkwangist-Beiträge via Facebook, Twitter und Instagram, über 400 Beiträge per Postkarte / E-Mail, 38 Beiträge via Fotobooth bei Eröffnung des Quartier Nord, 37 Beiträge über Kontaktformular auf www.folkwangist.de, 33 Video-Clips (Stand 31. Dezember 2017); Kampagnenwebsite www.folkwangist.de mit ca. 4.500 Page Impressions (14. Februar bis 31. Dezember 2017); eine „Folkwang ist ..."-Fanfare, ein Blog, eine Publikation, ein Wandkalender, ein exklusiver Pin, eine Imageplakatserie mit sechs Motiven, eine sechsteilige Postkartenserie mit eingereichten Kampagnenbeiträgen

UNTERNEHMENSPROFIL	
Webadresse	www.folkwang-uni.de
Branche	Hochschule / Universität
Unternehmen	Folkwang Universität der Künste, Körperschaft des öffentlichen Rechts
Anzahl Standorte (national)	6
Mitarbeiter (national)	Mehr als 100
Gründungsjahr	1927
Projektleitung	Idee und Konzept: Maiken-Ilke Groß, Dezernat Kommunikation und Medien, Öffentlichkeitsarbeit: Hanne Ermann, Online Redaktion: Corinna Potysch, Logoentwicklung „Folkwang ist ...": Pavlina Boneva, Gestaltung: Sissy Schneider, Carina Letzas, Presse und Veranstaltungskommunikation: Laura Collmann, Anke Demirsoy, Anica Ziganki, Lektorat und Organisation: Iris Pairet Garcia

Die Folkwang Universität der Künste ist ein kultureller Leuchtturm der Ruhrregion mit internationaler Strahlkraft. Gegründet wurde die Hochschule im Jahr 1927 mit einer klaren Vision: Die Künste sollten über die Disziplinen hinweg zusammenwirken. Kunst sollte in einer offenen, demokratischen Gesellschaft fest verankert werden. Was aber bedeutet Folkwang heute? Mit dieser Frage beschäftigte sich die Kunst- und Musikhochschule anlässlich ihres 90-jährigen Bestehens in 2017 ein ganzes Jahr lang. Die Kampagne richtete sich an alle: Folkwänglerinnen und Folkwängler, Freunde, Partner, Förderer sowie die interessierte Öffentlichkeit. Sie alle waren aufgerufen, die Frage zu beantworten, was Folkwang für sie persönlich bedeutet. In Wort, Bild, Film oder Ton.

01

02

Die Idee für die Kampagne stammt aus der Hochschule selbst, genauer aus dem Dezernat Kommunikation & Medien. Anstatt das Jubiläum mit einem konventionellen Festakt zu begehen, wollte man eine Auseinandersetzung darüber starten, was Folkwang heute ausmacht. Das Rektorat war bereit, diesen Weg zu gehen und so entstand ein spannender, zeitgemäßer und offener Diskurs über die Folkwang-Identität: partizipativ, mit allen internen und externen Stakeholdern der Hochschule, und medienübergreifend, in den sozialen Netzwerken, im öffentlichen Raum, bei Ausstellungen, Konzerten, Tanz- und Theaterproduktionen auf der Bühne, per Postkarte und auf www.folkwangist.de. Je mehr Menschen zum Mitmachen bewegt würden, desto besser. Dabei waren alle Antworten gleich wichtig und erwünscht, und alle Beiträge wurden veröffentlicht.

Die mit dem Hashtag #folkwangist versehenen Antworten wurden über die sozialen Medien, wie Facebook, Twitter und Instagram verbreitet. **Künstlerische Auseinandersetzungen mit dem Motto „Folkwang ist ..." steuerten die Studierenden und Lehrenden mit besonderen Veranstaltungen aus Musik, Theater, Tanz, Gestaltung und Wissenschaft bei.** Ein Buch mit dem Titel „Die sieben Folkwang Gesetze" entstand und am Ende viele Produkte der Öffentlichkeitsarbeit wie der Folkwang Kalender 2018.

Insgesamt wurden rund 1.800 individuelle Beiträge für die Kampagne eingereicht. Sie fließen nun in (künftige) Kommunikationsprozesse und -formate der Hochschule ein. Und noch heute nutzen die Studierenden der Folkwang Universität der Künste den Hashtag #folkwangist. Die inhouse konzipierte und realisierte Kampagne hat damit eine nachhaltige Debatte initiiert, die weit über das Jubiläumsjahr hinaus reicht.

PR-/HR-PROJEKTE UND -KAMPAGNEN

03

06

07

04

08

05

09

HERON SONDERMASCHINEN UND STEUERUNGEN GMBH, DORNBIRN (ÖSTERREICH)
PR-/HR-PROJEKTE UND -KAMPAGNEN
»INNOVATION NEXT. DAS BIST DU.«

 econforum.de/2018_326

STECKBRIEF	
Art des PR-/HR-Projektes/ der PR-/HR-Kampagne	Kampagne zur Gewinnung von Nachwuchskräften
Anlass / Thema	Event „Lange Nacht der Lehre"
Zielgruppe	Schüler/-innen die vor der Berufswahl stehen sowie deren Eltern
Begleitmaterial	Print inklusive Give-away, Online, Out of Home, Social-Media-Aktivitäten
Dauer des Projekts / der Maßnahme	September bis November 2017
Kommunikationskanäle	Print, Online, Event, Out of Home
Zielmedien	Regionale Wochenzeitungen, öffentliche Verkehrsmittel
Konzeption, Umsetzung	die3 Agentur für Werbung und Kommunikation GmbH, Dornbirn (Österreich) Beratung: Bruno Welzenbach, Creative Director: Mario Lorenz, Art Director: Stefan Vögel, Text: Petra Lorenz-Grass, Isabel Seidel

UNTERNEHMENSPROFIL	
Webadresse	www.deine-lehre-bei-heron.at
Branche	Metallgewerbe
Unternehmen	Heron Sondermaschinen und Steuerungen GmbH
Anzahl Standorte (national)	1
Mitarbeiter (national)	Mehr als 100
Gründungsjahr	1988
Projektleitung	Geschäftsführung: Christian Beer, Bettina Beer, Projektleitung: Manfred Ebner

ÜBERGROUND GMBH, HAMBURG
PR-/HR-PROJEKTE UND -KAMPAGNEN
»FÜRCHTET EUCH NICHT.«

 econforum.de/2018_330

STECKBRIEF	
Webadresse	www.fürchteteuchnicht.de
Art des PR-/HR-Projektes/ der PR-/HR-Kampagne	Eine Kampagne für die freie Presse
Anlass/Thema	Törichte Angst in der Gesellschaft
Zielgruppe	Alle Menschen in Berlin und durch die sozialen Medien alle Menschen in Deutschland
Ziele der Aktion	Die Angst bekämpfen, die freie Presse stärken; Diskussionen in Gang setzen, zum Nachdenken anregen, aufrütteln, dazu aufrufen, die Wahrheit herauszufinden und mutig zu sein
Umfang/Maßnahmen	70 Displays in Berlin, eine Microsite, 20 Facebook-Posts, 20 Instagram-Posts
Dauer des Projekts/ der Maßnahme	27. März bis 3. April 2018
Kommunikationskanäle	Out of Home Digital Displays in Berlin, Microsite, Facebook, Instagram
Zielmedien	Werbe-Fachpresse
Konzeption, Umsetzung	Überground GmbH, Hamburg

UNTERNEHMENSPROFIL	
Webadresse	www.überground.com
Branche	Internationales Kreativkollektiv
Unternehmen	Überground GmbH
Anzahl Standorte (national)	1
Mitarbeiter (national)	Mehr als 10
Gründungsjahr	2015
Projektleitung	Geschäftsführung & Creative Directon: Jo Marie Farwick, Art Direction: Kathi Walter, Dzhulyetta Kretsu, Florian Wiesener, Daniel Kremser, Text: Jo Marie Farwick, Anna Meissner, Frederic Schreitmüller, Projektmanagement: Heike Vollmeier, Kim-Louisa Hauer, Danilo Klöfer

Obskure Angst raubt den Deutschen den Mut für die Zukunft. Angst ist die Geißel unserer Gesellschaft, meint auch die Hamburger Kreativschmiede Überground GmbH. Für eine Woche hat Überground den Berliner Untergrund zur Ausstellung gegen die Angst gemacht. Die Botschaft: weniger Angst und mehr Wahrheit. Die Kampagne ohne Auftrag und ohne Honorar macht sich deshalb für die freie Presse stark. Denn die freie Presse garantiert Meinungsvielfalt und hilft der Wahrheit, die Angst zu besiegen.

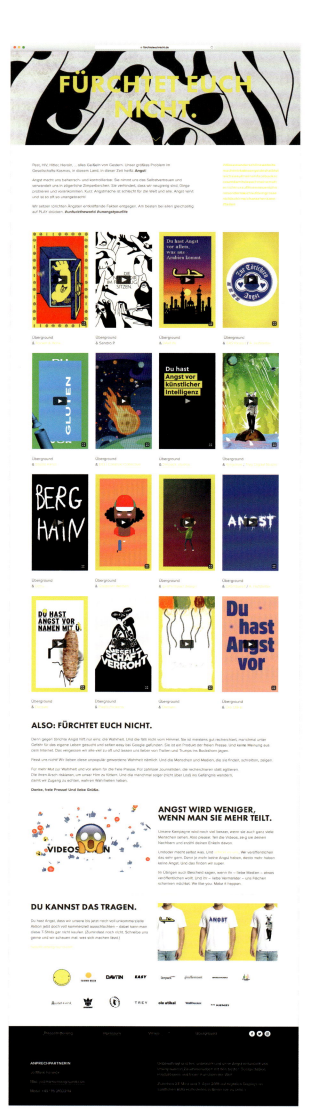

Vernunft ist die stärkste Waffe gegen diffuse Angst. Das ist zwar spätestens seit der Aufklärung bekannt, gerät in Zeiten gezielter Desinformationen und Fake News aber offenbar immer mehr in Vergessenheit. „Fürchtet euch nicht" hält dagegen: **Gemeinsam mit Partnern hat die Agentur Überground die digitalen Displays sämtlicher Haltestellen der Berliner Verkehrsbetriebe zu Ausstellungsflächen wider die Angst gemacht [02].** Insgesamt bestückte Überground mehr als 70 Bildschirme mit Animationen. Diese stammen von kreativen Designstudios, Produktionen, freien Künstler und von Überground selbst.

Die Motive setzen den törichten Ängsten die Wahrheit entgegen. Wahrheit, die durch gute Recherche unabhängiger Journalisten ans Licht kommt. Die Kampagne setzt sich daher für die freie Presse ein. Und damit für die Journalisten, die in manchen Ländern für ihre mutigen Recherchen ihre Freiheit und ihr Leben aufs Spiel setzen. Die Kampagne positioniert sich damit klar gegen Meinungsmache im Internet, gegen Filterblasen und Echokammern, aber auch gegen das polemische Schlagwort der Lügenpresse.

Die in die Kampagne eingebundenen Kreativen arbeiteten ohne Auftrag, ohne Honorar, aus Überzeugung und mit Leidenschaft. Möglich wurde die Kampagne auch durch das Engagement der Firma WallDecaux, die die digitalen Displayflächen in den BVG-Haltestellen betreibt und für die Kampagne zur Verfügung gestellt hat. Acht Tage lang wurden die Displays für jeweils 20 Sekunden bespielt.

Zugleich rief die Kampagne dazu auf, selbst zur Verbreitung der Wahrheit gegen die Angst beizutragen. Denn Angst wird weniger, wenn man sie teilt, so das Credo. Deshalb sammelt Überground auf einer Microsite Motive, verbreitet diese in den sozialen Medien und macht sie so auch den Menschen zugänglich, die nicht in der Berliner U-Bahn unterwegs sind. Viele Fachmedien berichteten über die „Fürchtet euch nicht"-Aktion, die noch immer läuft. Die Zahl der Motive wächst weiter. Die Angst hat so auf Dauer keine Chance.

VIESSMANN WERKE GMBH & CO. KG, ALLENDORF (EDER)
PR-/HR-PROJEKTE UND -KAMPAGNEN
»AUF IN EIN NEUES JAHRHUNDERT«

 econforum.de/2018_334

BRONZE
INTEGRIERTE UNTERNEHMENSKOMMUNIKATION

STECKBRIEF	
Art des PR-/HR-Projektes/ der PR-/HR-Kampagne	Corporate/Employer-Song und Mitarbeiterevent
Anlass / Thema	100-jähriges Jubiläum, anstehender Generationenwechsel, notwendige Veränderung eines traditionellen Geschäftsfeldes
Zielgruppe	12.000 Mitarbeiter und deren Familien
Ziele der Aktion	Der Kampagnenclaim „Auf in ein neues Jahrhundert" soll gesehen, gefühlt, angefasst, verstanden und schlussendlich auch selbst performt werden
Erreichte Ziele	15.000 Menschen gehen selbst in der Kampagne „Auf in ein neues Jahrhundert" auf und drücken Ihre Zugehörigkeit und Zustimmung zum Wandel aus
Umfang / Maßnahmen	3 Events synchron mit insgesamt 60 „Schnupperkursen" um Neues auszuprobieren, 3 interaktive Ausstellungsparcours, 3 Arenen mit stündlichem, moderiertem Showprogramm, 3 Hauptbühnen, einem Livestream, einem Song, an einem Tag
Begleitmaterial	IntraApp mit allen notwendigen Informationen, Eventschedules, Livestream und interaktiven Maps
Dauer des Projekts / der Maßnahme	November 2016 bis August 2017
Kommunikationskanäle	Nur interne Kommunikationskanäle wie Intranet / IntraApp
Zielmedien	Fokus auf Mitarbeiter- und Partnerkommunikation
Konzeption, Umsetzung	fischerAppelt AG, Hamburg

UNTERNEHMENSPROFIL	
Webadresse	www.viessmann.de
Branche	Heiz-, Industrie- und Kühlsysteme
Unternehmen	Viessmann Werke GmbH & Co. KG
Anzahl Standorte (national)	3
Mitarbeiter (national)	Mehr als 10.000
Gründungsjahr	1917

Zum 100. Gründungstag hat sich der renommierte Hersteller von Heiz-, Industrie- und Kühlsystemen VIESSMANN auf den Weg gemacht: Das „Jahrhundertfestival" markierte den Abschluss und Höhepunkt einer 360-Grad-Kampagne, die den VIESSFRAUEN und VIESSMÄNNERN Lust auf Veränderung machen sollte. „NEXT GENERATION FAMILY BUSINESS" feiert neue Perspektiven und ermutigt zum gemeinsamen Aufbruch in die digitalisierte Zukunft. VIESSMANN zeigt sich mit der Kampagne als ein Unternehmen, das ständig in Bewegung ist. Jetzt bereitet es den nächsten Innovationssprung vor und holt mit einer Kampagne die Belegschaft ins Boot.

01

02

03

Die Digitalisierung führt zu einem rasanten gesellschaftlichen Wandel, der auch vor der Heizungsindustrie nicht Halt macht. Neue Geschäftsmodelle kommen auf, alte werden infrage gestellt. Bei vielen Menschen weckt dies Gefühle der Unsicherheit – auch bei den Mitarbeiterinnen und Mitarbeitern des traditionellen Familienunternehmens VIESSMANN. Die Kampagne aus der Ideenschmiede der Agentur fischerAppelt wollte nicht nur etwaige Ängste nehmen, sondern beging den Jubiläumstag der Firmengründung vor 100 Jahren als Tag des Aufbruchs.

Das „Jahrhundertfestival" war ein großes Familienfest. Hauptaustragungsort war das Hauptwerk in Allendorf mit 11.000 Gästen. Zeitgleich feierten die Mitarbeiterinnen und Mitarbeiter sowie deren Familienangehörige in den Zweigstellen Berlin und Hof. Über 15.000 Menschen sangen an den drei VIESSMANN-Standorten gemeinsam den Song „Auf ein nächstes Jahrhundert". Das Lied wurde eigens für diesen Moment kreiert und eingespielt. Alle Firmenniederlassungen waren dabei via Livestream miteinander verbunden. So entstand ein gigantischer Chor.

04

05

06

Das Festival stand unter drei Mottos, die durch verschiedene Informations- und Spielangebote greif- und erlebbar gemacht wurden: Neues entdecken. Neues gestalten. Neues bewegen. So lud ein Erlebnisbereich mit Umkehrbrillen, Virtual Reality oder Klangsphären dazu ein, Bekanntes und Unbekanntes neu zu entdecken. Zahlreiche Mitmachangebote vom Sommerbiathlon über Hip-Hop-Workshops bis zum DJ-Studio boten Gelegenheit, Neues auszuprobieren. Eigens konzipierte Shows befassten sich mit dem Thema „Auf in einen neues Jahrhundert".

VIESSMANN hat das Jubiläum mit wesentlichen unternehmensinternen Veränderungen verknüpft. Anfang 2017 wurde Max Viessmann Co-CEO. Die Kampagne hat den Generationswechsel vorbereitet. VIESSMANN nutzt den Führungswechsel für einen strategischen und kulturellen Entwicklungssprung. Zukunft wird so zum Versprechen und zur Chance.

VOLKSWAGEN AG, WOLFSBURG
PR-/HR-PROJEKTE UND -KAMPAGNEN
»SHIFT. NACHHALTIGKEIT IM FOKUS«

econforum.de/2018_338

STECKBRIEF

Webadresse	shift.volkswagenag.com
Art des PR-/HR-Projektes/ der PR-/HR-Kampagne	Crossmediale Plattform für Nachhaltigkeits- und Krisenkommunikation
Anlass / Thema	Krise und Neuausrichtung des Konzerns entlang der TOGETHER-Strategie 2025, die nachhaltige Mobilität ins Zentrum ihrer Vision stellt
Zielgruppe	Politik, Verbände, NGOs, Journalisten, Partner (Händler, Zulieferer), Mitarbeiter, allgemeine Öffentlichkeit in Gestalt der Besucher des DRIVE. Volkswagen Group Forum
Ziele der Aktion	Extern Dialogbereitschaft signalisieren und neue Zielgruppen ansprechen, intern über Nachhaltigkeitsthemen informieren
Erreichte Ziele	Dialoge: im Magazin (Gastbeiträge und Interviews) und im Rahmen der Ausstellung (drei große Fachdialoge); neue Zielgruppen: Millenials und an Nachhaltigkeit Interessierte als Besucher im DRIVE; Information über Nachhaltigkeit: Führungen für Mitarbeiter (von Argentinien bis Zuffenhausen)
Evaluation / Controlling	Bis zum Ende der Ausstellungslaufzeit (28. Februar 2018): Ausstellung: mehr als 168.000 Besucher; Microsite: mehr als 2.700 Besucher, 6.800 Page Views; Magazin: mehr als 740 Mal heruntergeladen
Umfang / Maßnahmen	Magazin veröffentlicht, Ausstellung eröffnet und über Führungen nahegebracht, Microsite gelauncht und über QR-Codes mit den Exponaten verknüpft, Dialoge initiiert
Begleitmaterial	Visitenkarten mit QR-Code zur Microsite und E-Mail-Kontakt
Dauer des Projekts / der Maßnahme	Erscheinungstermin Magazin: 17.11.2017
Ausstellung	16. November 2017 bis 28. Februar 2018
Launch Microsite	17.11.2017
Kommunikationskanäle	Print, Online, On-Site (DRIVE. Volkswagen Group Forum), interne Kommunikation
Zielmedien	Berliner Tages- und Wochenmedien (Print, Online, Hörfunk), Wirtschaftsmedien, CSR- und Nachhaltigkeitsmedien, Influencer
Resultate Kommunikation / Berichterstattung	Dialog mit politischen Stakeholdern zu Nachhaltigkeit aufgenommen (Kooperationspartner in Dialogen, Führungen für Politik sowie CSR- und Nachhaltigkeitscommunity, Vorträge in Wissenschaftskreisen), neue Zielgruppen an das DRIVE herangeführt

Gesamtauflage Print	14.000
Seitenaufrufe Online (Page Impressions)	6.800
Konzeption, Umsetzung	Rat für Ruhm und Ehre GmbH, Düsseldorf Managing Director: Sepideh Honarbacht
Magazin Gestaltung	ZIEGLER., Berlin Art Director: Angela Ziegler
Ausstellungs- und Exponatkonzeption, Design, Software-Entwicklung, Produktion	Archimedes Exhibitions GmbH, Berlin Managing Director: Gunnar Behrens
Ausstellungsentwurf und -konzeption, Design, Szenografie	Graft Brandlab GmbH, Berlin Managing Director: Linda Stannieder
Microsite technische Umsetzung und Programmierung	Ape Unit GmbH, Berlin Managing Director: Tim Herzog

UNTERNEHMENSPROFIL

Webadresse	www.volkswagenag.de
Branche	Automobil
Unternehmen	Volkswagen AG
Anzahl Standorte (national)	Mehr als 100
Mitarbeiter (national)	Mehr als 100.000
Gründungsjahr	1937
Projektleitung	Leiter Außenbeziehungen und Nachhaltigkeit: Dr. Thomas Steg, Director Global Platforms, DRIVE. Volkswagen Group Forum: Cornelia Schneider

Für jedes Unternehmen ist es eine große Herausforderung, die ökonomischen, ökologischen und sozialen Zielkonflikte im unternehmerischen Handeln zu jeder Zeit zu berücksichtigen und in eine Balance zu bringen. Aber kann ein Automobilkonzern nachhaltig sein? Mit der Kampagne Shift hat der Volkswagen Konzern diese Frage aktiv aufgegriffen und stellt sich der Diskussion. Gerade angesichts der Dieselkrise war dies ein mutiger Schritt der Volkswagen AG. Denn Shift läd offensiv zum kontrovers geführten Diskurs ein.

Shift erzählt Geschichten der (Auto-)Mobilität von morgen – und erläutert zugleich klassische Zielkonflikte der Nachhaltigkeit offen. Die von der Agentur Rat für Ruhm und Ehre entwickelte Kampagne ist als crossmediale Dialogplattform konzipiert. Bestandteile sind eine Microsite, eine große, 2017 erstmals in Berlin gezeigte Nachhaltigkeitsausstellung (diese wurde in Kooperation mit Archimedes Exhibitions und Graft Brandlab entwickelt und umgesetzt) sowie ein Magazin. Themen sind unter anderem die Dekarbonisierung unseres Wirtschaftssystems, die Mobilität der Zukunft und der Schutz unserer Ressourcen. Nach Aussage des VW-Konzerns ist das Nachhaltigkeitsmagazin ein Kind der Krise. Man wolle damit innen zum Wandel ermutigen und draußen Verständnis erzeugen.

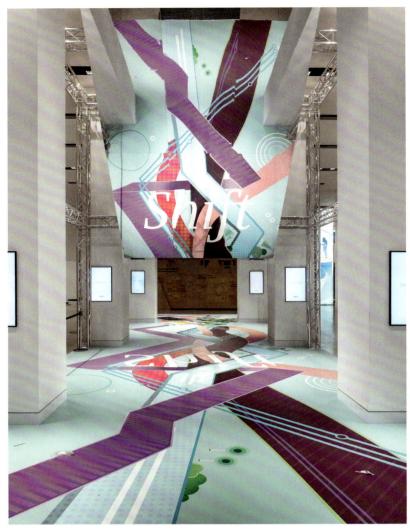

01

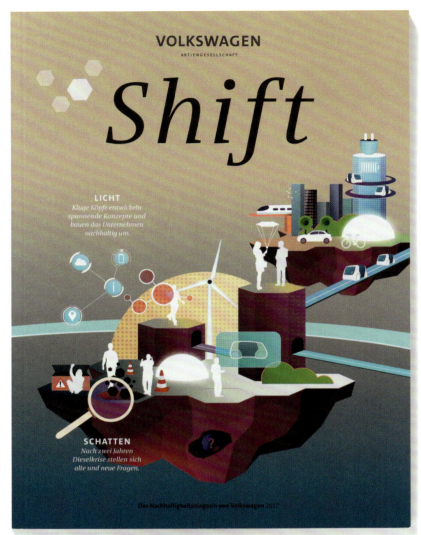

02

03

Mit Shift übt Volkswagen Selbstkritik und sucht bewusst den kritischen Austausch – mit Mitarbeitern genauso wie mit Partnern, Politikern oder NGOs. Fachzielgruppen wurden zu Nachhaltigkeitsdialogen eingeladen, Millennials konnten sich dem Thema in unterhaltsamen Formaten wie dem „Cliché Bashing" nähern. Bei dem innovativen, einstündigen Veranstaltungsformat nahmen die bekannten Moderatoren Volker Wieprecht und Sissy Metzschke auf vergnügliche Weise Klischees aufs Korn. Unterstützt wurden sie dabei jeweils von einem externen Experten und einer VW-eigenen Liveredaktion. Mit diesem Format gelang es Volkswagen, auch junge Zielgruppen in den Diskurs einzubeziehen.

04

05

06

2016 entschied der Konzern im Angesicht der Dieselkrise erstmals, nicht nur einen Nachhaltigkeitsbericht zu veröffentlichen. **Ein eigenes Magazin sollte der Öffentlichkeit Hintergründe erläutern und dabei auch Kritiker zu Wort kommen lassen [02].** Das Magazin Shift wurde seitdem zu einem ganzheitlichen Konzept weiterentwickelt und bespielt nun mehrere Kanäle.

Mit Erfolg, wie die Zahlen belegen: Mehr als 168.000 Besucher sahen sich im Zeitraum November 2017 bis Ende Februar 2018 die Ausstellung an. Darunter waren Nachhaltigkeitsmanager anderer Unternehmen genauso wie Fachreferenten der Landes- und Bundespolitik, die in mehr als 60 angemeldeten Führungen durch die Ausstellung begleitet wurden.

BERLINER VERKEHRSBETRIEBE (BVG) AÖR, BERLIN
CORPORATE IMAGE CAMPAIGN
»BVG × ADIDAS – DER TICKET-SCHUH«

 econforum.de/2018_342

PLATIN

STECKBRIEF	
Anlass / Thema	Image-Kampagne
Kommunikations- und Marketingziele	Berlin ist gegen Establishment und insbesondere Anti-BVG; wir wollten den Respekt einer ablehnenden Zielgruppe erlangen; ohne den erhobenen Zeigefinger, sondern auf Augenhöhe
Zielgruppen	Junge Berliner
Erreichte Ziele	Der Sneaker wird zum Kultobjekt, internationale PR-Sensation und viraler Hit; wir gewinnen nicht nur den Respekt der Berliner, sondern den der ganzen Welt
Evaluation / Controlling	Medienmonitoring, Social-Media-Monitoring
Zeitrahmen	von Januar bis Februar 2018
Kommunikationsmaßnahmen	OOH, Social Media, Presseinformationen, Kooperationen mit Influencern
Kommunikationskanäle	Print, TV, OOH, Online, Social Media
Resultate Kommunikation / Berichterstattung	Der Sneaker wird zum Kultobjekt, internationale PR-Sensation und viraler Hit. Reichweite: 10,6 Milliarden Media-Impressions
Konzeption, Umsetzung	Jung von Matt AG, Hamburg Kreativgeschäftsführung: Dörte Spengler-Ahrens, Managing Director Beratung: Stephan Giest, Creative Direction: Marielle Heiß, Text: Austin Campbell, Art Direction: Axel Spendlingwimmer, Grafikdesign: Philip Maaß, Kundenberatung: Annette Krebs, Agentur Producer: Dennis Wendt
PR Lead	achtung! GmbH, Hamburg Account Director: Claudia Rienhoff, Account Manager: Sofia Hiestermann
Filmproduktion	VIRUS / Markenfilm Crossing GmbH, Hamburg Producer: Josephine Rügge, Regie, Kamera, Animation und Schnitt: Lukas Willasch, Regie und Kamera: Maximilian Kempe, Kameraassistent: Anton Schenk, Colourist: Andreas Piecha, Fotograf: Tobias Jall, Gernot Wöltjen, Sounddesign/Ton (Not A Machine): Nikolaus Grunert, Sprecher: Jan-David Rönfeldt

UNTERNEHMENSPROFIL	
Webadresse	www.BVG.de
Branche	Öffentlicher Personennahverkehr
Unternehmen	Berliner Verkehrsbetriebe (BVG) AöR
Anzahl Standorte (national)	1
Mitarbeiter (national)	Mehr als 10.000
Gründungsjahr	1928
Projektleitung	Bereichsleiter Vertrieb und Marketing: Dr. Martell Beck, Leiter Marketing: Frank Büch, Leitung Werbung: Svea Barei, Projektmanagement: Manja Helm

BEGRÜNDUNG DER JURY: Diese innovative Idee hat auch die letzten BVG-Skeptiker überzeugt. So bringt man eine Zielgruppe mit erklärter Anti-Haltung hinter sich! Echter Mehrwert trifft auf lässiges Design. Das Ergebnis genießt schon jetzt Kultstatus. Der Ticket-Schuh wurde zielgruppengerecht auf allen relevanten Kanälen präsentiert und war infolge seiner Limitierung extrem begehrt – noch mehr Aufmerksamkeit kann man kaum erreichen.

Wie schafft man es eigentlich, dass öffentliche Verkehrsmittel Kultstatus erlangen und respektiert werden? Darüber haben sich die Berliner Verkehrsbetriebe den Kopf zerbrochen, vor allem über eine Frage: Wie gewinnt man die junge Zielgruppe für sich. Gerade die Berliner sind doch irgendwie gegen alles und höchstens für Turnschuhe zu begeistern. Moment mal, Turnschuhe? Das wäre doch vielleicht ein Ansatz, aber es muss die richtige Marke sein, irgendein gerade total angesagtes Design, und idealerweise haben die Schuhe noch ein gewisses, unverwechselbares Extra. Die Lösung: Der adidas-Sneaker im Camouflagemuster der BVG-Bezüge, deren Design bei Jugendlichen echt angesagt ist. Und das gewisse Extra? Ein im Schuh integriertes Jahresticket! Kaum war diese Idee geboren und in der Welt, erfreute sie sich enormer Beliebtheit.

Ausschlaggebend für den Erfolg dieser weltweit einmaligen Kampagne war neben der Idee und der Kooperation mit einer echten Kultmarke auch die Art und Weise, wie die BVG ihren Coup kommunikativ vermarktet hat. Die Ankündigung des Ticket-Schuhs wird in den Social-Media-Kanälen ein Hit, denn die Bilder sprechen für sich, und die originellen Texte setzen noch eins drauf: So kann man den Ticket-Schuh sehen und dazu den Hinweis: „Ja, das sind Sneaker im BVG-Design. Ja, die gelten als Jahresticket. Nein, nicht mal die dürft ihr auf den Sitz legen." Beliebt wird auch das Motto „Schuhfahren statt schwarzfahren".

Zum Erfolg trägt die Kooperation mit wichtigen Fürsprechern bei. So wird der Inhaber des angesagten Berliner Sneakerladens Overkill Store, „Overkill Marc", zum erklärten Fan des BVG-Turnschuhs. In seinem Laden und im adidas Flagship-Store werden im Januar 2018 die 500 Paar Schuhe verkauft. Die Nachfrage ist so groß, dass schon Tage vorher Interessenten bei Minusgraden geduldig vor beiden Läden campieren. Damit die geballte Aufmerksamkeit den Verkehrsbetrieben zugutekam, waren beide Verkaufsstätten unübersehbar in BVG-Gelb gehalten. Als der Verkauf endlich startete, trugen die Verkäufer sogar BVG-Uniformen.

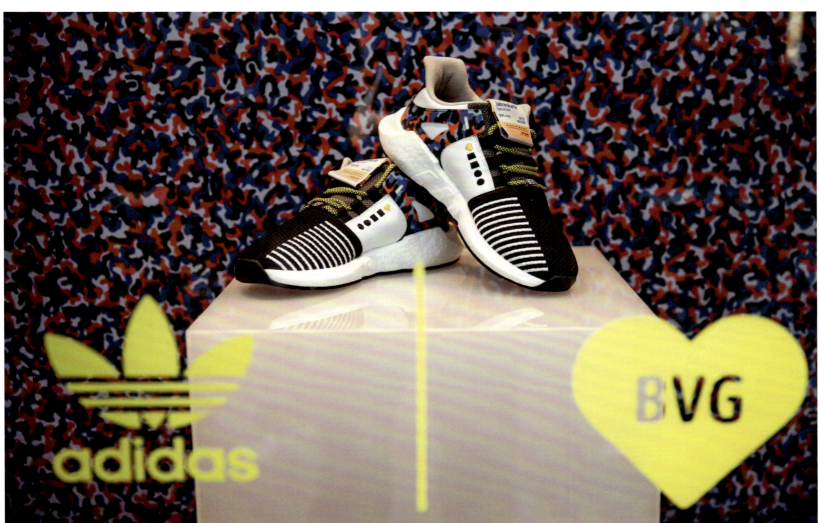

„Die Beziehung zwischen den Berlinern und ihren Verkehrsbetrieben war nicht immer einfach. Hier ist eine Kommunikation gefragt, die vor allem emotional ist. Mehr Image- oder Wahrnehmungskommunikation und Öffentlichkeitsarbeit als ausschließlich vertriebsunterstützendes Marketing. So ist der Ticket-Schuh einer von vielen Bausteinen unserer übergeordneten Kampagne ‚Weil wir Dich lieben' in der wir konsequent ein Versprechen einlösen und eine Persönlichkeit entwickeln: Die BVG ist Berlin. Sie kennt ihre Kunden und kann sich wie kein anderer um sie kümmern. Sie kennt den rauen Umgangston der Berliner und begegnet ihnen auf Augenhöhe. Und wir zeigen mit authentischen Personen und Locations immer das echte Berlin", so Dr. Martell Beck, Bereichsleiter Marketing und Vertrieb bei den Berliner Verkehrsbetrieben.

Der gelungene Mix aus kluger PR-Aktion, kontinuierlicher Dokumentation in den sozialen Netzwerken, Kooperation mit Markenpartnern und die Übereinstimmung von Idee, Markenversprechen und -inszenierung haben diese Aktion der Berliner Verkehrsbetriebe weltweit zum Hit gemacht. Dabei profitierte die BVG auch davon, dass die Schuhe auf allen Kommunikationskanälen der Partner Thema waren. Die Berichterstattung reicht von Großbritannien über Russland bis nach Asien. Dabei wurde über alle drei Phasen der Kampagne berichtet: Ankündigung, Verkauf und Wiederverkauf. Denn die Schuhe erzielen bei eBay und auf speziellen Sneaker-Seiten mit bis zu 3.500 € wahre Rekordpreise, die bis zu 2.000 Prozent über dem Originalpreis liegen.

Neben einer gehörigen Portion Respekt hat es die BVG mit dieser äußerst ungewöhnlichen, fantasiereichen und intelligenten Aktion geschafft, in der jungen Zielgruppe ein Bewusstsein für die Notwendigkeit von Tickets zu schaffen. Und dank der klaren Worte und ehrlichen Ansagen wird das Unternehmen als cool und locker empfunden. Die Maßnahme hat damit imagebildenden Charakter, abgesehen davon passt sie zum – manchmal rauen, aber meist herzlichen – Rhythmus der Hauptstadt, den die BVG aktiv mitbestimmt.

03

04

05

VIESSMANN WERKE GMBH & CO. KG, ALLENDORF (EDER)
CORPORATE IMAGE CAMPAIGN
»AUF IN EIN NEUES JAHRHUNDERT«

 econforum.de/2018_348

SILBER
BRONZE
INTEGRIERTE UNTERNEHMENSKOMMUNIKATION

STECKBRIEF	
Anlass / Thema	100-jähriges Jubiläum, anstehender Generationenwechsel, notwendige Veränderung eines traditionellen Geschäftsfeldes
Kommunikations- und Marketingziele	Mitarbeiter und Partner auf den kommenden Wandel vorbereiten, Chancen herausarbeiten und behutsam, aber konsequent den Generationenwechsel und den Weg in die Digitalität moderieren
Zielgruppen	12.000 Mitarbeiter und 5.000 Partner
Erreichte Ziele	VIESSMANN als digitalen Partner / Arbeitgeber zu positionieren und den Generationswechsel nahezu angst- und sorgenfrei zu vollziehen
Evaluation / Controlling	Stimmungsbild durch kontinuierliche Intranetumfragen bei der gesamten Belegschaft
Zeitrahmen	1. Januar 2017 bis 31. Dezember 2017
Kommunikationsmaßnahmen	Versand Mitarbeiterbrief und Jahrhundertkalender, Jubiläumsbroschüre, Pressearbeit, Intranet-/Intra-App-Beiträge und Kommunikationskampagnen, Videos, HereViGo-Mitarbeiterkampagne und Spendenaktion, feierliche Eröffnung des Innovationszentrums Technikum, Jahrhunderfestival, ISH-Messe
Kommunikationskanäle	Intranet, Online, Print, Messe, Event, PR
Resultate Kommunikation / Berichterstattung	120 HereViGo-Projekte, über 260.000 Interaktionen und über 120.000 Euro Spendengelder; über 150.000 organische Views der vier produzierten Jubiläumsfilme; 15.000 Menschen feiern und performen gemeinsam ihren Song
Konzeption, Umsetzung	fischerAppelt AG, Hamburg

UNTERNEHMENSPROFIL	
Webadresse	www.viessmann.de
Branche	Heiz-, Industrie- und Kühlsysteme
Unternehmen	Viessmann Werke GmbH & Co. KG
Anzahl Standorte (national)	3
Mitarbeiter (national)	Mehr als 10.000
Gründungsjahr	1917

BEGRÜNDUNG DER JURY: Diese Kampagne macht Lust auf Neues. Sie nimmt die Angst vor dem digitalen Wandel, die in manchen Traditionsunternehmen besteht. Die starke Fokussierung auf die Mitarbeiter und die betont persönliche Ansprache vermitteln ein Wertekonzept, das Bestand hat – auch nach dem Generationenwechsel bei Viessmann. Die innovative, eindrucksvoll umgesetzte Kampagne setzt bevorstehende Maßnahmen in einen inhaltlichen Rahmen und motiviert so, sich aktiv am digitalen Wandel zu beteiligen und die Zukunft mitzugestalten.

01

02

Wie der 100. Geburtstag eines Traditionsunternehmens ein Fest für die Mitarbeiter und für eine gemeinsame Zukunft werden kann, zeigt die gelungene Kampagne von Viessmann. Statt sich zum Jubiläum hinter historischen Errungenschaften zu verstecken, schaut das Familienunternehmen mutig nach vorn und verschreibt sich dem digitalen Wandel. „Die Herausforderung bestand im ambitionierten Vorhaben, ein 100-jähriges Jubiläum zu feiern, ein traditionsreiches Familienunternehmen in das digitale Zeitalter zu führen und einen Generationenwechsel an der Spitze des Unternehmens behutsam zu moderieren", erklärt Dr. Florian Resatsch, CMO Viessmann Heating Systems & Member of Viessmann Excecutive Council.

Viessmann stellt seit 1917 Heiz-, Industrie- und Kühlsysteme her. Das Unternehmen beschäftigt 12.100 Mitarbeiter und ist mit 23 Produktionsgesellschaften in zwölf Ländern vertreten. Seinen Erfolg hat Viessmann seiner Innovationskraft zu verdanken – und seinen Mitarbeitern. Diese sollten deshalb im Mittelpunkt der Jubiläumskampagne stehen. Um zu verdeutlichen, dass der bevorstehende Generationenwechsel nicht allein Familienangelegenheit, sondern vielmehr eine gemeinschaftliche Aufgabe ist und Kommunikation auf Augenhöhe erfordert, wird das firmenweite „Du" eingeführt.

03

04

Damit diese ungewöhnliche Aktion konzeptionell eingebunden und nachvollziehbar ist, wurden alle Mitarbeiter ein Jahr lang auf den Weg in das neue „Viessmann-Jahrhundert" vorbereitet. Eine Mitarbeiter- und Aktionsplattform wurde unter dem Namen „HerViGo" ins Leben gerufen und informierte regelmäßig über Aktionen im Jubiläumsjahr. Und davon gab es viele: Im Februar kündigte ein Mitarbeiterbrief das Jubiläum an, außerdem wurde extra ein Jahrhundertkalender entwickelt. Der Film „Auf in ein neues Jahrhundert" hatte bereits im März 2017 Premiere. Ihm folgten ein Jubiläumsfilm sowie der neue Unternehmensfilm. Darüber hinaus wurde das Forschungs- und Entwicklungszentrum Technikum eröffnet. Dieses neue Herzstück der Innovationskraft weihte keine Geringere als Bundeskanzlerin Angela Merkel im Beisein von 5.000 Gästen am Stammsitz Allendorf feierlich ein. Den Höhepunkt für die meisten Mitarbeiter bildete das „Jahrhundertfestival" im Sommer, bei dem auch die Familienmitglieder eingeladen waren und an dem die Familie Viessmann teilnahm. Bei dieser Gelegenheit wurde auch der eigens komponierte Song „Du bist mein nächstes Jahrhundert" als Hymne der Zukunft vorgestellt und über drei Standorte hinweg gemeinsam mit allen Mitarbeitern gesungen. Am Jahresende war schließlich der Generationenwechsel erfolgreich vollzogen, und die Familie Viessmann wusste die ganze Belegschaft hinter sich. Beste Startbedingungen also für Maximilian Viessmann, der eine Botschaft für alle hatte: Nennt mich Max.

05

06

„Dass alle Maßnahmen perfekt ineinandergegriffen haben, erkannten wir daran, dass wir zwei entscheidende Pole des Menschen dauerhaft erreichten: Herz und Kopf. Am Ende des ereignisreichen Jahres war allen Beteiligten der Stolz der Zugehörigkeit anzusehen und der Mut, selbstbewusst in die Zukunft zu gehen, spürbar. Mitarbeiter, Partner und die Familie Viessmann sind noch enger zusammengerückt und werden auch in Zukunft familiären Zusammenhalt und wirtschaftlichen Erfolg vereinen", so Dr. Florian Resatsch.

07

08

Die Botschaft der digitalen Zukunft wurde mit digitaler Kommunikation ebenso vermittelt wie auf ganz persönlicher Ebene – und hat dadurch alle erreicht. Denn die Maßnahmen waren zeitgemäß und haben durch Glaubwürdigkeit, persönliche Nähe, Emotionalität und eine angenehme Zurückhaltung der Familienunternehmer zugunsten ihrer Mitarbeiter überzeugt. Die kontinuierliche Kommunikation auf verschiedensten Kanälen erzeugte Vertrauen und Transparenz. Das daraus entstehende starke Wir-Gefühl wird Viessmann sicher in das neue Jahrhundert führen und auch auf externe Partner ausstrahlen. Das traditionsreiche Familienunternehmen hat die Jubiläumskultur mit seinem innovativen Ansatz komplett umgekrempelt und vorbildhaft bereichert.

PARTNER FÜR BERLIN HOLDING GESELLSCHAFT FÜR HAUPTSTADT-MARKETING MBH, BERLIN
CORPORATE IMAGE CAMPAIGN
»#FREIHEITBERLIN – EINE KAMPAGNE VON BE BERLIN«

econforum.de/2018_354

BRONZE

STECKBRIEF

Webadresse	www.be.berlin/beberlin/freiheit-berlin-kampagne/
Anlass / Thema	#FreiheitBerlin – eine Kampagne von be Berlin
Kommunikations- und Marketingziele	Berlin als Stadt der Freiheit positionieren, das besondere Freiheitsgefühl der Stadt spürbar machen, Partizipation mit persönlichen Freiheits-Bekenntnissen in Form von Bildern, Geschichten und Videos unter dem Hashtag #FreiheitBerlin
Zielgruppen	Berliner/-innen, Berlin-Interessierte aus aller Welt
Erreichte Ziele	Steigerung von 13 % innerhalb von 6 Monaten Kampagnenlaufzeit: 91 % der BerlinerInnen assoziieren die dt. Hauptstadt mit Freiheit
Evaluation / Controlling	Studien Infratest dimap (2016) und Forsa (2017)
Zeitrahmen	03/2017 bis heute
Kommunikationsmaßnahmen	Print, Events, Promotion-Aktionen, Vignetten-Spots, Testimonials, Give-aways, PR, Digital, Relaunch Website, Magazine, Social Media, Medienkooperationen
Bewertungsmaterialien	Präsentation der Kampagne, 8 Motive, Beitragsinfo
Kommunikationskanäle	Print, Events, Promotion-Aktionen, Vignetten-Spots, Kino, Testimonials, Give-aways, PR, Digital, Relaunch Website, Magazine, Social Media, Medienkooperationen
Resultate Kommunikation / Berichterstattung	38,5 Mio. Social-Media-Impressions, 4,32 Mio. Reichweite, 9.000 Posts unter #FreiheitBelin, Pressereichweite 12,8 Mio.
Konzeption, Umsetzung	Partner für Berlin Holding Gesellschaft für Hauptstadt-Marketing mbH, Berlin Co-Konzeption: dan pearlman GmbH, Berlin

UNTERNEHMENSPROFIL

Webadresse	www.berlin-partner.de/ueber-uns/partner-fuer-berlin-holding-gesellschaft-fuer-hauptstadt-marketing-mbh/
Branche	Wirtschaftsförderung
Unternehmen	Partner für Berlin Holding Gesellschaft für Hauptstadt-Marketing mbH
Anzahl Standorte (national)	1
Mitarbeiter (national)	Mehr als 100
Gründungsjahr	1994
Projektleitung	Sarah Tietze-Kamya

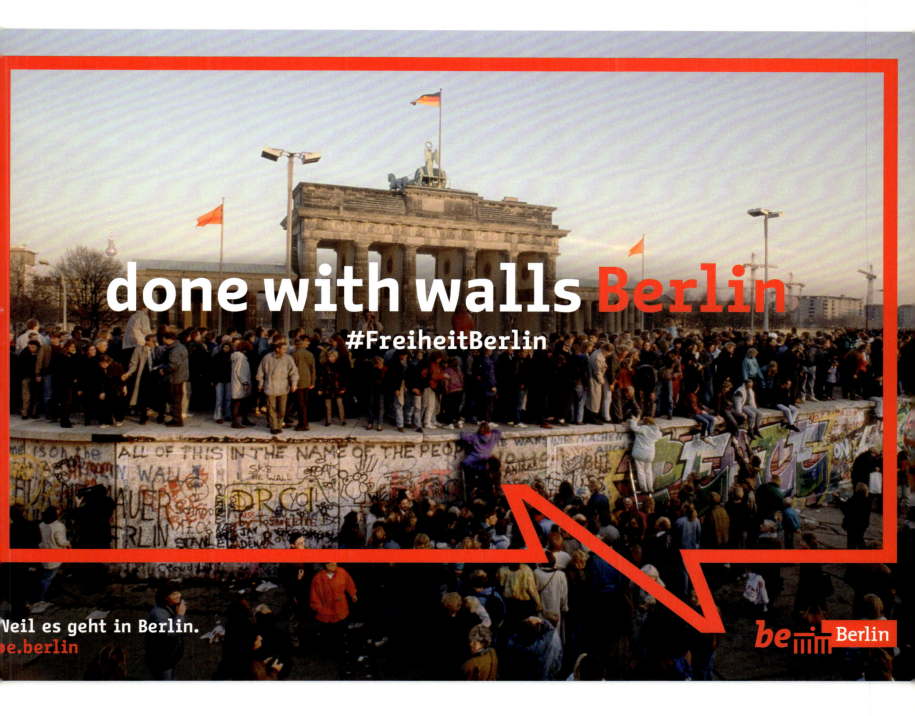

BEGRÜNDUNG DER JURY: Die Botschaft ist klar: Berlin braucht keine Mauern – weder in der Stadt noch in den Köpfen. Das bringt die Kampagne #FreiheitBerlin gezielt auf den Punkt und überträgt die Aussage als Motto für das Lebensgefühl der gesamten Stadt. Bei allem politischen Gehalt, den der Begriff Freiheit mit sich bringt, kommt auch der gewisse schnoddrige Berlin-Charme gut rüber, denn die Kampagne spielt locker mit bekannten Klischees und beweist Mut zur Selbstironie. Schließlich ist auch Humor ein Symbol für Freiheit.

Berlin als Hauptstadt der Freiheit zu inszenieren kann ganz großes Kino werden – oder sehr übertrieben wirken. Die Kampagne #FreiheitBerlin hat genau die richtige Mischung zwischen Hauptstadtkult, Kiezkultur und urbanem Lebensstil gefunden. Entstanden sind berührende und lebendige Bekenntnisse für die Freiheit und für eine Stadt, die in ihrer Geschichte oft einem Wechselspiel aus Unterdrückung und Offenheit ausgesetzt war.

„Berlin lebt und liebt die Freiheit. Wir Berlinerinnen und Berliner werden nie vergessen, dass Frieden und Freiheit nicht selbstverständlich sind. Mit dieser Aktion bekennt sich die deutsche Hauptstadt zu ihrem Selbstverständnis von Freiheit und setzt in dem Jahr, in dem die Berliner Mauer genauso lange verschwunden ist, wie sie stand, ein kreatives Zeichen für Weltoffenheit und Toleranz", sagt Berlins Regierender Bürgermeister Michael Müller.

Die vielen Bekenntnisse und Geschichten zeigen Berlin als Stadt der Möglichkeiten: Die deutsche Hauptstadt ist zum Wissenschaftsstandort geworden, sie ist Kreativmetropole und Gründerhauptstadt. Das alles konnte sie nur werden, weil sie eine Stadt der Freiräume ist. **Und weil Berlin auch immer die Hauptstadt des Mit- und Selbermachens ist, durften alle Berlinerinnen und Berliner ihre ganz persönlichen Freiheitsbekenntnisse einbringen – als Bilder, Geschichten und Videos.** Den Auftakt bildeten zu Jahresbeginn 2017 bekannte Freiheitszitate wie Rosa Luxemburgs „Freiheit ist immer die Freiheit der Andersdenkenden" oder die Refrainzeile des 80er-Jahre-Hits „Berlin, Berlin, dein Herz kennt keine Mauern", der zum 750. Geburtstag der Stadt entstand und zum Politikum wurde. Die Kampagnenseite erzählt übrigens auf unterhaltsame Art Details über die Entstehung des Songs und viele weitere Stadtgeschichten: historische wie über die legendäre Luftbrücke oder ganz aktuelle wie über die Entwicklung als Wissenschaftsstandort. Das geht selbstverständlich nicht ohne Selbstironie, deshalb heißt es an einer Stelle erfrischend ehrlich: „Hier darf die Idee größer sein als das Budget. Berlin erlaubt Visionen."

01

02

03

Selbstverständlich haben auch zahlreiche prominente Berlinerinnen und Berliner wie der Modemacher Michalsky, die Band BossHoss, Mo Asumang oder Sängerin Maite Kelly ihre Freiheitsbekenntnisse abgelegt. Außerdem haben sich namhafte Vertreter aus Politik und dem gesellschaftlichen Leben Berlins geäußert und wurden so zu wichtigen Fürsprechern. Lebendig wurde die Kampagne zudem durch den VW-Freiheitsbulli, der den markanten Schriftzug durch die Republik bis nach Rheinland-Pfalz zum Tag der Deutschen Einheit in Mainz fuhr und unterwegs zahllose Menschen für Berlin und für die Freiheit begeisterte.

In der Stadt selbst führte ebenfalls kein Weg an der Kampagne vorbei [01–06]. Das lag vor allem am großflächigen Auftreten: 19 Printmotive zeigten auf originelle Weise, was Freiheit in Berlin bedeutet: zum Beispiel Union und Hertha, Lieschen und (Regierender Bürgermeister von Berlin) Müller, Landleben und Stadtkultur. Die überraschenden Motive spielten mit den Gegensätzen der Stadt und überraschten mit Texten, die extrem kurz und treffend den Charakter der Stadt zum Ausdruck brachten. Denn natürlich heißt Berlin „Aus der Reihe tanzen.", „Rein ins Grüne" und „Aus dem Office in die Badehose". In dem dazugehörigen Motto „Weil es geht in Berlin" manifestiert sich der Freiheitsgedanke der Motive. Geradezu unübersehbar wurde die Kampagne beim Lichtfestival „Berlin leuchtet" Ende September, Anfang Oktober 2017, als Freiheitszitate von Berlinerinnen und Berlinern auf das Brandenburger Tor projiziert wurden. 2018 hat *be* Berlin mit der #FreiheitBerlin-Kunstinstallation am Berliner Hauptbahnhof der Freiheit ein Denkmal gesetzt – gestaltet von Berliner und internationalen Kreativen.

Das gesamte Maßnahmenpaket führte während der sechsmonatigen Kampagnenlaufzeit zu 38,5 Millionen Social-Media-Impressions. Allein unter #FreiheitBerlin sammelten sich 29.000 Posts zum Thema Freiheit und Berlin. Diese gute Resonanz zeigt: Diese Kampagne passt zu Berlin, denn sie ist glaubwürdig.

04

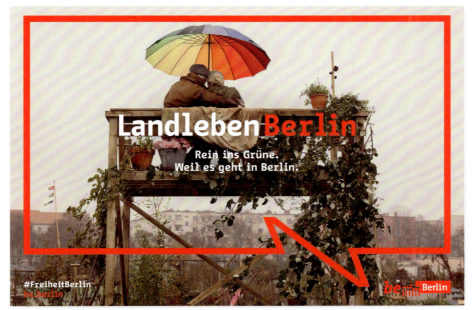
05

06

BVR FÜR VOLKSBANKEN RAIFFEISENBANKEN, BERLIN
CORPORATE IMAGE CAMPAIGN
»VON MITTELSTAND ZU MITTELSTAND – DIE WEBSERIE DER GENOSSENSCHAFTLICHEN BERATUNG«

 econforum.de/2018_360

STECKBRIEF

Webadresse	www.vr.de/mittelstand
Anlass / Thema	Mittelständler werden mit unterschiedlichsten Themen wie war for talents und digitaler Transformation konfrontiert; so ändert sich auch das Anforderungsprofil der Banken; die Volksbanken Raiffeisenbanken reagieren darauf mit einer Beratung, die ihrem genossenschaftlichen Geschäftsmodell entspricht
Kommunikations- und Marketingziele	Steigerung Awareness für die Volksbanken Raiffeisenbanken und deren genossenschaftliches Beratungsmodell; bei der Zielgruppe ins „Relevant Set" gelangen; Genossenschaftliche Beratung in den Themenfeldern nutzenrelevant positionieren
Zielgruppen	Die Kampagne adressiert Unternehmer und Finanzentscheider von Unternehmen mit einem Jahresumsatz in Höhe von 500 T€ bis 6 Mio. € beziehungsweise Unternehmen mit Aktiv- oder Passivvolumen in Höhe von 250 - 750 T€
Erreichte Ziele	Im Laufe des Jahres 2017 setzten sich rund 500.000 Menschen mit den Inhalten auf der Webplattform auf vr.de auseinander; allein die Videos wurden rund 1 Mio. Mal angeklickt; steigende Bekanntheit des neuen Begriffs „Genossenschaftliche Beratung" und seiner Benefits
Evaluation / Controlling	Die gesamte Kampagnenseite wurde mithilfe von E-Tracker über den Kampagnenzeitraum ausgewertet; die Online-Werbemittel wurden u. a. mit Google Analytics und Adform AdServer analysiert
Zeitrahmen	„Von Mittelstand zu Mittelstand" ist im März 2017 angelaufen und endet Ende 2019
Kommunikationsmaßnahmen	Auf einer Microsite werden insgesamt 40 Videos veröffentlicht; zudem flankieren Teaser-Sequenzen, kontextuelle Printanzeigen, Content- Kooperationen mit FAZ und Handelsblatt, eine ICE-Broschüre, Online-Banner, YouTube PreRolls, SEO-Seiten und Radio-Spots die Kampagne
Bewertungsmaterialien	Motiv „Korzilius", Motiv „Tippkemper", Motiv Print „Bertram", Motiv Print „Junker", Motiv Print „Feldhusen", Motiv Print „Müller", Motiv Print „Hofmeister". Motiv „Spiekermann", Motiv Internationalisierung, Motiv Wachstum, Kampagnentrailer, Film „Korzilius", Film „Spiekermann"
Kommunikationskanäle	Print, Radio, Online-Banner, Retargeting Banner, Microsite, ICE-Broschüre, Sonderausgabe Handwerksmagazin, Radio, TrueViews und PreRolls, Crossmediale Content-Kooperation mit dem Handelsblatt und der FAZ, SEO-Seiten, lokale Adaptionen der Banken
Resultate Kommunikation / Berichterstattung	Für 2017: mehr als 1,5 Mio. Page Impressions, mit rund 500.000 Unique Visitors der Web-Plattform http://vr.de/mittelstand; zudem mehr als 1 Mio. Klicks der Videos
Konzeption, Umsetzung	Heimat Werbeagentur GmbH, Berlin Creative Director: Ralf Reinsberg, Management Supervisor: Nico Buchholz, Beratung: Gerrit Kotsiwos, Art Director: Matthijs Mejan, Text: Nelli Lück, Producer: Alexander Münzer, Design & Development: Fabian Greitemann, Julian Stahl, Florian Moser
Produktion	Dog Ear Films GmbH, Berlin Regie: Andreas Henn, Art Director: Clara Cremer, Executive Producer: Lara Schürmann, Producer: Michael Karg
Fotograf	Holger Talinski, Berlin

UNTERNEHMENSPROFIL

Webadresse	www.bvr.de
Branche	Finanzdienstleister
Unternehmen	Volksbanken Raiffeisenbanken, vertreten durch den BVR
Anzahl Standorte (national)	2 (nur BVR)
Mitarbeiter (national)	Mehr als 100 (nur BVR)
Gründungsjahr	1972 (nur BVR)
Projektleitung	Leiter der Abteilung Markenstrategie und -kommunikation: Marc Weegen, Referenten: Heinz Müller, Helene Korte

Mit der Kampagne „Von Mittelstand zu Mittelstand" und der „Webserie der Genossenschaftlichen Beratung" bieten Volksbanken Raiffeisenbanken Mittelständlern eine Plattform für unternehmensrelevante Themen wie Digitalisierung, Internationalisierung, Unternehmensnachfolge oder Mitarbeiterbindung. Dabei wird deutlich, welchen Wert eine glaubwürdige Beratung durch Banken hat. Stellen diese ihre Kunden in den Mittelpunkt und hören zu, können sie maßgeschneiderte Angebote für eine gesunde Unternehmensentwicklung machen. Beispiele dafür liefert die Kampagne mit Webfilmen und entsprechenden Inhalten auf den Internetseiten der ca. 900 einzelnen Genossenschaftsbanken und auf ihrer gemeinsamen Landingpage vr.de.

01 02 03

In 40 filmischen Porträts von Geschäftsführern und Inhabern lenkt eine ruhige und einfühlsame Kameraführung den Fokus auf das gesprochene Wort [04, 05]. Zugleich vermittelt die umgebende Szenerie eine Extravaganz, eine zeitlose Ästhetik und Sinnbildlichkeit, die mit dem Selbstverständnis von Unternehmern in Einklang steht. Die Drehorte – unter anderem eine Sprungschanze, ein Flughafen, ein Kreuzgang, eine Seebrücke – machen die Herausforderungen spürbar, die der Mittelstand in den einzelnen Themenbereichen mit Visionen, Wissen und Innovationskraft meistert.

Wenn Banken diese Zusammenhänge erkennen, werden Sie für Unternehmen bei allen wichtigen Themen zu kompetenten Begleitern. Die Kampagne illustriert eindrucksvoll und passend zum Image der Volksbanken und Raiffeisenbanken deren Beratungskompetenz für den Mittelstand. Das geht weit über bloße Finanzierungsfragen hinaus und beruht auf klarer Kommunikation, lokaler Nähe und Verständnis für wesentliche Unternehmensfragen.

Mit der Kampagne ist es den Volksbanken Raiffeisenbanken gelungen zu zeigen, welche Rolle das genossenschaftliche Geschäftsmodell für das Verständnis mittelständischer Themen spielt – und wie wichtig dieses Verständnis für die Begleitung und Beratung mittelständischer Unternehmen ist. „Von Mittelstand zu Mittelstand – die Webserie der Genossenschaftlichen Beratung" scheint den Nerv der Zeit getroffen zu haben: 2017 besuchten rund 500.000 Menschen die gelungenen Websites. Unterstützt durch eine Kooperation mit verschiedenen Medienpartnern hatten die Filme rund eine Million Seitenbesucher.

04

05

01

02

03

Die Commerzbank wurde bislang als vertrauensvoller Partner ihrer Kunden wahrgenommen, als modernes Technologieunternehmen mit digitaler Ausrichtung galt das Haus jedoch bislang eher nicht. Das sollte die Markenkampagne 4.0 nachhaltig ändern. Dazu hat die Bank den Berliner DJ Alex Hilz dazu gewinnen können, die Commerzbank als digitalen Partner in seinem bewegten Leben einer breiten und jungen Öffentlichkeit zu präsentieren.

Der junge DJ steht glaubhaft für den Typ Gestalter und Entdecker – Merkmale, mit denen die Commerzbank in Zukunft assoziiert werden möchte, in Ergänzung zu ihren bisherigen Werten Fairness und Kompetenz. Der erste Schritt zu einem innovativen, visionären Image ist mit der Markenkampagne 4.0 gelungen und hat vor allem junge Menschen erreicht. Das lag vornehmlich an der Wahl des Protagonisten. Der Berliner DJ ist authentischer Vertreter einer entdeckungsfreudigen und kreativen Generation, für die digitales Banking selbstverständlich ist. Denn es bietet ideale Rahmenbedingungen in einer zunehmend flexiblen Arbeitswelt. Dass es jedoch bei aller virtuellen Vernetzung nicht ohne direkten Kontakt und persönlichen Austausch geht, kommt in den Kommunikationsmaßnahmen ebenso zum Ausdruck. Denn im Rahmen der Kampagne ist der DJ nicht nur bei seiner Arbeit im Club zu sehen, sondern auch im persönlichen Gespräch mit seiner Beraterin. Damit wird eine der Kernbotschaften – die Verbindung aus digitaler Funktionalität und Beratungskompetenz in gut 1.000 deutschen Filialen – zeitgemäß auf

04

05

06

07

den Punkt gebracht. **Auch zahlreiche Plakate, die unter anderem an Ein- und Ausfahrtstraßen, in Bahnhöfen und an Haltestellen eine hohe Sichtbarkeit hatten, bringen diese Aussage zum Ausdruck [01 – 03].** Auf ihnen heißt es kurz und treffend: „Im Club, im Web, in der Filiale: Banking an ihrer Seite."

Zum verjüngten Auftritt passte zudem die verstärkte Kommunikation der Commerzbank über die sozialen Netzwerke. **Hier zahlte sich die Zusammenarbeit mit dem DJ zusätzlich aus: Denn ein eigens für die Kampagne produziertes Musikvideo wurde erfolgreich über Instagram in der jungen Zielgruppe verbreitet.** Als besondere Aktion gab es ein Gewinnspiel auf Facebook, der Preis: eine DJ Masterclass in Berlin mit DJ Alex. Drei Teilnehmer konnten den richtigen Mix lernen und ihr eigenes Set zusammenstellen. Als ergänzende Maßnahme wurden drei Playlists unterschiedlicher Musikrichtungen auf Spotify veröffentlicht. Die großflächig angelegte Kampagne wurde im Fernsehen, Online und auf Plakaten verbreitet und hatte auf allen Kanälen einen hohen Werbedruck mit hoher Werbewirkung: Allein in vier Wochen konnten 250 Millionen Kontakte verzeichnet werden. Die Nachfrage nach Angeboten der Commerzbank sowie die Empfehlungsbereitschaft für die Commerzbank sind im Aktionszeitraum spürbar gestiegen. Die Kampagne lief im März und April dieses Jahres und wird mit einem Produktangebot im September fortgesetzt.

01

Und diese e-diale Zukunft ließ sich erleben: Zahlreiche gedruckte Materialien informierten über Arbeit und Ziele des Verbands und seiner untergeordneten Disziplinen. Dabei regten vor allem die fantasievollen Illustrationen zum Nachdenken über Technologien der Zukunft an; sie waren bewusst im Duktus von Wissenschaftsutopien, Science-Fiction und Forschungsskizzen gehalten und wurden durch die modulare Einsatzfähigkeit zum Markenzeichen der Kampagne. **Die Illustrationen tauchten in verschiedenen Themenmotiven auf, sie trugen zur hohen Wiedererkennbarkeit von Internetauftritten und Veranstaltungen des VDE bei.**

Die helle und freundliche Farbgebung des neuen Auftritts strahlt Optimismus, Innovationsfreude und Zukunftsgewandtheit aus, die bei der Suche nach neuen Lösungen für eine digitale Welt entsteht und die Forscher, Wissenschaftler und Techniker auszeichnet. Dieser Gedanke überträgt sich durch die freundliche Gestaltung und konsequente Umsetzung auf allen Kommunikationskanälen erfolgreich auf die Adressaten, zu denen in erster Linie Schüler/-innen, Studierende sowie junge Forscher/-innen gehören. Für den Transfer der visionären Verbandsausrichtung in die Realität wurde zudem ein ganz realer Wettbewerb ins Leben gerufen. Gefragt waren konkrete Ideen für 125 Jahre Zukunft. Die Kategorien entsprachen der vielfältigen Themenpalette des Verbands, denn es ging um Ideen und Projekte für digitale Sicherheit, saubere Energie, Industrie 4.0, Mobilität, Cyber-Sicherheit und Gesundheitstechnik.

Auch bei Messeauftritten, Kongressen, Foren und Wissenschaftsveranstaltungen wurde das neue Corporate Design erfolgreich eingesetzt und sorgte dafür, dass sich der VDE als Verband gut sichtbar etablierte. Er bildet das Dach für Menschen, Unternehmen und Institutionen, die die elektrische und digitale Zukunft gestalten und die aktiv nach neuen globalen Lösungsansätzen für die drängendsten Fragen unserer Zeit suchen.

e-diale Zukunft

braucht Perspektiven für elektrische und digitale Technologien. Und Ideale, die sie lebenswert machen.

Der VDE steht seit 125 Jahren für eine lebenswerte Zukunft: Werden Sie jetzt Teil eines einzigartigen Netzwerkes für Wissen, Fortschritt und Sicherheit.

www.vde.com

VDE

e-diale Mobilität

braucht Freifahrt für alles, was elektrisch und digital morgen bewegt. Und Ideale für den richtigen Weg.

Der VDE steht seit 125 Jahren für eine lebenswerte Zukunft: Werden Sie jetzt Teil eines einzigartigen Netzwerkes für Wissen, Fortschritt und Sicherheit.

www.vde.com

VDE

Wir gestalten die e-diale Zukunft.

elektrisch, digital, für alle, mit Idealen.

Der VDE ist der Verband der Elektro- und Informationstechnik.

Wir sind der Verband für alle Menschen, Unternehmen und Institutionen, die die elektrische und digitale Zukunft aktiv mitgestalten wollen und können. Was uns eint, ist die tiefe Überzeugung, dass der Weg zum Fortschritt nur über gemeinsame Ideale gehen kann. Ideale wie Menschlichkeit, Sicherheit und Nachhaltigkeit, die die digitale und elektrische Zukunft erst lebenswert machen.

**Auf diesem Weg sind wir mehr als ein wertvoller Partner.
Wir sind über sechsunddreißigtausend.**

Denn der VDE ist ein einzigartiges Netzwerk aus 36.000 persönlichen Mitgliedern und 1.300 korporativen Mitgliedern: führende Unternehmen der Elektroindustrie und der Elektrizitätswirtschaft, kleine und mittlere High-Tech-Unternehmen sowie zahlreiche Forschungseinrichtungen und Behörden. Dazu kommt das VDE YoungNet, die Plattform für die Zukunft der Elektrotechnik mit tausenden Studierenden und Young Professionals.

**Mit dieser geballten Power stehen wir Ihnen zur Seite,
seit mehr als 125 Jahren, in der Region und weltweit:**

- Wir fördern für Sie Forschung, Wissenschaft und Nachwuchs.
- Wir vernetzen Sie mit Menschen, Wissen und Trends aller Schlüsseltechnologien.
- Wir vertreten Ihre Interessen in der Politik und Gesellschaft.
- Wir schaffen Standards und internationale Normen.
- Wir prüfen und zertifizieren Komponente, Geräte und Systeme.
- Und natürlich informieren wir Sie: mit Fach-Publikation, auf Seminaren und Kongressen. Oder ganz persönlich im direkten Austausch.

Als Mitglied des VDE können Sie mehr tun als die Elektro- und Informationstechnik voranzubringen.
Sie gestalten die e-diale Zukunft.

VDE

DR. ING. H.C. F. PORSCHE AG, STUTTGART
FILM UND VIDEO

»9:11 MAGAZIN, EPISODE 4 ›ZWEI WELTEN‹«

 econforum.de/2018_372

GOLD
SILBER
INTEGRIERTE UNTERNEHMENSKOMMUNIKATION

STECKBRIEF

Webadresse	www.911-magazine.porsche.com/de/zwei-welten
Länge	9:11 Minuten
Technisches Format	MP4
Interaktivität / Menüpunkte	Die Beiträge sind einzeln aufrufbar, zusätzliche Inhalte in Form von Bildergalerien und Interviewsequenzen geben Kontext und runden das Magazin ab
Sprachen	Deutsch / Englisch
Vertriebskanäle	Alle Episoden des 9:11 Magazins sind auf einer Magazinseite mit umfassendem Text- und Bild-Content zu finden; die Videos werden über den YouTube-Kanal von Porsche eingebunden
Konzeption, Umsetzung / Produktion:	TERRITORY Content to Results GmbH, Hamburg Head of Video Content: Till Uhrig

UNTERNEHMENSPROFIL

Webadresse	www.porsche.com/germany
Branche	Automobil
Unternehmen	Dr. Ing. h.c. F. Porsche AG
Anzahl Standorte (national)	5 bis 10
Mitarbeiter (national)	Mehr als 10.000
Gründungsjahr	1931
Projektleitung	Leitung Öffentlichkeitsarbeit und Presse: Dr. Josef Arweck, Leiterin Corporate Publishing: Sabine Schröder, Projektleitung: Jasmin Anderson

BEGRÜNDUNG DER JURY: Das Porsche 9:11 Magazin schafft es hervorragend, gegensätzliche Geschichten aus dem jeweils passenden Blickwinkel zu erzählen. Damit spricht es eine breite Zielgruppe an. Obwohl die Inhalte über den Tellerrand von Porsche hinausblicken, ist immer ganz klar der Bezug zum Unternehmen erkennbar. Das schafft viel Authentizität und macht das Magazin glaubwürdig. Besonders lobenswert sind zudem die große Bandbreite der Themen, die hochwertige Aufmachung und der menschliche Anstrich des großartigen Formats.

Schon seit Jahrzehnten vereint Porsche sehr erfolgreich vermeintliche Gegensätze: Tradition und Innovation, Design und Funktionalität, Performance und Alltagstauglichkeit, Exklusivität und soziale Akzeptanz. **Und auch mit der vierten Episode des 9:11 Magazins zeigt Porsche, dass scheinbar Konträres oft eine wunderbare Symbiose bildet.**

Island ist ein Land voller Gegensätze. Natur und Kultur, Feuer und Eis, Mythen und Moderne treffen auf dieser Insel aufeinander – ein idealer Schauplatz für den Auftakt der vierten Episode. In der Rubrik „Fühlen" lernt der Zuschauer den Icelandair-Piloten und Gründer des nördlichsten Porsche Clubs Europas kennen: Pétur Lentz. Er beschreibt seine Arbeit, die ihn in die europäischen, US-amerikanischen und kanadischen Metropolen führt. Den Gegensatz dazu bildet seine Heimat Island. Auf der Insel findet Lentz die Ruhe, die er als Ausgleich zu seinem anspruchsvollen Job braucht. Der letzte Frachtflug war für den Porsche Liebhaber etwas ganz Besonderes: Er hatte den Panamera Turbo S E-Hybrid Sport Turismo an Bord. Dieser Porsche ist Sport- und Familienwagen zugleich. Jasmin Anderson, Porsche AG, Projektleitung 9:11 Magazin, äußert sich euphorisch über die Tage auf der Insel: „Island ist ein Abenteuer. Das haben wir auf diesem besonderen Dreh zu spüren bekommen. Dramatik pur. Wetterkapriolen ohne Ende. Aber der Panamera braucht kein Bilderbuchwetter, um zu begeistern. Und die Motivation, mit der uns der Porsche Club Island unterstützt hat, war der Wahnsinn."

Die Rubrik „Verstehen" enthält zwei Beiträge. Zuerst werden die technischen Highlights des Porsche 911 GT3 R Hybrid vorgestellt. Das Ungewöhnliche: Das System des Wagens funktioniert ganz ohne Batterie. Das Thema Hybrid hat bei Porsche allerdings schon Tradition: Bereits im Jahr 1900 entwickelte Ferdinand Porsche das erste Fahrzeug mit Hybridantrieb. Emotionaler wird es im zweiten Beitrag. Hier erklärt Professor Bertolt Meyer sein Verhältnis zur Technik. Meyer kam ohne linken Unterarm zur Welt und hat schon früh im Leben die Erfahrung gemacht, was es bedeutet, anders zu sein. Heute trägt er eine bionische Handprothese – die erste Prothese weltweit, die sich über eine mobile App steuern lässt.

Der Psychologieprofessor gibt dem Zuschauer mit auf den Weg, dass man im Umgang mit Technik eine gesunde Balance finden sollte. Dr. Josef Arweck, Porsche AG, Leiter Öffentlichkeitsarbeit und Presse, erläutert: „Außergewöhnliche Zugänge – das ist es, was wir mit unserem Magazin suchen. Bertolt Meyer ist einzigartig und der ideale Protagonist für die Episode *Zwei Welten*. Wer könnte die Verbindung von Mensch und Technik eindrucksvoller schildern als der Psychologieprofessor, der mit einer hochmodernen bionischen Unterarmprothese lebt. Menschen, die ihre ganz persönliche Geschichte erzählen, uns an ihren Gefühlen teilhaben lassen – sie sind der Kern des 9:11 Magazins."

Durch ihre Machart erinnert die Episode *Zwei Welten* an Fernsehmagazine: Ein Thema wird in verschiedenen Rubriken mit hohem Unterhaltungswert abgehandelt. Ziel aller Beiträge ist es, thematisch sowie durch die Form der Umsetzung eine vielfältige Mischung zu bieten. Das ist Porsche hervorragend gelungen: Realfilme zeigen den Piloten und den Professor authentisch und nah. Ganz anders sieht es beim Beitrag zum Hybridmodell aus, der anhand von Animationen die technischen Vorgänge erklärt. In der dritten und letzten Rubrik „Erfahren" trifft der Lego-GT3-Porsche auf seinen großen Bruder. Hier wird auf einen Trickfilm mit Makroaufnahmen gesetzt. Wie die Grenzen zwischen realer und digitaler Welt verwischen, wenn ein Grafiker einen seltenen Porsche am Computer nachbaut, erlebt der Zuschauer im zweiten Beitrag dieser Rubrik.

Dass das Konzept beim Publikum bestens ankommt, bestätigt Sabine Schröder, Porsche AG, Leiterin Corporate Publishing: „Mit einer Reichweite von über 2,8 Millionen und sehr positivem Feedback auf den Social-Media-Kanälen war für uns die gesamte Episode *Zwei Welten* ein voller Erfolg, auf den wir sehr stolz sind."

STUTTGARTER LEBENSVERSICHERUNG, STUTTGART
FILM UND VIDEO
»BRIEF AN MEIN JÜNGERES ICH«

 econforum.de/2018_378

SILBER

STECKBRIEF	
Webadresse	www.initiativegegenaltersarmut.de
Länge	1:16 bis 1:46 Minuten
Technisches Format	Online-Stream
Interaktivität / Menüpunkte	Verlinkt auf die Kampagnenwebsite der „Initiative gegen Altersarmut": www.initiativegegenaltersarmut.de
Sprachen	Deutsch
Vertriebskanäle	Online / Social-Media-, z. B. YouTube-Präsentationen, Veranstaltungen, Messen, persönliche Beratungsgespräche
Konzeption, Umsetzung	achtung! GmbH, Hamburg Beratung: Franziska Wolf, Strategie: Robert Hoyer, Konzeption: Franziska Wolf, Text: Lars Joseph, Regie: Fritz Unruh

UNTERNEHMENSPROFIL	
Webadresse	www.stuttgarter.de
Branche	Versicherungen
Unternehmen	Stuttgarter Lebensversicherung a. G.
Anzahl Standorte (national)	5 bis 10
Mitarbeiter (national)	Mehr als 500
Gründungsjahr	1908
Projektleitung	Leitung Marketing: Dr. Linda Dahm, Projektleitung: Annibale Picicci, Projektmitarbeit: Nina Schäfer

BEGRÜNDUNG DER JURY: Die Videos *Brief an mein jüngeres Ich* der Stuttgarter Lebensversicherung sind ausgesprochen authentisch, weil sie Geschichten von und mit Menschen unseres Alltags erzählen. Einen Brief an sich selbst zu schreiben ist eine ausgezeichnete Idee, um eindrucksvoll den Bogen zwischen dem gestrigen und heutigen Leben zu spannen. Die Botschaft, rechtzeitig vorzusorgen, um Altersarmut zu vermeiden, wird auf emotionale Weise vermittelt und erreicht eine breite Zielgruppe.

Wer jung ist, denkt nicht gern ans Alter. Erst einmal soll das Leben genossen werden. Und das in vollen Zügen. Weit weg ist die Zeit, in der es Rente gibt. Wenn es sie denn gibt – in ausreichendem Maße. Schon heute wird mit ihr nicht einmal die Hälfte des bisherigen Einkommens abgedeckt. Und das Rentenniveau in Deutschland sinkt weiter. Wer sich nur auf die gesetzliche Rente verlässt, muss mit Altersarmut rechnen. Diesem brandheißen Thema widmet sich die Stuttgarter Lebensversicherung in ihrer Kampagne *Brief an mein jüngeres Ich* und bereitet es sehr emotional auf.

Fakt ist, dass sich die jüngere Generation nicht genug um ihre Altersvorsorge kümmert, weil die Vorstellung, Rentner zu sein, zu abstrakt ist. Damit die Relevanz der rechtzeitigen Vorsorge nachvollziehbar wird, setzte die Stuttgarter Lebensversicherung auf Erfahrung. Sie suchte echte Rentner, um herauszufinden, was diese mit ihrem heutigen Wissen in ihrer Jugend anders gemacht hätten. Dass das kein einfacher Weg war, zeigen die Worte von Dr. Linda Dahm, Marketingleiterin der Stuttgarter Lebensversicherung: „Eine besondere Herausforderung war es, Menschen zu finden, die bereit sind, über ihr Leben – auch ihre Versäumnisse – zu berichten. Wir haben in ganz Deutschland gesucht. Monatelang wurde recherchiert, wurden Hausbesuche gemacht, ‚Senioren' interviewt. Von über 80 Rentnern, die mitmachen wollten, haben wir schließlich vier ausgewählt."

Diese vier erfahrenen Menschen sind die Protagonisten der Kampagne. Jeder von ihnen schreibt einen Brief an sich selbst, an sein jüngeres Ich, äußert seine Gefühle und Gedanken. Herausgekommen sind außerordentlich persönliche und ehrliche Geschichten, die in nachdenklich machenden Filmen dokumentiert wurden. Neben verschiedenen Lebensstationen und persönlichen Vorlieben zeigen sie, wie sich der Ruhestand und die Einschränkungen im Alter anfühlen. Alle Filme sind mit einer ruhigen Musik unterlegt, die von dem Gesprochenen nicht ablenkt. Die abschließende Botschaft der vier Briefschreiber fordert zum Vorausdenken und Vorsorgen auf.

01

Willi ist 75 Jahre alt und schreibt an sein 38-jähriges Ich. Er hat viel durchgemacht: Seine Mutter starb früh. Später verlor er seine Arbeit, fand jedoch wieder eine neue. Trotz seines langen Berufslebens dachte er nicht an Vorsorge, sondern träumte lieber vom Lottogewinn und von einem Bauernhof. Beide Wünsche erfüllten sich nicht.

Der 69-jährige Jürgen sieht sich mit 22 Jahren. Stark war er, damals, und voller Energie. Er war ein Lebemann und genoss alles, was ihm das Leben bot. Das Geld saß locker – und so leistete er sich auch den besonderen Luxus, die Welt zu bereisen. Nun bleibt ihm nur eine Rente von wenigen Hundert Euro.

Sonja überdenkt mit 65 Jahren beim Schreiben ihr Leben. 1989 fiel die Mauer. Das machte sie überglücklich, weil sie dadurch die Freiheit hatte, überall dort hinzugehen, wo es ihr gefiel. Doch mehrere Schicksalsschläge holen sie ein: Ihr Mann starb früh, und ihr Geschäft ging kaputt. Jetzt – im Alter – hat sie genug Zeit, um zu reisen. Leider fehlen ihr dazu die nötigen Mittel.

Uschi ist 64. Früher ging es ihr nicht gut, weil ihr verstorbener Mann spielsüchtig war. Da ihre Mutter ihr finanziell half, konnte sie die entstandenen Schulden begleichen. Sie hat zwar noch ihre Witwenrente, aber an die eigene Vorsorge dachte auch sie nicht.

Eine Besonderheit der Spots ist, dass sie weder belehrend wirken noch auf die Tränendrüse drücken. Das und der Einsatz von echten Menschen waren der Stuttgarter Lebensversicherung sehr wichtig. Dr. Linda Dahm äußert dazu: „Wir wollten nicht belehren oder ermahnen. Wir wollten am Beispiel von realen Menschen zeigen, wie es ist, wenn das Geld nicht reicht. Keine Schauspieler, sondern echtes, bewegendes Leben." Sie führt weiter aus: „Wir danken unseren Protagonisten. Sie haben uns Einblick in ihr Leben gegeben. Sie stehen beispielhaft für viele von Altersarmut Betroffene. Das sind ganz normale Menschen, die eben nur leider nicht ausreichend vorgesorgt haben."

VIESSMANN WERKE GMBH & CO. KG, ALLENDORF (EDER)
FILM UND VIDEO
»AUF IN EIN NEUES JAHRHUNDERT«

econforum.de/2018_384

BRONZE
BRONZE
INTEGRIERTE UNTERNEHMENSKOMMUNIKATION

STECKBRIEF

Länge	4:47 Minuten
Technisches Format	Online-Stream
Interaktivität / Menüpunkte	Comment, Like & Share
Sprachen	Deutsch, Englisch
Vertriebskanäle	Intranet, YouTube, ISH-Messe 2017, Eröffnung des Innovationszentrums Technikum
Konzeption, Umsetzung	fischerAppelt AG, Hamburg Creative Direction: Hinnerk Landmann, Regie: Martin Busker, Kamera: Clemens Baumeister, Schnitt: Ole Wiedemann, Sound / Komposition: Leonardo Mockridge, Script: Lena Möller, Hinnerk Landmann, Cast: Elisa Thiemann, Bärbel Bryant, Beratung: Anne Vogeler, Production: Sandra Stüker

UNTERNEHMENSPROFIL

Webadresse	www.viessmann.de
Branche	Heiz-, Industrie- und Kühlsysteme
Unternehmen	Viessmann Werke GmbH & Co. KG
Anzahl Standorte (national)	3
Mitarbeiter (national)	Mehr als 10.000
Gründungsjahr	1917

BEGRÜNDUNG DER JURY: „Auf in ein neues Jahrhundert" ist ein innovativer Film, der die Werte des Unternehmens überzeugend vermittelt. In ihm sind Vergangenheit, Gegenwart und Zukunft auf charmante Weise eingefangen, zusätzlich bereichert mit humoristischen Elementen. Trotz der Aufforderung die Werte von Viessmann weiterzuleben, zeigt der Film auch Mut, indem er dazu ermuntert nötigenfalls mit Traditionen zu brechen. Dass zu den Protagonisten die derzeitigen Firmeninhaber zählen, macht den Spot besonders authentisch und ausnehmend sympathisch.

Viessmann ist ein führender Hersteller von Heiz-, Industrie- und Kühlsystemen. 2017 feierte das traditionelle Familienunternehmen sein 100-jähriges Bestehen. Das Motto des Jubiläumsfestivals lautete: „Auf in ein neues Jahrhundert!" Gefeiert wurde nicht nur an deutschen Standorten, sondern auch in China, wo das international tätige Unternehmen eine Dependance hat. Eigens für dieses große Ereignis wurde auch der Kurzfilm *Auf in ein neues Jahrhundert* produziert, der sich an die 12.000 Mitarbeiter, die 15.000 Partner und die Kunden wendet.

Dr. Florian Resatsch, CMO Viessmann Heating Systems & Member of the Viessmann Executive Council, drückt aus, welche Gedanken das Unternehmen bewegten: „Die Herausforderung bestand im ambitionierten Vorhaben, ein 100-jähriges Jubiläum zu feiern, ein traditionsreiches Familienunternehmen in das digitale Zeitalter zu führen und einen Generationenwechsel an der Spitze des Unternehmens behutsam zu moderieren. **Dass alle Maßnahmen perfekt ineinandergegriffen haben, erkannten wir daran, dass wir damit zwei entscheidende Pole des Menschen dauerhaft erreichten: Herz und Kopf.** Am Ende des ereignisreichen Jahres war allen Beteiligten der Stolz der Zugehörigkeit anzusehen und der Mut, selbstbewusst in die Zukunft zu gehen, spürbar. Mitarbeiter, Partner und die Familie Viessmann sind noch enger zusammengerückt und werden auch in Zukunft familiären Zusammenhalt und wirtschaftlichen Erfolg vereinen."

Wie das Motto des Jubiläums und des Films erkennen lassen, schaut Viessmann gern voraus. Im Film wird das besonders deutlich, weil er mit einem Blick in die Zukunft beginnt. Insgesamt verknüpft er jedoch drei Zeitebenen, und so finden auch die Vergangenheit und die Gegenwart ihren Raum. Diese Ebenen sind sehr geschickt miteinander verwoben, sodass der Zuschauer einen umfassenden Einblick in das erhält, was das Unternehmen ausmacht und was es antreibt. Wie das alles geschieht? Durch einen Brief, den ein heutiger Firmenchef an seine fiktive Tochter als zukünftige Unternehmenserbin schreibt.

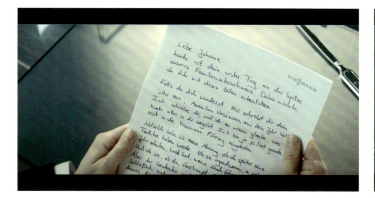

01

Der Film beginnt damit, dass eine junge Frau ein modernes Firmengebäude betritt, um eine wichtige Position zu übernehmen. Sie wirkt auf den ersten Blick entschlossen und selbstbewusst. In ihrem Büro angekommen, lässt sie sich etwas verunsichert in ihren Arbeitsstuhl fallen. Auf ihrem Schreibtisch findet sie einen handgeschriebenen Brief, den sie erwartungsvoll öffnet. Die Frau der Zukunft ist Johanna Viessmann, die imaginäre Tochter von Max Viessmann. Max, erst kürzlich in die Führung des Unternehmens eingestiegen, weiß um die großen Erwartungen, die jedem Nachfolger auferlegt sind. **In dem Brief spricht er seiner noch nicht geborenen Tochter und künftigen Nachfolgerin Mut zu und erzählt von den Werten, die das Unternehmen Generation für Generation stark gemacht haben.**

Während Johanna den Brief liest und die von Max Viessmann gesprochenen Worte hörbar sind, wechseln die Perspektiven. Man sieht Max beim Schreiben, historische Aufnahmen, Mitarbeiter in der Fertigung, Gespräche zwischen Vater und Sohn. Die Ideen und Haltungen von Johann, Hans, Martin und Max Viessmann kommen zum Ausdruck. Und es ist viel über Tradition, Zusammenhalt, Verantwortung und Wachstum vernehmbar. Zudem gibt es noch humoristische Einlagen: Bei der Empfehlung, Viessmann immer wieder neu zu erfinden, nimmt Johanna eine kleine Skulptur ihres Vorgängers vom Schreibtisch und wirft sie in den Papierkorb. Ganz am Schluss wird noch erkennbar, dass Max den Brief nicht in seinem Büro schreibt, sondern in dem seines Vaters Martin Viessmann.

Der Kurzfilm *Auf in ein neues Jahrhundert* schlägt auf sehr warmherzige Weise eine Brücke zwischen Vergangenheit, Gegenwart und Zukunft. Dass zwei der Hauptdarsteller die tatsächlichen Firmenchefs sind, macht ihn besonders persönlich. Belohnt wurde der Film mit einem überwältigenden Feedback: Innerhalb von 24 Stunden nach dem Launch wurde er unternehmensweit über 32.000 Mal angeschaut, auf YouTube erzielte er rund 22.000 organische Views.

DR. ING. H.C. F. PORSCHE AG, STUTTGART
FILM UND VIDEO
»BACK TO TAPE – EIN ROADTRIP AUF DEN SPUREN DEUTSCHER HIP-HOP-GESCHICHTE«

econforum.de/2018_390

SPECIAL AWARD
SILBER
INTEGRIERTE UNTERNEHMENSKOMMUNIKATION

STECKBRIEF

Webadresse	www.newsroom.porsche.de/backtotape
Länge	95 Minuten
Technisches Format	Online Stream via Porsche Newsroom, Online-Stream via YouTube (Backspin TV), Produktion als Blu-Ray-Disc
Sprachen	Deutsch
Vertriebskanäle	Video-Dokumentation via Porsche Newsroom u. Backspin TV, Filmpremiere u. Aftershow mit mehr als 500 Gästen; crossmediale Gastbeitragsserie via Porsche Newsroom, Instagram u. YouTube
Konzeption, Umsetzung	FAKTOR 3 AG, Hamburg Unit-Lead: Sven Labenz, Formatentwicklung: Simone Michel
Produktion	FAKTOR 3 AG, Hamburg Videograph: Roman Schwer

UNTERNEHMENSPROFIL

Webadresse	www.porsche.de
Branche	Automobil
Unternehmen	Dr. Ing. h.c. F. Porsche AG
Anzahl Standorte (national)	5 bis 10
Mitarbeiter (national)	Mehr als 10.000
Gründungsjahr	1931
Projektleitung	Online-Kommunikation: Julian Hoffmann, Leitung Corporate Publishing: Sabine Schröder

BEGRÜNDUNG DER JURY: Die Videodokumentation „Back to Tape – ein Roadtrip auf den Spuren deutscher Hip-Hop-Geschichte" macht das wahre Wesen des Hip-Hops spürbar. In diesem 95-minütigen Movie steht nicht Porsche im Vordergrund, sondern die Musik und ihre Bewegung. Eine Verknüpfung mit der Marke findet gleichwohl statt, denn es wird deutlich, dass den Hip-Hop und Porsche etwas ganz Wichtiges verbindet: Pioniergeist. Mit der mitreißenden Dokumentation präsentiert sich Porsche auf innovative Weise einer neuen Zielgruppe.

SPECIAL AWARD

Hip-Hop entstand Anfang der 1970er-Jahre in den Ghettos von Harlem. Die Geburtsstunde von Porsche schlug 1948 im österreichischen Gmünd, als das erste Automobil der Marke seine Zulassung erhielt. Jetzt kommt beides zusammen: Hip-Hop und Porsche – in einem Roadtrip, der durch sechs Städte führt und zehn Künstler der Hip-Hop-Szene zeigt. Warum das passt? Das liegt wohl am sehr ähnlichen Ursprungsgedanken. Firmengründer Ferry Porsche sagte einst: „Am Anfang schaute ich mich um, konnte aber den Wagen, von dem ich träumte, nicht finden. Also beschloss ich, ihn mir selber zu bauen." Die Begründer des Hip-Hop suchten ihre Art von musikalischer Kunst, konnten sie nicht finden und machten sie deshalb ebenfalls selbst.

In Back to Tape – Ein Roadtrip auf den Spuren deutscher Hip-Hop-Geschichte begibt sich Niko Hüls mit einem Porsche Panamera von München über Heidelberg und Stuttgart bis nach Frankfurt, Berlin und Hamburg [01]. Dort trifft der Musikjournalist und Chef des Hip-Hop-Magazins *Backspin* die Legenden, Pioniere und Stars, die einen prägenden Einfluss auf den Musikstil hatten und haben. Zu ihnen gehören Roger Manglus (Blumentopf), David P. (Main Concept), Toni-L (Advances Chemistry), Scotty 76, Duan Wasi (Kolchose/Ex-Massive Töne), Namika, Moses Pelham, Curse, Samy Deluxe und Falk Schacht. Ganz bewusst sucht er diese Menschen und Macher genau dort auf, wo sie aufgewachsen sind und zu Legenden wurden.

Zu erleben ist die 95 Minuten umfassende Videodokumentation im Porsche Newsroom (newsroom.porsche.de) sowie auf YouTube und Instagram. Sie ist in fünfzehn Tracks unterteilt und beginnt mit einleitenden Worten von Niko Hüls: „Hip-Hop ist die größte Jugendkultur, die es je gegeben hat. Und Hip-Hop in Deutschland ist so groß und so erfolgreich wie nie zuvor."

SPECIAL AWARD

Im ersten Track – dem Intro – geht der Musikjournalist näher auf die Geschichte, die Kultur und die Seele des Hip-Hops ein. Der Zuschauer erfährt zum Beispiel, dass es die vier Elemente DJ-ing, Breakdancing, Graffiti und Rap gibt. Und dass der Spirit das Wichtigste ist – weil es nicht darum geht, ein Element auszufüllen und nach klaren Regeln zu leben, sondern um die Möglichkeit, seinen Gefühlen Ausdruck zu verleihen und dabei aus nichts etwas zu schaffen. Dann startet Niko Hüls mit dem Porsche Panamera durch und sucht die Stars der Szene auf.

Den inhaltlichen Bezug zur Marke Porsche stellen vor allem die Fahrten von A nach B und die Gespräche im Auto her. Zudem beschäftigt sich Track 05 der Dokumentation ausschließlich mit der Wichtigkeit von Musik beim Autofahren. Man kann davon ausgehen, dass der Hip-Hop-Sound aus der Musikanlage des Panamera, die gemeinsam mit der Hi-Fi-Edelschmiede Burmester entwickelt wurde, fantastisch klingt. Begleitend zum Roadtrip haben Niko Hüls und Porsche übrigens auch eine Spotify-Playlist veröffentlicht, auf der sich zahlreiche Songs der Tourgäste wiederfinden.

Was für Julian Hoffmann, Online-Kommunikation Porsche AG, bei der Produktion der Dokumentation zählt, ist vor allem das: „Mit *Back to Tape* ist es uns gelungen, zwei unterschiedliche Themenwelten – und damit auch Zielgruppen – harmonisch miteinander zu verbinden. Unsere Gemeinsamkeit besteht darin, dass mehr in den jeweiligen Kosmen steckt, als es auf den ersten Blick scheint. So konnten wir anhand eines gehaltvollen Storytellings zeigen, dass es lohnenswert ist, sich ohne Vorurteile zu begegnen." Er betont: „Auch über den inhaltlichen Mehrwert hinaus war es für Backspin und Porsche eine sehr erfolgreiche Zusammenarbeit. Der Content wurde vor allem im Bereich Social Media auf verschiedenen Kanälen aufgegriffen und verbreitet, womit wir eine junge Zielgruppe aktivieren konnten."

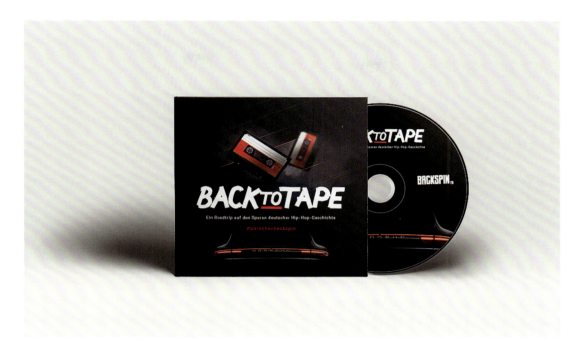

02

03

04

BODENSEE STANDORT MARKETING GMBH, KONSTANZ
FILM UND VIDEO

»ERKLÄRVIDEO REGIONENMARKE VIERLÄNDERREGION BODENSEE«

econforum.de/2018_396

STECKBRIEF	
Webadresse	www.vierlaenderregion-bodensee.info
Länge	2:00 Minuten
Technisches Format	Online-Stream: www.youtube.com/watch?v=jf8LFWUEXFO
Sprachen	Deutsch
Vertriebskanäle	Mailing, Online (Internetportal, Social Media: YouTube, Facebook, Twitter), diverse Veranstaltungen / Messen
Konzeption, Umsetzung	MotionPro AG, Baar (Schweiz) Konzeption: Igor Stojanovic, Fabian Liechti

UNTERNEHMENSPROFIL	
Webadresse	www.bodensee-standortmarketing.com
Branche	Wirtschaftsförderung
Unternehmen	Bodensee Standort Marketing GmbH
Anzahl Standorte (national)	1
Mitarbeiter (national)	Bis zu 10
Gründungsjahr	2000
Projektleitung	Geschäftsführung: Thorsten Leupold, Leitung Marketing: Reiner Horlacher, Projektleitung: Anke Fingerle, Projektmitarbeit: Miriam Schuster, Leitung Öffentlichkeitsarbeit: Dörte Gensow

Nicht nur Unternehmen, sondern auch Regionen müssen sich heute dem Wettbewerb stellen. Attraktivität ist in vielerlei Hinsicht gefragt, damit Menschen, Firmen und Institutionen gewonnen werden. Die Bodenseeregion zeichnet sich durch eine hohe Lebensqualität aus und überzeugt als Wirtschaftsstandort. Spannende Vielfalt ist hier zu Hause – auch durch die grenzüberschreitende Zusammenarbeit von vier hoch entwickelten Ländern: Deutschland, Österreich, Liechtenstein und die Schweiz. Um gemeinsam Flagge zu zeigen, wurde die *Regionenmarke Vierländerregion Bodensee* ins Leben gerufen. Ein *Erklärvideo* kommuniziert die Vorzüge der Marke.

Zu den Werten der *Regionenmarke Vierländerregion Bodensee* gehören Tradition, Landschaft und Kultur ebenso wie Internationalität, Innovation und Dynamik. Befragungen ergaben, dass die glücklichsten Menschen Deutschlands am Bodensee leben. 47.000 von ihnen fahren täglich grenzüberschreitend zur Arbeit. Das Spektrum der Branchen ist breit gefächert. Und wer Urlaub am Bodensee macht, findet keine Hotelburgen oder andere Auswüchse des Massentourismus vor. Im Wettbewerb kann die Region also bestens bestehen. Zur einheitlichen Kommunikation der Vorteile wurde 2010 das seeumfassende Marketing- und Kommunikationsprojekt „Internationaler Wirtschaftsraum Bodensee" gegründet, aus ihm ging 2011 die Regionenmarke hervor.

Organisationen und Unternehmen können die Marke in ihrer Kommunikation einsetzen und mit Verweis auf die eigene Herkunft positive Emotionen wecken. **Um die Besonderheiten auszuloben und die Nutzungsmöglichkeiten für potenzielle Lizenznehmer zu verdeutlichen, kommt das *Erklärvideo* zum Einsatz.** Es wird online über das Internetportal sowie YouTube verbreitet und von verschiedenen Social-Media-Aktivitäten begleitet. Nachdem schon knapp 300 Unternehmen gemeinsam Flagge gezeigt hatten, konnten mithilfe des Videos zahlreiche neue Lizenznehmer gewonnen werden.

Im *Erklärvideo* schildert ein Erzähler beschwingt die gemeinsamen Werte, Ziele und Inhalte der Regionenmarke. Zur schnelleren Erfassbarkeit ergänzen Zeichnungen von Menschen, Gebäuden, Puzzleteilchen, Smileys und mehr die Argumentation. Der Auflockerung dient eine immer wieder ins Bild kommende Hand – sie erstellt die Zeichnungen oder fügt sie schiebend hinzu. Die illustrative Umsetzung, die auf schwelgerische Bilder aus der Region verzichtet, macht das Video sehr prägnant und eingängig, sodass sich die Inhalte im Kopf verankern.

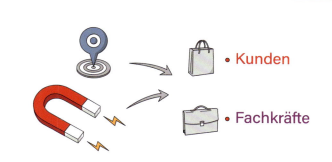
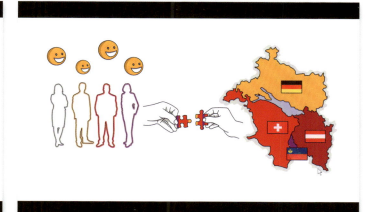
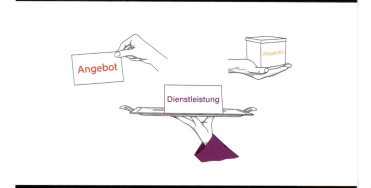
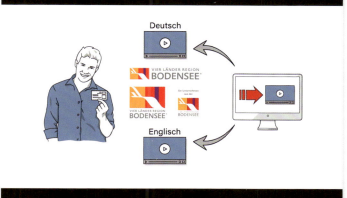

CARGLASS GMBH, KÖLN
FILM UND VIDEO
»CARGLASS®-UMWELTFILM: WIR DENKEN AN MORGEN.«

econforum.de/2018_400

STECKBRIEF	
Länge	3:34 Minuten
Technisches Format	Online-Stream
Interaktivität / Menüpunkte	Animationsfilm
Sprachen	Deutsch
Vertriebskanäle	Interne Kanäle: Roadshows, Events, Intranet, Übergabe an Multiplikatoren und weitere
Konzeption, Umsetzung	akzente kommunikation und beratung GmbH, München. Creative Direction, Text / Konzept, Projektleitung: Sylvia Hofer-Jendros
Produktion	Alexander Osmajic 3-D- u. Motiondesign (Freiberufler), Dachau. Visual Direction, Motion Designer, 3D Artist: Alexander Osmajic

UNTERNEHMENSPROFIL	
Webadresse	www.carglass.de
Branche	Fahrzeugglas (Dienstleistung / Automotive)
Unternehmen	Carglass GmbH
Anzahl Standorte (national)	Mehr als 100
Mitarbeiter (national)	Mehr als 1.000
Gründungsjahr	1993
Projektleitung	Expertin Umweltmanagement: Laura Wolf

01

Umweltschutz ist ein ernstes Thema. Um die große Bedeutung hervorzuheben, wird oft mit dem erhobenen Zeigefinger argumentiert. Bedrohliche Zahlen, Daten und Fakten werden benannt und beängstigende Bilder gezeigt, damit ein Umdenken stattfindet. Dass es auch anders geht, zeigt der *Carglass®-Umweltfilm: Wir denken an morgen*. Er richtet sich an die Mitarbeiter und beinhaltet die Botschaft, dass morgen schon heute ist – was bedeutet, dass es auf das heutige Handeln ankommt. Als moderner Animationsfilm mit sympathischen Charakteren macht er Lust auf eine Auseinandersetzung mit dem Thema. Und er motiviert zu einem verantwortungsvollen Umgang mit der Natur und deren Ressourcen.

Als Teil einer internen Bildungs- und Kommunikationskampagne von Carglass® bildet der Umweltfilm die inhaltliche Basis für ein Umweltschutz-E-Learning-Programm. Nach einer allgemein gehaltenen Einführung, die den Mitarbeitern die Beweggründe und die Wichtigkeit des Umweltschutzes nahebringt, erklärt der Film das Engagement und die Maßnahmen von Carglass® in diesem Bereich. Folgende Fragen werden beantwortet: Was ist Umweltschutz und inwiefern betrifft er jeden? Warum und wie engagiert sich Carglass®? Was heißt das bei Carglass® in der Praxis? Wie können sich die Mitarbeiter beteiligen? Die Vermittlung der umfangreichen Fakten erfolgt durch Storytelling, was für Spannung und durchgängige Aufmerksamkeit sorgt.

Wo immer es möglich ist, versucht Carglass® den Verbrauch von Ressourcen zu vermeiden, zu vermindern und Rohstoffe richtig zu verwerten. An jedem Arbeitsplatz wird der Müll getrennt. **Wer bei Carglass® im Internet surft, macht das mit Ecosia, einer Suchmaschine, die mit ihren Werbeeinnahmen Bäume pflanzt.** Um Emissionen zu reduzieren, gibt es keine unnötigen Reisen. Das und mehr erzählt ein Sprecher. Währenddessen kommt in frischen Farben ein vielfältiges Spektrum an illustrativen Elementen wie der Planet Erde, Menschen, Autos, Computer und Grafiken ins Bild. Eine schwungvolle Musik verbreitet positive Stimmung, ohne vom Gesagten oder Gezeigten abzulenken.

Carglass® hatte den Wunsch, mithilfe des Films mögliche Vorurteile gegenüber der Kommunikation zum Umweltschutz aus dem Weg zu räumen. Gleichzeitig sollte er ein Bewusstsein dafür schaffen, dass gemeinsam wirklich etwas bewegt werden kann. Beide Vorhaben setzt *Wir denken an morgen* um, indem in nur wenigen Minuten gewichtige Inhalte auf anschauliche und nette Weise vermittelt werden. Anzuschauen ist der *Carglass®-Umweltfilm* bei Roadshows, Events und im Intranet.

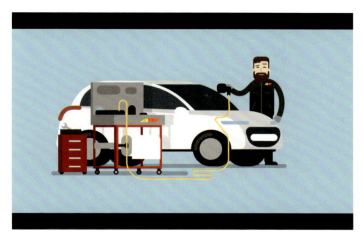

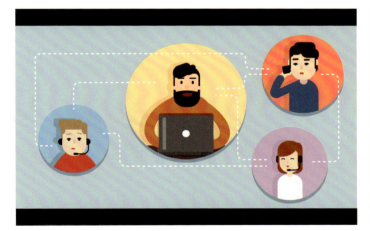

CONTINENTAL AG, HANNOVER
FILM UND VIDEO
»IMAGEFILM 2017«

 econforum.de/2018_404

STECKBRIEF	
Webadresse	http://videoportal.continental-corporation.com/empfohlene-featured-videos/continental-imagefilm-2017-de
Länge	1:46 Minuten
Technisches Format	Online-Stream oder Download
Sprachen	Deutsch, Englisch
Vertriebskanäle	Messen, Online
Konzeption, Umsetzung	BIGFISH FILMPRODUKTION GmbH, Berlin Director: Sascha Kuznia, Vladimir Scheiermann
Produktion	BIGFISH FILMPRODUKTION GmbH, Berlin Director: Sascha Kuznia, Vladimir Scheiermann, Senior Producer: Emilia Schardt, Production Coordinator: Mikaela Gannon

UNTERNEHMENSPROFIL	
Webadresse	www.continental-corporation.com
Branche	Technologieunternehmen
Unternehmen	Continental AG
Anzahl Standorte (international)	554
Mitarbeiter (international)	Mehr als 240.000
Gründungsjahr	1871
Projektleitung	Leitung Markenkommunikation: Thomas Röhrich, Projektleitung: Marcus Lieberum, Projektmitarbeit: Nigel Treblin

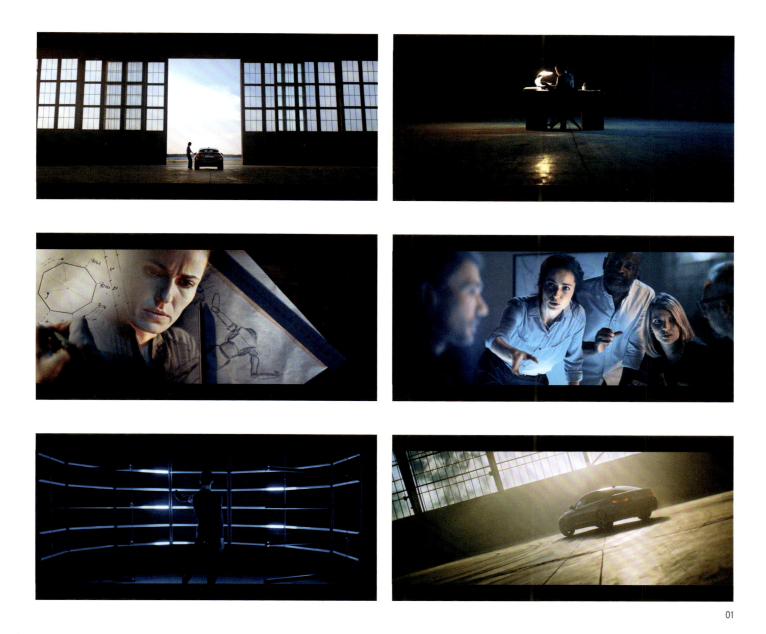

01

2017 präsentierte sich die Continental AG auf der Internationalen Automobilausstellung IAA unter dem Motto „Making Mobility a Great Place to Live" und wartete mit den neusten Technologien und Innovationen zu den Themen automatisiertes Fahren, E-Mobilität und Vernetzung auf. Dieses Motto versinnbildlicht auch der *Continental Imagefilm 2017*, der anlässlich der IAA entstand. Inhaltlicher Schwerpunkt ist die Darstellung von Continental als Technologieführer in den relevanten Industrien und als Anbieter für individuelle Mobilität. Er richtet sich an internationale Kunden, Mitarbeiter, Investoren und Lieferanten.

Ziel war es nicht, einen klassischen Imagefilm zu produzieren, der das Portfolio des Unternehmens zeigt und die bisherigen Leistungen heroisiert oder Reportagen und Interviews aneinanderreiht. **Vielmehr sollte ein profilbildender Film geschaffen werden, der den gesamten Konzern repräsentiert, die Wiedererkennung gewährleistet und sich von Produktionen der Wettbewerber abhebt.** Durch die konsequente Ausrichtung am Motto „Making Mobility a Great Place to Live", durch die atmosphärische Dichte und durch den Einsatz außergewöhnlicher Stilmittel hat Continental dieses Ziel erreicht.

Eine weibliche Stimme führt durch den Film und nimmt den Zuschauer mit auf eine Reise durch die Mobilität von morgen. Ausgangspunkt ist der Mensch in seinem Wunsch nach Bewegung: „Menschen sind schon immer in Bewegung. Sie erforschen die Welt um sich herum und wollen wissen, was sich vor ihren Augen verbirgt." Es wird die Frage gestellt, wie man die Zukunft der Mobilität gestalten kann. Continental hat eine eigene Antwort: „Indem wir das große Ganze betrachten und uns dabei auf die kleinen Details konzentrieren. Unser Weg ist die Suche nach Innovation. Wir bringen Höchstleistungen für die Menschen, den Schutz ihrer Gesellschaften und den Schutz unseres Planeten."

Drei miteinander verwobene Erzählstränge sind von jeweils einem Protagonisten geprägt. Am Anfang und am Ende technologischer Entwicklung steht der Mensch – im Film dargestellt durch eine Ingenieurin, die visionär daran arbeitet, die zukünftige Mobilität zu gestalten. Ein „Man in Motion" leitet tänzerisch mit ausdrucksvollen Gesten neue Gedanken ein. Seine Bewegungen gehen in die eines voll automatisiert fahrenden Autos über – dem dritten Akteur des Imagefilms. Das Finale bringt die Kernaussage des Films auf den Punkt: „Die Zukunft der Mobilität ist innovativ – für einen großartigen Platz zum Leben. Denn ohne Bewegung stoppt das Leben, und die Zeit steht still."

DAIMLER AG, STUTTGART
FILM UND VIDEO

»DIGITALE VORFREUDE – DIE PRODUCTION SUITE«

 econforum.de/2018_408

STECKBRIEF	
Länge	1:30 Minuten
Technisches Format	Online-Video
Sprachen	Deutsch, Englisch
Vertriebskanäle	Online
Konzeption, Umsetzung	fischerAppelt AG, Hamburg

UNTERNEHMENSPROFIL	
Webadresse	www.daimler.com/de
Branche	Automobil
Unternehmen	Daimler AG
Anzahl Standorte (national)	Mehr als 50
Mitarbeiter (national)	Mehr als 30.000
Gründungsjahr	1998

01

Vorfreude ist die schönste Freude, heißt es. Jeder kann für sich nachvollziehen, wie schön das Warten auf etwas Besonderes ist. Das Warten auf den nächsten Urlaub oder auf das neue Auto zum Beispiel. Die Daimler AG hat sich entschlossen, das Warten auf ein neues Automobil aus dem Hause Mercedes-Benz noch zu versüßen. Bestellt ein Kunde sein Wunschfahrzeug, kann er dessen Produktion ganz bequem auf dem PC, Tablet oder Smartphone in Echtzeit verfolgen. *Digitale Vorfreude* heißt das neue Angebot. Über ein Online-Tool in „Mercedes me" erhält der Kunde exklusiven Zugang dazu.

Jedes Fahrzeug von Mercedes-Benz wird individuell nach Kundenwunsch hergestellt. Die Entstehung beinhaltet dabei vier Schritte: den Rohbau, die Lackierung, die Montage und die Endabnahme. Anders ausgedrückt: Ein Meisterwerk der Automobilkunst in vier Akten wird geschaffen. Dieses Geschehen zeigen vier Online-Videos auf, in denen der Ablauf des Produktionsprozesses sehr eingängig verdeutlicht wird: „Die Karosserie", „Die Lackierung", „Die Montage" und „Das Finish". Ein weiterer Film – „Highlights" – fasst die Mercedes-Benz Autoproduktion zusammen. Um das Gefühl der digitalen Vorfreude übers Auge direkt ins Herz zu transportieren, setzt Daimler bei den Filmen auf eine eindrucksvolle Inszenierung.

Den Auftakt des Films „Highlights" bilden die eingeblendeten Worte: „Mercedes-Benz präsentiert eine neue Art des Wartens. Ein einzigartiges Markenerlebnis für private Neufahrzeugkunden." Dann geht erst einmal alles wortlos vonstatten. Während eine progressive Musik für gespannte Stimmung sorgt, sieht der Zuschauer eine Produktionshalle, Montagestraßen und immer wieder Fahrzeuge, die sich im Werden befinden: im Rohbau, bei der Lackierung, während der Montage. **Die Bilder, die sich dem Betrachter eröffnen, tauchen tief in die Welt des Herstellungsprozesses ein und reißen einfach mit – durch faszinierende Makro- und Zeitlupenaufnahmen, ausgefallene Bildkompositionen und virtuose Schnittfolgen.** Zum Abschluss blenden nochmals wenige Worte ein: „Noch nie war Warten so schön. Digitale Vorfreude von Mercedes-Benz."

Eingesetzt werden die Videos auf der Web-Applikation *Digitale Vorfreude* im Login-Bereich und auf den globalen Social-Media-Kanälen von Mercedes-Benz. Sie sollen nicht nur Freude verbreiten, sondern auch eine qualitative Kaufbestätigung sein. Beide Ziele werden erreicht. Zum Ausdruck kommt, mit wie viel Konstruktivität, Präzision und Liebe zum Detail das Unternehmen ans Werk geht, um qualitativ hochwertige – außergewöhnlich gute – Fahrzeuge zu schaffen.

DR. ING. H.C. F. PORSCHE AG, STUTTGART
FILM UND VIDEO
»QUALITY BY PORSCHE«

 econforum.de/2018_412

SILBER
INTEGRIERTE UNTERNEHMENSKOMMUNIKATION

STECKBRIEF	
Länge	02:25 Minuten
Technisches Format	Online-Stream
Sprachen	Englisch
Vertriebskanäle	Intranet, YouTube, Messe- und Presseveranstaltung
Konzeption, Umsetzung	Bonaparte Films GmbH, Berlin Producer: Philip Töpfer, Director: Nico Kreis, Konzept: Jan Berg, DOP: Simon Drescher

UNTERNEHMENSPROFIL	
Webadresse	www.porsche.com
Branche	Automobil
Unternehmen	Dr. Ing. h.c. F. Porsche AG
Anzahl Standorte (national)	5 bis 10
Mitarbeiter (national)	Mehr als 10.000
Gründungsjahr	1931
Projektleitung	Leitung Unternehmenskommunikation: Dr. Josef Arweck, Projektleitung: Jasmin Anderson, Christian Weiß, Leitung Unternehmensqualität: Frank Moser

01

Behutsam streicht eine Hand in einem weißen Handschuh über einen schwarzen Porsche. Eine eindrucksvolle Szene aus dem Film *Quality by Porsche*. Es handelt sich um einen Porsche Mitarbeiter, der bei der finalen Prüfung am Ende der Produktion auf jedes Detail achtet, damit das Fahrzeug dem Kunden in perfektem Zustand übergeben wird. Eine Geste, die symbolisch für den hohen Qualitätsanspruch bei Porsche steht: der Qualitätsmanager, der am Ende der Produktion das Fahrzeug mit Samthandschuhen abstreicht.

Doch Qualität bei Porsche ist viel mehr als das. Höchste Qualität ist ein wesentlicher Bestandteil der Markenidentität – und ein Ergebnis der Kompetenz der Mitarbeiter. **Dabei ist das Qualitätsmanagement unternehmensweit in allen Ressorts bis hin zu den Lieferanten sowie dem weltweiten Service fest verankert.** Dementsprechend ist der Film aufgebaut.

Zu Beginn sieht der Zuschauer einen schwarzen Porsche Panamera 4S in cleanem, schwarzem Umfeld. Vier Porsche Mitarbeiter gehen auf den Wagen zu und begutachten ihn. Es folgt die Szene mit dem Handschuh. Nach dieser Einstimmung wechselt der Schauplatz, das Tempo wird schneller. Man sieht Computer, Monitore, digitale Bilder, Mitarbeiter im Austausch und vieles mehr. Gegen Ende des Films erhält ein Kunde seinen Autoschlüssel und setzt sich voller Stolz in sein neues Fahrzeug. Währenddessen erläutert ein Offsprecher, was die Qualitätsarbeit von Porsche ausmacht und an welchen Stellen sie ansetzt. Zusätzlich unterstützt wird dies durch Einblendungen über die zentralen Aspekte des Qualitätsmanagements: von der Konzeptqualität über die Kaufteilqualität bis hin zur Servicequalität. Die Schlussfolgerung lautet dementsprechend: Qualität bei Porsche ist weit mehr als ein weißer Handschuh.

Der Film *Quality by Porsche* ist geprägt von den Farben Schwarz, Grau und Blau – das schafft eine Atmosphäre, die das konzentrierte Denken und die hohen Ansprüche des Automobilherstellers im Qualitätsmanagement widerspiegelt. Kurze dynamische Sequenzen, Nahaufnahmen und der an die Musik angepasste Schnitt unterstreichen die umfassende Darstellung der Qualitätsarbeit von Porsche – und zeigen viel Liebe zum Detail.

FRANZ BINDER GMBH & CO. ELEKTRISCHE BAUELEMENTE KG, NECKARSULM
FILM UND VIDEO
»IMAGEFILM ›DINGE VERBINDEN – GANZ EINFACH!‹«

 econforum.de/2018_416

STECKBRIEF	
Webadresse	www.youtube.com/watch?v=H1bOryDEo1w
Länge	2:03 Minuten
Technisches Format	Online-Stream
Sprachen	Deutsch
Vertriebskanäle	Messen, Online, im Eingangsbereich
Konzeption, Umsetzung, Produktion	shy collective GmbH, Endingen am Kaiserstuhl; Franz Binder GmbH & Co. Elektrische Bauelemente KG, Neckarsulm

UNTERNEHMENSPROFIL	
Webadresse	www.binder-connector.de
Branche	Hersteller Industriesteckverbinder
Unternehmen	Franz Binder GmbH & Co. KG
Anzahl Standorte (national)	8
Mitarbeiter (national)	Mehr als 1.000
Gründungsjahr	1960
Projektleitung	Leitung Marketing: Timo Pulkowski

01

Emotionen bestimmen unser Leben: Durch sie zeigen wir, was wir empfinden und wie wir fühlen. Emotionen halten uns lebendig, machen uns unverwechselbar und helfen, scheinbare Grenzen zwischen verschiedenen Menschen zu überwinden. Ganz egal ob jung oder alt, ob Europäer oder Afrikaner, ob reich oder arm. Kurz: Sie sind die Essenz unseres Lebens. Bei der Entstehung des *Imagefilms* dachte die Franz Binder GmbH an nichts anderes als an Emotionen. Zielgruppe ist nicht der technikaffine Ingenieur oder der detailverliebte Konstrukteur. Zielgruppe ist der Mensch mit all seinen Gefühlen.

Die Franz Binder GmbH fragte sich, ob das Leben ihrer Kunden aus technischen Zeichnungen, Produktlebenszyklen oder Konstruktionsentwürfen besteht, und kam zu dem Schluss: nein! Der Antrieb des Unternehmens war es nicht zu zeigen, was es kann und wie gut es ist. Der Anspruch war es nicht darzustellen, welche technischen Attribute das Produkt Rundsteckverbinder auszeichnen. Ziel ist es, aufzufallen, zu polarisieren und aufzuwühlen. Die Franz Binder GmbH wollte weg von einer rein technisch basierten Produktpräsentation, hin zu mehr Leben, hin zu mehr Emotion. **Es sollte gezeigt werden, dass Ingenieure und Konstrukteure, Produktmanager und Prozessoptimierer nichts anderes sind als Menschen mit Gefühlen.**

Der Corporatefilm „Dinge verbinden – ganz einfach" veranschaulicht alltägliche Situationen und viele Selbstverständlichkeiten. Symbolisch erscheinen Beispiele, die in irgendeiner Form etwas mit den Themen „stecken" oder „Stecker" zu tun haben. Das Leben wird inszeniert und dabei der Fokus eher spielerisch auf das Thema „Stecker" gelegt. Während eine ruhige, kraftvolle Musik läuft, sieht man die unterschiedlichsten Situationen: Ein Postbote wirft einen Brief in den Kasten, ein Pad fällt in die Kaffeemaschine, ein Strohhalm steckt in der Flasche, Milch fließt in den Kaffee, eine Pflanze kommt in den Boden. Ergänzt werden diese alltäglichen Dinge durch Szenen aus dem Geschäftsleben. Dem folgen ganz selbstbewusst in Weiß auf Schwarz eingeblendete Zeilen: „Eine Welt ohne Stecker? Geht nicht!" Zum Abschluss erscheint eine kurze Zusammenfassung der Werte der Franz Binder GmbH.

Emotionen sind für Binder der Schlüssel, um sich noch interessanter zu machen. Um auch jene zu erreichen, die das Unternehmen noch nicht kennen. Die Lebensnähe und die konsequente Auslassung von Eigenlob machen den Film – und damit die Franz Binder GmbH – sehr sympathisch. Der starke Symbolwert und die besondere Ästhetik der Szenen sprechen letztlich für sich: hohe Qualität.

SIEMENS SCHWEIZ (BUILDING TECHNOLOGIES DIVISION) AG, ZUG (SCHWEIZ)
FILM UND VIDEO
»#CREATINGPERFECTPLACES«

econforum.de/2018_420

STECKBRIEF	
Länge	2:28 Minuten
Technisches Format	Online-Stream
Sprachen	Englisch, Deutsch
Vertriebskanäle	Online (Website und Social-Media-Kanäle)
Konzeption, Umsetzung	Theim Kommunikation GmbH, Erlangen Senior Account Director: Claudio Theim Desire Creation Systems, Sunderland (Großbritannien) Creative Director: Philip Rowell
Produktion	vollbild audiovisuell, Darmstadt Director: Gérard Schwarz, Executive Producer: Sören Weilmünster, Director: Daniel Sax

UNTERNEHMENSPROFIL	
Webadresse	https://w1.siemens.ch/buildingtechnologies/ch/de/Seiten/home.aspx
Branche	Gebäudeautomatisierung und Brandschutz
Unternehmen	Siemens Building Technologies
Anzahl Standorte (national)	5 bis 10
Mitarbeiter (national)	Mehr als 100.000
Gründungsjahr	1998
Projektleitung	Branding, Corporate Design: Gabriela Schnider, Head of Communications: Günter Baumgartner

01

Rund 90 Prozent unsers Lebens verbringen wir in Gebäuden. Sie geben uns Raum, um zu lernen, zu arbeiten, zu entspannen, uns zu unterhalten und Altes oder Neues zu entdecken. Die Siemens Division Building Technologies (BT) sorgt für sichere, energieeffiziente, wirtschaftliche und komfortable Gebäude. Sie ist der Meinung, dass alles, was wir tun, einen perfekten Ort verdient hat. Deshalb will Siemens BT Gebäude besser machen und damit auch das Leben der Menschen, die sich darin aufhalten. Die Imagekampagne *#CreatingPerfectPlaces* bringt diesen Anspruch zum Ausdruck. Sie richtet sich an die Kunden, die Öffentlichkeit und die Mitarbeitenden.

Gebäude sind für Siemens nicht einfach nur Bauwerke, die in allen Bereichen funktionieren. Dem Unternehmen geht es darum, was Gebäude möglich machen. Insofern ist das zentrale Element der Kampagne nicht die Technik, die dazu eingesetzt wird, damit alles läuft. Siemens geht darüber hinaus und zeigt kurze Online-Filme über die Nutzung von Gebäuden – von perfekten Orten. Dabei sieht der Zuschauer dies durch die Augen der Menschen, die dort arbeiten oder leben. **Jeder Film ist ein Augenzeugenbericht eines Protagonisten, der spürbar macht, dass ein Gebäude viel mehr ist als nur vier Wände und ein Dach.** Es ist ein Ort, der Möglichkeiten schafft – und durch Gebäudetechnik perfekt wird.

Einer der Filme, der im Rahmen der Imagekampagne geschaltet wird, führt in das Melbourne Museum nach Australien. Auf einer Fläche von rund 80.000 Quadratmetern sind hier über 16 Millionen Exponate ausgestellt, die sich um Bildung, Geschichte, Kultur und Gesellschaft drehen. Während des Films spricht ein Mitarbeiter des Museums zum Zuschauer. Anfangs erläutert er, was er an seinem Arbeitsplatz schätzt: „Es ist ein Ort, der bewahrt. Unsere Geschichten. Unsere Kultur. Die Geschichten unserer Völker." Später macht der Mitarbeiter deutlich, wie wichtig es ist, die Ausstellungsstücke für die Zukunft zu erhalten. Die Gebäudetechnik des Museums leistet einen wertvollen Beitrag dazu: „Dies hier ist der perfekte Ort, um sicherzustellen, dass auch kommende Generationen unsere Geschichte kennen."

Die Worte des Erzählers wirken klar und überzeugend. Während der Zuschauer sie vernimmt, wird er mit Ruhe und Bedacht durch das Melbourne Museum geführt. Er sieht Ausstellungsräume, Exponate, Besucher und Restauratoren. Immer wieder kommt auch der Erzähler ins Bild, was seinen Worten mehr Intensität verleiht. Nach dem sehr einfühlsamen und eindrucksvollen Film bleibt haften, dass Siemens Technologie für Menschen schafft.

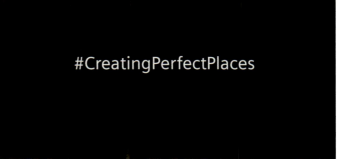

TECHNOSEUM LANDESMUSEUM FÜR TECHNIK UND ARBEIT IN MANNHEIM STIFTUNG DES ÖFFENTLICHEN RECHTS
FILM UND VIDEO
»JUGEND FÜR TECHNIK: SCIENCE – NICHT FICTION!«

 econforum.de/2018_424

STECKBRIEF	
Webadresse	www.youtube.com/watch?v=l2bgJZMKNLs
Länge	0:30 Minuten
Technisches Format	Online-Stream
Interaktivität / Menüpunkte	Social-Media-Kampagne
Sprachen	Deutsch
Vertriebskanäle	YouTube, Facebook, Instagram, Snapchat, Gaming Apps, Foren etc.
Konzeption, Umsetzung, Produktion	Schleiner + Partner Kommunikation GmbH, Freiburg

UNTERNEHMENSPROFIL	
Webadresse	www.technoseum.de
Branche	Museum
Unternehmen	TECHNOSEUM Landesmuseum für Technik und Arbeit in Mannheim Stiftung des Öffentlichen Rechts
Anzahl Standorte (national)	1
Mitarbeiter (national)	Mehr als 50
Gründungsjahr	1990
Projektleitung	Direktor: Prof. Dr. Hartwig Lüdtke, Leitung Kommunikation: Claudia Paul

01

Ob Smartphone, MP3-Player, Computerspiel oder Internet – überall steckt Technik drin. Und von alldem sind Kids & Co. begeistert. Umso verwunderlicher ist es, dass technische Berufe für sie nicht ganz oben auf der Unbedingt-haben-Liste stehen. 2017 hat der Fachkräftemangel in diesem Bereich einen neuen Negativrekord erreicht. Laut eines Reports des Instituts der deutschen Wirtschaft fehlen in den MINT-Berufen etwa 290.000 Arbeitskräfte – MINT gleich Mathematik, Informatik, Naturwissenschaften und Technik. Im Vergleich zum Vorjahr ist die Lücke um 42,9 Prozent gewachsen. Diesem besorgniserregenden Trend begegnet das TECHNOSEUM mit dem Spot *Science – nicht Fiction!*

Das TECHNOSEUM befindet sich in Mannheim. 200 Jahre Technik und Sozialgeschichte werden dort ausgestellt. Zudem gibt es Experimentierstationen, die für Spaß und Freude beim Begreifen sorgen. Mehr als die Hälfte der Besucher des Museums sind Schülerinnen und Schüler. Sie schätzen es als Ort des Lernens jenseits des Klassenzimmers. Beste Voraussetzungen also, um als Botschafter zu fungieren und junge Menschen an Dinge heranzuführen, die auch außerhalb des Museums von Wert und Bedeutung sind. Das dachte sich das TECHNOSEUM wohl auch und gründete auf Anraten seiner Agentur Schleiner + Partner Kommunikation die Initiative „Jugend für Technik", die für mehr Nachwuchs in Naturwissenschaft und Technik sorgen soll. Im Rahmen dieser Initiative macht die Freiburger Kommunikationsagentur für das Museum mit ungewöhnlichen Aktivitäten auf den Fachkräftemangel aufmerksam. Eine davon ist der Film *Science – nicht Fiction!*

Der Spot, der Teil einer umfassenden Social-Media-Kampagne ist, richtet sich an Jugendliche zwischen 11 und 17 Jahren. Er soll ihnen vor Augen führen, dass nichts spannender ist als Technik. Und er soll ihnen zeigen, dass sie sich unbewusst schon dafür interessieren. **Das Besondere an diesem Film ist, dass er ganz konsequent die Perspektive der Jugendlichen einnimmt und weder belehrend noch aufgesetzt wirkt:** Man sieht einen kleinen Jungen im Kornfeld, der zum Himmel schaut und dort ein Flugobjekt entdeckt. Es folgt eine faszinierende Science-Fiction-Welt, die sich beispielsweise aus Aufnahmen von einem Roboter, einem Raumschiff und einem Menschen im Raumanzug zusammensetzt. Die unterlegte Musik erinnert an die Band Kraftwerk – außer ihr ist nichts zu hören, nicht ein Wort. Zum Abschluss sind der Satz „Nichts ist spannender als Technik" und der Absender des Spots zu lesen.

Verbreitet wird *Science – nicht Fiction!* unter anderem über YouTube, Facebook, Snapchat, Instagram und Foren. So gut wie keiner, der den Spot anschaut, klickt ihn weg. Auch die Vielzahl der Likes zeigt die hohe Akzeptanz.

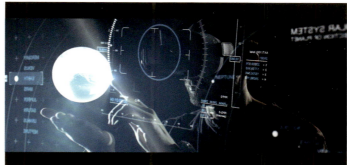

Nichts ist spannender als Technik.

TECHNOSEUM
Landesmuseum
für Technik und Arbeit
in Mannheim

02

TERRE DES FEMMES – MENSCHENRECHTE FÜR DIE FRAU E. V., BERLIN
FILM UND VIDEO
»DAS GENDER PAY GAP EXPERIMENT«

econforum.de/2018_428

	STECKBRIEF
Webadresse	www.gender-salary-experiment.de
Länge	2:42 Minuten
Technisches Format	Online-Film
Sprachen	Deutsch, Englisch
Vertriebskanäle	Online
Konzeption, Umsetzung	Jung von Matt AG, Hamburg Kreativgeschäftsführung: Dörte Spengler-Ahrens, Managing Director Beratung: Stephan Giest, Creative Director: Marielle Heiß, Eva Stetefeld, Florentin Hock, Text und Konzeption: Andreea Nedelcu, Art Director, Screendesign, Konzeption: Julia Hellwege, Text: Jens Paasen, Grafik- und Screendesign: Christoph Drange, Grafikdesign: Laura Stieg, Kundenberatung: Lara Timm, Felix Altmann
PR Lead International	achtung! GmbH, Hamburg Management Supervisor: Robert Hoyer, Senior Account Manager: Katharina Bittner, Account Manager: Stephanie Sendler
Produktion, Filmproduktion	e+p films GmbH, Hamburg Producer: Uli Reuter, Ina Alabowitz
Postproduktion	KAEPTN Postproduktion GmbH, Hamburg Post Production: Oliver Anlauf

	UNTERNEHMENSPROFIL
Webadresse	www.frauenrechte.de/online
Branche	Menschenrechte für die Frau
Unternehmen	TERRE DES FEMMES – Menschenrechte für die Frau e. V.
Anzahl Standorte (national)	1
Mitarbeiter (national)	Mehr als 20
Gründungsjahr	1981
Projektleitung	Geschäftsführender Vorstand: Christa Stolle

01

Laut Statistik verdienen Frauen in Deutschland 21 Prozent weniger als Männer. Schon allein diese Zahl lässt aufhorchen, denn immerhin befinden wir uns in einem Land, das sich Gleichberechtigung auf die Fahnen schreibt. Die Frauenrechtsorganisation TERRES DES FEMMES wollte darauf aufmerksam machen, dass die entscheidenden Faktoren für eine Lohndifferenz nicht etwa berufliche Erfahrungen oder die Persönlichkeit sind – wie von Arbeitgebern häufig behauptet –, sondern immer noch das Geschlecht. Deshalb führte TERRES DES FEMMES einen Test durch: „Das Gender Pay Gap Experiment". Ziele dieser Aktion waren die Erhöhung der öffentlichen Aufmerksamkeit, die Entlarvung mangelnder politischer Bemühungen zur Gleichstellung und die Aufforderung, konkrete Maßnahmen gegen Ungleichbehandlung zu ergreifen.

Um den gegenwärtigen Zustand bestmöglich zu verdeutlichen, suchte die Organisation drei Transgender für ihren Test – also Menschen, die sich nicht oder nicht nur mit dem Geschlecht identifizieren, das die Natur bei ihrer Geburt für sie festlegte. Alle drei bewarben sich einmal als Mann und einmal als Frau um die gleiche Stelle. Und so traten Oliver gegen Olivia, Dirk gegen Iris und Leo gegen Anna-Lena bei Vorstellungsgesprächen in Unternehmen gegeneinander an. Mit auf den Weg bekamen die Doppelkandidaten fast identische Lebensläufe, sodass sie dieselben Qualifikationen und Erfahrungen vorzuweisen hatten. Nicht zu vergessen, dass die vermeintlichen Wettbewerber eine Person waren und daher die gleichen Grundzüge ihrer Persönlichkeit aufwiesen.

Die Dokumentation des aufschlussreichen Experiments wurde in einem Film festgehalten, der auf einer Microsite sowie über Facebook, YouTube und Twitter weltweit verbreitet wurde. Er zeigt die Bewerbungsgespräche, die mit versteckter Kamera gedreht wurden. Sie führen ganz deutlich vor Augen, wie es tatsächlich um die Lohngerechtigkeit zwischen Männern und Frauen bestellt ist: Frauen sind weit davon entfernt, gleichbehandelt zu werden. Wie erwartet, wiesen die angebotenen Jahresgehälter erhebliche Unterschiede auf: Die Testpersonen hätten als Mann bis zu 33 Prozent mehr Gehalt bekommen.

Der Film entfachte eine Diskussion in den sozialen Medien, wurde tausendfach kommentiert und geteilt. TERRES DES FEMMES erhielt weltweite Unterstützung von anderen Frauenorganisationen, Aktivisten und den Menschen auf Facebook. Sie halfen, die #paybacktime-Bewegung zu starten, um Frauen zu ermutigen, ein angemessenes Gehalt zu verlangen. TV-Magazine, Online- und Printmedien teilten den Film und berichteten weltweit über das Experiment. Es erreichte eine Reichweite von 165 Millionen in nur drei Tagen.

VOITH GMBH & CO. KGAA, HEIDENHEIM
FILM UND VIDEO
»DIGITALER WANDEL IN DER WASSERKRAFT«

econforum.de/2018_432

STECKBRIEF	
Webadresse	www.youtube.com/watch?v=WfTbvt7Bin8
Länge	2:09 Minuten
Technisches Format	Online-Stream
Interaktivität / Menüpunkte	Kommentar- und Sharing-Funktion auf YouTube; Gesprächsanlass für Vertriebsteam auf Messen und in Kundenmeetings
Sprachen	Englisch
Vertriebskanäle	Trade fair, company presentations, online digital and social, personal handover
Konzeption, Umsetzung	Text100 GmbH, München Managing Director: Birgit Heinold, Content Strategist: Jörg Lenuweit
Produktion	Text100 Private Limited, London (Großbritannien) Creative Director: Managing Director Tom Edwards, Producer: Producer / Director Ryan Prout
Regie	Averner Films Ltd, Sandwich (Großbritannien) Director / Cinematographer: Alex Verner
Produktion	E9th Productions Ltd, Hove, East Sussex (Großbritannien) Producer: Producer Audrey Davenport
Kameratechnik	Ember Films Ltd, Hackford, Wymondham (Großbritannien) Director of Photography: DOP Jonathan Jones
3-D-Produktion	FMLIK Ltd, London (Großbritannien) Visual Effects Supervisor: Matthew Chan

UNTERNEHMENSPROFIL	
Webadresse	www.voith.com
Branche	Energie / Wasserkraft
Unternehmen	Voith GmbH & Co. KGaA
Anzahl Standorte (national)	Mehr als 50
Mitarbeiter (national)	Mehr als 10.000
Gründungsjahr	1867
Projektleitung	Global Market Communication Manager: Kathrin Röck, Vice President Global Market Communication: Kristine Adams, Global Business Partner Hydro: Christina Garre, Head of Global Trade Media and Market Communication: Susanne Speiser

01

Die Voith GmbH & Co. KGaA ist ein Technologiekonzern, der über ein breites Portfolio aus Anlagen, Produkten, Serviceleistungen und digitalen Anwendungen verfügt. Gegründet wurde das Unternehmen 1867, noch heute – mit 19.000 Mitarbeitern in 60 Ländern – befindet sich Voith zu einhundert Prozent in Familienbesitz. Ein Betätigungsfeld des Unternehmens ist die technische Ausrüstung von Wasserkraftwerken. Da der Markt in diesem Bereich auch aufgrund der fortschreitenden Digitalisierung hart umkämpft ist, hat Voith den Imagefilm *Digitaler Wandel in der Wasserkraft* produziert. In dessen Mittelpunkt steht das innovative Denken von Voith.

Die Frage, die sich Voith beim Gedanken an den Wettbewerb und die Digitalisierung stellte, war: Wie gelingt es, ein traditionelles Maschinenbauunternehmen als glaubhaften Partner für den digitalen Wandel zu positionieren? **Die Antwort darauf ist der Imagefilm, der die Botschaft von Voith auf innovative Weise transportiert und dabei neue Wege jenseits der Sehgewohnheiten beschreitet.** So wird beispielsweise reales Filmmaterial mit spielerischen 3-D-Animationen kombiniert, sodass der Zuschauer eine Welt im Wandel erlebt, in der es aber eine Konstante gibt: Voith. Ein weiteres stilistisches Mittel ist die subtile Kameraführung. Sie spiegelt die fließende Natur des Wassers wider und führt den Zuschauer rhythmisch durch die Erzählung. Zudem regen suggestive Fragen darüber, was uns alle verbindet, die Vorstellungskraft an.

Digitaler Wandel in der Wasserkraft beginnt mit beeindruckenden Bildern aus der Natur: Dem Betrachter eröffnen sich faszinierende Berge und ein traumhafter Wald mit einer Seenlandschaft. Durch das Auszoomen der Kamera wird erkennbar, dass sich diese Bilder auf einem Tablet befinden, das ein Mann in seinen Händen hält. Dann kommt das Gesicht des Mannes – ein Kunde – ins Bild, und ein Sprecher beginnt mit seinen Ausführungen. Sie drehen sich unter anderem um erneuerbare Energien, ungenutzte Potenziale, intelligente Netzwerke und digitale Lösungen. Während der Zuschauer die Worte des Sprechers vernimmt, sieht er verschiedene Interaktionen zwischen Kunden und Mitarbeitern von Voith.

Am Ende des Films wird darauf hingewiesen, dass Voith digitale Lösungen schafft, die Produkte zu intelligenten Netzwerken machen – und dass das Unternehmen seit mehr als 150 Jahren die Zukunft gestaltet. Die gesprochenen Inhalte sowie die Art und Weise der Umsetzungen machen deutlich, dass Voith nicht nur ein traditionelles, sondern auch ein sehr fortschrittliches Unternehmen ist.

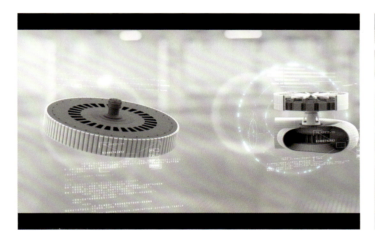
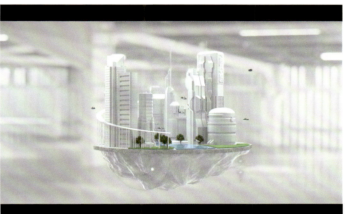

BAYER AG, LEVERKUSEN WEBSITE

»RELAUNCH DER BAYER-KONZERNWEBSITE«

econforum.de/2018_436

SILBER

STECKBRIEF	
Webadresse	www.bayer.de www.bayer.com
Sprachen	Deutsch, Englisch
Anzahl (Online-)Redakteure	10
Durchschnittliche Seitenaufrufe / Monat (Page Impressions)	1 Mio.
Durchschnittliche Einzelbesuche / Monat (Unique Visits)	350.000
Häufigkeit Updates / Aktualisierungen	Täglich
Besondere Funktionalitäten	RSS-Newsfeed, Live-Aktienticker, (Produkt-)Suche, kuratierter Social-Media-Newsroom
Interaktive Technologien	Magazin-Blog mit Kommentarfunktion, Video-Streaming, Live-übertragung der Bilanzpressekonferenz
Konzeption, Umsetzung	C3 Creative Code and Content GmbH, Berlin
Programmierung	OEVERMANN Networks GmbH, Bergisch Gladbach

UNTERNEHMENSPROFIL	
Webadresse	www.bayer.de/de/profil-und-organisation
Branche	Life Science
Unternehmen	Bayer Aktiengesellschaft
Anzahl Standorte (national)	Mehr als 10
Mitarbeiter (national)	Mehr als 30.000
Gründungsjahr	1863

BEGRÜNDUNG DER JURY: Informativ, dabei frisch und innovativ – das sind die Attribute der neuen Konzernwebsite von Bayer. Sie überzeugt mit inhaltlicher Tiefe und einer unmissverständlichen Benutzerführung. Die thematische Bandbreite spiegelt die vielfältigen Tätigkeitsgebiete des Konzerns wider und lädt dazu ein, in die facettenreiche Bayer Welt einzutauchen – zahlreiche Verlinkungen legen dem User das nahe. Eine starke Bildsprache und ein klares Farbkonzept runden den harmonischen Gesamteindruck ab – ein exzellenter, wirklich gelungener Relaunch.

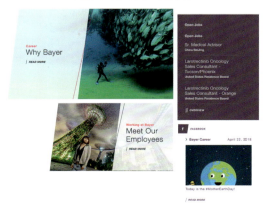

Ein visionärer und leidenschaftlicher Auftritt, der zum Leitbild der Marke passt – 2017 hat die Bayer AG die Positionierung des Unternehmens neu ausgerichtet und damit verbunden das Corporate Design komplett überarbeitet.

Genau so präsentiert sich auch die rundum erneuerte Konzernseite, die das traditionelle statische Mehrspaltensystem hinter sich gelassen hat und nunmehr ein Markenerlebnis mit Tiefgang schafft. „Eine mutige Designsprache entsprechend der neuen Positionierung, aber vor allem ein Paradigmenwechsel vom organisationszentrierten Unternehmensauftritt hin zu einem nutzerzentrierten und bedürfnisorientierten Angebot waren das Ziel", betont Joachim Behr, Head of Corporate Internet. Deshalb sehen sich Besucher der Startseite umgehend mit aktuellen wie zeitlosen Fragen konfrontiert, die jeden von uns beschäftigen und die zugleich einen Zusammenhang mit den unterschiedlichsten Handlungsfeldern von Bayer herstellen. Es geht unter anderem um die Gesundheit von Babys, die Sicherheit von Lebensmitteln, die Zukunft der Insekten und darum, wie viel Vertrauen in Gentechnik möglich ist. Damit trifft schon die Startseite den Nerv von Verbraucherinnen und Verbrauchern. Schließlich geht es um Themen, die aus den Nachrichten bekannt sind und um die Auseinandersetzung mit Zukunftsfragen.

Der aktivierende Einstieg und die ehrliche Auseinandersetzung mit kontroversen Themen wie zum Beispiel der Gentechnik sind charakteristisch für eine neue Offenheit, die sich nicht nur in der lichten Gestaltung, sondern auch in der inhaltlichen Darstellung zeigt: „Öffnen wir mit dem Einsatz von Korrekturgenen tatsächlich die Büchse der Pandora? Sollten wir solche neuen Chancen endlich nutzen? Oder: Jetzt, wo solche medizinischen Eingriffe möglich sind, nicht innehalten und uns fragen, ob wir diese auch wollen? Diffizile Fragestellungen wie diese können übrigens sofort per Twitter geteilt werden, sodass die Seite zur weltweiten Diskussion im Netz einlädt.

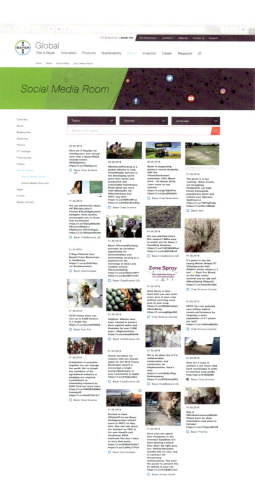

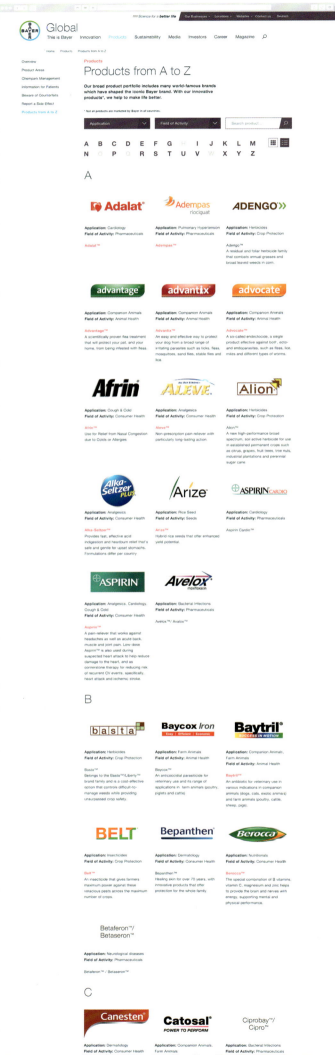

Auch der Konzern lässt sich auf der Seite neu entdecken. Die Seitenbesucher können sich umfassend über Innovationen, Produktwelten und das nachhaltige Engagement von Bayer informieren. Die obere Navigationsleiste führt zu den einzelnen Themen, die in sich nochmals klar gegliedert sind. Diese starke Unterteilung in Teilbereiche ist eine gute Lösung angesichts der zahlreichen Fachgebiete, die es bei Bayer gibt und die sich teilweise nochmals in bestimmte Ausrichtungen auffächern. Die gute Benutzerführung strukturiert das Geflecht aus verschiedenen Handlungsfeldern so, dass jede Zielgruppe Antworten auf ihre Fragen findet oder zu passenden Angeboten geleitet wird. Alle Unterseiten zeichnen sich durch ein lebendiges Entrée aus, das bildlich oder mit Zitaten in die Kategorien einführt. Besondere typografische Elemente, animierte Grafiken oder hinterlegte Bewegtbilder bilden den passenden Rahmen oder Hintergrund für eine fachlich fundierte Berichterstattung. Kurze Einführungen sind knapp und so treffend formuliert, dass die Texte stets zum Weiterlesen und tieferen Einsteigen ins Thema animieren.

Für Übersicht und Klarheit sorgt auch die farbliche Codierung. Daneben erlaubt die Suchfunktion ein schnelles Wiederaufgreifen von Themen oder Auffinden von Produkten. Die Bereitschaft zum Dialog und zur öffentlichen Diskussion mit Verbrauchern, Kunden, Partnern und Mitarbeitern ist nicht nur durch die Einbindung konkreter und alltagsnaher Fragen erkennbar. Sie zeigt sich auch in der Verlinkung zu sozialen Netzwerken wie Facebook, Twitter, YouTube oder LinkedIn.

Wie erfolgreich die neue deutsch- und englischsprachige Konzernseite ist, zeigt sich in den Nutzerzahlen: Die Seite, die täglich aktualisiert wird, verzeichnet gut 350.000 Besuche und eine Million Seitenaufrufe im Monat.

BUNDESMINISTERIUM DER VERTEIDIGUNG, BERLIN WEBSITE

»DIGITALE REGIERUNGSKOMMUNIKATION: DIE BMVG-WEBSITE.«

econforum.de/2018_442

BRONZE

STECKBRIEF

Webadresse	www.bmvg.de
Sprachen	Deutsch
Anzahl (Online-)Redakteure	7
Häufigkeit Updates / Aktualisierungen	Wöchentlich
Besondere Funktionalitäten	RSS
Interaktive Technologien	Einbindung in soziale Netzwerke: Facebook, Instagram, Twitter, Flickr
CMS	CoreMedia 8
Konzeption, Umsetzung	Aperto GmbH – An IBM Company, Berlin
Product Owner & UX Design: Klaus Rüggenmann, UX Design: Eva Stevens, UI-Design Lead: Soonthon Sawadmanod, Design: Sören Knöll, Fritz Waldhecker, Frontend: Christian Rohowski, Oliver Broad, Wibke Kröhl, Andy Gutsche, Backend: Ronald Müller, Sergej Steinbach, Jakob Erdmann, Wladimir Kerber, Rainer Lischetzki, QS: Anne Körner, Robert Kasparson, Sascha Mazatis, Astrid Deichmann, Redaktion: Jan Bruns, Katrin Matthes, Content Strategie: Ralf Junge, Christoph Zang, Content Management: Heike Darlatt, Maria Klepacka, Alexandra Lutter, Sandra Devezeau, Web Analytics: Melanie Grisch, Fabian Payer, SEO: Daniela Henschke, Robert Goese, Marcus Effenberger, System Engineering: Martin Mörner, Christian Klein, Technisches Projektmanagement: Bernd Rottman, Sophie Hofmann, Scrum Master u. technisches Projektmanagement: Ludmila Naumenko, Projektleitung u. Client Management: Anna Bosch, Client Management: Lisa Hofmann, Medienproduktion: Joachim Zeh, Susanne Eneff, Sebastian Köcher, Motion Design: Jenny Ochlich

UNTERNEHMENSPROFIL

Webadresse	www.bmvg.de
Branche	Oberste Bundesbehörde
Unternehmen	Bundesministerium der Verteidigung
Anzahl Standorte (national)	2
Mitarbeiter (national)	Mehr als 1.000
Gründungsjahr	1955

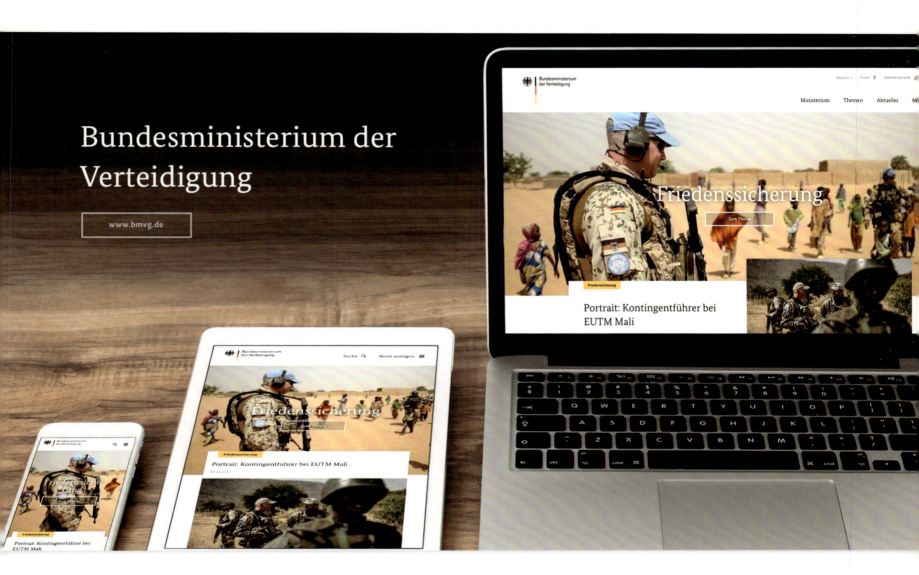

BEGRÜNDUNG DER JURY: Dank der klaren Benutzerführung ist die Website des Bundesministeriums für Verteidigung ausgesprochen serviceorientiert. Die gut platzierten und nutzerfreundlich aufbereiteten Verlinkungen laden zu einer vertiefenden Auseinandersetzung auch mit komplexen Inhalten ein. Zusätzliche Erklärungshilfen, beispielsweise ein per Mouseover eingeblendetes Abkürzungsverzeichnis, unterstreicht den pragmatischen Ansatz der klar strukturierten Seite. Dieser informative Auftritt wirkt imagebildend für das Bundesministerium der Verteidigung.

In einer Zeit, in der politische Auseinandersetzungen mit zunehmender Schärfe geführt werden und die allgemeine Angst vor Bedrohungen wächst, müssen staatliche Institutionen und Apparate mit Besonnenheit und Transparenz reagieren. Sie sollten Interesse für politische Handlungen und Entscheidungen wecken, Hintergründe erklären, demokratische Werte vermitteln und so Vertrauen in die Politik zurückgewinnen. Der Internetauftritt des Bundesministeriums der Verteidigung ist ein gutes Beispiel, wie man diese Ziele erreichen kann.

„Mit dem Relaunch der Website des Bundesministeriums der Verteidigung schaffen wir ein digitales Angebot, das sich an den Bedürfnissen und auch Erwartungen der Bürger orientiert. Durch Hintergründe zu den Handlungsfeldern des Ministeriums sowie durch interaktive und auch multimediale Inhaltsformate können Bürgerinnen und Bürger das tagesaktuelle Geschehen auch verstehen und einordnen", so Ralf Junge, Leiter Content Strategie bei Aperto – An IBM Company. „Das Ziel ist es, sicherheitspolitische Kernthemen des BMVg verständlich und anschaulich darzustellen und so den Bürger zur Meinungsbildung und Teilhabe am politischen Diskurs zu befähigen."

Die Seite geht auf aktuelle Themen ein und vermittelt zugleich wichtige Rand- und Rahmenbedingungen für das politische Handeln. Im Mittelpunkt der strategischen Ausrichtung stehen acht Themen der deutschen Sicherheits- und Verteidigungspolitik. Das klare Design und die schnörkellose Sprache erleichtern den Zugang zu schweren Inhalten und vermitteln Transparenz wie Dialogbereitschaft.

Die ausgezeichnete Benutzerführung ermöglicht schnelle Einblicke in unterschiedliche politische Aufgabengebiete und die intensive Auseinandersetzung mit einzelnen Handlungsfeldern. Die Themen reichen von Friedenssicherung und Verteidigung über Sicherheitspolitik bis hin zu Cybersicherheit. Letzteres zeigt, dass sich das Bundesministerium zunehmend mit den Fragen einer digitalen Bedrohung auseinandersetzt und in diesem Feld stärker positioniert.

02

03

04

Außerdem findet das Weißbuch Eingang in die Berichterstattung. Es ist das Grundlagendokument der deutschen Sicherheitspolitik der kommenden Jahre und beinhaltet unter anderem eine klare Definition der Rolle der Bundeswehr. Ein anschauliches Video mit originellen Illustrationen erklärt die Inhalte und setzt sie in den innen- und weltpolitischen Kontext.

Die klare Gestaltung der einzelnen Rubriken erlaubt ein strukturiertes Eindringen in die Themen, die in ihrer redaktionellen Aufbereitung wie ein Magazin wirken. Alle Beiträge sind in kompakte Informationseinheiten gegliedert, die sich einzeln aufrufen lassen. **So können sich die Seitenbesucher in der Rubrik Cybersicherheit über Herausforderungen, Cyberverteidigung und Partner auf diesem Gebiet informieren, indem sie entweder den fortlaufenden Text lesen oder direkt zu ausgewählten Inhalten springen.** Dabei helfen Extranavigationsseiten sowie interne Links. Abgesehen davon ist die Größe der Textbausteine ideal für die Lektüre von Internetseiten. Daneben lockern stimmige Bilder, die sich bei Bedarf sofort vergrößern lassen, die Gestaltung der Themenseiten auf. Infografiken, integrierte Videos und Karten, wie zum Beispiel zu Einsatzorten der Bundeswehr, tragen zum informativen Charakter bei.

Sprachlich überzeugt die Seite mit klaren Worten, einfachen Formulierungen und einer Eingängigkeit, die den Zugang zu schwierigen Themen ermöglicht. Wichtige Zusammenhänge und Besonderheiten werden erläutert oder sind markiert und mit Erklärungen hinterlegt, die bei einer Berührung mit der Maus erscheinen. Ungewöhnliche Begriffe werden im laufenden Text ohne Umschweife erläutert. So erfahren die Leser beispielsweise, dass bei der Friedenssicherung mit „Ertüchtigung" die deutsche Unterstützung für Streitkräfte, Polizei oder staatliche Organisationen in ausgewählten Ländern mit einer fragilen Sicherheitslage gemeint ist. Die sprachliche Sachlichkeit passt zum klaren Design und macht Politik tatsächlich verständlich und bürgernah.

Bildgewaltiges Storytelling

Umfangreiche Mediathek mit Joy of Use

Positive Reaktionen

> ... **modernes Design** und eine in ihren Interaktionen **detailfreudige User Experience.**
> CP|MONITOR

ALLIANZ FÜR DIE REGION GMBH, BRAUNSCHWEIG
WEBSITE

»DIE REGION – ›VON … BIS … – #ALLESDA‹«

econforum.de/2018_448

SPECIAL AWARD

STECKBRIEF	
Webadresse	www.die-region.de
Sprachen	Deutsch, Englisch
Anzahl (Online-)Redakteure	20
Durchschnittliche Seitenaufrufe / Monat (Page Impressions)	33.800
Durchschnittliche Einzelbesuche / Monat (Unique Visits)	32.820
Häufigkeit Updates / Aktualisierungen	Monatlich
Besondere Funktionalitäten	Animierte Infografiken sowie diverse Karten, Anbindung verschiedener Datenbanken (Tourenverzeichnis, Jobdatenbank, Veranstaltungskalender, Unternehmensdatenbank u. a.), Sharing-Funktion für Artikel (via Twitter, Facebook, Google+, WhatsApp)
Interaktive Technologien	Blog, Social-Media-Integration (Facebook, Instagram, YouTube)
CMS	TYPO 3, WordPress (Blog)
Konzeption, Umsetzung, Programmierung	ressourcenmangel an der panke GmbH, Berlin Projektmanagement und strategische Beratung: Emil Graeber, Screendesign: Sebastian Kuszel, Konzeption: Denise Pölchen, Chef-Redakteur: Jochen Reinecke, technisches Projektmanagement: Steffen Jurrack, Lead-Entwickler: Dennis Morhardt, Frontend-Entwicklung: Tom van Gemert, Enrico Kaspar, Annika Linke, Nicholas Braun, Backend-Entwicklung: Ted Thormann

UNTERNEHMENSPROFIL	
Webadresse	www.allianz-fuer-die-region.de
Branche	Regionalmarketing
Unternehmen	Allianz für die Region GmbH
Anzahl Standorte (national)	1
Mitarbeiter (national)	Mehr als 50
Gründungsjahr	2005
Projektleitung	Geschäftsführung: Dr. Frank Fabian, Oliver Syring, Leitung Geschäftsstelle Regionalmarketing: Christian Wiesel, Project Manager (Portal, Datenbanken, Kultureinrichtungen): Jan-Christoph Ahrens, Project Manager (Content Creation, Kampagnen): Yvonne-Madelaine Pfeiffer, Project Manager (Content Management): Imke Sonntag

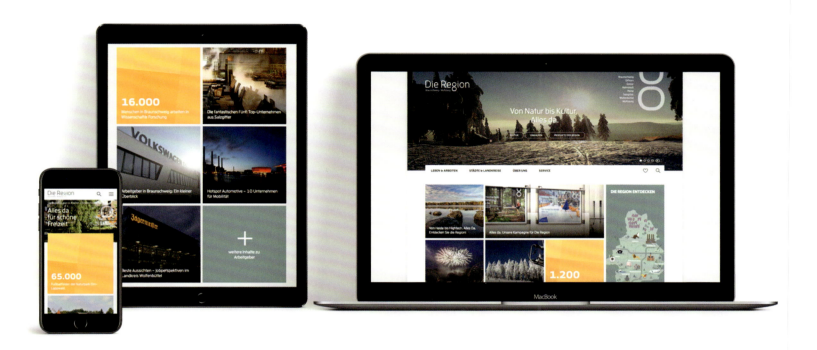

BEGRÜNDUNG DER JURY: Diese Internetseite zeichnet sich durch eine genaue Ausrichtung an den Bedürfnissen der Zielgruppe aus. Zu der gehören Berufspendler, Familien und lokale Investoren. Die Gegend Braunschweig bis Wolfsburg wird in den Mittelpunkt gerückt. Sie hat großes Potenzial und verdient es, bekannter zu werden. Dieser Auftritt wird dabei helfen, weil er sowohl sprachlich als auch durch seine Bildwelt überzeugt. Das zeitgemäße und interaktive Design macht Lust auf Entdeckungen in der Region.

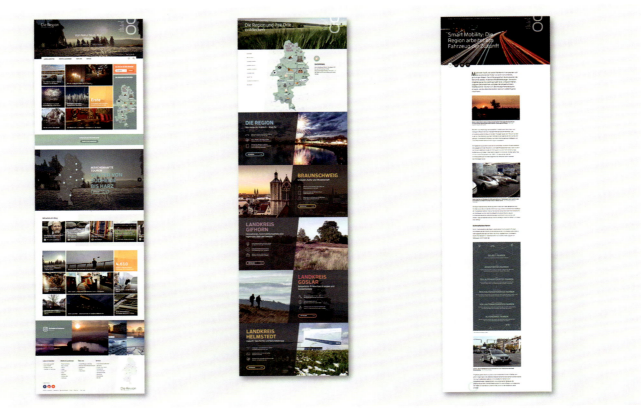

Dieser gelungenen Internetseite liegt das durchdachte Konzept einer regionalen Entwicklungsgesellschaft zugrunde, die die Attraktivität der Region Braunschweig-Wolfsburg in das Bewusstsein von Pendlern, lokalen Investoren und Bewohnern rücken möchte. Zu Recht: Denn entgegen landläufigen Vorurteilen gibt es hier viel mehr zu entdecken als Eisenbahngleise, landwirtschaftliche Nutzflächen oder weites Land. Hinter dem Auftritt steht die Allianz für die Region, die in dieser Gegend Arbeitsplätze sichern und die Lebensqualität kontinuierlich erhöhen will.

Frank Fabian, Geschäftsführer der Allianz für die Region GmbH, bringt es auf den Punkt: „In unserer Region ist alles da: für Fachkräfte, Schüler, Familien, Gäste, Einheimische – eben für alle. **Das Portal funktioniert wie ein Türöffner und macht Lust darauf, genauer hinzuschauen und die Region kennenzulernen.** Viele Schätze liegen hier verborgen. Ob kulturelles Erbe, attraktive Freizeitangebote, die einzigartige Forschungslandschaft oder die wirtschaftliche Leistungskraft – mit dem Portal tragen wir unsere Stärken sichtbarer und selbstbewusster nach außen."

Für die Entwicklung der Internetplattform haben sich Städte, Landkreise, Unternehmen und Verbände zusammengeschlossen und ihre Informationen und Services gebündelt. Der inspirierende Charakter resultiert aus den Details, die auf den Landstrich neugierig machen. Die Seite ist untergliedert in „Leben & Arbeiten" sowie „Städte & Landkreise". Innerhalb dieser Rubriken und für jeden Ort oder jede Region sorgen weitere Unterteilungen für viel Übersicht, die angesichts der Informationsmenge auch notwendig ist. Denn schnell wird klar: Die Gegend von Braunschweig bis Wolfsburg ist eine Reise wert oder kann neue Heimat werden – für Fachkräfte, die in verschiedenen Bereichen gesucht werden und die hier mit ihren Familien ein wohnenswertes Umfeld vorfinden.

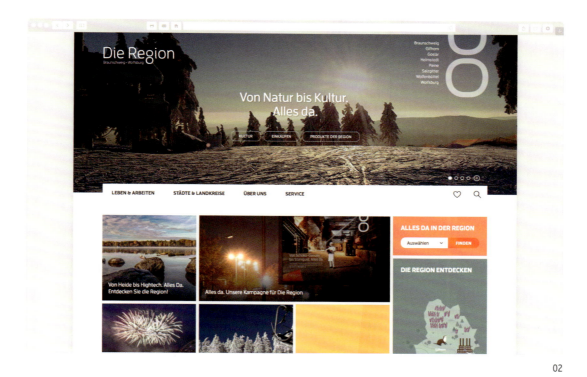

02

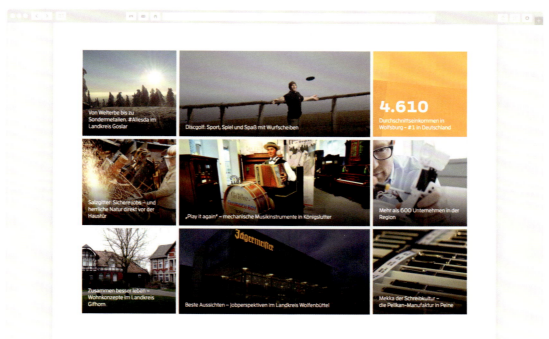

03

04

Die Seite fungiert als Wissensdatenbank, die die Besucher mit interessanten Fakten überrascht. Wer wusste schon, dass es allein in Wolfenbüttel 600 Fachwerkhäuser gibt? Oder dass Salzgitter klassische Arbeitsstadt und Erholungsgebiet mit malerischen Seen und Schlössern in einem ist? Die Beschreibungen der Städte und Landkreise überraschen mit witzigen Details und Vergleichen, die auf demografischen Statistiken und dem Fundus lokaler Heimatmuseen beruhen. Das macht Spaß, fasziniert und lädt Seitenbesucher zu Entdeckungsreisen ein. Während der integrierte Blog über Aktuelles aus der Region berichtet, liefern die redaktionellen Beiträge auf der Website ausführliche Hintergrundinformationen sowie Hinweise zu weiterführenden Links und Services. Diese heben sich durch die blassrote Rahmung vom restlichen Textbild ab. **Alte Fotografien, moderne Aufnahmen in Farbe oder klassischem Schwarz-Weiß ergänzen die abwechslungsreichen Texte.** Die Überschriften zeichnen sich durch einen feinen Humor aus, der auch von einer Portion Selbstironie geprägt ist. Die Verfasser scheinen zu wissen: Noch ist das Image der Region eher blass. Das könnte sich mit diesen Einblicken jedoch ändern. Denn die Fülle der gelungenen Beschreibungen an Sehenswürdigkeiten, Naturlandschaften und kulturellen Möglichkeiten wirkt imagebildend.

Die kluge Anbindung des regionalen Portals an andere Datenbanken wie Tourenverzeichnisse, lokale Jobseiten, Veranstaltungskalender und Unternehmensdatenbanken macht die Seite zudem zu einem nützlichen Service-Center. Daneben geben integrierte Übersichtskarten und animierte Infografiken einen guten Überblick über regionale Freizeitangebote und vermitteln schon mal einen Eindruck der geografischen Gegebenheiten. Viele Tipps und interessante Berichte können in sozialen Netzwerken wie Twitter, Facebook, Google+ und WhatsApp geteilt werden. Die Artikel lassen sich auch einzeln ausdrucken und bequem per E-Mail weiterleiten.

Das regionale Portal „Die Region" ist in Deutsch und auf Englisch abrufbar. Es wird monatlich aktualisiert und verzeichnet durchschnittlich 33.800 Seitenaufrufe im Monat.

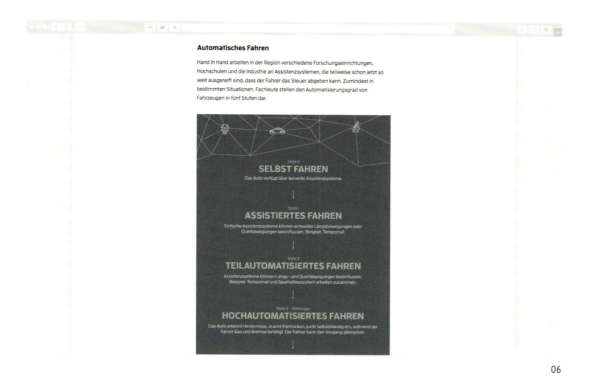

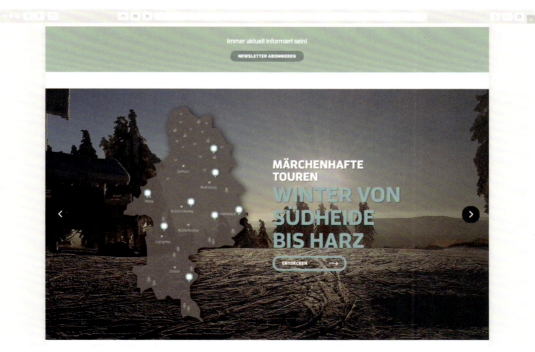

BVR FÜR VOLKSBANKEN RAIFFEISENBANKEN, BERLIN WEBSITE

»VON MITTELSTAND ZU MITTELSTAND – DIE WEBSERIE DER GENOSSENSCHAFTLICHEN BERATUNG«

 econforum.de/2018_454

STECKBRIEF	
Webadresse	www.vr.de/mittelstand
Sprachen	Deutsch
Anzahl (Online-)Redakteure	3
Durchschnittliche Seitenaufrufe / Monat (Page Impressions)	150.000
Durchschnittliche Einzelbesuche / Monat (Unique Visits)	40.000
Regelmäßig aktualisierte Bereiche	Monatlich umfangreiche neue Themenseite mit jeweils vier Videos, Infotexten und Slidern
Häufigkeit Updates / Aktualisierungen	Monatlich
Besondere Funktionalitäten	Responsives Layout, interaktive Slider-Funktion für mehr Information zu den Unternehmen, location-based Filialfinder, Full-screen-HD-Video-Stream
Interaktive Technologien	iCal-Anbindung als Reminderfunktion, Streaming
CMS	Wordpress
Konzeption, Umsetzung, Programmierung	Heimat Werbeagentur GmbH, Berlin Creative Director: Ralf Reinsberg, Management Supervisor: Nico Buchholz, Beratung: Gerrit Kotsiwos, Art Director: Matthijs Mejan, Text: Nelli Lück, Design & Development: Fabian Greitemann, Julian Stahl, Florian Moser

UNTERNEHMENSPROFIL	
Webadresse	www.bvr.de
Branche	Finanzdienstleister
Unternehmen	Bundesverband der Deutschen Volksbanken und Raiffeisenbanken (BVR) e. V., für Volksbanken Raiffeisenbanken
Anzahl Standorte (national)	2 (nur BVR)
Mitarbeiter (national)	Mehr als 100 (nur BVR)
Gründungsjahr	1972 (nur BVR)
Projektleitung	Leiter der Abteilung Markenstrategie und -kommunikation: Marc Weegen; Referenten: Heinz Müller, Helene Korte

Die große Stärke der ca. 900 Deutschen Volksbanken und Raiffeisenbanken ist ihre Beratung für den Mittelstand. Zahlreiche Unternehmen haben bereits davon profitiert. Um diese Kompetenz seiner Mitgliedsbanken noch stärker darzustellen, hat ihr Spitzenverband BVR eine Webserie mit zehn Staffeln und 40 Filmen entwickelt. Diese filmische Enzyklopädie des Mittelstands adressiert für Unternehmen wesentliche Themen und zeigt, wie gut die Genossenschaftsbanken die neuen Herausforderungen ihrer Firmenkunden kennen.

Die Themenpalette reicht von Existenzgründung, Digitalisierung, Internationalisierung, Krise und Wachstum über Mitarbeiterbindung und Unternehmensnachfolge bis hin zur Frage, wie mittelständische Unternehmen sich auch künftig kundenorientiert aufstellen können. In den einzelnen Folgen wird das jeweilige Staffelthema von erfahrenen Experten dargestellt. Dass authentische Personen ihre Lösungsansätze bei existenziellen Fragen schildern, macht die Filmbeiträge lebendig und glaubwürdig. Das und der zusätzliche Textcontent, aber auch die grafische Gestaltung machen es Besuchern der Website leicht, die Dimensionen unternehmerischen Handelns nachzuvollziehen. So berichten ein Betriebswirt und ein Ingenieur für Biomedizintechnik über ihre digitale Lösung für die Datenweiterleitung bei Rettungseinsätzen. **Die Verknüpfungen aus persönlichen Lebensgeschichten, beruflichen Visionen und gesellschaftlichen Trends ist ein Charakteristikum dieser Filmreihe.** Darüber hinaus zeigen die sorgfältig produzierten Filme, zu welchen Innovationen der Mittelstand als wichtiger Motor des wirtschaftlichen Wohlstands fähig ist.

Alle vier Folgen der jeweiligen Themenstaffel spielen in einer Bildwelt, die das Verständnis der inhaltlichen Ausrichtung unterstützt. Beim Thema Mitarbeiterbindung ist es etwa ein klassisches Zirkuszelt, beim Thema Internationalisierung ein Flughafen, beim Thema Wachstum der Sprungturm einer Sprungschanze. Diese außergewöhnlichen und sorgsam gewählten Aufnahmeorte bilden einen eigenen dramaturgischen Rahmen, dem sich nach der Einführung die inhaltlichen Ausführungen der Protagonisten anschließen – und denen alle Aufmerksamkeit gehört. Denn ihre Erfahrungen sollen schließlich genauso im Mittelpunkt stehen wie sie selbst bei der genossenschaftlichen Beratung der Volksbanken Raiffeisenbanken.

DEUTSCHE TELEKOM AG, BONN
WEBSITE
»WE CARE MAGAZIN«

econforum.de/2018_458

	STECKBRIEF
Webadresse	http://wecare.telekom.com
Sprachen	Deutsch, Englisch
Anzahl (Online-)Redakteure	2
Durchschnittliche Seitenaufrufe / Monat (Page Impressions)	15.000
Durchschnittliche Einzelbesuche / Monat (Unique Visits)	6.750
Häufigkeit Updates / Aktualisierungen	Monatlich
Besondere Funktionalitäten	Parallax-Scrolling, Scrollytelling, Videos
Interaktive Technologien	Interaktive Inhalte, Meinungsbarometer, Quiz, Animationen
CMS	Ruby on Rails
Konzeption, Umsetzung	yoocon GmbH, Berlin

	UNTERNEHMENSPROFIL
Webadresse	www.telekom.com
Branche	Information und Telekommunikation
Unternehmen	Deutsche Telekom AG
Anzahl Standorte (national)	Mehr als 100
Mitarbeiter (national)	Mehr als 100.000
Gründungsjahr	1995

Diese digitale Version des Magazins der Telekom vereint inhaltliche Tiefe mit smartem Design. Und das alles in einem Stil, der sich längst etabliert hat und wiedererkennbar als Marke der Deutschen Telekom funktioniert. Die Website informiert unterhaltsam und fundiert über gesellschaftlich relevante Themen wie Klimaschutz, Nachhaltigkeit, digitales Leben und Datenschutz. Dabei wird die ureigene Telekomwelt geschickt in Bezug gesetzt zu gesellschaftlichen Debatten und Trends.

01

Neben Aktualität und Stilsicherheit überzeugt die Website mit einer sehr praktischen Ausrichtung: Denn die Seitenbesucher finden nicht nur zahlreiche interessante Hintergrundinformationen, sondern auch jede Menge Tipps für mehr Nachhaltigkeit im eigenen Alltag. Wie zum Beispiel mit einer App, die die lästige Parkplatzsuche in den Städten um erstaunliche 30 Prozent reduzieren und damit einen aktiven Beitrag zur Verringerung des städtischen Verkehrsaufkommens leisten könnte. Auf diese Weise wird der Titel „We Care" wortwörtlich genommen, und Leser wie Unternehmen werden gleichermaßen zum verantwortungsvollen Handeln angespornt.

Die Gestaltung der Website lädt durch eine kluge Aufteilung von Text, Bild und Grafik zum Lesen ein. Die Texte werden häufig durch Fragen eingeleitet, die dem Alltag der Seitenbesucher, aktuellen politischen Auseinandersetzungen und gesellschaftlichen Diskussionen entlehnt sind: „Wie wäre es, wenn dich dein Handy zum nächsten Parkplatz führt? Bist du schon mal auf Fake News hereingefallen? Was ist, wenn die Sonne nicht scheint und der Wind nicht geht? Geht uns dann das Licht aus?" Es sind Alltagsfragen und Fragen, auf die wir kontinuierlich Antworten suchen und die global ausgerichtet sind. **Schnell wird bei der Lektüre klar, dass Nachhaltigkeit nicht allein auf den Wirkungskreis eines Unternehmens ausgerichtet ist, sondern mit einem generellen Wertewandel einhergeht.** Das erforderliche Umdenken, das für eine grünere und gerechtere Welt notwendig ist, versucht das digitale „We Care"-Magazin mit jedem Beitrag einzuleiten.

Die flüssig geschriebenen Texte sind stets von lebensnahen Beispielen durchzogen, die das Verständnis erleichtern und sich mit einer sympathischen Leichtigkeit auch mit schweren Themen befassen. Dazu sind die Beiträge von Bildwelten begleitet, die zur Themenwelt passen und den Fokus auf wichtige Kernfragen lenken. Manchmal tragen auch erklärende Filme zum Verständnis für abstrakte Zusammenhänge bei, wie zum Beispiel die Funktionsweise des grünen Datenbunkers.

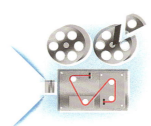

INTERLÜBKE GMBH, RHEDA-WIEDENBRÜCK WEBSITE

»INTERLÜBKE INSPIRATOR«

econforum.de/2018_462

STECKBRIEF	
Webadresse	https://inspirator.interluebke.com
Sprachen	Deutsch
Anzahl (Online-)Redakteure	2
Durchschnittliche Seitenaufrufe / Monat (Page Impressions)	11.000
Durchschnittliche Einzelbesuche / Monat (Unique Visits)	15.000
Regelmäßig aktualisierte Bereiche	Produktbilder, Videos, Informationen
Häufigkeit Updates / Aktualisierungen	Monatlich
Besondere Funktionalitäten	Applikation verändert ihren Funktionsumfang, je nachdem von welcher Seite die Nutzer kommen (Händlersuche wird ausgeblendet)
Interaktive Technologien	Bookmark-Funktion: Nutzer können eigene Kollektionen erstellen und teilen
CMS	Eigenentwicklung basierend auf Laravel PHP Framework
Konzeption, Umsetzung	sooii GmbH, Wuppertal Art Director: Arndt Johannes

UNTERNEHMENSPROFIL	
Webadresse	www.interluebke.com
Branche	Interior / Möbel
Unternehmen	interlübke GmbH
Anzahl Standorte (national)	1
Mitarbeiter (national)	Mehr als 100
Gründungsjahr	1937
Projektleitung	Geschäftsführung: Patrik Bernstein

Einrichten ist eine Frage des Geschmacks und der Vorstellungskraft. Aber gerade Letztere ist manchmal schwierig. Nicht jeder weiß beim Anblick eines eleganten Sideboards sofort, an welcher Stelle das Möbelstück in den eigenen vier Wänden am besten aussieht. Oder in welcher Farbgebung es wesentlich mehr zur räumlichen Harmonie beitragen würde. Aber dafür gibt es den interlübke Inspirator. Dieser praktische Online-Konfigurator ermöglicht die Integration verschiedenster Möbelkombinationen in unterschiedliche Wohnumfelder.

01

Diverse Filter ermöglichen die Anpassung der virtuell erlebbaren Wohnwelten an individuelle räumliche Gegebenheiten sowie an den eigenen Geschmack. Die Nutzer können zwischen den drei Wohnszenarien Altbau, Neubau oder Loft wählen. Die Einstellungen lassen sich darüber hinaus nach Möbeln, einzelnen Produktlinien, Ausführungen, Oberflächen und Farben sortieren. Die sofortige Verfügbarkeit zahlreicher farblicher Alternativen und wechselnder Formen inspiriert und regt zum Ausprobieren an. **Damit wird das Angebot des klassischen Katalogs in die virtuelle Realität verlagert und um verblüffende Möglichkeiten ausgedehnt, mit deren Hilfe die Seitenbesucher neue Sofalandschaften, Schlafmöbel oder Schränke sofort und digital in wechselnden Kombinationen im Raum aufstellen können.** Dieser wichtige Zusatznutzen hilft den Möbelkäufern, die sich nicht auf die Ausstellungsflächen von Möbelhäusern beschränken wollen. Der Konfigurator stellt ihnen über 500 Einrichtungsszenarien zur Verfügung.

Die stilvolle Seite wird dem hohen Designanspruch von interlübke gerecht. Besonders die gekonnt inszenierte Bildwelt eröffnet neue Blickwinkel und schafft inspirierende Raumerlebnisse, die den Betrachter auf neue Einrichtungsideen bringen. Die Verknüpfung mit naheliegenden Services, wie zum Beispiel der lokalen Händlersuche oder die Möglichkeit der Erstellung einer Favoritenliste, unterstreicht den nutzerorientierten Ansatz dieser Website. Das wird auch auf den informativen Einzelseiten der Produkte deutlich, die alle möglichen Farbkombinationen zeigen und wo ausführliche Detailinformationen zur Produktlinie, zu Ausführungen sowie zur Gestaltung hinterlegt sind. Die geplante Integration von Social-Media-Kanälen und die gezielte Nutzung von Augmented Reality, der sogenannten erweiterten Realität, werden zusätzlich zur Entscheidungsfindung beitragen.

Der interlübke Inspirator kommt auf durchschnittlich 11.000 Seitenaufrufe sowie 15.000 Einzelbesuche im Monat. Tendenz: steigend.

02–05

VOLKSWAGEN AG, WOLFSBURG WEBSITE
»FLEETDRIVER«

 econforum.de/2018_466

STECKBRIEF	
Webadresse	www.fleetdriver.de
Sprachen	Deutsch
Anzahl (Online-)Redakteure	5
Durchschnittliche Seitenaufrufe / Monat (Page Impressions)	7.000
Durchschnittliche Einzelbesuche / Monat (Unique Visits)	3.000
Häufigkeit Updates / Aktualisierungen	Wöchentlich
Besondere Funktionalitäten	Responsives Design
Interaktive Technologien	Sharingfunktionen
CMS	WordPress
Konzeption, Umsetzung	Lattke & Lattke GmbH, Reichenberg Creative Director: Jens Lattke

UNTERNEHMENSPROFIL	
Webadresse	www.volkswagen-group-fleet.de
Branche	Automobil
Unternehmen	Volkswagen AG
Anzahl Standorte (national)	Mehr als 100
Mitarbeiter (national)	Mehr als 100.000
Gründungsjahr	1937
Projektleitung	Chefredaktion: Markus R. Groß

Fleetdriver ist ein Fachmagazin für Dienstwagenfahrer. Hier finden berufsmäßige Vielfahrer exakt auf ihre Bedürfnisse zugeschnittene Inhalte rund um das mobile Berufsleben, Antworten auf unterschiedliche Recht- und Steuerfragen, Modell- und Produktneuheiten von Volkswagen sowie passende Lifestyle-Tipps. Damit ist die Website eine wahre Fundgrube für moderne Automobilisten. Überraschende und moderne Inhalte bilden zusammen mit dem zeitgemäßen und anspruchsvollen Design eine überzeugende Einheit.

Aus gestalterischer Sicht fällt die Ausgewogenheit des Text-Bild-Verhältnisses auf. Oft verführen originelle, leicht humorige und mitunter markige Überschriften in Kombination mit ungewöhnlichen Bildmotiven zum Lesen. Wenn beispielsweise ein wuchtiger „Schrauber" mit Bart und Karohemd neben der Headline „So läuft das!" abgebildet ist, erwarten die Leser nicht unbedingt einen Artikel über Dienstwagenüberlassung. **Doch Überraschungseffekte dieser Art zeichnen die Seite aus und machen sie zur unterhaltsamen Lektüre für unterwegs oder nach Feierabend.** Die Texte selbst sind durch kurze Absätze, Zwischenüberschriften, farblich abgesetzte Zitate oder integrierte Fragen lesefreundlich und bereiten auch abstrakte Inhalte leicht verständlich auf. Neben einer gelungenen, pointierten sprachlichen Gestaltung überzeugt die klare Kategorisierung der Themen. Prägnante Titel wie „Driver's Life", „Driver's Brands" oder „Driver's Rights" werden um erklärende deutsche Untertitel ergänzt und geben einen klaren inhaltlichen Rahmen vor. Das gibt den Lesern eine gute Orientierung in dem beeindruckenden Facettenreichtum des Magazins.

Fleetdriver richtet sich direkt an Berufsfahrer, weil diese Zielgruppe oft vernachlässigt wird. Die Themenauswahl und dessen zielgruppenspezifische Aufbereitung zeugen von einer intensiven Auseinandersetzung mit den Bedürfnissen von Dienstwagenfahrern. Besonders sympathisch ist, dass sich der Blick dabei nicht allein auf die Vorstellung neuer Volkswagen Modelle und Technik konzentriert. Vielmehr greift die Website ein Berufslebensgefühl auf und spielgelt es in allen Facetten wider. Das verleiht dem virtuellen Magazin eine hohe Glaubwürdigkeit und führt bei dieser eng gefassten Zielgruppe zu einer guten Resonanz von durchschnittlich 7.000 Seitenaufrufen im Monat. Die wöchentliche Aktualisierung trägt dazu bei, dass Leser regelmäßig „wiederkommen"; für eine weite Verbreitung der interessanten Inhalte sorgt die Möglichkeit, sie über soziale Netzwerke zu teilen.

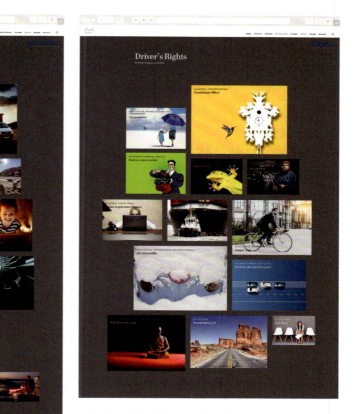
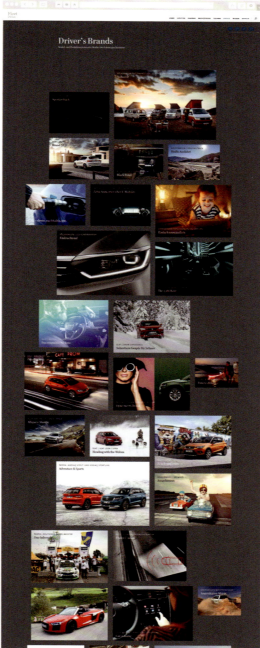
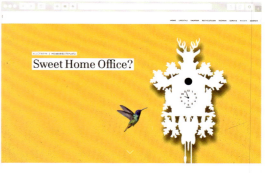

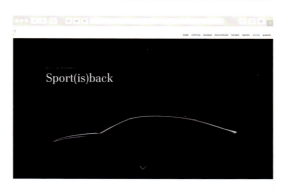

BERLINER VERKEHRSBETRIEBE (BVG) AÖR, BERLIN
SOCIAL-MEDIA-AKTIVITÄT
»BVG × ADIDAS – DER TICKET-SCHUH«

 econforum.de/2018_470

PLATIN

STECKBRIEF	
Webadresse/n (Auswahl)	www.overkillblog.com www.facebook.com/weilwirdichlieben www.facebook.com/adidasoriginals www.instagram.com/overkill_marc
Sprachen	Deutsch
Beschreibung der Social-Media-Aktivitäten	Begleitende Social-Media-Aktivitäten aller Partner zur Gesamtkampagne „BVG × adidas – Der Ticket-Schuh": Facebook, Instagram, Overkill-Blog, YouTube, Twitter
Ziele	Berlin ist gegen Establishment und insbesondere Anti-BVG; wir wollten den Respekt einer ablehnenden Zielgruppe erlangen, in ihrer Sprache und auf ihren Kanälen
Erreichte Ziele	Gesamtreichweite (inkl. PR) von 10,6 Milliarden Media-Impressions
Aktualisierungen	Täglich
Monitoring	Ja
Bestandteil der Unternehmenskommunikation	Integriert
Konzeption, Umsetzung	Jung von Matt AG, Hamburg Kreativgeschäftsführung: Dörte Spengler-Ahrens, Managing Director Beratung: Stephan Giest, Creative Direction: Marielle Heiß, Text: Austin Campbell, Art Direction: Axel Spendlingwimmer, Grafikdesign: Philip Maaß, Kundenberatung: Annette Krebs, Agentur Producer: Dennis Wendt
PR Lead	achtung! GmbH, Hamburg Account Director: Claudia Rienhoff, Account Manager: Sofia Hiestermann
Social Media	GUD.berlin GmbH, Berlin Geschäftsführung Kreation: Katja Scholze, Geschäftsführung Beratung: Jens Grüner, Geschäftsführung, Innovation: Christian Artopé, Beratung: Melanie Jahns, Ben Klöden, Community Management/Social Media: Finn Kirchner, André Rudolph, Peter Wittkamp, Jonathan Scholz
Filmproduktion	VIRUS/Markenfilm Crossing GmbH, Hamburg Producer: Josephine Rügge, Regie, Kamera, Animation und Schnitt: Lukas Willasch, Regie und Kamera: Maximilian Kempe, Kameraassistent: Anton Schenk, Colourist: Andreas Piecha, Fotograf: Tobias Jall, Gernot Wöltjen, Sounddesign/Ton (Not A Machine): Nikolaus Grunert, Sprecher: Jan-David Rönfeldt

UNTERNEHMENSPROFIL	
Webadresse	www.BVG.de
Branche	Öffentlicher Personennahverkehr
Unternehmen	Berliner Verkehrsbetriebe (BVG) AöR
Anzahl Standorte (national)	1
Mitarbeiter (national)	Mehr als 10.000
Gründungsjahr	1928
Projektleitung	Bereichsleiter Vertrieb und Marketing: Dr. Martell Beck, Leiter Marketing: Frank Büch, Leitung Werbung: Svea Barei, Projektmanagement: Manja Helm

 **Weil wir dich lieben** ✓
@BVG_Kampagne

Ja, das sind Sneaker im BVG-Design. Ja, die gelten als Jahresticket. Nein, nicht mal die dürft ihr auf den Sitz gegenüber legen.

Mehr Infos: BVG.de/Schuh

09:28 - 9. Jan. 2018

966 Retweets **3.739** „Gefällt mir"-Angaben

BEGRÜNDUNG DER JURY: Der Ticket-Schuh war eine spektakuläre Aktion, die absolut begeistert und überzeugt hat. Sie beruht auf einer cleveren Idee, wurde nicht weniger schlau umgesetzt und hat voll ins Schwarze getroffen. Insbesondere die strategische Partnerschaft von BVG und adidas hat sich ausgezahlt und dafür gesorgt, dass die Aktion nicht nur ein breites Publikum erreicht, sondern sogar weltweit Schlagzeilen gemacht hat. Damit hat sich die BVG als echter Vorreiter für zielgruppenadäquate Kommunikation erwiesen. Hut ab!

PLATIN

Berlin war schon immer die Hauptstadt des Dagegenseins. Eine gewisse Antihaltung gehört zum Stadtbild und trägt gehörig zum schnodderigen Charme der Hauptstadt bei. So ungefähr lässt sich auch das durchaus ambivalente Verhältnis der Berliner zu ihren Verkehrsbetrieben beschreiben: Gemotzt wird immer, gefahren trotzdem. Damit vor allem junge Berliner sich mit „ihrer BVG" besser identifizieren können, machten die Berliner Verkehrsbetriebe bei einer ungewöhnlichen Aktion gemeinsame Sache mit adidas und eroberten die Herzen der Berliner im Sturm.

Ausgangspunkt war die Überlegung, welche Dinge für Jugendliche wichtig sind und wie diese einen gewissen Coolness-Faktor erreichen. Schnell war klar: Turnschuhe in besonderem Design haben eine immense Bedeutung, wenn es um Stilfragen geht. Folgerichtig entwickelte die BVG zusammen mit adidas einen Turnschuh im berühmten Camouflagemuster der Sitzbezüge, das längst Kultstatus hat. Aber das allein reichte noch nicht: Um die Jugendlichen wirklich für die Verkehrsbetriebe zu begeistern, wurde in die limitierte Auflage von 500 Paaren jeweils in der Zunge des Turnschuhs ein BVG-Jahresticket integriert. Der Schuh wurde zur Eintrittskarte für Busse und Bahnen in Berlin.

Die Idee schlug derart ein, dass schon lange vor dem offiziellen Verkaufsstart vor dem Kultladen Overkill und vor dem adidas Flagship-Store – den einzigen Verkaufsorten für den Ticket-Schuh in Berlin – Zeltlager entstanden. Tagelang warteten die Camper bei Minusgraden auf ein Paar dieser Schuhe. **Zu verdanken war die Welle der Begeisterung der guten Idee, der klugen Nutzung diverser Kommunikationskanäle und wichtigen Fürsprechern.** So wurde der Berliner Sneaker-Experte und Ladenbesitzer „Marc Overkill" zum glaubwürdigen Botschafter. Sein Bekanntheitsgrad in der jugendlichen Community sorgte dafür, dass die Aktion Thema bei Talkrunden von YouTube war. Aber auch die Social-Media-Kanäle von Overkill, adidas und der BVG befassten sich ausgiebig mit dem Thema. Dabei haben die Berliner Verkehrsbetriebe vor allem mit originellen Antworten, viel Witz und Selbstironie überzeugt.

01

02

Daneben erwies sich die Limitierung auf 500 Paar Schuhe als geschickter Schachzug, denn das erzeugte eine enorme Nachfrage und eine riesige mediale Aufmerksamkeit. Die Bilder der campierenden Interessenten gingen um die Welt, und jeder wollte wissen: Wer steckt dahinter? Auf diese Weise wurden die Berliner Verkehrsbetriebe als Unternehmen wahrgenommen, das wie kaum ein anderes für den Einfallsreichtum, den Humor und die Kreativität von Berlin steht. Selbst der gewisse raue Charme der deutschen Hauptstadt findet sich in der sprachlichen Gestaltung der Aktion wieder, wenn man die Ankündigungen der BVG auf den Kanälen der sozialen Netzwerke liest. So wurde der Verkauf der angesagten Schuhe unter anderem mit „Schuhfahren statt schwarzfahren" angekündigt.

„Wenn ich die Wahrnehmung eines Unternehmens verändern will, fängt das bei der jüngeren Zielgruppe an. Und wer eine junge Zielgruppe für sich erobern will, muss ihr Informationsverhalten kennen, ihre Sprache sprechen und wissen, was sie bewegt, wofür ihr Herz schlägt und was in ihrer Welt wichtig ist. Als BVG wollen wir zuhören und lernen, welches diese Themen sind, und sie besetzen. Dabei zählen starker Content und vor allem Geschichten, die wirklich außergewöhnlich sind", so Dr. Martell Beck, Bereichsleiter Marketing und Vertrieb bei den Berliner Verkehrsbetrieben. „Mit einem starken Partner, glaubwürdigen Fürsprechern und authentischer eigener Kommunikation haben wir den Respekt der Berliner ein weiteres Mal gewonnen."

In der Netzwelt wurden die Schuhe im Handumdrehen zum Hit; die Berichterstattung erstreckte sich über die ganze Welt. Insgesamt erreichte die BVG unglaubliche 10,6 Milliarden Media-Impressions. Das zeigt, dass die BVG mit dieser Aktion absolut ins Schwarze getroffen hat. Das Unternehmen hat sich erfolgreich die Anerkennung von jungen Berlinern verschafft. Aus dem Motto „Weil wir dich lieben" wurde ein „Weil wir dich verstehen" – Respekt!

03

04

BERLINER VERKEHRSBETRIEBE (BVG) AÖR, BERLIN
SOCIAL-MEDIA-AKTIVITÄT
»U2 IN DER U2«

econforum.de/2018_476

BRONZE

STECKBRIEF

Webadresse/n	www.facebook.com/weilwirdichlieben www.twitter.com/BVG_Kampagne
Sprachen	Deutsch
Beschreibung der Social-Media-Aktivitäten	Aufmerksamkeitsstark, frech, mit Herz und Schnauze: Seit 2015 heißt es bei der BVG nun „Weil wir dich lieben"; wichtig hierbei ist, den Kunden mit humorvollen und frechen Kommentaren auf Augenhöhe zu erreichen und mit ihm in einen ehrlichen und authentischen Dialog zu treten
Ziele	Die Ziele sind es, das Image der BVG immer weiter zu verbessern und die Marke insgesamt aufzufrischen; gleichzeitig sollen auch Neukunden gewonnen und für das Angebot der BVG begeistert werden; man will die Berliner/-innen daran erinnern, dass ihre BVG einen ‚verdammt guten Job' macht
Erreichte Ziele	Die BVG hat Mut bewiesen und die ehrgeizige Strategie konsequent umgesetzt; die verwendete Tonalität ist bis heute nicht nur für die Verkehrsbranche weithin einzigartig und findet sich vor allem in der durchgehenden Social-Media-Kommunikation erfolgreich wieder
Evaluation / Controlling	Marktforschung, Überprüfung und Reporting aller Marketingmaßnahmen mittels unterschiedlicher Tools (z. B. Google Analytics)
Gesamtanzahl User	880.000
Beginn der Social-Media-Aktivitäten	Januar 2015
Zielgruppe	Die primäre Zielgruppe sind alle Berlinerinnen und Berliner und somit alle (potenziellen) Fahrgäste; sekundär sind es zudem Berlin-Besucher sowie deutschlandweit Influencer für den Öffentlichen Personennahverkehr (als größtes kommunales Nahverkehrsunternehmen)
Aktualisierungen	Mehrmals wöchentlich
Monitoring	Ja
Bestandteil der Unternehmenskommunikation	Integriert

Konzeption, Umsetzung	GUD.berlin GmbH, Berlin Geschäftsführung Beratung: Jens Grüner, Etat-Direktion: Melanie Jahns, Geschäftsführung Kreation: Katja Scholze, Geschäftsführung Innovation / Digital: Christian Artopé, Projektleitung: Martina Schröder, Text / Konzept: Nikolas Schindler, Peter Wittkamp, Social Media / Community Management: Finn Kirchner, André Rudolph, Social Media / Community: Jonathan Scholz, Art Direktion: Mareike Geisker, Verena Brandt, Grafik: Eva Stöcker, Torsten Mäder, Online-Marketing: Solveig Erlat
Musikproduktion	Universal Music GmbH, Berlin President Marketing Labs: Dirk Baur, Head of Marketing Rock: Jens Winkelmann, Kommunikation Public Relations: Sven Kilthau-Lander, Head of Radio Promotion: Sabrina Winter, Head of TV Promotion: Nesrin Ebcinoglu, Head of Coordination: Robert Triebel, Manager Press & Online-Promotion: Ute Gottwald, Senior Manager Digitale Konzepte: Claudia Schmitter

UNTERNEHMENSPROFIL

Webadresse	www.bvg.de
Branche	Nahverkehr
Unternehmen	Berliner Verkehrsbetriebe (BVG) Anstalt des öffentlichen Rechts
Anzahl Standorte (national)	1
Mitarbeiter (national)	Mehr als 10.000
Gründungsjahr	1928
Projektleitung	Bereichsleiter Marketing und Kommunikation: Dr. Martell Beck, Marketing Direktion: Frank Büch, Marketing Leitung: Svea Barei, Projektleitung: Manja Helm, Kommunikation U-Bahn: Christine Klaßen

BEGRÜNDUNG DER JURY: Die Berliner Verkehrsbetriebe bleiben ihrem hohen Niveau in der Unternehmenskommunikation treu – und sie können es immer noch toppen. Sie schaffen es sogar, Uraltwitze über die Namensgleichheit einer ihrer U-Bahn-Linien mit der einer Rockband als Grundlage für eine überdurchschnittlich gelungene und überraschende Aktion zu nutzen. Den Mut muss man erst einmal haben. Damit hat das Unternehmen Selbstironie und Humor bewiesen und sich bei zahllosen Musikfans beliebt gemacht. U2 in der U2 war das ungewöhnlichste Konzertereignis des Jahres!

Die Berliner U-Bahn-Linie U2 gibt es schon ewig, genau genommen seit dem Jahr 1914. Sie gehört wie die Linien U1, U3 und U4 zum Kleinprofilnetz der Berliner Verkehrsbetriebe, in dem etwas schmalere Fahrzeuge unterwegs sind. Doch auch diese engeren Wagen bieten immer noch ausreichend Platz für eine Band mit einem großen Namen. Denn bereits seit den 1980er-Jahren gehört U2 zu den Stars im Musikgeschäft – und ungefähr genauso lange gibt es mehr oder weniger gute Witze über die Namensgleichheit der Band und der roten U-Bahn-Linie. Doch kaum jemand hätte je geahnt, dass aus diesem Witz irgendwann einmal ernst wird.

Doch im Dezember 2017 haben die Berliner Verkehrsbetriebe das scheinbar Unmögliche wahr gemacht: Sie haben es tatsächlich geschafft, dass die irische Band live in der U2 auftrat. Vielleicht hat das auch geklappt, weil die Iren zu Berlin eine ganz besondere Beziehung haben: Hier entstand 1990 ihr legendäres Album „Achtung Baby". Auf dem befindet sich auch der Titel „One", und genau den spielte U2 auch bei diesem Überraschungskonzert, das Musikfans und U-Bahn-Fahrgäste ganz sicher nicht so schnell vergessen werden.

Dr. Martell Beck, BVG-Bereichsleiter Vertrieb und Marketing, erinnert sich: „Eine Band, die wie unsere U-Bahn-Linie U2 heißt. Was für eine Steilvorlage! **Den Vergleich zwischen Band und U-Bahn-Linie U2 gab es mit einigen unserer Social-Media-Posts schon länger.** Ende 2017 brachten wir dann endlich beides zusammen: durch ein einmaliges Event. Fans feierten exklusiv mit der Band U2 in einem U-Bahnwagen das neue Album ‚Songs of Experience'. Gemeinsam mit Bono und The Edge fuhren sie mit der U2 bis zur Station Deutsche Oper, wo die beiden Songs vom neuen Album live performten. Die Aktion, umgesetzt mit GUD.berlin und Universal Music, wurde live bei Facebook übertragen und erreichte organisch so viele Nutzer wie kein Video der BVG zuvor. U2 und U2 – endlich kommt zusammen, was zusammengehört."

Fans auf der ganzen Welt verfolgten das Minikonzert mit. Sie sahen der Band bei der U-Bahn-Fahrt zu, sie begleiteten sie auf dem schmalen Bahnsteig mit Mikrofon, Gitarre und Verstärker. Sie erlebten, wie Bono den Hit „One" einfach mal in einen haltenden Zug hineinsang und dabei den einigermaßen fassungslosen Fahrgästen gut gelaunt und entspannt zuwinkte. Mit dieser Lockerheit überzeugte die Band nicht nur Fans vor Ort und das Publikum auf der ganzen Welt, diese ungewöhnliche Aktion brachte auch der BVG jede Menge Sympathiepunkte. Vielleicht weil sie sich so voll und ganz auf das Spektakel einließ und sogar das Motto des Unternehmens „Because we love you" extra für diesen Tag umformulierte in „Because we love U2".

Die „U2 Experience" steht im Einklang mit dem erfrischend schnörkellosen und selbstironischen Auftreten der BVG in der Öffentlichkeit. Berlinern, Hauptstadtgästen und Zugezogenen vermittelt das Unternehmen mit zahlreichen Maßnahmen, welche logistischen Leistungen es tagtäglich erbringt und wie sehr die markanten gelben Busse und Bahnen den Rhythmus der Stadt mitbestimmen. **Die originellen BVG-Kampagnen vermitteln ein authentisches Image, das dank „Herz und Schnauze" perfekt zu Berlin passt und auf allen Social-Media-Kanälen zum Dialog mit dem öffentlichen und größten kommunalen Nahverkehrsunternehmen einlädt.**

Die Überzeugungsarbeit bei der Band U2 und ihrem Management sowie der Mut, einen naheliegenden Witz als Vorlage für eine völlig überraschende Aktion zu nutzen, hat sich gelohnt: Weltweit wurde der Auftritt auf Facebook positiv beurteilt. Damit hat das Unternehmen einmal mehr für Gesprächsstoff gesorgt und den erfolgreichen Imagewandel vom normalen kommunalen Unternehmen hin zu einer unverwechselbaren Berliner Marke medienwirksam zelebriert. Dabei nutzen die Berliner Verkehrsbetriebe ihren angehenden Kultstatus auch, um die täglichen Leistungen ihrer Mitarbeiter in der breiten Öffentlichkeit bekannt zu machen. Denn dass diese in der Stadt einen „verdammt guten Job" macht, wissen mittlerweile alle Berliner – und U2.

BRAU UNION ÖSTERREICH AG, LINZ (ÖSTERREICH)
SOCIAL-MEDIA-AKTIVITÄT
»WORKPLACE«

 econforum.de/2018_482

STECKBRIEF	
Webadresse/n	https://heineken.facebook.com
Sprachen	Deutsch, Englisch
Beschreibung der Social-Media-Aktivitäten	Standorte und Teams werden ermutigt, zusätzlich eigene Gruppen zu bilden und standort- bzw. teambezogene Informationen und Inhalte miteinander zu teilen
Ziele	HEINEKEN: Reduzierung von E-Mails, unterschiedlichen Tools, Meetings und Dienstreisen, um Kosten, Zeit und Ressourcen zu sparen; Brau Union Österreich: 70 % der Mitarbeiter aktiv auf Workplace innerhalb von sechs Monaten, Vereinheitlichung der internen Kommunikationstools und -plattformen
Erreichte Ziele	Fünf Monate nach Launch: 69 % der Mitarbeiter aktiv; durch Unterstützung der einzelnen Unternehmensbereiche stellen immer mehr Abteilungen ihre vorher genutzten Tools (Newsletter, WhatsApp, zugekaufte Tools) auf Workplace um: dadurch ergeben sich bereits erste Kostenersparnisse
Evaluation / Controlling	Regelmäßige Auswertung der Aktivität (auch mobil): Workplace bietet mit dem Administrationsbereich ein übersichtliches und umfangreiches Tool, um die Aktivität der Mitarbeiter, Gruppeneröffnungen, Posts, Kommentare etc. auf der Plattform zu messen
Gesamtanzahl User	1.600
Beginn der Social-Media-Aktivitäten	Oktober 2017
Zielgruppe	Alle Mitarbeiter der Brau Union Österreich mit Active Directory Account
Involvierte Abteilungen	Kommunikation u. PR (Community Lead); Zusammenarbeit erfolgt mit allen Bereichen des Unternehmens, mit dem Lebensmittelhandel und den Standorten v. a. durch Trademarketing, IT, Marketing
Aktualisierungen	Mehrmals täglich
Monitoring	Ja
Filterung / Zensur	Nein
Beantwortung von Kommentaren	Ja
Bestandteil der Unternehmenskommunikation	Integriert
Erläuterung zur integrierten Kommunikation	Inhalte werden übergreifend im Intranet, zum Teil per Mail und als Offline-Kommunikation an Schwarzen Brettern (genannt „Flaschenpost") kommuniziert

UNTERNEHMENSPROFIL	
Webadresse	www.brauunion.at
Branche	Nahrungs- und Genussmittel
Unternehmen	Brau Union Österreich AG
Anzahl Standorte (national)	Mehr als 10
Mitarbeiter (national)	Mehr als 2.400
Gründungsjahr	1998

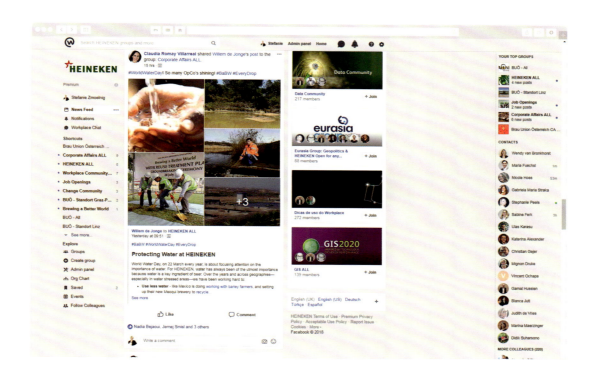
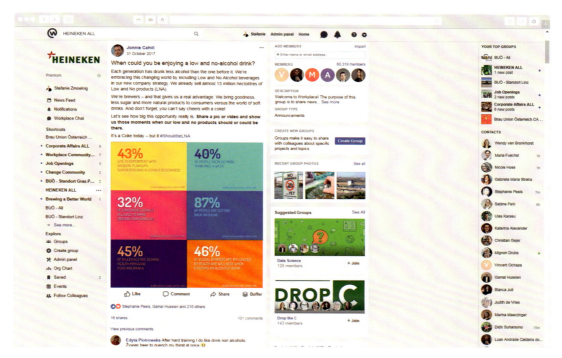

Soziale Netzwerke können die interne Kommunikation ganzer Branchen und großer Unternehmen grundlegend verändern. So wie die der Brau Union Österreich. Dort läuft die Mitarbeiterkommunikation seit Oktober 2017 über die Plattform Workplace. Diesen Kanal hat HEINEKEN, zu dessen Familie auch die Brau Union Österreich zählt, für die interne Vernetzung und die Zusammenarbeit der gut 60.000 Mitarbeiter weltweit etabliert.

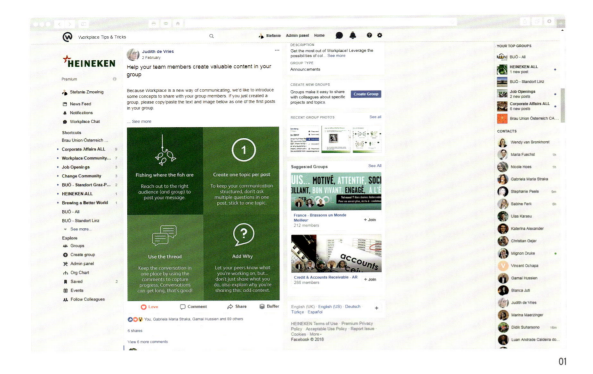

01

02

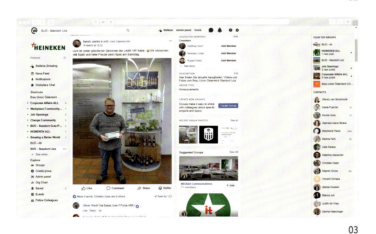

03

04

Über Workplace können sich die Mitarbeiter zu konkreten Projekten austauschen sowie über Prozesse im Unternehmen, besondere Aktionen, Termine oder Jobangebote in ihrem Standort informieren. Die Seite bietet aber auch einen eindrucksvollen Blick über den Tellerrand, da sie lokale und weltweite Aktivitäten lebendig und informativ vorstellt. Hintergrundwissen zu lokalen Brautraditionen wie zum Beispiel zur Entstehungsgeschichte des Josefibock-Biers dienen der Vermittlung des kulturellen Erbes ganzer Landstriche. Daneben verdeutlicht beispielsweise die Dokumentation über Aktivitäten am Aktionstag zum weltweiten Wasserschutz das Engagement von HEINEKEN in diesem Bereich und zeigt, welchen Beitrag jeder Standort zum Ressourcenschutz leistet.

Neu an dem Format ist, dass die Mitarbeiterkommunikation direkt, nach Bedarf, in Echtzeit und auf Augenhöhe stattfindet. Statt Anweisungen „von oben" geben sich Mitarbeiter standortübergreifend Rückmeldungen, machen Vorschläge und informieren sich gegenseitig. Sie bilden eigene Gruppen, die sich nach Themen und Projekten zusammenfinden und gezielt dazu kommunizieren. Die bildreiche Gestaltung und die rege Nutzung der Kommentarfunktion zeugen vom lebendigen Miteinander.

Seit Einführung von Workplace sind rund 70 Prozent der Mitarbeiter der Brau Union Österreich auf der Plattform aktiv. Viele Anwendungen und Dienste wie Newsletter oder Chatgruppen werden auf Workplace verlagert und verschiedenen Unternehmensbereichen zugänglich gemacht. Die neue Transparenz führt dazu, dass Inhalte disziplinenübergreifend geteilt werden und das Zusammengehörigkeitsgefühl im gesamten Unternehmen wächst. Abgesehen davon sind bereits erste Kostenersparnisse spürbar, denn durch den virtuellen Austausch sind weniger Meetings und Dienstreisen nötig. Auch die Zahl der E-Mails hat sich bereits reduziert, und es sind keine Extrakommunikationskanäle mehr nötig. Für alle, die sich lieber klassisch informieren, werden wichtige Inhalte von Workplace über das Intranet und die „Flaschenpost" verbreitet – so heißt das Schwarze Brett der Brau Union Österreich.

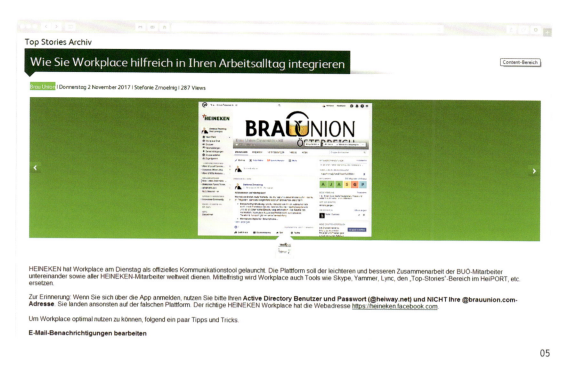

HEINEKEN hat Workplace am Dienstag als offizielles Kommunikationstool gelauncht. Die Plattform soll der leichteren und besseren Zusammenarbeit der BUÖ-Mitarbeiter untereinander sowie aller HEINEKEN-Mitarbeiter weltweit dienen. Mittelfristig wird Workplace auch Tools wie Skype, Yammer, Lync, den „Top-Stories"-Bereich im HeiPORT, etc. ersetzen.

Zur Erinnerung: Wenn Sie sich über die App anmelden, nutzen Sie bitte Ihren **Active Directory Benutzer und Passwort (@heiway.net) und NICHT Ihre @brauunion.com-Adresse**. Sie landen ansonsten auf der falschen Plattform. Der richtige HEINEKEN Workplace hat die Webadresse https://heineken.facebook.com.

Um Workplace optimal nutzen zu können, folgend ein paar Tipps und Tricks.

E-Mail-Benachrichtigungen bearbeiten

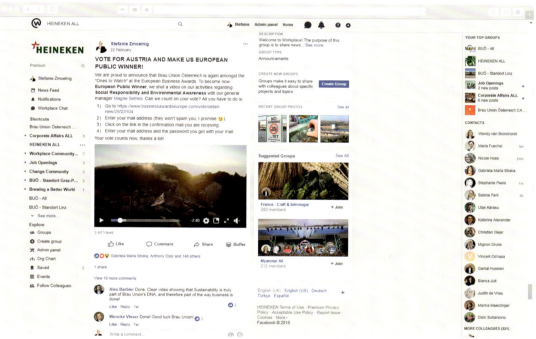

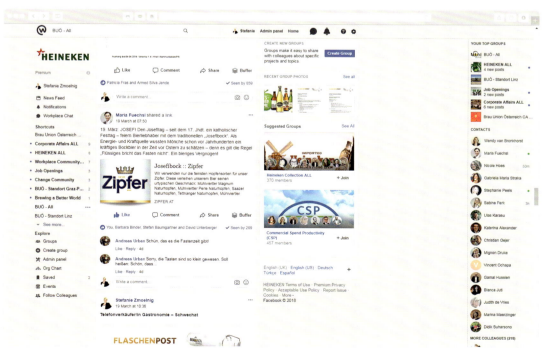

Deutschland

Allianz für die Region GmbH 448
Frankfurter Straße 284 | 38122 Braunschweig
Tel.: +49 531 1218-0
E-Mail: info@allianz-fuer-die-region.de
www.allianz-fuer-die-region.de

ASSMANN BÜROMÖBEL GmbH & CO. KG 94
Heinrich-Assmann-Straße 11 | 49324 Melle
Tel.: +49 5422 706-0
E-Mail: info@assmann.de
www.assmann.de

Bayer AG 436
Kaiser-Wilhelm-Allee 1 | 51373 Leverkusen
Tel.: +49 214 30-1
E-Mail: info@bayer.com
www.bayer.de

Bayerisches Staatsministerium für
Gesundheit und Pflege 318
Haidenauplatz 1 | 81667 München
Tel.: +49 89 540233-720
www.stmgp.bayern.de

B. Braun Melsungen AG 34
Carl-Braun-Straße 1 | 34212 Melsungen
Tel.: +49 5661 71-0
E-Mail: info@bbraun.com
www.bbraun.de

BDEW Bundesverband der Energie- und
Wasserwirtschaft e. V. 208
Reinhardtstr. 32 | 10117 Berlin
Tel.: +49 30 300199-0
E-Mail: info@bdew.de
www.bdew.de

Berliner Verkehrsbetriebe (BVG) AöR
  342 | 470 | 476
Holzmarktstraße 15–17 | 10179 Berlin
Tel.: +49 30 256-0
E-Mail: info@bvg.de
www.BVG.de

Bodensee Standort Marketing GmbH 396
Max-Stromeyer-Straße 116 | 78467 Konstanz
Tel.: +49 7531 800-1145
E-Mail: info@b-sm.com
www.bodensee-standortmarketing.com

Bundesministerium der Verteidigung 442
Stauffenbergstraße 18 | 10785 Berlin
Tel.: +49 30 1824-00
www.bmvg.de

Bundesverband der Deutschen Volksbanken
und Raiffeisenbanken (BVR) e. V. 360 | 454
Schellingstraße 4 | 10785 Berlin
Tel.: +49 30 2021-0
www.bvr.de

Carglass GmbH 400
Godorfer Hauptstr. 175 | 50997 Köln
Tel.: +49 2236 96206-0
E-Mail: info@carglass.de
www.carglass.de

Commerzbank AG 364
Kaiserstraße 16 | 60311 Frankfurt am Main
Tel.: +49 69 136-20
E-Mail: uwe.hellmann@commerzbank.com
www.commerzbank.de

Continental AG 404
Vahrenwalder Str. 9 | 30165 Hannover
Tel.: +49 511 938-01
E-Mail: mail_service@conti.de
www.continental-corporation.com

Covestro AG 16
Kaiser-Wilhelm-Alle 60 | 51373 Leverkusen
Tel.: +49 214 6009-2000
www.covestro.com

Daimler AG 408
Mercedesstraße 137 | 70327 Stuttgart
Tel.: +49 711 17-0
E-Mail: dialog@daimler.com
www.daimler.com/de

Der Grüne Punkt DSD – Duales System
Holding GmbH & Co. KG 98
Frankfurter Straße 720–726 | 51145 Köln
Tel.: +49 2203 937-0
www.gruener-punkt.de

Deutsche Bahn AG 234 | 238
Potsdamer Platz 2 | 10785 Berlin
Tel.: +49 180 69966-33
E-Mail: info@bahn.de
www.deutschebahn.com/de

Deutsche Bank AG 242
Taunusanlage 12 | 60325 Frankfurt am Main
Tel.: +49 221 1452899
www.deutschewealth.com

Deutsche Gesellschaft für Internationale
Zusammenarbeit (GIZ) GmbH 146
Dag Hammarskjöld Weg 1–5 | 65760 Eschborn
Tel.: +49 6196 79-0
E-Mail: unternehmenskommunikation@giz.de
berichterstattung.giz.de

Deutsche Telekom AG 246 | 458
Friedrich-Ebert-Allee 140 | 53113 Bonn
Tel.: +49 228 181-0
E-Mail: info@telekom.de
www.telekom.com

Dr. Ing. h.c. F. Porsche AG
  38 | 250 | 254 | 258 | 372 | 390 | 412
Porscheplatz 1 | 70435 Stuttgart
Tel.: +49 711 911-0
E-Mail: info@porsche.de
www.porsche.com

EnBW Energie Baden-Württemberg AG 132
Durlacher Allee 93 | 76131 Karlsruhe
Tel.: +49 721 63-00
E-Mail: kontakt@enbw.com
www.enbw.com

EUROPA SERVICE Holding AG 42
Schorberger Str. 66 | 42699 Solingen
Tel.: +49 212 2607-0
E-Mail: info@europa-service.de
www.europa-service.de

Evonik Industries AG 102 | 262
Rellinghauser Straße 1–11 | 45128 Essen
Tel.: +49 201 177-01
E-Mail: info@evonik.de
www.evonik.de

fischerAppelt AG 312
Waterloohain 5 | 22769 Hamburg
Tel.: +49 40 899699-319
E-Mail: info@fischerappelt.de
www.fischerappelt.de

Flughafen München GmbH 126 | 150
Nordallee 25 | 85356 München-Flughafen
Tel.: +49 89 975-41350
E-Mail: info@munich-airport.de
www.munich-airport.de

Folkwang Universität der Künste
Körperschaft des öffentlichen Rechts 322
Klemensborn 39 | 45239 Essen
Tel.: +49 201 4903-0
E-Mail: info@folkwang-uni.de
www.folkwang-uni.de

Franz Binder GmbH & Co. KG 416
Rötelstraße 27 | 74172 Neckarsulm
Tel.: +49 7132 325-0
E-Mail: info@binder-connector.de
www.binder-connector.de

Franz Haniel & Cie. GmbH 50 | 266
Franz-Haniel-Platz 1 | 47119 Duisburg
Tel.: +49 203 806-0
E-Mail: info@haniel.de
www.haniel.de

Gundlach Bau und Immobilien GmbH
& Co. KG 106
Am Holzgraben 1 | 30161 Hannover
Tel.: +49 511 3109202
E-Mail: mail@gundlach-bau.de
www.gundlach-bau.de

HOCHTIEF Aktiengesellschaft,
HOCHTIEF Konzernkommunikation AG 170
Opernplatz 2 | 45128 Essen
Tel.: +49 201 824-0
E-Mail: info@hochtief.de
www.hochtief.de

interlübke GmbH 462
Ringstraße 145 | 33378 Rheda-Wiedenbrück
Tel.: +49 5242 121
E-Mail: info@interluebke.de
www.interluebke.com

Invesco Asset Management Deutschland
GmbH 174
An der Welle 5 | 60322 Frankfurt am Main
Tel.: +49 69 29807-0
E-Mail: info@fra.invesco.com
www.de.invesco.com

KfW Anstalt des öffentlichen Rechts
54 | 178
Palmengartenstraße 5–9 | 60325 Frankfurt
Tel.: +49 69 7431-0
E-Mail: info@kfw.de
www.kfw.de

KION GROUP AG 22
Thea-Rasche-Straße 8 | 60549 Frankfurt am Main
Tel.: +49 69 20110-0
E-Mail: frank.brandmaier@kiongroup.com
www.kiongroup.com

ŠKODA AUTO Deutschland GmbH 290
Max-Planck-Straße 3–5 | 64331 Weiterstadt
Tel.: +49 6150 133-0
www.skoda-auto.de

KYOCERA Document Solutions
Deutschland GmbH 182
Otto-Hahn-Straße 12 | 40670 Meerbusch
Tel.: +49 215 9918-0
E-Mail: pr@dde.kyocera.com
www.kyoceradocumentsolutions.de

LEDVANCE GmbH 270
Parkring 29–33 | 85748 Garching
Tel.: +49 89 780673-100
www.ledvance.de

Linde Material Handling GmbH 274
Carl-von-Linde-Platz | 63743 Aschaffenburg
Tel.: +49 6021 99-0
E-Mail: info@linde-mh.de
www.linde-mh.de

Living Haus GmbH 220
Am Distelrasen 2 | 36381 Schlüchtern
Tel.: +49 06661 987100
E-Mail: info@livinghaus.de
www.livinghaus.de

Merck KGaA 82 | 186
Frankfurter Str. 250 | 64293 Darmstadt
Tel.: +49 6151 72-0
E-Mail: service@merckgroup.com
www.merckgroup.de

NBB Netzgesellschaft Berlin-Brandenburg
GmbH & Co. KG 58
An der Spandauer Brücke 10 | 10178 Berlin
Tel.: +49 30 81876-0
E-Mail: info@nbb-netzgesellschaft.de
www.nbb-netzgesellschaft.de

OTTO GmbH & Co KG 278 | 306
Werner-Otto-Str. 1–7 | 22172 Hamburg
Tel.: +49 40 6461-0
www.otto.de

Partner für Berlin Holding Gesellschaft für
Hauptstadt-Marketing GmbH 354
Fasanenstraße 85 | 10623 Berlin
Tel.: +49 30 4630250-0
E-Mail: info@berlin-partner.de
www.berlin-partner.de

Pfizer Deutschland GmbH 202
Linkstraße 10 | 10785 Berlin
Tel.: +49 30 550055-51100
E-Mail: presse@pfizer.com
www.pfizer.de

Resolution Media GmbH
(Omnicom Media Group) 190
Grünstraße 15 | 40212 Düsseldorf
Tel.: +49 211 38807-0
E-Mail: feedback@resolutionmedia.de
www.resolutionmedia.com/de

REWE Group Aktiengesellschaft
(REWE – Zentral-Aktiengesellschaft);
Eingetragene Genossenschaft
(REWE-ZENTRALFINANZ eG) 88
Domstraße 20 | 50668 Köln
Tel.: +49 221 149-0
E-Mail: info@rewe-group.com
www.rewe-group.com

Schaeffler AG 114 | 118
Industriestraße 1–3 | 91074 Herzogenaurach
Tel.: +49 9132 82-0
E-Mail: info@schaeffler.com
www.schaeffler.com

S-Kreditpartner GmbH 282
Prinzregentenstraße 25 | 10715 Berlin
Tel.: +49 30 869711-0
www.s-kreditpartner.de

Stuttgarter Lebensversicherung a.G. 378
Rotebühlstr. 120 | 70197 Stuttgart
Tel.: +49 711 665-0
E-Mail: info@stuttgarter.de
www.stuttgarter.de

TECHNOSEUM Landesmuseum für
Technik und Arbeit in Mannheim Stiftung
des Öffentlichen Rechts 424
Museumsstr. 1 | 68165 Mannheim
Tel.: +49 621 4298-9
E-Mail: info@technoseum.de
www.technoseum.de

Telefónica Deutschland Holding AG 70
Georg-Brauchle-Ring 50 | 80992 München
Tel.: +49 89 24420
E-Mail: info@telefonica.de
www.telefonica.de

TenneT TSO GmbH und TransnetBW GmbH 294
Bernecker Straße 70 | 95448 Bayreuth
Tel.: +49 921 50740-0
E-Mail: info@tennet.eu
www.suedlink.tennet.eu,
www.transnetbw.de/suedlink

TERRE DES FEMMES – Menschenrechte
für die Frau e. V. 300 428
Brunnenstraße 128 | 13355 Berlin
Tel.: +49 30 40504699-0
E-Mail: info@frauenrechte.de
www.frauenrechte.de/online

TÜV SÜD AG 28
Westendstraße 199 | 80686 München
Tel.: +49 89 5791-0
www.tuev-sued.de

Überground GmbH 330
Virchowstraße 65b | 22767 Hamburg
Tel.: +49 40 54814527
E-Mail: hello@teamueberground.com
www.überground.com

VDE Verband der Elektrotechnik Elektronik
Informationstechnik e. V. 368
Stresemannallee 15 | 60596 Frankfurt
Tel.: +49 69 6308-0
E-Mail: service@vde.com
www.e-diale.vde.com

Viessmann Werke GmbH & Co. KG
 334 348 384
Viessmannstraße 1 | 35108 Allendorf (Eder)
Tel.: +49 6452 70-0
E-Mail: info@viessmann.com
www.viessmann.de

Voith GmbH & Co. KGaA 74 432
St. Pöltener Straße 43 | 89522 Heidenheim
Tel.: +49 7321 37-0
E-Mail: info@voith.com
www.voith.com

Volkswagen AG 78 214 286 338 466
Brieffach 1970 | 38436 Wolfsburg
Tel.: +49 53619-0
www.volkswagenag.com

Wacker Chemie AG 122
Hanns-Seidel-Platz 4 | 81737 München
Tel.: +49 89 6279-0
E-Mail: info@wacker.com
www.wacker.com

Westdeutsche Lotterie GmbH & Co. OHG 198
Weseler Straße 108–112 | 48151 Münster
Tel.: +49 251 7006-01
E-Mail: vertrauen@westlotto.de
www.westlotto.de

Österreich

Brau Union Österreich AG 164 226 482
Poschacherstraße 35 | 4021 Linz
Tel.: +43 732 6979-0
E-Mail: office@brauunion.com
www.brauunion.at

Dentsply Sirona GmbH 158 230
Sirona Straße 1 | 5071 Wals
Tel.: +43 662 24500
E-Mail: contact@dentsplysirona.com
www.dentsplysirona.com

European American Investment Bank AG 46
Palais Esterházy, Wallnerstraße 4 | 1010 Wien
Tel.: +43 1 512388-0
E-Mail: office@eurambank.com
www.eurambank.com

Heron Sondermaschinen und Steuerungen
GmbH 326
Dr.-Walter-Zumtobel-Straße 2 | 6850 Dornbirn
Tel.: +43 5572 2200-0
E-Mail: info@heron.at
www.heron.at

Raiffeisen Bank International AG 110
Am Stadtpark 9 | 1030 Wien
Tel.: +43 1 71707-0
E-Mail: ir@rbinternational.com
www.rbinternational.com

Rhomberg Bau GmbH 194
Mariahilfstraße 29 | 6900 Bregenz
Tel.: +43 5574 403-0
E-Mail: info@rhomberg.com
www.rhomberg.com

Umweltschutzanlagen Siggerwiesen 62
Aupoint 15 | 5101 Bergheim
Tel.: +43 662 46949-214
E-Mail: rhv@rhv-sab.at
www.umweltschutzanlagen.at

Schweiz

Clariant AG 138 142
Rothausstrasse 61 | 4132 Muttenz
Tel.: +41 61 46951-11
E-Mail: info@clariant.com
www.clariant.com

Geberit International AG 154
Schachenstrasse 77 | 8645 Jona
Tel.: +41 55 22169-58
www.geberit.com

Siegfried AG 66
Untere Brühlstrasse 4 | 4800 Zofingen
Tel.: +41 62 746-1111
E-Mail: info@siegfried.ch
www.siegfried.ch

Siemens Schweiz AG
(Building Technologies Division) 420
Gubelstrasse 22 | 6300 Zug
Tel.: +41 79 37595-89
www.siemens.com/global/en/home/
company/topic-areas/intelligent-infrastructure/
buildings.html

Deutschland

3st kommunikation GmbH

 |88

Taunusstraße 59 – 61
55120 Mainz
Tel.: +49 6131 49961-0
E-Mail: info@3st.de
www.3st.de

A1 SPECIALS

 |42

Quelkhorner Str. 77
28325 Bremen
E-Mail: info@a1-specials.de
www.a1-specials.de

achtung! GmbH

 |300    |342    |378

|428 |470

Straßenbahnring 3
20251 Hamburg
Tel.: +49 40 45021050-0
E-Mail: info@achtung.de
www.achtung.de

ag text

 |74

Bei der Tweel 1
18059 Rostock
Tel.: +49 381 66911699
E-Mail: boettcher@ag-text.de
www.ag-text.de

akzente kommunikation und beratung GmbH

 |88 |400

Corneliusstraße 10
80469 München
Tel.: +49 89 202056-0
E-Mail: kommunikation@akzente.de
www.akzente.de

Alexander Osmajic 3D & Motiondesign Freiberufler

 |400

Zur alten Schießstatt 1
85221 Dachau
Tel.: +49 179 3296099
E-Mail: alexander.osmajic@gmail.com
www.vimeo.com/osmagic

Antje Nücklich Einzelunternehmen

 |182

Garterlaie 22
42327 Wuppertal
E-Mail: mail@antjenuecklich.de
www.antjenuecklich.de

Aperto GmbH – An IBM Company GmbH

 |442

Chausseestraße 5
10115 Berlin
Tel.: +49 30 283921-416
E-Mail: info@aperto.com
www.aperto.com/de

Ape Unit GmbH

 |338

Waldemarstr. 38, Aufgang 2, 4. OG
10999 Berlin
Tel.: +49 30 3014901-0
E-Mail: office@apeunit.com
www.apeunit.com

ARCADIS Germany GmbH

294

Europaplatz 3
64293 Darmstadt
Tel.: +49 6151 388-0
E-Mail: info-de@arcadis.com
www.arcadis.com

Archimedes Exhibitions GmbH

338

Saarbrücker Straße 24, Haus A
10405 Berlin
Tel.: +49 30 2000 577 00
E-Mail: info@archimedes-exhibitions.de
www.archimedes-exhibitions.de

Aumüller Druck GmbH & Co. KG

270

Weidener Straße 2
93057 Regensburg
Tel.: +49 941 69540-0
E-Mail: info@aumueller-druck.de
www.aumueller-druck.de

Bettina Engel-Albustin Fotoagentur-Ruhr Moers

50

Homberger Straße 54
47441 Moers
Tel.: +49 2841 8874874
E-Mail: engel@fotoagentur-ruhr-moers.de
www.fotoagentur-ruhr-moers.de

BIGFISH FILMPRODUKTION GmbH

404

Anklamer Straße 33
10115 Berlin
Tel.: +49 30 28537660-0
E-Mail: INFO@BIGFISH.DE
www.bigfish.de

BISSINGER[+] GmbH

102   262

An der Alster 1
20099 Hamburg
Tel.: +49 40 4418966-0
E-Mail: info@bissingerplus.de
www.bissingerplus.de

Blazek Grafik

178

Stegstr. 54
60594 Frankfurt a. M.
Tel.: +49 69 5963473
E-Mail: artnet@blazekgrafik.de
www.blazekgrafik.de

Bohm & Nonnen GmbH

202

Havelstraße 26
64295 Darmstadt
Tel.: +49 6151 30088-0
E-Mail: info@bnu.de
www.bnu.de

Bonaparte Films GmbH

412

Gormannstraße 17B
10119 Berlin
Tel.: +49 30 89545770
E-Mail: hello@bonaparte-films.com
www.bonaparte-films.com

bp Content Marketing und Medien GmbH & Co. KG

242

Waitzstraße 27
22607 Hamburg
Tel.: +49 40 22861920
E-Mail: info@bpcontent.com
www.bpcontent.com

BrainagencyMedia GmbH

  318

Osterwaldstraße 10
80805 München
Tel.: +49 89 287014-0
E-Mail: muenchen@brainagency.de
www.brainagency.de

brandarena GmbH & Co. KG

  318

Münchener Straße 101c
85737 Ismaning
Tel.: +49 89 99277-440
E-Mail: info@brandarena.de
www.brandarena.de

C3 Creative Code and Content GmbH

 78 258 266 436

Heiligegeistkirchplatz 1
10178 Berlin
Tel.: +49 30 440320
E-Mail: info@c3.co
www.c3.co

cc:langen GmbH

 270

Schwanthalerstraße 13
80336 München
Tel.: +49 89 4522017-20
E-Mail: info@cc-langen.de
www.cc-langen.de

COMPANIONS GmbH

 278  306

Hopfensack 19
20457 Hamburg
Tel.: +49 40 306046-00
E-Mail: info@companions.de
www.companions.de

dan pearlman GmbH

 354

Kiefholzstraße 1
12435 Berlin
Tel.: +49 30 5300056-0
E-Mail: office@danpearlman.com
www.danpearlman.com

Delius Klasing Corporate Publishers (DKCP)

 254 258

Siekerwall 21
33602 Bielefeld
Tel.: +49 521 559-0
E-Mail: info@delius-klasing.de
www.dkcp.de

Design hoch drei GmbH & Co. KG

 254

Glockenstraße 36
70376 Stuttgart
Tel.: +49 711 550377-32
E-Mail: hello@design-hoch-drei.de
www.design-hoch-drei.de

Dewitz, Selzer, Partner. Werbeagentur GmbH

 170

Oberbilker Allee 165
40227 Düsseldorf
Tel.: +49 211 770978-0
E-Mail: info@dewitz-selzer-partner.de
www.dewitz-selzer-partner.de

diegestalten Personengesellschaft

 274

Emmerich-Josef-Straße 7
55116 Mainz
Tel.: +49 6021 99-0
E-Mail: info@linde-mh.de
www.linde-mh.de

Dog Ear Films GmbH

Holzmarktstraße 15–18
10179 Berlin
Tel.: +49 30 4004-1870
E-Mail: office@dogearfilms.com
www.dogearfilms.com

Druckerei Vogl GmbH & Co. KG

Georg-Wimmer-Ring 9
85604 Zorneding
Tel.: +49 8994 39712-2
E-Mail: info@druckerei-vogl.de
www.druckerei-vogl.de

druckpartner Druck- und Medienhaus GmbH

Am Luftschacht 12
45307 Essen
Tel.: +49 201 5929-0
E-Mail: kontakt@druckpartner.de
www.druck-partner.de

Druckstudio GmbH

Professor-Oehler-Straße 10
40589 Düsseldorf
Tel.: +49 211 770963-0
E-Mail: info@druckstudiogruppe.com
www.druckstudiogruppe.com

Eberl Print GmbH

Kirchplatz 6
87509 Immenstadt
Tel.: +49 8323 802-200
E-Mail: info@eberl.de
www.eberl.de

Edelman.ergo GmbH

Agrippinawerft 28
50678 Köln
E-Mail: kontakt@edelmanergo.com
www.edelmanergo.com

eindruck Personengesellschaft

Emmichplatz 3
30175 Hannover
Tel.: +49 511 31333-0
E-Mail: m.mueller@eindruck.net
www.eindruck.net

EKS Energie Kommunikation Services GmbH

Reinhardtstraße 33
10117 Berlin
Tel.: +49 30 28449-0
E-Mail: berlin@eks-agentur.de
www.eks-agentur.de

Elanders GmbH

Anton-Schmidt-Str. 15
71332 Waiblingen
Tel.: +49 7151 9563-0
E-Mail: info.GERMANY@elanders.com
www.elanders.com

e+p films GmbH

Paulinenallee 28
20259 Hamburg
Tel.: +49 40 432952-0
E-Mail: hamburg@ep-films.com
www.ep-films.com/de

EQS Group AG

 154

Karlstraße 47
80333 München
Tel.: +49 89 210298-243
E-Mail: info@eqs.com
www.eqs.com

Erasmi + Stein

 270

Aberlestraße 18
81371 München
Tel.: +49 89 747907-15
E-Mail: info@erasmi-stein.de
www.erasmi-stein.de

FAKTOR 3 AG

 390

Kattunbleiche 35
22041 Hamburg
E-Mail: info@faktor3.de
www.faktor3.de

firesys GmbH

 132

Kasseler Straße 1a
60486 Frankfurt am Main
Tel.: +49 69 794094-0
E-Mail: office@firesys.de
www.firesys.de

FIRST RABBIT GmbH

 94

Lindenallee 43
50968 Köln
Tel.: +49 221 946103-0
E-Mail: info@first-rabbit.de
www.first-rabbit.de

fischerAppelt AG

 234 238 ... 312

 334  348

 384   408

Waterloohain 5
22769 Hamburg
Tel.: +49 40 899699-0
E-Mail: info@fischerappelt.de
www.fischerappelt.de

follow red GmbH

 294

Waldburgstr. 17/19
70563 Stuttgart
Tel.: +49 711 90140-0
E-Mail: info@followred.com
www.followred.com

Fremde Federn – Köddermann & Quentel GbR

 174

Saalgasse 14
60322 Frankfurt am Main
Tel.: +49 69 7701-2657
www.fremde-federn.de

G. Peschke Druckerei GmbH

 28

Taxetstraße 4
85599 Parsdorf b. München
Tel.: +49 89 42770-0
E-Mail: info@peschkedruck.de
www.peschkedruck.de

Graft Brandlab GmbH

 338

Heidestraße 50
10557 Berlin
Tel.: +49 30 306451-030
E-Mail: berlin@graftbrandlab.com
www.graftbrandlab.com

GUD.berlin GmbH

 470  476

Chausseestraße 18
10115 Berlin
Tel.: +49 30 7556999-0
E-Mail: info@GUD.berlin
www.gud.berlin

gutenberg beuys feindruckerei GmbH

 186

Hans-Böckler-Straße 52
30851 Langenhagen
Tel.: +49 511 8741516-0
E-Mail: info@feindruckerei.de
www.feindruckerei.de

Heimat Werbeagentur GmbH

 360 454

Segitzdamm 2
10969 Berlin
Tel.: +49 30 61652-0
E-Mail: info@heimat-berlin.com
www.heimat-berlin.com

Henrich Druck + Medien GmbH

 178

Schwanheimer Str. 110
60528 Frankfurt a. M.
Tel.: +49 69 96777-0
E-Mail: info@henrich.de
www.henrich.de

heureka GmbH

 70

Renteilichtung 1
45134 Essen
Tel.: +49 201 61546-0
E-Mail: agentur@heureka.de
www.heureka.de

Holger Talinski Einzelunternehmen

 360

Ganghoferstr 1
12043 Berlin
Tel.: +49 163 4754520
E-Mail: hello@holgertalinski.de
www.holgertalinski.de

imug Institut für Markt-Umwelt-Gesellschaft e.V.

 106

Postkamp 14a
30159 Hannover
Tel.: +49 511 12196-0
E-Mail: contact@imug.de
www.imug.de

Ingo Arndt Wildlife Photography

 194

Anemonenweg 89
63225 Langen
Tel.: +49 6103 7333591
E-Mail: ingo@ingoarndt.com
www.ingoarndt.com

IR-ONE AG

 132

Herrengraben 30
20459 Hamburg
Tel.: +49 40 6891730-0
E-Mail: info@ir-one.de
www.ir-one.de

Jannis Döring

 |42

Burckhardtstraße 1
30163 Hannover
Tel.: +49 174 8923220
E-Mail: info@jannisdoering.de
www.jannisdoering.de

Jung Produktion GmbH

 |190

Schanzenstraße 20a
40549 Düsseldorf
Tel.: +49 211 408090-0
E-Mail: duesseldorf@jungpro.de
www.jungpro.de

Jung von Matt AG

 |300  |342 |428

 |470

Glashüttenstraße 38
20357 Hamburg
Tel.: +49 40 4321-0
E-Mail: info@jvm.de
www.jvm.com/de

KAEPTN Postproduktion GmbH

 |300 |428

Paulinenallee 32
20259 Hamburg
Tel.: +49 40 790217-730
E-Mail: hello@kaeptn.com
www.kaeptn.com

KammannRossi GmbH

 |138

Maria-Hilf-Straße 15–17
50677 Köln
Tel.: +49 221 976541-0
E-Mail: info@kammannrossi.de
www.kammannrossi.de

Katja Velmans

 |50

Ackerstraße 191
40233 Düsseldorf
Tel.: +49 211 38780113
E-Mail: post@katjavelmans.de
www.katjavelmans.de

Kern GmbH

 |182

In der Kolling 7
66450 Bexbach
www.kerndruck.de

Kirchhoff Consult AG

 |126 |150

Borselstraße 20
22765 Hamburg
Tel.: +49 40 609186-0
E-Mail: info@kirchhoff.de
www.kirchhoff.de

Klaus Bietz \ visuelle Kommunikation

 |74

Wittelsbacherallee 40
60316 Frankfurt am Main
Tel.: +49 69 94597337
E-Mail: kontakt@klausbietz.de
www.klausbietz.de

KOMMINFORM GmbH & Co. KG

 138

Am Holzweg 26
65830 Kriftel
Tel.: +49 61 92977768-8
E-Mail: info@komminform.de
www.komminform.de

komm.passion GmbH

 98

Himmelgeister Straße 103–105
40225 Düsseldorf
Tel.: +49 211 60046-100
E-Mail: info@komm-passion.de
www.komm-passion.de

Königsdruck GmbH

 58

Alt Reinickendorf 28
13407 Berlin
Tel.: +49 30 414018-0
E-Mail: info@koenigsdruck.de
www.koenigsdruck.de

Kunst- und Werbedruck GmbH & Co. KG

 78

Hinterm Schloss 11
32549 Bad Oeynhausen
Tel.: +49 5731 7588-0
www.kunst-undwerbedruck.de

Kuthal Print GmbH & Co. KG

 274

Johann-Dahlem-Straße 54
63814 Mainaschaff
Tel.: +49 6021 704 - 0
E-Mail: info@kuthal.com
www.kuthal.com

Lattke und Lattke GmbH

 286  290 466

Schloss Reichenberg
97234 Reichenberg
Tel.: +49 931 66066-0
E-Mail: awards@lattkeundlattke.de
www.lattkeundlattke.de

MEHR+ KOMMUNIKATIONSGESELLSCHAFT mbH

 54

Fürstenwall 69
40217 Düsseldorf
Tel.: +49 211 210799-0
E-Mail: info@mehrplus.com
www.mehrplus.com

Meiré und Meiré GmbH & Co. KG

 38

Lichtstraße 26–28
50825 Köln
Tel.: +49 221 57770–100
E-Mail: info@meireundmeire.de
www.meireundmeire.de

Mohn Media

 254

Carl-Bertelsmann-Straße 161M
33311 Gütersloh
Tel.: +49 5241 80-40410
E-Mail: mohnmedia@bertelsmann.de
www.mohnmedia.de

MPM Corporate Communication Solutions GmbH

 22 28

Untere Zahlbacher Str. 13
55131 Mainz
Tel.: +49 6131 9569-0
E-Mail: s.schlesinger@mpm.de
www.mpm.de

Mutabor Design GmbH

 |133

Königstraße 28
22767 Hamburg
Tel.: +49 40 808023-0
E-Mail: info@mutabor.de
www.mutabor.de

Nansen & Piccard GbR

 |214

Eduard-Schmid-Straße 23
81541 München
Tel.: +49 89 4446974-0
E-Mail: info@nansenundpiccard.de
www.nansenundpiccard.de

navos – Public Dialogue Consultants GmbH

 |294

Hasenheide 54
10967 Berlin
Tel.: +49 30 4672425-0
E-Mail: info@navos.eu
www.navos.eu

Neef+Stumme premium printing GmbH & Co. KG

 |250

Schillerstraße 2
29378 Wittingen
Tel.: +49 5831 23-0
E-Mail: info@neef-stumme.de
www.neef-stumme.de

neuwaerts GmbH

 |106

Vahrenwalder Str. 269
30179 Hannover
Tel.: +49 511 987798-0
E-Mail: info@neuwaerts.de
www.neuwaerts.de

Nick Wolff – Regisseur | Videograf | Fotograf

 |82

Oberbilker Allee 99
40227 Düsseldorf
Tel.: +49 157 50159054
E-Mail: Info@Nickwolff.de
www.nickwolff.de

oelenheinz+frey Werbeagentur GmbH

 |220

Hauptstraße 161
68259 Mannheim
Tel.: +49 6218410-10
E-Mail: werbeagentur@division.ag
www.o-f.de

Oevermann Networks GmbH

 |436

Friedrich-Ebert-Straße 75
51429 Bergisch Gladbach
Tel.: +49 2204 8444-00
E-Mail: info@oevermann.de
www.oevermann.de

Partner für Berlin Holding Gesellschaft für Hauptstadt-Marketing GmbH

 |354

Fasanenstraße 85
10623 Berlin
Tel.: +49 30 4630250-0
E-Mail: info@berlin-partner.de
www.berlin-partner.de

Peter Becker Medienproduktionen GmbH

 |78

Bürgerbräu | Haus 09
Frankfurter Straße 87
97082 Würzburg
Tel.: +49 931 45077-0
www.becker-medien.de

PvF Investor Relations GmbH & Co. KG

 132

Frankfurter Landstraße 2–4
61440 Oberursel (Taunus)
Tel.: +49 6171 91924-0
E-Mail: office@pvf.de
www.pvf.de

queo GmbH

 174

Tharandter Straße 13
01159 Dresden
Tel.: +49 351 213038-0
E-Mail: info@queo-group.com
www.queo.de

ramp.space GmbH & Co. KG

 250

Obere Wässere 3
72764 Reutlingen
Tel.: +49 7121 43304-100
E-Mail: support@ramp.space
www.ramp.space

Rat für Ruhm und Ehre GmbH

 338

Merowingerstraße 20b
40223 Düsseldorf
Tel.: +49 211 3854396-0
E-Mail: info@ratruhmehre.de
www.rat-fuer-ruhm-und-ehre.de

Reiner Scharlowyky

 42

Düsselstr.63
D-40219 Düsseldorf
E-Mail: scharlowsky@gmx.de
www.scharlowsky.de/Neu/Home.html

Resolution Media GmbH (Omnicom Media Group)

 190

Grünstraße 15
40212 Düsseldorf
Tel.: +49 211 38807-0
E-Mail: feedback@resolutionmedia.de
www.resolutionmedia.com/de

ressourcenmangel GmbH

 198 208 448

Schlesische Straße 26
10997 Berlin
Tel.: +49 30 590037-450
E-Mail: kontakt@ressourcenmangel.de
www.ressourcenmangel.de

Saint Elmo's Hamburg GmbH & Co. KG

 368

Steinhöft 9
20459 Hamburg
Tel.: +49 40 2022888-302
E-Mail: hamburg@saint-elmos.com
www.saint-elmos.com

sanjuan. designbüro

 158

Wolfstraße 10 b
53111 Bonn
Tel.: +49 228 97660-501
E-Mail: hallo@sanjuan.de
www.sanjuan.de/href/index.html

Scheufele Hesse Eigler Kommunikationsagentur GmbH

 146

Windmühlstraße 1
60329 Frankfurt am Main
Tel.: +49 69 138710-0
E-Mail: info@she-kommunikation.de
www.she-kommunikation.de

Schleiner + Partner Kommunikation GmbH

 424

Schwaighofstr. 18
79100 Freiburg
Tel.: +49 761 70477-0
E-Mail: kontakt@schleiner.de
www.schleiner.de

Schlüter Fotografie GbR

 70

Bredeneyer Str. 82
45133 Essen
Tel.: +49 201 536399
E-Mail: info@schlueter-fotografie.de
www.schlueter-fotografie.de

Seipp Kommunikationsberatung

 74

Blankenheimer Straße 47
50937 Köln
Tel.: +49 221 7108744
E-Mail: anja.seipp@seipp-kommunikation.de
www.seipp-kommunikation.de

Shake Your Tree Studio

 46

Glogauerstraße 5
10999 Berlin
Tel.: +49 30 20066364
E-Mail: mail@florianbayer.com
www.florianbayer.com

Shy collective GmbH

 416

Fronhof 6
79346 Endingen am Kaiserstuhl
Tel.: +49 7642 9279-004
E-Mail: hallo@shycollective.com
www.shycollective.com

SILVESTER GROUP GmbH & Co. KG

 50

Alsterarkaden 20
20354 Hamburg
Tel.: +49 40 3099776-30
E-Mail: info@silvestergroup.com
www.silvestergroup.com

sooii GmbH

 462

Moritzstraße
42117 Wuppertal
Tel.: +49 202 26446-300
E-Mail: office@sooii.de
www.sooii.de

Stakeholder Reporting GmbH

 82 114 118 186

 246

Schulterblatt 58 (Haus A)
20357 Hamburg
Tel.: +49 40 689898-19
E-Mail: info@stakeholder-reporting.com
www.stakeholder-reporting.com

Steindesign Werbeagentur GmbH

 106

Dragonerstraße
30163 Hannover
Tel.: +49 511 28899-0
E-Mail: info@steindesign.de
www.steindesign.de

Strichpunkt GmbH

 34

Krefelder Str. 32
70376 Stuttgart
Tel.: +49 711 620327-0
E-Mail: hello@sp.design
www.sp.design

Swen Gottschall Fotografie GbR

 58

Schivelbeiner Str. 23/1
10439 Berlin
Tel.: +49 177 7644608
E-Mail: info@swengottschall.de
www.swengottschall.de

Syzygy Media GmbH

 364

Neuer Wall 10
20354 Hamburg
Tel.: +49 40 881414-0
www.syzygy.de

TERRITORY Content to Results GmbH

 372

Bei den Mühren 1
20457 Hamburg
Tel.: +49 40 3703-5003
E-Mail: contact@territory.de
www.territory.de

TERRITORY CTR GmbH

 16

Kaiser-Wilhelm-Allee 3
51368 Leverkusen
E-Mail: contact@territory.de
www.territory.de

Text100 GmbH

 432

Nymphenburger Straße 168
80634 München
Tel.: +49 89 998370-0
E-Mail: info@text100.de
www.text100.com/offices/emea/munich

Theim Kommunikation GmbH

 420

Carl-Thiersch-Straße 3
91052 Erlangen
Tel.: +49 9131 53388-0
E-Mail: v.eiswirth@theim.de
www.theim-kommunikation.de

thjnk Hamburg GmbH

 364

Vorsetzen 32
20459 Hamburg
E-Mail: jessica.bartsch@thjnk.de
www.thjnk.de

Überground GmbH

 330

Virchowstraße 65b
22767 Hamburg
Tel.: +49 40 54814527
E-Mail: hello@teamueberground.com
www.überground.com

Universal Music GmbH

 476

Stralauer Allee 1
10245 Berlin
www.universal-music.de

VeyVey Films GbR

 70

Oscar-Jäger-Str. 117–123
50825 Köln
Tel.: +49 177 4557158
E-Mail: info@veyvey-films.com
www.veyvey-films.com

VIRUS / Markenfilm Crossing GmbH

 342   470

Neuer Pferdemarkt 23
20359 Hamburg
Tel.: +49 40 8000499-0
E-Mail: info@markenfilm-crossing.de
www.markenfilm.de/crossing

Vizeum Deutschland GmbH

 364

Kreuzberger Ring 17
65205 Wiesbaden
Tel.: +49 611 7399-0
www.vizeum.com

vollbild audiovisuell

 420

Martin-Buber-Straße 87
64287 Darmstadt
Tel.: +49 176 81988657
E-Mail: info@vollbild-av.de
www.vollbild-av.de

W.B. Druckerei GmbH

 174

Dr.-Ruben-Rausing-Straße 10
65239 Hochheim am Main
Tel.: +49 6146 8274-0
E-Mail: sekretariat@wb-druckerei.de
www.wb-druckerei.de

wentker druck GmbH

 94

Gutenbergstraße 5–9
48268 Greven
Tel.: +49 25 719192-0
E-Mail: info@wentker-druck.de
www.wentker-druck

wirDesign communication AG

 282

Gotzkowskystraße 20/21
10555 Berlin
Tel.: +49 30 275728-0
E-Mail: berlin@wirdesign.de
www.wirdesign.de

Yoocon GmbH

 458

Kastanienallee 40
10119 Berlin
Tel.: +49 30 60985737-0
E-Mail: info@yoocon.de
www.yoocon.de

ZIEGLER.

 338

Zimmerstraße 68
10117 Berlin
Tel.: +49 30 23471-052
E-Mail: hello@bureau-ziegler.com
www.angela-ziegler.com

Österreich

die3 Agentur für Werbung und Kommunikation GmbH

 |46 |194 |326

Mähdlegasse 1a
6850 Dornbirn
Tel.: +43 5572 23-116
E-Mail: office@die3.eu
www.die3.eu

Druckerei Bösmüller Print Management GesmbH & Co. KG

 |110

Josef-Sandhofer-Str. 3
2000 Stockerau
Tel.: +43 2266 681 80-0
E-Mail: office@boesmueller.at
www.boesmueller.at

Druckerei Thurnher GmbH

 |46

Grundweg 4
6830 Rankweil
Tel.: +43 5522 44288
E-Mail: office@dth.at
www.dth.at

edith holzer communications EPU

 |110

Erdbergstraße 10/52
1030 Wien
Tel.: +43 664 1240362
E-Mail: edith.holzer@clear-id.net
www.rochuspark.at

hufnagl.POEX visuelle kommunikation

 |164 |226

Graben 21
4020 Linz
Tel.: +43 676 700-4477
E-Mail: poex24@poex.at
www.poex.at

ILF Consulting Engineers GmbH

 |294

Feldkreuzstraße 3
6063 Rum bei Innsbruck
Tel.: +43 512 2412-0
E-Mail: info.ibk@ilf.com
www.ilf.com/de

Infinitive Factory e.U.

 |62

Schiffgasse 6
8020 Graz
Tel.: +43 316 3064-67
E-Mail: info@infinitivefactory.com
www.infinitivefactory.com

Interlingua Language Services-ILS GmbH

 |110

Schwarzspanierstraße 15/1/15
1090 Wien
Tel.: +43 1 50597-44
www.interlingua.at

Konica Minolta Business Solutions Austria GmbH

 |164 |226

Amalienstraße 59–61
1131 Wien
Tel.: +43 50 8788-0
E-Mail: office@konicaminolta.at
www.konicaminolta.at

nexxar GmbH

 |82 |114 |118 |122 |142

Mariahilfer Straße 121b/4
1060 Wien
Tel.: +43 1 5962268
E-Mail: office@nexxar.com
www.nexxar.com

SINZ GmbH Kommunikationsagentur

 |62

Reichenhallerstraße 10b
5020 Salzburg
Tel.: +43 662 840110-0
E-Mail: office@sinz.at
www.sinz.at

Werbegrafik Elisabeth Windisch

 |110

Untere Augartenstraße 2/2/4
1020 Wien
Tel.: +43 1 6644561803
E-Mail: elisabeth.windisch@gmx.at

Schweiz

Hej GmbH

 |66

Gasometerstrasse 29a
8005 Zürich
Tel.: +41 44 27399-44
E-Mail: ahoi@hej.ch
www.hej.ch

Kornel Illustration Einzelunternehmen

 |66

Schifflaube 4
3011 Bern
Tel.: +41 79 50791-31
E-Mail: info@kornel.ch
www.kornel.ch

MotionPro AG

 |396

Haldenstrasse 5
6341 Baar
Tel.: +41 41 51111-31
E-Mail: sales@motionpro.ch
www.erklaerungsvideo.ch

Neidhart + Schön Group AG

 |138

Dorfstrasse 29
8037 Zürich
Tel.: +41 44 44682-00
E-Mail: info@nsgroup.ch
www.nsgroup.ch

POI Media Solutions GmbH

 |66

4900 Langenthal
www.poi.ch

Sustainserv GmbH

 138

Auf der Mauer 16
8001 Zürich
Tel.: +41 43 50053-00
E-Mail: info@sustainserv.com
www.sustainserv.com

ZT Medien AG

 66

Schönenwerderstrasse 13
5036 Oberentfelden
www.ztmedien.ch

Großbritannien

Averner Films Ltd

 432

Unit 2, Downs Court Farm, Sandown Rd
CT13 9JZ Sandwich
www.averner.com

Desire Creation Systems

 420

6B South Cliff
SR6 0PH Sunderland

E9th Productions Ltd

 432

The Old Casino, 28 Fourth Avenue
BN3 2PJ Hove, East Sussex
www.linkedin.com/company/e9th-productions-limited/

Ember Films Ltd

 432

6-8 Hackford Business Centre Hingham Road
NR18 9HF Hackford, Wymondham,
www.emberfilms.co.uk

FMLIK Ltd

 432

Tel.: +44 7540 529555
E-Mail: matthewchan.fmlik@googlemail.com
www.fmlik.com

Text100 Private Limited

 432

110 High Holborn
WC1V 6JS London
www.text100.com/offices/emea/london/

Ute Czylwik studierte Politische Wissenschaft an der Freien Universität Berlin. Seit über zehn Jahren berät die gebürtige Kölnerin freiberuflich Unternehmen, Verwaltungen und Verbände bei ihrer internen und externen Kommunikation. Sie textet für alles, was Informationen vermittelt: Zeitungen und Zeitschriften, Broschüren, Ausstellungen, Websites oder auch soziale Medien. Zuvor verantwortete sie die Öffentlichkeitsarbeit des Brandenburger Bauministeriums und baute für die Deutsche Energie-Agentur eine mehrjährige Kampagne auf.

Irina Gragoll studierte Gesellschafts- und Wirtschaftskommunikation an der Universität der Künste Berlin und arbeitet seit gut zwanzig Jahren als freiberufliche Texterin. Nach ihrem Studium startete sie bei verschiedenen Agenturen mit strategischen Konzepten und kreativen Kampagnen durch. Sie entwickelte interne und externe Kommunikationsmaßnahmen, Pläne zur Optimierung der Kommunikation und Dachmarkenstrategien für namhafte Kunden der unterschiedlichsten Branchen. Heute konzentriert sie sich auf journalistisch orientierte Texte für Offline- sowie Online-Medien und kreiert am liebsten Unternehmensmagazine, Image- und Produktbroschüren, Webseiten und Verkaufsportale.

Dr. Martin Kaluza arbeitet als freier Autor für Magazine und Verlage. Er studierte Philosophie, Betriebswirtschaft und Spanisch in Berlin, New York und Santiago de Chile. Nach seiner Tätigkeit als wissenschaftlicher Mitarbeiter am Lehrstuhl für Marketing der Freien Universität Berlin (FU) promovierte er in Philosophie. Kaluza schreibt Reisereportagen, interviewt Musiker und fragt Ingenieure so lange zu technischen Fragen aus, bis er sie seinen Lesern verständlich erklären kann. Seit 2009 ist er Lehrbeauftragter der Europa-Universität Viadrina in Frankfurt (Oder).

Gisela Lehmeier arbeitet in Berlin als freie Lektorin und Texterin. Zu ihren Kunden gehören Autoren, Institutionen sowie kleine und mittlere Unternehmen. Ihr Angebot umfasst neben Lektorat und Text auch Schreibcoaching, Manuskriptberatung und Recherche. Sie ist in den Textformaten Broschüre, Katalog, Programmheft, Roman, Sachbuch und Webseite zu Hause.

Marlene Seifert arbeitet in Berlin als Texterin für Unternehmenskommunikation und übernimmt redaktionelle Tätigkeiten für Verlage, Agenturen sowie kleine und mittlere Unternehmen. Als Übersetzerin für Leichte Sprache ist sie unter anderem für verschiedene Gedenkstätten, Museen und Verbände tätig. Zudem ist sie im Netzwerk Leichte Sprache aktiv. Marlene Seifert gehört seit 2010 zum Lektorenteam des ECON Jahrbuchs der Unternehmenskommunikation.

Econ ist ein Verlag der
Ullstein Buchverlage GmbH, Berlin

© Ullstein Buchverlage GmbH, Berlin 2018
Alle Rechte der Verbreitung, auch durch Film, Funk und Fernsehen, fotomechanische Wiedergabe, Tonträger jeder Art, auszugsweisen Nachdruck oder Einspeicherung und Rückgewinnung in Datenverarbeitungsanlagen aller Art, sind vorbehalten.

Trotz sorgfältiger Bearbeitung und Prüfung können weder der Verlag noch die genannten Unternehmen eine Garantie oder sonstige Haftung für die Richtigkeit der dargestellten Zahlenwerte und Informationen übernehmen.
Der Verlag macht sich die Angaben zu den dargestellten Unternehmen nicht zu eigen.

Printed in Germany

Projektteam Econ Forum | Nadine Städtner (Leiterin), Katharina Schulze Dieckhoff, Nicole Scheerschmidt, Monika Skandalis
Fotografie Coverarrangements | Bernd Borchardt, Berlin
Herstellung, Satz und Reproduktion | tiff.any GmbH, Berlin
Korrektorat | Lektorat Oliver Krull, Berlin
Druck und Bindearbeiten | Medialis Offsetdruck GmbH, Berlin

ISBN 978-3-430-20263-3
ISSN 1865-214x

Verlagsadresse | **Kontakt**
Econ Forum im Econ Verlag | Friedrichstraße 126 | 10117 Berlin
Telefon | +49 30 23456-300
www.econforum.de